한국자산
관리공사

고졸채용

NCS + 최종점검 모의고사 4회

시대에듀

2025 최신판 시대에듀 한국자산관리공사 고졸채용 NCS + 최종점검 모의고사 4회 + 무료NCS특강

Always **with you**

사람의 인연은 길에서 우연하게 만나거나 함께 살아가는 것만을 의미하지는 않습니다.
책을 펴내는 출판사와 그 책을 읽는 독자의 만남도 소중한 인연입니다.
시대에듀는 항상 독자의 마음을 헤아리기 위해 노력하고 있습니다. 늘 독자와 함께하겠습니다.

머리말 PREFACE

가계 · 기업 · 공공자산의 사회 · 경제적 가치를 높이는 국내 유일의 공적자산관리전문기관인 한국자산관리공사는 2025년에 고졸 신입직원을 채용할 예정이다. 한국자산관리공사의 채용절차는 「접수 → 서류심사 → 필기전형 → 1차 면접전형 → 2차 면접전형 → 임용」 순서로 이루어지며, 지원자격 미충족 및 자기소개서 불성실 작성자 등을 제외한 입사지원자 전원에게 필기전형 응시 기회를 부여한다. 필기전형은 직업기초능력으로 진행되며 의사소통능력, 수리능력, 문제해결능력, 정보능력, 조직이해능력 5개 영역을 평가한다. 또한, 필기전형 고득점자 순으로 채용예정인원의 3배수를 선발하여 면접전형을 진행하므로 필기전형에서 고득점을 받기 위해 다양한 유형에 대한 폭넓은 학습과 문제풀이능력을 높이는 등 철저한 준비가 필요하다.

한국자산관리공사 고졸채용 필기전형 합격을 위해 시대에듀에서는 한국자산관리공사 고졸채용 판매량 1위의 출간 경험을 토대로 다음과 같은 특징을 가진 도서를 출간하였다.

도서의 특징

1. **기출복원문제를 통한 출제경향 확인!**
   - 2024년 하반기 주요 공기업 NCS 기출복원문제를 수록하여 공기업별 NCS 필기 유형을 파악할 수 있도록 하였다.
2. **출제 영역 맞춤 문제를 통한 실력 상승!**
   - 직업기초능력 대표기출유형&기출응용문제를 수록하여 유형별로 학습할 수 있도록 하였다.
3. **최종점검 모의고사를 통한 완벽한 실전 대비!**
   - 철저한 분석을 통해 실제 유형과 유사한 최종점검 모의고사를 수록하여 자신의 실력을 점검할 수 있도록 하였다.
4. **다양한 콘텐츠로 최종 합격까지!**
   - 한국자산관리공사 채용 가이드와 면접 기출질문을 수록하여 채용 전반에 대비할 수 있도록 하였다.
   - 온라인 모의고사를 무료로 제공하여 필기전형을 준비하는 데 부족함이 없도록 하였다.

끝으로 본 도서를 통해 한국자산관리공사 고졸채용을 준비하는 모든 수험생 여러분이 합격의 기쁨을 누리기를 진심으로 기원한다.

SDC(Sidae Data Center) 씀

한국자산관리공사 기업분석 INTRODUCE

◇ 설립목적

금융산업 및 국가 경제 발전에 이바지

◇ 비전

국민에 안정을, 기업에 활력을, 국가자산에 가치를 더하는 리딩플랫폼

◇ 핵심가치

책임 / 상생 / 혁신 / 신뢰

◇ 주요 기능 및 역할

금융회사 부실채권의 인수, 정리	국 · 공유재산 관리, 개발 업무
가계부실채권 인수 및 취약가계 신용회복 지원	체납조세정리 업무
기업자산 인수, 취약기업 구조조정 지원	전자자산처분시스템 '온비드' 관리운용

◇ 전략목표 및 전략과제

전략목표	전략과제
가계 · 기업의 재도약 지원과 활력 제고	• 금융취약계층 새출발 · 재도약 지원 강화 • 연체채권 인수 · 관리 기능 고도화 • 자본시장 협업 기반 유동성 지원 확대 • 기업 맞춤형 경영정상화 지원 활성화
국가자산 민간 활용 증대로 국민 편익 증진	• 국유재산 관리 고도화를 통한 활용 확대 • 국 · 공유재산 개발 · 관리 고도화 • 민간참여 기반 공공개발사업 활성화 • 국가채권 관리 효율성 제고
미래지향 자율혁신체계 구현	• 공공기관 혁신 이행으로 경영 효율성 제고 • 디지털 전환 가속으로 업무생산성 강화 • 적극적 규제혁신과 미래역량 강화 • 재무 · 리스크 관리체계 고도화
ESG 중심 지속가능경영 실현	• 캠코형 탄소중립 ESG 경영 고도화 • 상생협력의 동반성장 환경 조성 • 소통 · 참여를 통한 투명한 기업문화 정착 • 지속가능한 안전 · 보건체계 구축

◇ 인재상

포용하고 존중하는 인재

미래에 도전하는 인재

전문성을 갖춘 인재

◇ 지원자격(공통)

❶ 국가공무원법 제33조 및 한국자산관리공사 인사규정 제15조에 의한 채용 결격사유가 없는 자
❷ 연령 · 전공 · 어학 등 : 제한 없음(단, 연령의 경우 만 60세 미만인 자)
❸ 채용 확정 후 즉시 근무가능한 자

◇ 필기전형

구분	채용분야	내용	출제방식
직업기초능력	6급 고졸 (금융일반)	의사소통능력, 수리능력, 문제해결능력, 정보능력, 조직이해능력	객관식 (100문제)

◇ 면접전형

구분		내용
1차 면접전형	심층면접	• 스피치 자료 작성 및 발표 + 인터뷰 • 직무 · 인성 등 조직적합성 검증
	PT면접	• PT + 질의응답 • 문제해결능력 등 직무수행 역량 검증
2차 면접전형	임원면접	• 인성 및 자질(공직 적격성 등)과 직무 능력을 종합적으로 검증

❖ 위 채용 안내는 2024년 채용공고를 기준으로 작성하였으므로 세부사항은 확정된 채용공고를 확인하기 바랍니다.

2024년 기출분석 ANALYSIS

총평

한국자산관리공사의 6급 고졸채용 필기전형은 PSAT형 중심 피듈형으로 출제되었으며, 난이도는 무난했다는 후기가 많았다. 의사소통능력은 맞춤법 문제의 비중이 컸으며, 수리능력은 응용 수리의 비중이 컸다. 다만, 수리능력에서 복잡한 자료 계산 문제로 신중한 시간 안배가 필요했으므로, 실수 없는 계산과 꼼꼼한 학습을 통해 시간을 효율적으로 분배하는 연습이 필요해 보인다.

◇ 영역별 출제 비중

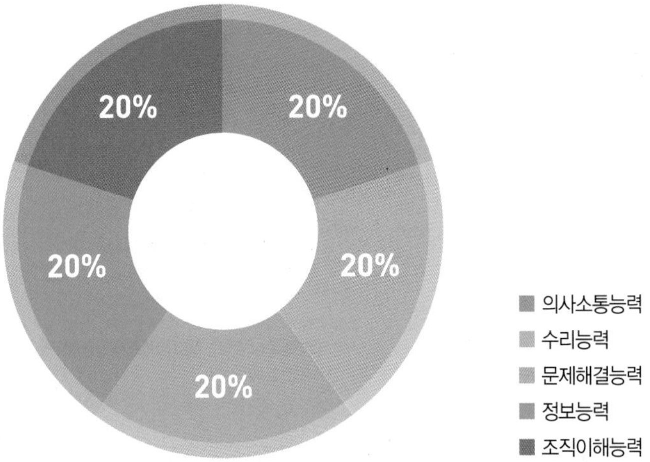

구분	출제 특징	출제 키워드
의사소통능력	• 맞춤법 문제가 출제됨 • 긴 지문 문제가 출제됨	• 한국자산관리공사, 의사소통 등
수리능력	• 응용수리 문제가 출제됨 • 자료 계산 문제가 출제됨	• 거속시, 수열, 최빈값, 확률 등
문제해결능력	• 명제 추론 문제가 출제됨 • SWOT 분석 문제가 출제됨	• 십이지신, 자리 추론 등
정보능력	• 정보 이해 문제가 출제됨	• 단축키, 보이스피싱 등
조직이해능력	• 조직 구조 문제가 출제됨	• 조직 유형 등

PSAT형

| 수리능력

04 다음은 신용등급에 따른 아파트 보증률에 대한 사항이다. 자료와 상황에 근거할 때, 갑(甲)과 을(乙)의 보증료의 차이는 얼마인가?(단, 두 명 모두 대지비 보증금액은 5억 원, 건축비 보증금액은 3억 원이며, 보증서 발급일로부터 입주자 모집공고 안에 기재된 입주 예정 월의 다음 달 말일까지의 해당 일수는 365일이다)

- (신용등급별 보증료)=(대지비 부분 보증료)+(건축비 부분 보증료)
- 신용평가 등급별 보증료율

구분	대지비 부분	건축비 부분				
		1등급	2등급	3등급	4등급	5등급
AAA, AA	0.138%	0.178%	0.185%	0.192%	0.203%	0.221%
A^+		0.194%	0.208%	0.215%	0.226%	0.236%
A^-, BBB^+		0.216%	0.225%	0.231%	0.242%	0.261%
BBB^-		0.232%	0.247%	0.255%	0.267%	0.301%
BB^+ ~CC		0.254%	0.276%	0.296%	0.314%	0.335%
C, D		0.404%	0.427%	0.461%	0.495%	0.531%

※ (대지비 부분 보증료)=(대지비 부분 보증금액)×(대지비 부분 보증료율)×(보증서 발급일로부터 입주자 모집공고 안에 기재된 입주 예정 월의 다음 달 말일까지의 해당 일수)÷365

※ (건축비 부분 보증료)=(건축비 부분 보증금액)×(건축비 부분 보증료율)×(보증서 발급일로부터 입주자 모집공고 안에 기재된 입주 예정 월의 다음 달 말일까지의 해당 일수)÷365

- 기여고객 할인율 : 보증료, 거래기간 등을 기준으로 기여도에 따라 6개 군으로 분류하며, 건축비 부분 요율에서 할인 가능

구분	1군	2군	3군	4군	5군	6군
차감률	0.058%	0.050%	0.042%	0.033%	0.025%	0.017%

〈상황〉

- 갑 : 신용등급은 A^+이며, 3등급 아파트 보증금을 내야 한다. 기여고객 할인율에서는 2군으로 선정되었다.
- 을 : 신용등급은 C이며, 1등급 아파트 보증금을 내야 한다. 기여고객 할인율은 3군으로 선정되었다.

① 554,000원
② 566,000원
③ 582,000원
④ 591,000원
⑤ 623,000원

특징 ▶ 대부분 의사소통능력, 수리능력, 문제해결능력을 중심으로 출제(일부 기업의 경우 자원관리능력, 조직이해능력을 출제)
▶ 자료에 대한 추론 및 해석 능력을 요구

대행사 ▶ 엑스퍼트컨설팅, 커리어넷, 태드솔루션, 한국행동과학연구소(행과연), 휴노 등

모듈형

| 문제해결능력

41 문제해결절차의 문제 도출 단계는 (가)와 (나)의 절차를 거쳐 수행된다. 다음 중 (가)에 대한 설명으로 적절하지 않은 것은?

(가)	→	(나)
전체 문제를 개별화된 이슈들로 세분화		문제에 영향력이 큰 핵심이슈를 선정

① 문제의 내용 및 영향 등을 파악하여 문제의 구조를 도출한다.
② 본래 문제가 발생한 배경이나 문제를 일으키는 메커니즘을 분명히 해야 한다.
③ 현상에 얽매이지 말고 문제의 본질과 실제를 봐야 한다.
④ 눈앞의 결과를 중심으로 문제를 바라봐야 한다.
⑤ 문제 구조 파악을 위해서 Logic Tree 방법이 주로 사용된다.

특징

- 이론 및 개념을 활용하여 푸는 유형
- 채용 기업 및 직무에 따라 NCS 직업기초능력평가 10개 영역 중 선발하여 출제
- 기업의 특성을 고려한 직무 관련 문제를 출제
- 주어진 상황에 대한 판단 및 이론 적용을 요구

대행사

- 인트로맨, 휴스테이션, ORP연구소 등

피듈형(PSAT형 + 모듈형)

| 자원관리능력

07 다음 자료를 근거로 판단할 때, 연구모임 A～E 중 세 번째로 많은 지원금을 받는 모임은?

〈지원계획〉

- 지원을 받기 위해서는 한 모임당 5명 이상 9명 미만으로 구성되어야 한다.
- 기본지원금은 모임당 1,500천 원을 기본으로 지원한다. 단, 상품개발을 위한 모임의 경우는 2,000천 원을 지원한다.
- 추가지원금

등급	상	중	하
추가지원금(천 원/명)	120	100	70

※ 추가지원금은 연구 계획 사전평가결과에 따라 달라진다.

- 협업 장려를 위해 협업이 인정되는 모임에는 위의 두 지원금을 합한 금액의 30%를 별도로 지원한다.

〈연구모임 현황 및 평가결과〉

특징

- 기초 및 응용 모듈을 구분하여 푸는 유형
- 기초인지모듈과 응용업무모듈로 구분하여 출제
- PSAT형보다 난도가 낮은 편
- 유형이 정형화되어 있고, 유사한 유형의 문제를 세트로 출제

대행사

- 사람인, 스카우트, 인크루트, 커리어케어, 트리피, 한국사회능력개발원 등

한국자산관리공사

맞춤법 ▸ 유형

2024년 적중

02 다음 중 밑줄 친 부분의 맞춤법이 옳은 것은?

① 그는 손가락으로 북쪽을 가르켰다.
② 뚝배기에 담겨 나와서 시간이 지나도 식지 않았다.
③ 열심히 하는 것은 좋은데 촛점이 틀렸다.
④ 몸이 너무 약해서 보약을 다려 먹어야겠다.
⑤ 벽을 가득 덮고 있는 덩쿨 덕에 여름 분위기가 난다.

글의 주제 ▸ 유형

2024년 적중

01 다음 글의 주제로 가장 적절한 것은?

> 우리는 주변에서 신호등 음성 안내기, 휠체어 리프트, 점자 블록 등의 장애인 편의 시설을 많이 볼 수 있다. 우리는 이러한 편의 시설을 장애인들이 지니고 있는 국민으로서의 기본 권리를 인정한 것이라는 시각에서 바라보고 있다. 물론, 장애인의 일상생활 보장이라는 측면에서 이 시각은 당연한 것이다. 하지만 또 다른 시각이 필요하다. 그것은 바로 편의 시설이 장애인만을 위한 것이 아니라 일상생활에서 활동에 불편을 겪는 모두를 위한 것이라는 시각이다. 편리하고 안전한 시설은 장애인뿐만 아니라 우리 모두에게 유용하기 때문이다. 예를 들어, 건물의 출입구에 설치되어 있는 경사로는 장애인들의 휠체어만 다닐 수 있도록 설치해 놓은 것이 아니라, 몸이 불편해서 계단을 오르내릴 수 없는 노인이나 유모차를 끌고 다니는 사람들도 편하게 다닐 수 있도록 만들어 놓은 시설이다. 결국 이 경사로는 우리 모두에게 유용한 시설인 것이다.
> 그런 의미에서 근래에 대두되고 있는 '보편적 디자인', 즉 '유니버설 디자인(Universal Design)'이라는 개념은 우리에게 좋은 시사점을 제공해 준다. 보편적 디자인은 가능한 모든 사람이 이용할 수 있도록 제품, 건물, 공간을 디자인한다는 의미를 가지고 있다. 이러한 시각으로 바라본다면 장애인 편의 시설은 우리 모두에게 편리하고 안전한 시설로 인식될 것이다.

① 우리 주변에서는 장애인 편의 시설을 많이 볼 수 있다.
② 보편적 디자인은 근래에 대두되고 있는 중요한 개념이다.
③ 어떤 집단의 사람들이라도 이용할 수 있는 제품을 만들어야 한다.
④ 보편적 디자인이라는 관점에서 장애인 편의 시설을 바라볼 필요가 있다.
⑤ 장애인들의 기본 권리를 보장하기 위해 장애인 편의 시설을 확충해야 한다.

HUG 주택도시보증공사

경제 ▶ 키워드

2024년 적중

05 다음 글의 내용을 통해 추론할 수 없는 것은?

> 공유와 경제가 합쳐진 공유경제는 다양한 맥락에서 정의되는 용어이지만, 공유경제라는 개념은 '소유권(Ownership)'보다는 '접근권(Accessibility)'에 기반을 둔 경제모델을 의미한다. 전통경제에서는 생산을 담당하는 기업들이 상품이나 서비스를 생산하기 위해서 원료, 부품, 장비 등을 사거나 인력을 고용했던 것과 달리, 공유경제에서는 기업뿐만 아니라 개인들도 자산이나 제품이 제공하는 서비스에 대한 접근권의 거래를 통해서 자원을 효율적으로 활용하여 가치를 창출할 수 있다. 소유권의 거래에 기반한 기존 자본주의 시장경제와는 다른 새로운 게임의 법칙이 대두한 것이다.
> 공유경제에서는 온라인 플랫폼이라는 조직화된 가상공간을 통해서 접근권의 거래가 이루어진다. 온라인 플랫폼은 인터넷의 연결성을 기반으로 유휴자산(遊休資産)을 보유하거나 필요로 하는 수많은 소비자와 공급자가 모여서 소통할 수 있는 기반이 된다. 다양한 선호를 가진 이용자들이 거래 상대를 찾는 작업을 사람이 일일이 처리하는 것은 불가능한 일인데, 공유경제 기업들은 고도의 알고리즘을 이용하여 검색, 매칭, 모니터링 등의 거래 과정을 자동화하여 처리한다.
> 공유경제에서 거래되는 유휴자산의 종류는 자동차나 주택에 국한되지 않는다. 개인이나 기업들이 소유한 물적·금전적·지적 자산에 대한 접근권을 온라인 플랫폼을 통해서 거래할 수만 있다면 거의 모든 자산의 거래가 공유경제의 일환이 될 수 있다. 가구, 가전 등의 내구재, 사무실, 공연장, 운동장 등의 물리적 공간, 전문가나 기술자의 지식, 개인들의 여유 시간이나 여유 자금 등이 모두 접근권 거래의 대상이 될 수 있다.

① 기존의 시장경제는 접근권(Accessibility)보다 소유권(Ownership)에 기반을 두었다.
② 공유경제의 등장에는 인터넷의 발달이 중요한 역할을 하였다.
③ 인터넷 등장 이전에는 이용자와 그에 맞는 거래 상대를 찾는 작업을 일일이 처리할 수 없었다.
④ 공유경제에서는 온라인 플랫폼을 통해 거의 모든 자산에 대한 접근권(Accessibility)을 거래할 수 있다.
⑤ 온라인 플랫폼을 통해 자신이 타던 자동차를 판매하여 소유권을 이전하는 것도 공유경제의 일환이 될 수 있다.

확률 ▶ 유형

2024년 적중

06 두 자연수 a, b에 대하여 a가 짝수일 확률은 $\frac{2}{3}$, b가 짝수일 확률은 $\frac{3}{5}$이다. 이때 a와 b의 곱이 짝수일 확률은?

① $\frac{11}{15}$　② $\frac{4}{5}$

③ $\frac{13}{15}$　④ $\frac{14}{15}$

⑤ $\frac{1}{3}$

한국주택금융공사

금리 ▶ 키워드

2024년 적중

02 다음 글의 내용으로 가장 적절한 것은?

> 선물환거래란 계약일로부터 일정시간이 지난 뒤, 특정일에 외환의 거래가 이루어지는 것으로, 현재 약정한 금액으로 미래에 결제하게 되기 때문에 선물환계약을 체결하게 되면, 약정된 결제일까지 매매 쌍방 모두 결제가 이연된다. 선물환거래는 보통 환리스크를 헤지(Hedge)하기 위한 목적으로 이용된다. 예를 들어 1개월 이후 달러로 거래 대금을 수령할 예정인 수출한 기업은 1개월 후 달러를 매각하는 대신 원화를 수령하는 선물환계약을 통해 원/달러 환율변동에 따른 환리스크를 헤지할 수 있다.
>
> 이외에도 선물환거래는 금리차익을 얻는 것과 투기적 목적 등을 가지고 있다. 선물환거래에는 일방적으로 선물환을 매입하는 것 또는 매도 거래만 발생하는 Outright Forward 거래가 있으며, 선물환거래가 스왑거래의 일부분으로써 현물환거래와 같이 발생하는 Swap Forward 거래가 있다. Outright Forward 거래는 만기 때 실물 인수도가 일어나는 일반 선물환거래와 만기 때 실물의 인수 없이 차액만을 정산하는 차액결제선물환(NDF; Non-Deliverable Forward) 거래로 구분된다.
>
> 옵션(Option)이란 거래당사자들이 미리 가격을 정하고, 그 가격으로 미래의 특정시점이나 그 이전에 자산을 사고파는 권리를 매매하는 계약으로, 선도 및 선물, 스왑거래 등과 같은 파생금융상품이다. 옵션은 매입권리가 있는 콜옵션(Call Option)과 매도권리가 있는 풋옵션(Put Option)으로 구분된다. 옵션거래로 매입이나 매도할 수 있는 권리를 가지게 되는 옵션매입자는 시장가격의 변동에 따라 자기에게 유리하거나 불리한 경우를 판단하여, 옵션을 행사하거나 포기할 수도 있다. 옵션매입자는 선택할 권리에 대한 대가로 옵션매도자에게 프리미엄을 지급하고, 옵션매도자는 프리미엄을 받는 대신 옵션매입자가 행사하는 옵션에 따라 발생하는 것에 대해 이해하는 책임을 가진다. 옵션거래의 손해와 이익은 행사가격, 현재가격 및 프리미엄에 의해 결정된다.

① 선물환거래는 투기를 목적으로 사용되기도 한다.
② 선물환거래는 권리를 행사하거나 포기할 수 있다.
③ 옵션은 환율변동 리스크를 해결하는 데 좋은 선택이다.
④ 옵션은 미래에 조건이 바뀌어도 계약한 금액을 지불해야 한다.
⑤ 선물환거래는 행사가격, 현재가격, 프리미엄에 따라 손해와 이익이 발생한다.

속력 ▶ 유형

2024년 적중

02 어떤 공원의 트랙 모양의 산책로를 걷는데 시작 지점에서 서로 반대 방향으로 민주는 분속 40m의 속력으로, 세희는 분속 45m의 속력으로 걷고 있다. 출발한 지 40분 후에 두 사람이 두 번째로 마주치게 된다고 할 때, 산책로의 길이는?

① 1,350m
② 1,400m
③ 1,550m
④ 1,700m
⑤ 1,750m

신용보증기금

경우의 수 ▶ 유형

2024년 적중

07 1, 1, 1, 2, 2, 3을 가지고 여섯 자리 수를 만들 때, 가능한 경우의 수는 모두 몇 가지인가?

① 30가지
② 60가지
③ 120가지
④ 240가지
⑤ 480가지

소수 ▶ 키워드

2024년 적중

12 A씨가 근무하는 K기금은 출근 시 카드 또는 비밀번호를 입력하여야 한다. 어느 날 A씨는 카드를 집에 두고 출근을 하여 비밀번호로 근무지에 출입하고자 한다. 그러나 비밀번호가 잘 기억이 나지 않아 당혹스럽다. 네 자리 숫자의 비밀번호에 대해 다음 〈조건〉이 주어진다면, A씨가 이해한 내용으로 옳지 않은 것은?

조건

- 비밀번호를 구성하고 있는 각 숫자는 소수가 아니다.
- 6과 8 중에서 단 하나만이 비밀번호에 들어간다.
- 비밀번호는 짝수로 시작한다.
- 비밀번호의 각 숫자는 큰 수부터 차례로 나열되어 있다.
- 같은 숫자는 두 번 이상 들어가지 않는다.

① 비밀번호는 짝수이다.
② 비밀번호의 앞에서 두 번째 숫자는 4이다.
③ 단서를 모두 만족하는 비밀번호는 모두 세 가지이다.
④ 비밀번호는 1을 포함하지만 9는 포함하지 않는다.
⑤ 단서를 모두 만족하는 비밀번호 중 가장 작은 수는 6410이다.

도서 200% 활용하기 STRUCTURES

1 기출복원문제로 출제경향 파악

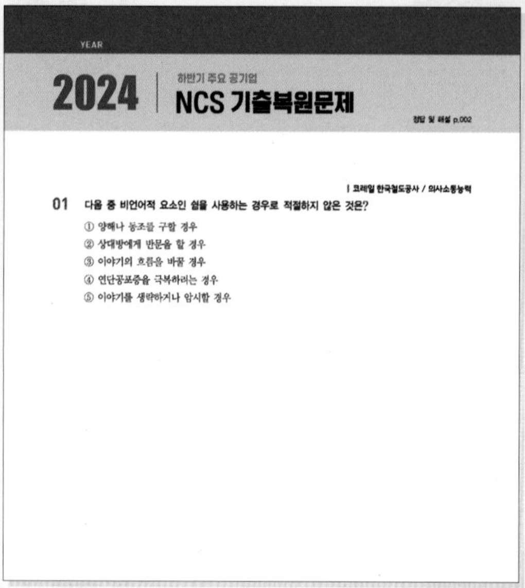

YEAR

2024 하반기 주요 공기업 NCS 기출복원문제

정답 및 해설 p.002

| 코레일 한국철도공사 / 의사소통능력

01 다음 중 비언어적 요소인 쉼을 사용하는 경우로 적절하지 않은 것은?

① 양해나 동조를 구할 경우
② 상대방에게 반문을 할 경우
③ 이야기의 흐름을 바꿀 경우
④ 연단공포증을 극복하려는 경우
⑤ 이야기를 생략하거나 암시할 경우

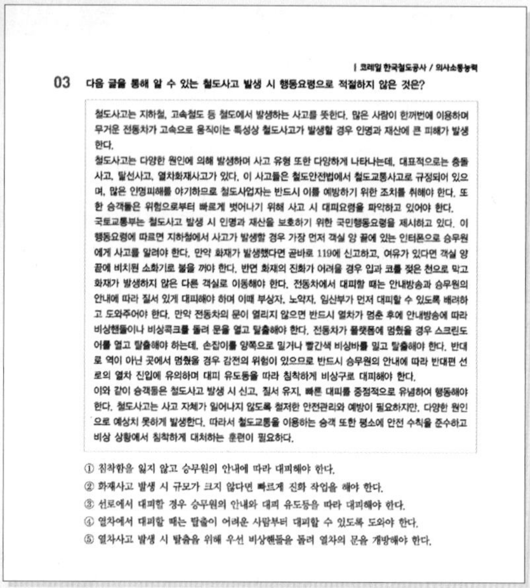

| 코레일 한국철도공사 / 의사소통능력

03 다음 글을 통해 알 수 있는 철도사고 발생 시 행동요령으로 적절하지 않은 것은?

철도사고는 지하철, 고속철도 등 철도에서 발생하는 사고를 뜻한다. 많은 사람이 한꺼번에 이용하며 무거운 전동차가 고속으로 움직이는 특성상 철도사고가 발생할 경우 인명과 재산에 큰 피해가 발생한다.
철도사고는 다양한 원인에 의해 발생하며 사고 유형 또한 다양하게 나타나는데, 대표적으로는 충돌사고, 탈선사고, 열차화재사고가 있다. 이 사고들은 철도안전법에서 철도교통사고로 규정되어 있으며, 많은 인명피해를 야기하므로 철도사업자는 반드시 이를 예방하기 위한 조치를 취해야 한다. 또한 승객들은 위험으로부터 빠르게 벗어나기 위해 사고 시 대피요령을 파악하고 있어야 한다.
국토교통부는 철도사고 발생 시 인명과 재산을 보호하기 위한 국민행동요령을 제시하고 있다. 이 행동요령에 따르면 지하철에서 사고가 발생할 경우 가장 먼저 객실 양 끝에 있는 인터폰으로 승무원에게 사고를 알려야 한다. 만약 화재가 발생했다면 곧바로 119에 신고하고, 여유가 있다면 객실 양 끝에 비치된 소화기로 불을 꺼야 한다. 반면 화재의 진화가 어려울 경우 입과 코를 젖은 천으로 막고 화재가 발생하지 않은 다른 객실로 이동해야 한다. 전동차에서 대피할 때는 안내방송과 승무원의 안내에 따라 질서 있게 대피해야 하며 이때 부상자, 노약자, 임산부가 먼저 대피할 수 있도록 배려하고 도와주어야 한다. 만약 전동차의 문이 열리지 않으면 반드시 열차가 멈춘 후에 안내방송에 따라 비상핸들이나 비상콕크를 돌려 문을 열고 탈출해야 한다. 전동차가 플랫폼에 멈췄을 경우 스크린도어를 열고 탈출해야 하는데, 손잡이를 양쪽으로 밀거나 빨간색 비상바를 밀고 탈출해야 한다. 반대로 역이 아닌 곳에서 멈췄을 경우 감전의 위험이 있으므로 반드시 승무원의 안내에 따라 반대편 선로의 열차 진입에 유의하며 대피 유도등을 따라 침착하게 비상구로 대피해야 한다.
이와 같이 승객들은 철도사고 발생 시 신고, 질서 유지, 빠른 대피를 중점적으로 유념하여 행동해야 한다. 철도사고는 사고 자체가 일어나지 않도록 철저한 안전관리와 예방이 필요하지만, 다양한 원인으로 예상치 못하게 발생한다. 따라서 철도교통을 이용하는 승객 또한 평소에 안전 수칙을 준수하고 비상 상황에서 침착하게 대처하는 훈련이 필요하다.

① 침착함을 잃지 않고 승무원의 안내에 따라 대피해야 한다.
② 화재사고 발생 시 규모가 크지 않다면 빠르게 진화 작업을 해야 한다.
③ 선로에서 대피할 경우 승무원의 안내와 대피 유도등을 따라 대피해야 한다.
④ 열차에서 대피할 때는 탈출이 어려운 사람부터 대피할 수 있도록 도와야 한다.
⑤ 열차사고 발생 시 탈출을 위해 우선 비상핸들을 돌려 열차의 문을 개방해야 한다.

▸ 2024년 하반기 주요 공기업 NCS 기출복원문제를 수록하여 공기업별 NCS 필기 유형을 파악할 수 있도록 하였다.

2 대표기출유형 + 기출응용문제로 NCS 완벽 대비

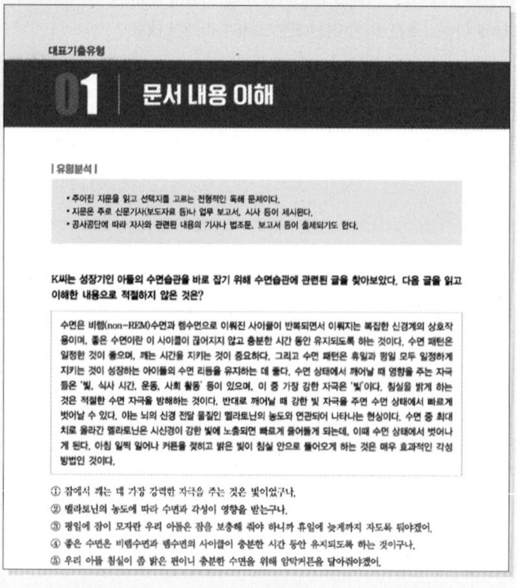

대표기출유형

01 문서 내용 이해

| 유형분석 |

- 주어진 지문을 읽고 선택지를 고르는 전형적인 독해 문제이다.
- 지문은 주로 신문기사(보도자료 등)나 업무 보고서, 시사 등이 제시된다.
- 공사공단에 따라 자사와 관련된 내용의 기사나 법조문, 보고서 등이 출제되기도 한다.

K씨는 성장기인 아들의 수면습관을 바로 잡기 위해 수면습관에 관련된 글을 찾아보았다. 다음 글을 읽고 이해한 내용으로 적절하지 않은 것은?

수면은 비렘(non-REM)수면과 렘수면으로 이뤄진 사이클이 반복되면서 이뤄지는 복잡한 신경계의 상호작용이며, 좋은 수면이란 이 사이클이 끊어지지 않고 충분한 시간 동안 유지되도록 하는 것이다. 수면 패턴은 일정한 것이 좋으며, 깨는 시간을 지키는 것이 중요하다. 그리고 수면 패턴은 휴일과 평일 모두 일정하게 지키는 것이 성장하는 아이들의 수면 리듬을 유지하는 데 좋다. 수면 상태에서 깨어날 때 영향을 주는 자극들은 '빛, 식사 시간, 운동, 사회 활동' 등이 있으며, 이 중 가장 강한 자극은 '빛'이다. 침실을 밝게 하는 것은 적절한 수면 자극을 방해하는 것이다. 반대로 깨어날 때 강한 빛 자극을 주면 수면 상태에서 빠르게 벗어날 수 있다. 이는 뇌의 신경 전달 물질인 멜라토닌의 농도와 연관되어 나타나는 현상이다. 수면 중 최대치로 올라간 멜라토닌은 시신경이 강한 빛에 노출되면 빠르게 줄어들게 되는데, 이때 수면 상태에서 벗어나게 된다. 아침 일찍 일어나 커튼을 젖히고 밝은 빛이 침실 안으로 들어오게 하는 것은 매우 효과적인 각성 방법인 것이다.

① 잠에서 깨는 데 가장 강력한 자극을 주는 것은 빛이었구나.
② 멜라토닌의 농도에 따라 수면과 각성이 영향을 받는구나.
③ 평일에 잠이 모자란 우리 아들은 잠을 보충해 줘야 하니까 휴일에 늦게까지 자도록 둬야겠어.
④ 좋은 수면은 비렘수면과 렘수면의 사이클이 충분한 시간 동안 유지되도록 하는 것이구나.
⑤ 우리 아들 침실이 좀 밝은 편이니 충분한 수면을 위해 암막커튼을 달아줘야겠어.

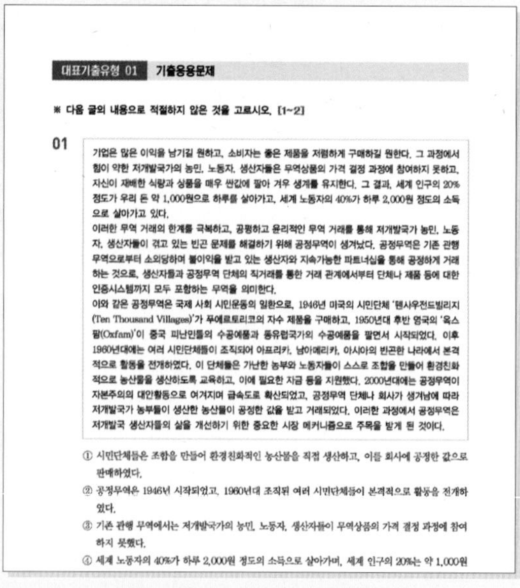

대표기출유형 01 기출응용문제

※ 다음 글의 내용으로 적절하지 않은 것을 고르시오. [1~2]

01
기업은 많은 이익을 남기길 원하고, 소비자는 좋은 제품을 저렴하게 구매하길 원한다. 그 과정에서 힘이 약한 저개발국가의 농민, 노동자, 생산자들은 무역상품의 가격 결정 과정에 참여하지 못하고, 자신이 재배한 식량과 상품을 매우 싼값에 팔아 겨우 생계를 유지한다. 그 결과, 세계 인구의 20% 정도가 우리 돈 약 1,000원으로 하루를 살아가고, 세계 노동자의 40%가 하루 2,000원 정도의 소득으로 살아가고 있다.
이러한 무역 거래의 한계를 극복하고, 공평하고 윤리적인 무역 거래를 통해 저개발국가 농민, 노동자, 생산자들이 겪고 있는 빈곤 문제를 해결하기 위해 공정무역이 생겨났다. 공정무역은 기존 관행 무역으로부터 소외당하며 불이익을 받고 있는 생산자와 지속가능한 파트너십을 통해 공정하게 거래하는 것으로, 생산자들과 공정무역 단체의 직거래를 통한 거래 관계에서부터 단체나 제품 등에 대한 인증시스템까지 모두 포함하는 무역을 의미한다.
이와 같은 공정무역은 국제 사회 시민운동의 일환으로, 1946년 미국의 시민단체 '텐사우전드빌리지(Ten Thousand Villages)'가 푸에르토리코의 자수 제품을 구매하고, 1950년대 후반 영국의 '옥스팜(Oxfam)'이 중국 피난민들의 수공예품과 동유럽국가의 수공예품을 팔면서 시작되었다. 이후 1960년대에는 여러 시민단체들이 조직되어 아프리카, 남아메리카, 아시아의 빈곤한 나라에서 본격적으로 활동을 전개하였다. 이 단체들은 가난한 농부와 노동자들이 스스로 조합을 만들어 환경친화적으로 농산물을 생산하도록 교육하고, 이에 필요한 자금 등을 지원했다. 2000년대에는 공정무역이 자본주의의 대안활동으로 여겨지며 급속도로 확산되었고, 공정무역 단체나 회사가 생겨남에 따라 저개발국가 농부들이 생산한 농산물이 공정한 값을 받고 거래되었다. 이러한 과정에서 공정무역은 저개발국 생산자들의 삶을 개선하기 위한 중요한 시장 메커니즘으로 주목을 받게 된 것이다.

① 시민단체들은 조합을 만들어 환경친화적인 농산물을 직접 생산하고, 이를 회사에 공정한 값으로 판매하였다.
② 공정무역은 1946년 시작되었고, 1960년대 조직된 여러 시민단체들이 본격적으로 활동을 전개하였다.
③ 기존 관행 무역에서는 저개발국가의 농민, 노동자, 생산자들이 무역상품의 가격 결정 과정에 참여하지 못했다.
④ 세계 노동자의 40%가 하루 2,000원 정도의 소득으로 살아가며, 세계 인구의 20%는 약 1,000원

▸ NCS 출제 영역에 대한 대표기출유형&기출응용문제를 수록하여 유형별로 학습할 수 있도록 하였다.

3 최종점검 모의고사 + OMR을 활용한 실전 연습

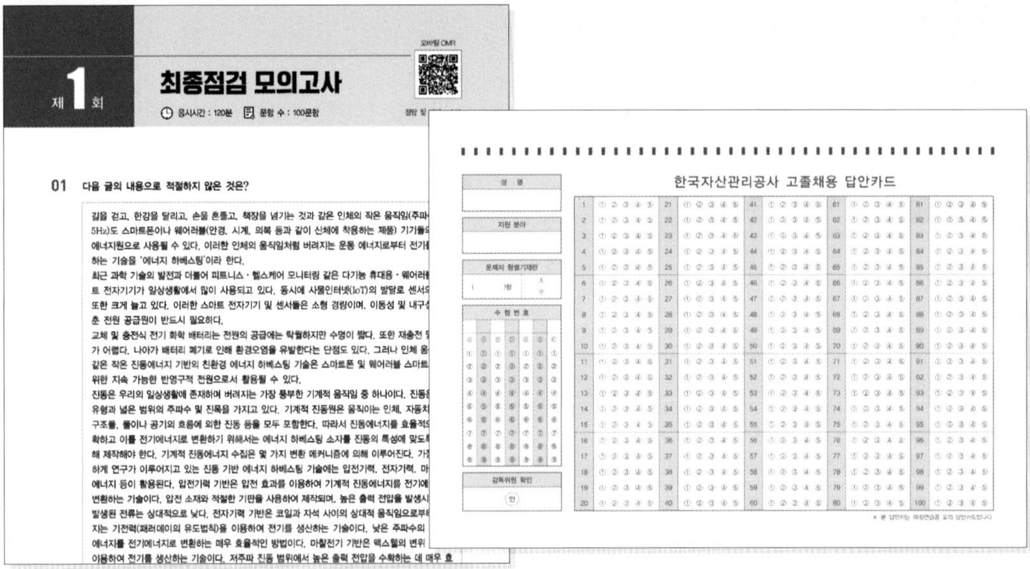

- 철저한 분석을 통해 실제 유형과 유사한 최종점검 모의고사를 수록하여 자신의 실력을 점검할 수 있도록 하였다.
- 모바일 OMR 답안채점/성적분석 서비스를 통해 필기전형에 대비할 수 있도록 하였다.

4 인성검사부터 면접까지 한 권으로 최종 마무리

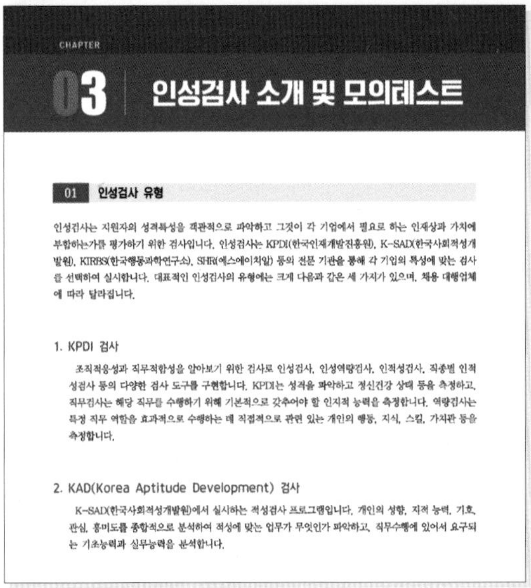

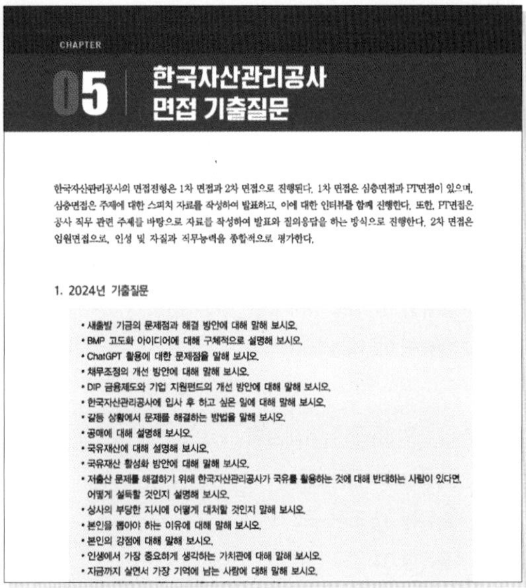

- 인성검사 모의테스트를 수록하여 인성검사 유형 및 문항을 확인할 수 있도록 하였다.
- 한국자산관리공사 면접 기출질문을 수록하여 면접에서 나오는 질문을 미리 파악하고 연습할 수 있도록 하였다.

이 책의 차례 CONTENTS

Add+

2024년 하반기
주요 공기업 NCS 기출복원문제

※ 기출복원문제는 수험생들의 후기를 통해 시대에듀에서 복원한 문제로 실제 문제와 다소 차이가 있을 수 있으며, 본 저작물의 무단전재 및 복제를 금합니다.

2024 하반기 주요 공기업 NCS 기출복원문제

정답 및 해설 p.002

| 코레일 한국철도공사 / 의사소통능력

01 다음 중 비언어적 요소인 쉼을 사용하는 경우로 적절하지 않은 것은?

① 양해나 동조를 구할 경우
② 상대방에게 반문을 할 경우
③ 이야기의 흐름을 바꿀 경우
④ 연단공포증을 극복하려는 경우
⑤ 이야기를 생략하거나 암시할 경우

| 코레일 한국철도공사 / 의사소통능력

02 다음 밑줄 친 부분에 해당하는 키슬러의 대인관계 의사소통 유형은?

> 의사소통 시 <u>이 유형</u>의 사람은 따뜻하고 인정이 많고 자기희생적이나 타인의 요구를 거절하지 못하므로 타인과의 정서적인 거리를 유지하는 노력이 필요하다.

① 지배형
② 사교형
③ 친화형
④ 고립형
⑤ 순박형

03 다음 글을 통해 알 수 있는 철도사고 발생 시 행동요령으로 적절하지 않은 것은?

> 철도사고는 지하철, 고속철도 등 철도에서 발생하는 사고를 뜻한다. 많은 사람이 한꺼번에 이용하며 무거운 전동차가 고속으로 움직이는 특성상 철도사고가 발생할 경우 인명과 재산에 큰 피해가 발생한다.
> 철도사고는 다양한 원인에 의해 발생하며 사고 유형 또한 다양하게 나타나는데, 대표적으로는 충돌사고, 탈선사고, 열차화재사고가 있다. 이 사고들은 철도안전법에서 철도교통사고로 규정되어 있으며, 많은 인명피해를 야기하므로 철도사업자는 반드시 이를 예방하기 위한 조치를 취해야 한다. 또한 승객들은 위험으로부터 빠르게 벗어나기 위해 사고 시 대피요령을 파악하고 있어야 한다.
> 국토교통부는 철도사고 발생 시 인명과 재산을 보호하기 위한 국민행동요령을 제시하고 있다. 이 행동요령에 따르면 지하철에서 사고가 발생할 경우 가장 먼저 객실 양 끝에 있는 인터폰으로 승무원에게 사고를 알려야 한다. 만약 화재가 발생했다면 곧바로 119에 신고하고, 여유가 있다면 객실 양 끝에 비치된 소화기로 불을 꺼야 한다. 반면 화재의 진화가 어려울 경우 입과 코를 젖은 천으로 막고 화재가 발생하지 않은 다른 객실로 이동해야 한다. 전동차에서 대피할 때는 안내방송과 승무원의 안내에 따라 질서 있게 대피해야 하며 이때 부상자, 노약자, 임산부가 먼저 대피할 수 있도록 배려하고 도와주어야 한다. 만약 전동차의 문이 열리지 않으면 반드시 열차가 멈춘 후에 안내방송에 따라 비상핸들이나 비상콕크를 돌려 문을 열고 탈출해야 한다. 전동차가 플랫폼에 멈췄을 경우 스크린도어를 열고 탈출해야 하는데, 손잡이를 양쪽으로 밀거나 빨간색 비상바를 밀고 탈출해야 한다. 반대로 역이 아닌 곳에서 멈췄을 경우 감전의 위험이 있으므로 반드시 승무원의 안내에 따라 반대편 선로의 열차 진입에 유의하며 대피 유도등을 따라 침착하게 비상구로 대피해야 한다.
> 이와 같이 승객들은 철도사고 발생 시 신고, 질서 유지, 빠른 대피를 중점적으로 유념하여 행동해야 한다. 철도사고는 사고 자체가 일어나지 않도록 철저한 안전관리와 예방이 필요하지만, 다양한 원인으로 예상치 못하게 발생한다. 따라서 철도교통을 이용하는 승객 또한 평소에 안전 수칙을 준수하고 비상 상황에서 침착하게 대처하는 훈련이 필요하다.

① 침착함을 잃지 않고 승무원의 안내에 따라 대피해야 한다.
② 화재사고 발생 시 규모가 크지 않다면 빠르게 진화 작업을 해야 한다.
③ 선로에서 대피할 경우 승무원의 안내와 대피 유도등을 따라 대피해야 한다.
④ 열차에서 대피할 때는 탈출이 어려운 사람부터 대피할 수 있도록 도와야 한다.
⑤ 열차사고 발생 시 탈출을 위해 우선 비상핸들을 돌려 열차의 문을 개방해야 한다.

04 다음 글을 읽고 알 수 있는 하향식 읽기 모형의 사례로 적절하지 않은 것은?

> 글을 읽는 것은 단순히 책에 쓰인 문자를 해독하는 것이 아니라 그 안에 담긴 의미를 파악하는 과정이다. 그렇다면 사람들은 어떤 방식으로 글의 의미를 파악할까? 세상의 모든 어휘를 알고 있는 사람은 없을 것이다. 그러나 대부분의 사람들, 특히 고등교육을 받은 성인들은 자신이 잘 모르는 어휘가 있더라도 글의 전체적인 맥락과 의미를 파악할 수 있다. 이를 설명해 주는 것이 바로 하향식 읽기 모형이다.
> 하향식 읽기 모형은 독자가 이미 알고 있는 배경지식과 경험을 바탕으로 글의 전체적인 맥락을 먼저 파악하는 방식이다. 하향식 읽기 모형은 독자의 능동적인 참여를 활용하는 읽기로, 여기서 독자는 단순히 글을 받아들이는 수동적인 존재가 아니라 자신의 지식과 경험을 활용하여 글의 의미를 구성해 나가는 주체적인 역할을 한다. 이때 독자는 글의 내용을 예측하고 추론하며, 심지어 자신의 생각을 더하여 글에 대한 이해를 넓혀갈 수 있다.
> 하향식 읽기 모형의 장점은 빠르고 효율적인 독서가 가능하다는 것이다. 글의 전체적인 맥락을 먼저 파악하기 때문에 글의 핵심 내용을 빠르게 파악할 수 있고, 배경지식을 활용하여 더 깊이 있는 이해를 얻을 수 있다. 또한 예측과 추론을 통한 능동적인 독서는 독서에 대한 흥미를 높여 주는 효과도 있다.
> 그러나 하향식 읽기 모형은 독자의 배경지식에 의존하여 읽는 방법이므로 배경지식이 부족한 경우 글의 의미를 정확하게 파악하기 어려울 수 있으며, 배경지식에 의존하여 오해를 할 가능성도 크다. 또한 글의 내용이 복잡하다면 많은 배경지식을 가지고 있더라도 글의 맥락을 적극적으로 가정하거나 추측하기 어려운 것 또한 하향식 읽기 모형의 단점이 된다.
> 하향식 읽기 모형은 글의 내용을 빠르게 이해하고 독자 스스로 내면화할 수 있으므로 독서 능력 향상에 유용한 방법이다. 그러나 모든 글에 동일하게 적용할 수 있는 읽기 모형은 아니므로 글의 종류와 독자의 배경지식에 따라 적절한 읽기 전략을 사용해야 한다. 따라서 하향식 읽기 모형과 함께 상향식 읽기(문자의 정확한 해독), 주석 달기, 소리 내어 읽기 등 다양한 읽기 전략을 활용하여야 한다.

① 회의 자료를 읽기 전 회의 주제를 먼저 파악하여 회의 안건을 예상하였다.
② 기사의 헤드라인을 먼저 읽어 기사의 내용을 유추한 뒤 상세 내용을 읽었다.
③ 제품 설명서를 읽어 제품의 기능과 각 버튼의 용도를 파악하고 기계를 작동시켰다.
④ 요리법의 전체적인 조리 과정을 파악하고 단계별로 필요한 재료와 순서를 확인하였다.
⑤ 서문이나 목차를 통해 책의 전체적인 흐름을 파악하고 관심 있는 부분을 집중적으로 읽었다.

| 코레일 한국철도공사 / 수리능력

05 농도가 15%인 소금물 200g과 농도가 20%인 소금물 300g을 섞었을 때, 섞인 소금물의 농도는?

① 17%
② 17.5%
③ 18%
④ 18.5%
⑤ 19%

| 코레일 한국철도공사 / 수리능력

06 남직원 A ~ C, 여직원 D ~ F 6명이 일렬로 앉고자 한다. 여직원끼리 인접하지 않고, 여직원 D와 남직원 B가 서로 인접하여 앉는 경우의 수는?

① 12가지
② 20가지
③ 40가지
④ 60가지
⑤ 120가지

| 코레일 한국철도공사 / 수리능력

07 다음과 같이 일정한 규칙으로 수를 나열할 때 빈칸에 들어갈 수로 옳은 것은?

−23	−15	−11	5	13	25	( )	45	157	65

① 49
② 53
③ 57
④ 61
⑤ 65

08 다음은 K시의 유치원, 초 · 중 · 고등학교, 고등교육기관의 취학률 및 초 · 중 · 고등학교의 상급학교 진학률에 대한 자료이다. 이에 대한 설명으로 옳지 않은 것은?

〈유치원, 초 · 중 · 고등학교, 고등교육기관 취학률〉

(단위 : %)

구분	2014년	2015년	2016년	2017년	2018년	2019년	2020년	2021년	2022년	2023년
유치원	45.8	45.2	48.3	50.6	51.6	48.1	44.3	45.8	49.7	52.8
초등학교	98.7	99	98.6	98.9	99.3	99.6	98.1	98.1	99.5	99.9
중학교	98.5	98.6	98.1	98	98.9	98.5	97.1	97.6	97.5	98.2
고등학교	95.3	96.9	96.2	95.4	96.2	94.7	92.1	93.7	95.2	95.6
고등교육기관	65.6	68.9	64.9	66.2	67.5	69.2	70.8	71.7	74.3	73.5

〈초 · 중 · 고등학교 상급학교 진학률〉

(단위 : %)

구분	2014년	2015년	2016년	2017년	2018년	2019년	2020년	2021년	2022년	2023년
초등학교	100	100	100	100	100	100	100	100	100	100
중학교	99.7	99.7	99.7	99.7	99.7	99.7	99.7	99.7	99.7	99.6
고등학교	93.5	91.8	90.2	93.2	91.7	90.5	91.4	92.6	93.9	92.8

① 중학교의 취학률은 매년 97% 이상이다.
② 매년 취학률이 가장 높은 기관은 초등학교이다.
③ 고등교육기관의 취학률이 70%를 넘긴 해는 2020년부터이다.
④ 2023년에 중학교에서 고등학교로 진학하지 않은 학생의 비율은 전년 대비 감소하였다.
⑤ 고등교육기관의 취학률이 가장 낮은 해와 고등학교의 상급학교 진학률이 가장 낮은 해는 같다.

09 다음은 A기업과 B기업의 2024년 1～6월 매출액에 대한 자료이다. 이를 그래프로 옮겼을 때의 개형으로 옳은 것은?

〈2024년 1～6월 A, B기업 매출액〉

(단위 : 억 원)

구분	2024년 1월	2024년 2월	2024년 3월	2024년 4월	2024년 5월	2024년 6월
A기업	307.06	316.38	315.97	294.75	317.25	329.15
B기업	256.72	300.56	335.73	313.71	296.49	309.85

①
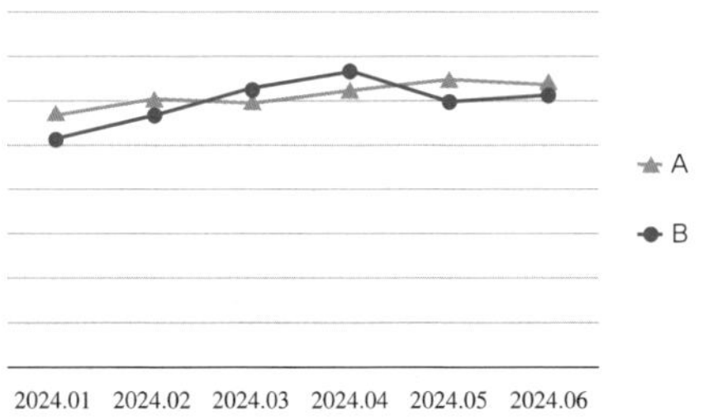

②
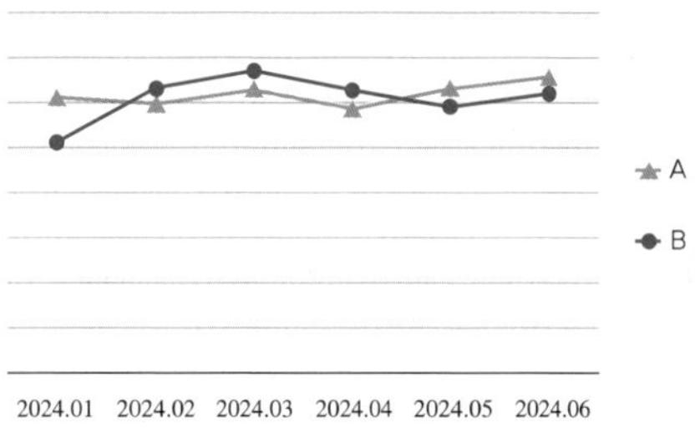

③
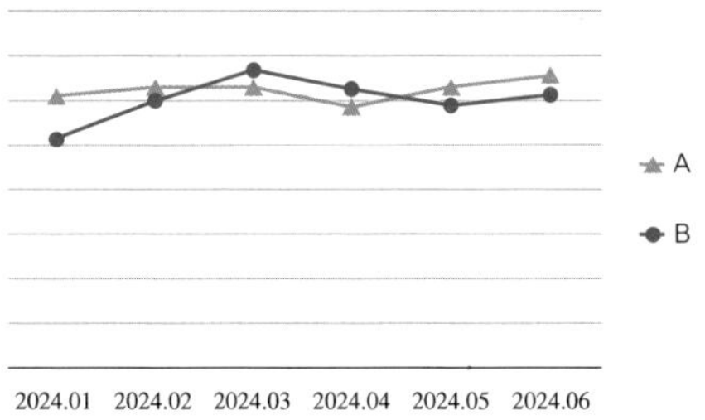

④
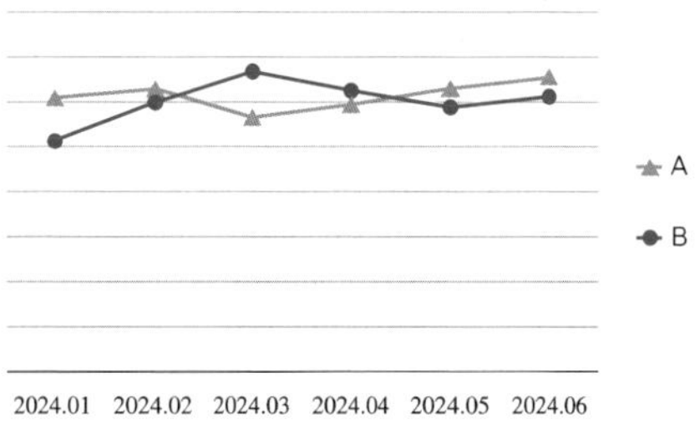

⑤
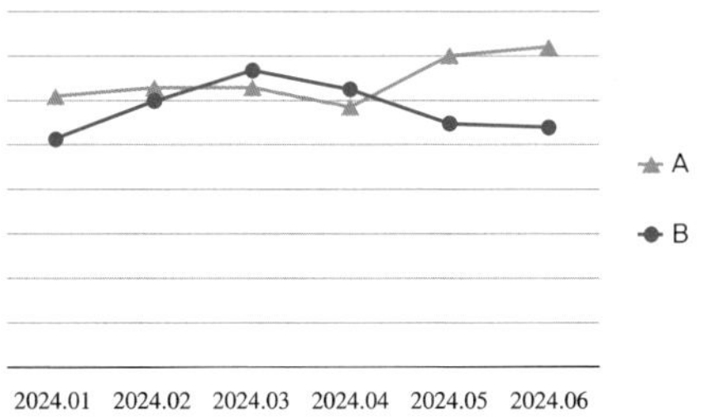

10 다음은 스마트 팜을 운영하는 K사에 대한 SWOT 분석 결과이다. 이에 따른 전략이 나머지와 다른 것은?

〈K사 스마트 팜 SWOT 분석 결과〉

구분		분석 결과
내부환경요인	강점(Strength)	• 차별화된 기술력 : 기존 스마트 팜 솔루션과 차별화된 센서 기술, AI 기반 데이터 분석 기술 보유 • 젊고 유연한 조직 : 빠른 의사결정과 시장 변화에 대한 적응력 • 정부 사업 참여 경험 : 스마트 팜 관련 정부 사업 참여 가능성
	약점(Weakness)	• 자금 부족 : 연구개발, 마케팅 등에 필요한 자금 확보 어려움 • 인력 부족 : 다양한 분야의 전문 인력 확보 필요 • 개발력 부족 : 신규 기술 개발 속도 느림
외부환경요인	기회(Opportunity)	• 스마트 팜 시장 성장 : 스마트 팜에 대한 관심 증가와 이에 따른 정부의 적극적인 지원 • 해외 시장 진출 가능성 : 글로벌 스마트 팜 시장 진출 기회 확대 • 활발한 관련 연구 : 스마트 팜 관련 공동연구 및 포럼, 설명회 등 정보 교류가 활발하게 논의
	위협(Threat)	• 경쟁 심화 : 후발 주자의 등장과 기존 대기업의 시장 장악 가능성 • 기술 변화 : 빠르게 변화하는 기술 트렌드에 대한 대응 어려움 • 자연재해 : 기후 변화 등 예측 불가능한 자연재해로 인한 피해 가능성

① 정부 지원을 바탕으로 연구개발에 필요한 자금을 확보

② 스마트 팜 관련 공동연구에 참가하여 빠르게 신규 기술을 확보

③ 스마트 팜에 대한 높은 관심을 바탕으로 온라인 펀딩을 통해 자금을 확보

④ 포럼 등 설명회에 적극적으로 참가하여 전문 인력 확충을 위한 인맥을 확보

⑤ 스마트 팜 관련 정부 사업 참여 경험을 바탕으로 정부의 적극적인 지원을 확보

11 다음 대화에서 공통적으로 나타나는 논리적 오류로 가장 적절한 것은?

A : 반려견 출입 금지라고 쓰여 있는 카페에 갔는데 거절당했어. 반려견 출입 금지면 고양이는 괜찮은 거 아니야?
B : 어제 직장동료가 "조심히 들어가세요."라고 했는데 집에 들어갈 때만 조심하라는 건가?
C : 친구가 비가 와서 우울하다고 했는데, 비가 안 오면 행복해지겠지?
D : 이웃을 사랑하라는 선생님의 가르침을 실천하기 위해 사기를 저지른 이웃을 숨겨 주었어.
E : 의사가 건강을 위해 채소를 많이 먹으라고 하던데 앞으로는 채소만 먹으면 되겠어.
F : 긍정적인 생각을 하면 좋은 일이 생기니까 아무리 나쁜 일이 있어도 긍정적으로만 생각하면 될 거야.

① 무지의 오류
② 연역법의 오류
③ 과대해석의 오류
④ 허수아비 공격의 오류
⑤ 권위나 인신공격에 의존한 논증

12 A～E열차를 운행거리가 가장 긴 순서대로 나열하려고 한다. 운행시간 및 평균 속력이 다음과 같을 때, C열차는 몇 번째로 운행거리가 긴 열차인가?(단, 열차 대기시간은 고려하지 않는다)

〈A～E열차 운행시간 및 평균 속력〉

구분	운행시간	평균 속력
A열차	900분	50m/s
B열차	10시간 30분	150km/h
C열차	8시간	55m/s
D열차	720분	2.5km/min
E열차	10시간	2.7km/min

① 첫 번째
② 두 번째
③ 세 번째
④ 네 번째
⑤ 다섯 번째

| 코레일 한국철도공사 / 문제해결능력

13 다음 글에서 나타난 문제해결 절차의 단계로 가장 적절한 것은?

K대학교 기숙사는 최근 학생들의 불만이 끊이지 않고 있다. 특히, 식사의 질이 낮고, 시설이 노후화되었으며, 인터넷 연결 상태가 불안정하다는 의견이 많았다. 이에 K대학교 기숙사 운영위원회는 문제해결을 위해 긴급회의를 소집했다.
회의에서 학생 대표들은 식단의 다양성 부족, 식재료의 신선도 문제, 식당 내 위생 상태 불량 등을 지적했다. 또한, 시설 관리 담당자는 건물 외벽의 균열, 낡은 가구, 잦은 누수 현상 등 시설 노후화 문제를 강조했다. IT 담당자는 기숙사 내 와이파이 연결 불안정, 인터넷 속도 저하 등 통신환경 문제를 제기했다.
운영위원회는 이러한 다양한 의견을 종합하여 문제를 더욱 구체적으로 분석하기로 결정했다. 먼저, 식사 문제의 경우 학생들의 식습관 변화에 따른 메뉴 구성의 문제점, 식자재 조달 과정의 비효율성, 조리 시설의 부족 등의 문제점을 파악했다. 시설 문제는 건물의 노후화로 인한 안전 문제, 에너지 효율 저하, 학생들의 편의성 저하 등으로 세분화했다. 마지막으로, 통신환경 문제는 기존 네트워크 장비의 노후화, 학생 수 증가에 따른 네트워크 부하 증가 등의 세부 문제가 제시되었다.

① 문제 인식
② 문제 도출
③ 원인 분석
④ 해결안 개발
⑤ 실행 및 평가

| 한국전력공사 / 의사소통능력

14 다음 중 빈칸에 들어갈 단어로 가장 적절한 것은?

감사원의 조사 결과 J공사는 공공사업을 위해 투입된 세금을 본래의 목적에 사용하지 않고 무단으로 ______했음이 밝혀졌다.

① 전용(轉用)
② 남용(濫用)
③ 적용(適用)
④ 활용(活用)
⑤ 준용(遵用)

15 다음 중 비행을 하기 위한 시조새의 신체 조건으로 가장 적절한 것은?

> 시조새(Archaeopteryx)는 약 1억 5천만 년 전 중생대 쥐라기 시대에 살았던 고대 생물로, 조류와 공룡의 중간 단계에 위치한 생물이다. 1861년 독일 바이에른 지방에 있는 졸른호펜 채석장에서 화석이 발견된 이후, 시조새는 조류의 기원과 공룡에서 새로의 진화 과정을 밝히는 데 중요한 단서를 제공해 왔다. '시조(始祖)'라는 이름에서 알 수 있듯이 시조새는 현대 조류의 조상으로 여겨지며 고생물학계에서 매우 중요한 연구 대상으로 취급된다.
>
> 시조새는 오늘날의 새와는 여러 가지 차이점이 있다. 이빨이 있는 부리, 긴 척추뼈로 이루어진 꼬리, 그리고 날개에 있는 세 개의 갈고리 발톱은 공룡의 특징을 잘 보여준다. 비록 현대 조류처럼 가슴뼈가 비행에 최적화된 형태로 발달되지는 않았지만, 갈비뼈와 팔에 강한 근육이 붙어있어 짧은 거리를 활강하거나 나뭇가지 사이를 오르내리며 이동할 수 있었던 것으로 추정된다.
>
> 한편, 시조새는 비대칭형 깃털을 가진 최초의 동물 중 하나로, 이는 비행을 하기에 적합한 형태이다. 시조새의 깃털은 현대의 날 수 있는 조류처럼 바람을 맞는 곳의 깃털은 짧고, 뒤쪽은 긴 형태인데, 이러한 비대칭형 깃털은 양력을 제공해 짧은 거리의 활강을 가능하게 했으며, 새의 조상으로서 비행의 초기 형태를 보여준다. 이로 인해 시조새는 공룡에서 새로 이어지는 진화 과정을 이해하는 데 있어 중요한 생물학적 증거로 여겨지고 있다.
>
> 시조새의 화석 연구는 당시의 생태계에 대한 정보도 제공하고 있다. 시조새는 열대 우림이나 활엽수림 근처에서 생활하며 나뭇가지를 오르내렸을 가능성이 큰 것으로 추정된다. 시조새의 이동 방식에 대해서는 여러 가설이 존재하지만, 짧은 거리의 활강을 통해 먹이를 찾고 이동했을 것이라는 주장이 유력하다.
>
> 결론적으로 시조새는 공룡과 새의 특성을 모두 가진 중간 단계의 생물로, 진화의 과정을 이해하는 데 핵심적인 역할을 한다. 시조새의 다양한 신체적 특징들은 공룡에서 새로 이어지는 진화의 연결고리를 보여주며, 조류 비행의 기원을 이해하는 중요한 증거로 평가된다.

① 날개 사이에 근육질의 익막이 있다.

② 날개에는 세 개의 갈고리 발톱이 있다.

③ 날개의 깃털이 비대칭 구조로 형성되어 있다.

④ 척추뼈가 꼬리까지 이어지는 유선형 구조이다.

⑤ 현대 조류처럼 가슴뼈가 비행에 최적화된 구조이다.

16 다음 글의 주제로 가장 적절한 것은?

사람들에게 의학을 대표하는 인물을 물어본다면 대부분 히포크라테스(Hippocrates)를 떠올릴 것이다. 히포크라테스는 당시 신의 징벌이나 초자연적인 힘으로 생각되었던 질병을 관찰을 통해 자연적 현상으로 이해하였고, 당시 마술이나 철학으로 여겨졌던 의학을 분리하였다. 이에 따라 의사라는 직업이 과학적인 기반 위에 만들어지게 되었다. 현재에는 의학의 아버지로 불리며 히포크라테스 선서라고 불리는 의사의 윤리적 기준을 저술한 것으로 알려져 있다. 이처럼 히포크라테스는 서양의학의 상징으로 받아들여지지만, 서양의학에 절대적인 영향을 준 사람은 클라우디오스 갈레노스(Claudius Galenus)이다.

갈레노스는 로마 시대 검투사 담당의에서 황제 마르쿠스 아우렐리우스의 주치의로 활동한 의사로, 해부학, 생리학, 병리학에 걸친 방대한 의학체계를 집대성하여 이후 1,000년 이상 서양의학의 토대를 닦았다. 당시에는 인체의 해부가 금지되어 있었기 때문에 갈레노스는 원숭이, 돼지 등을 사용하여 해부학적 지식을 쌓았으며, 임상 실험을 병행하여 의학적 지식을 확립하였다. 이러한 해부 및 실험을 통해 갈레노스는 여러 장기의 기능을 밝히고, 근육과 뼈를 구분하였으며, 심장의 판막이나 정맥과 동맥의 차이점 등을 밝혀내거나, 혈액이 혈관을 통해 신체 말단까지 퍼져나가며 신진대사를 조절하는 물질을 운반한다고 밝혀냈다. 물론 갈레노스도 히포크라테스가 주장한 4원소에 따른 4체액설(혈액, 담즙, 황담즙, 흑담즙)을 믿거나 피를 뽑아 치료하는 사혈법을 주장하는 등 현대 의학과는 거리가 있지만, 당시에 의학 이론을 해부와 실험을 통해 증명하고 방대한 저술을 남겼다는 놀라운 업적을 가지고 있으며, 이것이 실제로 가장 오랫동안 서양의학을 실제로 지배하는 토대가 되었다.

① 갈레노스의 생애와 의학의 발전
② 고대에서 현대까지 해부학의 발전 과정
③ 히포크라테스 선서에 의한 전문직의 도덕적 기준
④ 히포크라테스와 갈레노스가 서양의학에 끼친 영향과 중요성
⑤ 히포크라테스와 갈레노스의 4체액설이 현대 의학에 끼친 영향

17 다음 중 제시된 단어와 가장 비슷한 단어는?

비상구

① 진입로 ② 출입구
③ 돌파구 ④ 여울목
⑤ 탈출구

| 한국전력공사 / 수리능력

18 A열차가 어떤 터널을 진입하고 5초 후 B열차가 같은 터널에 진입하였다. 그로부터 5초 후 B열차가 터널을 빠져나왔고 5초 후 A열차가 터널을 빠져나왔다. A열차가 터널을 빠져나오는 데 걸린 시간이 14초일 때, B열차는 A열차보다 몇 배 빠른가?(단, A열차와 B열차 모두 속력의 변화는 없으며, 두 열차의 길이는 서로 같다)

① 2배 ② 2.5배
③ 3배 ④ 3.5배
⑤ 4배

| 한국전력공사 / 수리능력

19 A팀은 5일부터 5일마다 회의실을 사용하고, B팀은 4일부터 4일마다 회의실을 사용하기로 하였으며, 두 팀이 사용하고자 하는 날이 겹칠 경우에는 A, B팀이 번갈아가며 사용하기로 하였다. 어느 날 A팀과 B팀이 사용하고자 하는 날이 겹쳤을 때, 겹친 날을 기준으로 A팀이 9번, B팀이 8번 회의실을 사용했다면, 이때까지 A팀은 회의실을 최대 몇 번 이용하였는가?(단, 회의실 사용일이 첫 번째로 겹친 날에는 A팀이 먼저 사용하였으며, 회의실 사용일은 주말 및 공휴일도 포함한다)

① 61회 ② 62회
③ 63회 ④ 64회
⑤ 65회

20 다음 모스 굳기 10단계에 해당하는 광물 A ~ C가 〈조건〉을 만족할 때, 이에 대한 설명으로 옳은 것은?

〈모스 굳기 10단계〉

단계	1단계	2단계	3단계	4단계	5단계
광물	활석	석고	방해석	형석	인회석
단계	6단계	7단계	8단계	9단계	10단계
광물	정장석	석영	황옥	강옥	금강석

- 모스 굳기 단계의 단계가 낮을수록 더 무른 광물이고, 단계가 높을수록 단단한 광물이다.
- 단계가 더 낮은 광물로 단계가 더 높은 광물을 긁으면 긁힘 자국이 생기지 않는다.
- 단계가 더 높은 광물로 단계가 더 낮은 광물을 긁으면 긁힘 자국이 생긴다.

조건

- 광물 A로 광물 B를 긁으면 긁힘 자국이 생기지 않는다.
- 광물 A로 광물 C를 긁으면 긁힘 자국이 생긴다.
- 광물 B로 광물 C를 긁으면 긁힘 자국이 생긴다.
- 광물 B는 인회석이다.

① 광물 C는 석영이다.
② 광물 A는 방해석이다.
③ 광물 A가 가장 무르다.
④ 광물 B가 가장 단단하다.
⑤ 광물 B는 모스 굳기 단계가 7단계 이상이다.

21 J공사는 지방에 있는 지점 사무실을 공유 오피스로 이전하고자 한다. 다음 사무실 이전 조건을 참고할 때, 〈보기〉 중 이전할 오피스로 가장 적절한 곳은?

〈사무실 이전 조건〉

- 지점 근무 인원 : 71명
- 사무실 예상 이용 기간 : 5년
- 교통 조건 : 역이나 버스 정류장에서 도보 10분 이내
- 시설 조건 : 자사 홍보영상 제작을 위한 스튜디오 필요, 회의실 필요
- 비용 조건 : 다른 조건이 모두 가능한 공유 오피스 중 가장 저렴한 곳(1년 치 비용 선납 가능)

보기

구분	가용 인원수	보유시설	교통 조건	임대비용
A오피스	100인	라운지, 회의실, 스튜디오, 복사실, 탕비실	A역에서 도보 8분	1인당 연간 600만 원
B오피스	60인	회의실, 스튜디오, 복사실	B정류장에서 도보 5분	1인당 월 40만 원
C오피스	100인	라운지, 회의실, 스튜디오	C역에서 도보 7분	월 3,600만 원
D오피스	90인	회의실, 복사실, 탕비실	D정류장에서 도보 4분	월 3,500만 원 (1년 치 선납 시 8% 할인)
E오피스	80인	라운지, 회의실, 스튜디오	E역과 연결된 사무실	월 3,800만 원 (1년 치 선납 시 10% 할인)

① A오피스
② B오피스
③ C오피스
④ D오피스
⑤ E오피스

※ 다음은 에너지바우처 사업에 대한 자료이다. 이어지는 질문에 답하시오. [22~23]

〈에너지바우처〉

1. 에너지바우처란?

국민 모두가 시원한 여름, 따뜻한 겨울을 보낼 수 있도록 에너지 취약계층을 위해 에너지바우처(이용권)를 지급하여 전기, 도시가스, 지역난방, 등유, LPG, 연탄을 구입할 수 있도록 지원하는 제도

2. 신청대상 : 소득기준과 세대원 특성기준을 모두 충족하는 세대

- 소득기준 : 국민기초생활 보장법에 따른 생계급여 / 의료급여 / 주거급여 / 교육급여 수급자
- 세대원 특성기준 : 주민등록표 등본상 기초생활수급자(본인) 또는 세대원이 다음 중 어느 하나에 해당하는 경우
  - 노인 : 65세 이상
  - 영유아 : 7세 이하의 취학 전 아동
  - 장애인 : 장애인복지법에 따라 등록한 장애인
  - 임산부 : 임신 중이거나 분만 후 6개월 미만인 여성
  - 중증질환자, 희귀질환자, 중증난치질환자 : 국민건강보험법 시행령에 따라 보건복지부장관이 정하여 고시하는 중증질환, 희귀질환, 중증난치질환을 가진 사람
  - 한부모가족 : 한부모가족지원법에 따른 '모' 또는 '부'로서 아동인 자녀를 양육하는 사람
  - 소년소녀가정 : 보건복지부에서 정한 아동분야 지원대상에 해당하는 사람(아동복지법에 의한 가정위탁보호 아동 포함)
- 지원 제외 대상 : 세대원 모두가 보장시설 수급자
- 다음의 경우 동절기 에너지바우처 중복 지원 불가
  - 긴급복지지원법에 따라 동절기 연료비를 지원받은 자(세대)
  - 한국에너지공단의 등유바우처를 발급받은 자(세대)
  - 한국광해광업공단의 연탄쿠폰을 발급받은 자(세대)

  ※ 하절기 에너지바우처를 사용한 수급자가 동절기에 위 사업들을 신청할 경우 동절기 에너지바우처를 중지 처리한 후 신청(중지사유 : 타동절기 에너지이용권 수급)

  ※ 단, 동절기 에너지바우처를 일부 사용한 경우 위 사업들은 신청 불가

3. 바우처 지원금액

구분	1인 세대	2인 세대	3인 세대	4인 이상 세대
하절기	55,700원	73,800원	90,800원	117,000원
동절기	254,500원	348,700원	456,900원	599,300원
총액	310,200원	422,500원	547,700원	716,300원

4. 지원방법

- 요금차감
  - 하절기 : 전기요금 고지서에서 요금을 자동으로 차감
  - 동절기 : 도시가스 / 지역난방 중 하나를 선택하여 고지서에서 요금을 자동으로 차감
- 실물카드 : 동절기 도시가스, 등유, LPG, 연탄을 실물카드(국민행복카드)로 직접 결제

22 **다음 중 에너지바우처에 대한 설명으로 옳지 않은 것은?**

① 36개월의 아이가 있는 의료급여 수급자 A는 에너지바우처를 신청할 수 있다.
② 혼자서 아이를 3명 키우는 교육급여 수급자 B는 1년에 70만 원을 넘게 지원받을 수 있다.
③ 보장시설인 양로시설에 살면서 생계급여를 받는 70세 독거노인 C는 에너지바우처를 신청할 수 있다.
④ 에너지바우처 기준을 충족하는 D는 겨울에 연탄보일러를 사용하므로 실물카드를 받는 방법으로 지원을 받아야 한다.
⑤ 희귀질환을 앓고 있는 어머니와 함께 단둘이 사는 생계급여 수급자 E는 에너지바우처를 통해 여름에 전기비에서 73,800원이 차감될 것이다.

23 **다음은 A, B가족의 에너지바우처 정보이다. A, B가족이 올해 에너지바우처를 통해 지원받는 금액의 총합은 얼마인가?**

〈A, B가족의 에너지바우처 정보〉

구분	세대 인원	소득기준	세대원 특성기준	특이사항
A가족	5명	의료급여 수급자	영유아 2명	연탄쿠폰 발급받음
B가족	2명	생계급여 수급자	소년소녀가정	지역난방 이용

① 190,800원
② 539,500원
③ 948,000원
④ 1,021,800원
⑤ 1,138,800원

| 한국전력공사 / 정보능력

24 다음 C 프로그램을 실행하였을 때의 결과로 옳은 것은?

```
#include <stdio.h>
int main() {
    int result=0;
    while (result<2) {
        result=result+1;
        printf("%d₩n",result);
        result=result-1;
    }
}
```

① 실행되지 않는다.

② 0
1

③ 0
−1

④ 1
1

⑤ 1이 무한히 출력된다.

| 한국전력공사 / 정보능력

25 다음은 A국과 B국의 물가지수 동향에 대한 자료이다. [E2] 셀에 「=ROUND(D2, −1)」를 입력하였을 때, 출력되는 값은?

〈A, B국 물가지수 동향〉

	A	B	C	D	E
1		A국	B국	평균 판매지수	
2	2024년 1월	122.313	112.36	117.3365	
3	2024년 2월	119.741	110.311	115.026	
4	2024년 3월	117.556	115.379	116.4675	
5	2024년 4월	124.739	118.652	121.6955	
6	⋮	⋮	⋮	⋮	
7					

① 100
② 105
③ 110
④ 115
⑤ 120

26 다음 중 빈칸에 들어갈 내용으로 가장 적절한 것은?

> 주의력 결핍 과잉행동장애(ADHD)는 학령기 아동에게 흔히 나타나는 질환으로, 주의력 결핍, 과잉행동, 충동성의 증상을 보인다. 이는 아동의 학교 및 가정생활에 큰 영향을 미치며, 적절한 치료와 관리가 필요하다. ADHD의 원인은 신경화학적 요인과 유전적 요인이 복합적으로 작용하는 것으로 여겨진다. 도파민과 노르에피네프린 같은 신경전달물질의 불균형이 주요 원인으로 지목되며, 가족력이 있는 경우 ADHD 발병 확률이 높아진다. 연구에 따르면, ADHD는 상당한 유전적 연관성을 보이며, 부모나 형제 중에 ADHD를 가진 사람이 있을 경우 그 위험이 증가한다.
> 환경적 요인도 ADHD 발병에 영향을 미칠 수 있다. 임신 중 음주, 흡연, 약물 사용 등이 위험을 높일 수 있으며, 조산이나 저체중 출산도 연관성이 있다. 이러한 환경적 요인들은 태아의 뇌 발달에 영향을 미쳐 ADHD 발병 가능성을 증가시킬 수 있다. 그러나 이러한 요인들이 단독으로 ADHD를 유발하는 것은 아니며, 다양한 요인이 복합적으로 작용하여 증상이 나타난다.
> ADHD 치료는 약물요법과 비약물요법으로 나뉜다. 약물요법에서는 메틸페니데이트 같은 중추신경자극제가 널리 사용된다. 이 약물은 도파민과 노르에피네프린의 재흡수를 억제해 증상을 완화한다. 이러한 약물은 주의력 향상과 충동성 감소에 효과적이며, 많은 연구에서 그 효능이 입증되었다. 비약물요법으로는 행동개입 요법과 심리사회적 프로그램이 있다. 이는 구조화된 환경에서 집중을 방해하는 요소를 최소화하고, 연령에 맞는 개입방법을 적용한다. 예를 들어, 학령기 아동에게는 그룹 부모훈련과 교실 내 행동개입 프로그램이 추천된다.
> 가정에서는 부모가 아이가 해야 할 일을 목록으로 작성하도록 돕고, 한 번에 한 가지씩 처리하도록 지도해야 한다. 특히 아이의 바람직한 행동에는 칭찬하고, 잘못된 행동에는 책임을 지도록 하는 것이 중요하다. 이러한 방법은 아이의 자존감을 높이고 긍정적인 행동을 강화하는 데 도움이 된다. 학교에서는 과제를 짧게 나누고, 수업이 지루하지 않도록 하며, 규칙과 보상을 일관되게 유지해야 한다. 교사는 ADHD 아동이 주의가 산만해질 수 있는 환경적 요소를 제거하고, 많은 격려와 칭찬을 통해 학습 동기를 유발해야 한다.
> ADHD는 완치가 어려운 만성 질환이지만 적절한 치료와 관리를 통해 증상을 개선할 수 있다. 약물치료와 비약물 치료를 병행하고 가정과 학교에서 적절한 지원이 이루어지면 ADHD 아동도 건강하고 행복한 삶을 영위할 수 있다. 결론적으로, ADHD는 ____________________
> 따라서 다양한 원인에 부합하는 맞춤형 치료와 환경 조성을 통해 아동의 잠재력을 최대한 발휘할 수 있도록 지원해야 한다. 이는 아동이 자신의 능력을 충분히 발휘하고 성공적인 삶을 살아가는 데 중요한 역할을 한다.

① 완벽한 치료가 불가능한 불치병이다.
② 약물 치료를 통해 쉽게 치료가 가능하다.
③ 다양한 원인이 복합적으로 작용하는 질환이다.
④ 아동에게 적극적으로 개입해 충동성을 감소시켜야 하는 질환이다.

27 다음 중 밑줄 친 단어가 맞춤법상 옳지 않은 것은?

① 김주임은 지난 분기 매출을 조사하여 증가량을 백분율로 표기하였다.
② 젊은 세대를 중심으로 빠른 이직 트렌드가 형성되어 이직률이 높아지고 있다.
③ 이번 학기 출석율이 이전보다 크게 향상되어 학생들의 참여도가 높아지고 있다.
④ 이번 시험의 합격률이 역대 최고치를 기록하며 수험생들에게 희망을 안겨주었다.

28 S공사는 2024년 상반기에 신입사원을 채용하였다. 전체 지원자 중 채용에 불합격한 남성 수와 여성 수의 비율은 같으며, 합격한 남성 수와 여성 수의 비율은 2 : 3이라고 한다. 남성 전체 지원자와 여성 전체 지원자의 비율이 6 : 7일 때, 합격한 남성 수가 32명이면 전체 지원자는 몇 명인가?

① 192명
② 200명
③ 208명
④ 216명

29 **다음은 직장가입자 보수월액보험료에 대한 자료이다. A씨가 〈조건〉에 따라 장기요양보험료를 납부할 때, A씨의 2023년 보수월액은?(단, 소수점 첫째 자리에서 반올림한다)**

〈직장가입자 보수월액보험료〉

• 개요 : 보수월액보험료는 직장가입자의 보수월액에 보험료율을 곱하여 산정한 금액에 경감 등을 적용하여 부과한다.

• 보험료 산정 방법

– 건강보험료는 다음과 같이 산정한다.

(건강보험료)=(보수월액)×(건강보험료율)

※ 보수월액 : 동일사업장에서 당해 연도에 지급받은 보수총액을 근무월수로 나눈 금액

– 장기요양보험료는 다음과 같이 산정한다.

2022.12.31. 이전 : (장기요양보험료)=(건강보험료)×(장기요양보험료율)

2023.01.01. 이후 : $(\text{장기요양보험료})=(\text{건강보험료})\times\frac{(\text{장기요양보험료율})}{(\text{건강보험료율})}$

〈2020 ~ 2024년 보험료율〉

(단위 : %)

구분	2020년	2021년	2022년	2023년	2024년
건강보험료율	6.67	6.86	6.99	7.09	7.09
장기요양보험료율	10.25	11.52	12.27	0.9082	0.9182

조건

• A씨는 K공사에서 2011년 3월부터 2023년 9월까지 근무하였다.
• A씨는 3개월 후 2024년 1월부터 S공사에서 현재까지 근무하고 있다.
• A씨의 2023년 장기요양보험료는 35,120원이었다.

① 3,866,990원
② 3,974,560원
③ 4,024,820원
④ 4,135,970원

30 **다음 중 개인정보보호법에서 사용하는 용어에 대한 정의로 옳지 않은 것은?**

① '가명처리'란 추가 정보 없이도 특정 개인을 알아볼 수 있도록 처리하는 것을 말한다.

② '정보주체'란 처리되는 정보에 의하여 알아볼 수 있는 사람으로서 그 정보의 주체가 되는 사람을 말한다.

③ '개인정보'란 살아 있는 개인에 관한 정보로서 성명, 주민등록번호 및 영상 등을 통하여 개인을 알아볼 수 있는 정보를 말한다.

④ '처리'란 개인정보의 수집, 생성, 연계, 연동, 기록, 저장, 보유, 가공, 편집, 검색, 출력, 정정, 복구, 이용, 제공, 공개, 파기, 그 밖에 이와 유사한 행위를 말한다.

31 **다음은 생활보조금 신청자의 소득 및 결과에 대한 자료이다. 월 소득이 100만 원 이하인 사람은 보조금 지급이 가능하고, 100만 원을 초과한 사람은 보조금 지급이 불가능할 때, 보조금 지급을 받는 사람의 수를 구하는 함수로 옳은 것은?**

〈생활보조금 신청자 소득 및 결과〉

	A	B	C	D	E
1	지원번호	소득(만 원)	결과		
2	1001	150	불가능		
3	1002	80	가능		보조금 지급 인원 수
4	1003	120	불가능		
5	1004	95	가능		
6	⋮	⋮	⋮		
7					

① =COUNTIF(A:C,"<=100")

② =COUNTIF(A:C,<=100)

③ =COUNTIF(B:B,"<=100")

④ =COUNTIF(B:B,<=100)

32 다음은 초등학생의 주차별 용돈에 대한 자료이다. 빈칸에 들어갈 함수를 바게 짝지은 것은?(단, 한 달은 4주로 한다)

〈초등학생 주차별 용돈〉

	A	B	C	D	E	F
1	학생번호	1주	2주	3주	4주	합계
2	1	7,000	8,000	12,000	11,000	(A)
3	2	50,000	60,000	45,000	55,000	
4	3	70,000	85,000	40,000	55,000	
5	4	10,000	6,000	18,000	14,000	
6	5	24,000	17,000	34,000	21,000	
7	6	27,000	56,000	43,000	28,000	
8	한 달 용돈이 150,000원 이상인 학생 수					(B)

	(A)	(B)
①	=SUM(B2:E2)	=COUNTIF(F2:F7,“>=150,000”)
②	=SUM(B2:E2)	=COUNTIF(B2:E2,“>=150,000”)
③	=SUM(B2:E2)	=COUNTIF(B2:E7,“>=150,000”)
④	=SUM(B2:E7)	=COUNTIF(F2:F7,“>=150,000”)

33 다음 중 빅데이터 분석 기획 절차를 순서대로 바르게 나열한 것은?

① 범위 설정 → 프로젝트 정의 → 위험 계획 수립 → 수행 계획 수립
② 범위 설정 → 프로젝트 정의 → 수행 계획 수립 → 위험 계획 수립
③ 프로젝트 정의 → 범위 정의 → 위험 계획 수립 → 수행 계획 수립
④ 프로젝트 정의 → 범위 설정 → 수행 계획 수립 → 위험 계획 수립

34 **다음 중 밑줄 친 부분의 단어가 어법상 옳은 것은?**

> K씨는 항상 ㉠ 짜깁기 / 짜집기한 자료로 보고서를 작성했다. 처음에는 아무도 눈치채지 못했지만, 시간이 지나면서 K씨의 작업이 다른 사람들의 것과 비교해 질적으로 떨어지는 것이 분명해졌다. K씨는 결국 동료들 사이에서 ㉡ 뒤처지기 / 뒤쳐지기 시작했고, 격차를 좁히기 위해 더 많은 시간을 투자해야 했다.

	㉠	㉡
①	짜깁기	뒤처지기
②	짜깁기	뒤쳐지기
③	짜집기	뒤처지기
④	짜집기	뒤쳐지기

35 **다음 중 공문서 작성 시 유의해야 할 점으로 옳지 않은 것은?**

① 한 장에 담아내는 것이 원칙이다.
② 부정문이나 의문문의 형식은 피한다.
③ 마지막엔 반드시 '끝'자로 마무리한다.
④ 날짜 다음에 괄호를 사용할 경우에는 반드시 마침표를 찍는다.

36 **영서가 어머니와 함께 40분 동안 만두를 60개 빚었다고 한다. 어머니가 혼자서 1시간 동안 만두를 빚을 수 있는 개수가 영서가 혼자서 1시간 동안 만두를 빚을 수 있는 개수보다 10개 더 많을 때, 영서는 1시간 동안 만두를 몇 개 빚을 수 있는가?**

① 30개　　② 35개
③ 40개　　④ 45개

| 경기도 공공기관 통합채용 / 수리능력

37 대칭수는 순서대로 읽은 수와 거꾸로 읽은 수가 같은 수를 가리키는 말이다. 예컨대, 121, 303, 1,441, 85,058 등은 대칭수이다. 1,000 이상 50,000 미만의 대칭수는 모두 몇 개인가?

① 180개
② 325개
③ 405개
④ 490개

| 경기도 공공기관 통합채용 / 수리능력

38 어떤 자연수 '25□'가 3의 배수일 때, □에 들어갈 수 있는 모든 자연수의 합은?

① 12
② 13
③ 14
④ 15

| 경기도 공공기관 통합채용 / 문제해결능력

39 바이올린, 호른, 오보에, 플루트 4가지의 악기를 다음 〈조건〉에 따라 좌우로 4칸인 선반에 각각 1대씩 보관하려 한다. 각 칸에는 한 대의 악기만 배치할 수 있을 때, 왼쪽에서 두 번째 칸에 배치할 수 없는 악기는?

조건

- 호른은 바이올린 바로 왼쪽에 위치한다.
- 오보에는 플루트 왼쪽에 위치하지 않는다.

① 바이올린
② 호른
③ 오보에
④ 플루트

| 경기도 공공기관 통합채용 / 조직이해능력

40 다음 중 비영리 조직에 해당하지 않는 것은?

① 교육기관
② 자선단체
③ 사회적 기업
④ 비정부기구

| 한국도로공사 / 수리능력

41 다음은 D기업의 분기별 재무제표에 대한 자료이다. 2022년 4분기의 영업이익률은 얼마인가?

〈D기업 분기별 재무제표〉

(단위 : 십억 원, %)

구분	2022년 1분기	2022년 2분기	2022년 3분기	2022년 4분기	2023년 1분기	2023년 2분기	2023년 3분기	2023년 4분기
매출액	40	50	80	60	60	100	150	160
매출원가	30	40	70	80	100	100	120	130
매출총이익	10	10	10	( )	−40	0	30	30
판관비	3	5	5	7	8	5	7.5	10
영업이익	7	5	5	( )	−8	−5	22.5	20
영업이익률	17.5	10	6.25	( )	−80	−5	15	12.5

※ (영업이익률)=(영업이익)÷(매출액)×100

※ (영업이익)=(매출총이익)−(판관비)

※ (매출총이익)=(매출액)−(매출원가)

① −30%
② −45%
③ −60%
④ −75%

| 한국도로공사 / 수리능력

42 5km/h의 속력으로 움직이는 무빙워크를 이용하여 이동하는 데 36초가 걸렸다. 무빙워크 위에서 무빙워크와 같은 방향으로 4km/h의 속력으로 걸어 이동할 때 걸리는 시간은?

① 10초
② 15초
③ 20초
④ 25초

43 다음 순서도에서 출력되는 result 값은?

〈순서도 기호〉

기호	설명	기호	설명
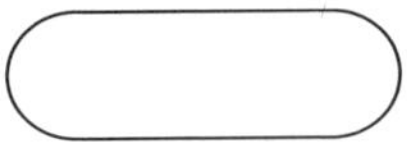	시작과 끝을 나타낸다.	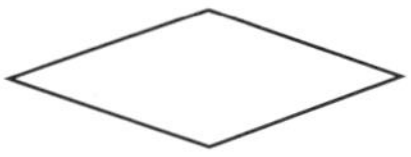	어느 것을 택할 것인지 판단한다.
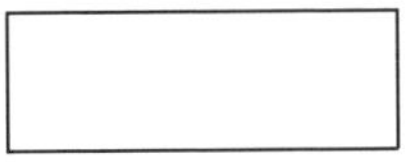	데이터를 입력하거나 계산하는 등의 처리를 한다.		선택한 값을 출력한다.

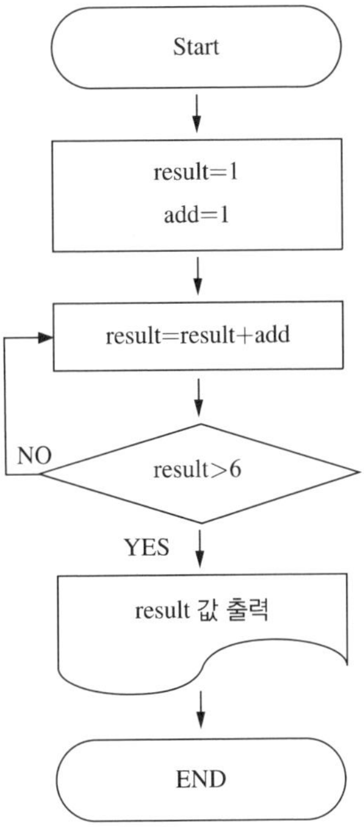

① 11
② 10
③ 9
④ 8
⑤ 7

44 다음은 A컴퓨터 A/S센터의 하드디스크 수리 방문접수 과정에 대한 순서도이다. 하드디스크 데이터 복구를 문의할 때, 출력되는 도형은 무엇인가?

〈순서도 기호〉

기호	설명	기호	설명
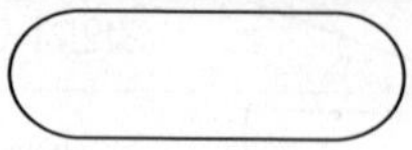	시작과 끝을 나타낸다.	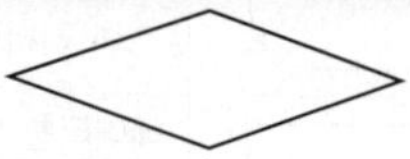	어느 것을 택할 것인지 판단한다.
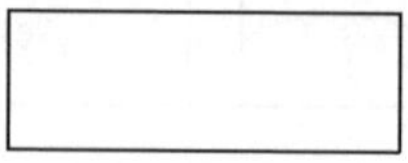	데이터를 입력하거나 계산하는 등의 처리를 한다.		선택한 값을 출력한다.

〈A컴퓨터 하드디스크 수리 방문접수 순서도〉

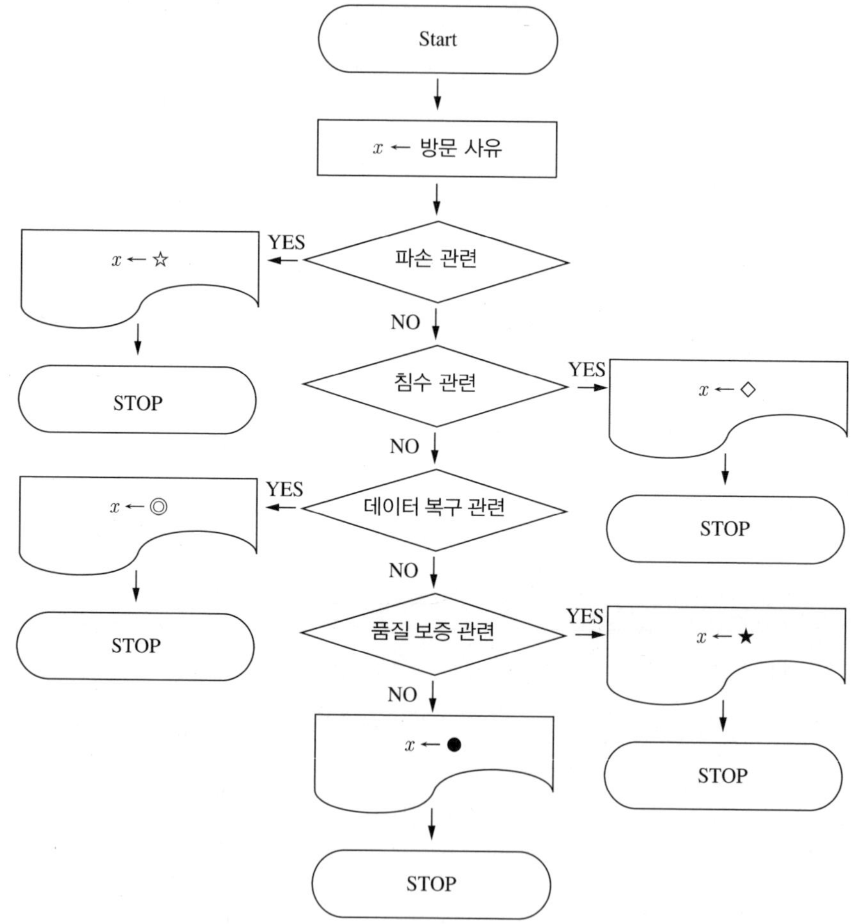

① ☆
② ◇
③ ◎
④ ★
⑤ ●

45 다음은 EAN-13 바코드 부여 규칙에 대한 자료이다. 상품코드의 맨 앞 자릿수가 9일 때, 2 ~ 7번째 자릿수가 '387655'라면 이를 이진코드로 바르게 변환한 것은?

〈EAN-13 바코드 부여 규칙〉

1. 13자리 상품코드의 맨 앞 자릿수에 따라 다음과 같이 변환한다.

상품코드 번호	2 ~ 7번째 자릿수	8 ~ 13번째 자릿수
0	AAAAAA	CCCCCC
1	AABABB	CCCCCC
2	AABBAB	CCCCCC
3	AABBBA	CCCCCC
4	ABAABB	CCCCCC
5	ABBAAB	CCCCCC
6	ABBBAA	CCCCCC
7	ABABAB	CCCCCC
8	ABABBA	CCCCCC
9	ABBABA	CCCCCC

2. A, B, C는 다음과 같이 상품코드 번호를 이진코드로 변환한 값이다.

상품코드 번호	A	B	C
0	0001101	0100111	1110010
1	0011001	0110011	1100110
2	0010011	0011011	1101100
3	0111101	0100001	1000010
4	0100011	0011101	1011100
5	0110001	0111001	1001110
6	0101111	0000101	1010000
7	0111011	0010001	1000100
8	0110111	0001001	1001000
9	0001011	0010111	1110100

	2번째 수	3번째 수	4번째 수	5번째 수	6번째 수	7번째 수
①	0111101	0001001	0010001	0101111	0111001	0110001
②	0100001	0001001	0010001	0000101	0111101	0111101
③	0111101	0110111	0111011	0101111	0111001	0111101
④	0100001	0101111	0010001	0010111	0100111	0001011
⑤	0111101	0011001	0010001	0101111	0011001	0111001

※ 다음은 청소 유형별 청소기 사용 방법 및 고장 유형별 확인 사항에 대한 자료이다. 이어지는 질문에 답하시오. **[46~47]**

〈청소 유형별 청소기 사용 방법〉

유형	사용 방법
일반 청소	1. 기본형 청소구를 장착해 주세요. 2. 작동 버튼을 눌러 주세요.
틈새 청소	1. 기본형 청소구의 입구 돌출부를 누르고 잡아당기면 좁은 흡입구를 꺼낼 수 있습니다. 반대로 돌출부를 누르면서 밀어 넣으면 좁은 흡입구를 안쪽으로 정리할 수 있습니다. 2. 1.의 좁은 흡입구를 꺼낸 상태에서 돌출부를 시계 방향으로 돌리면 돌출부를 고정할 수 있습니다. 3. 좁은 흡입구를 고정한 후 작동 버튼을 눌러 주세요. (좁은 흡입구에는 솔이 함께 들어 있습니다)
카펫 청소	1. 별도의 돌기 청소구로 교체해 주세요. (기본형으로도 카펫 청소를 할 수 있으나, 청소 효율이 떨어집니다) 2. 작동 버튼을 눌러 주세요.
스팀 청소	1. 별도의 스팀 청소구로 교체해 주세요. 2. 스팀 청소구의 물통에 물을 충분히 채운 후 뚜껑을 잠가 주세요. ※ 반드시 전원을 분리한 상태에서 진행해 주세요. 3. 걸레판에 걸레를 부착한 후 스팀 청소구의 노즐에 장착해 주세요. ※ 반드시 전원을 분리한 상태에서 진행해 주세요. 4. 스팀 청소 버튼을 누르고 안전 스위치를 눌러 주세요. ※ 안전을 위해 안전 스위치를 누르는 동안에만 스팀이 발생합니다. ※ 스팀 청소 작업 도중 및 완료 직후에 청소기를 거꾸로 세우거나 스팀 청소구를 눕히면 뜨거운 물이 새어 나와 화상을 입을 수 있습니다. 5. 스팀 청소 완료 후 물이 충분히 식은 후 물통 및 스팀 청소구를 분리해 주세요. ※ 충분히 식지 않은 상태에서 분리 시 뜨거운 물이 새어 나와 화상의 위험이 있습니다.

〈고장 유형별 확인 사항〉

유형	확인 사항
흡입력 약화	• 흡입구, 호스, 먼지통, 먼지분리기에 크기가 큰 이물질이 걸려 있는지 확인해 주세요. • 필터를 교체해 주세요. • 먼지통, 먼지분리기, 필터의 조립 상태를 확인해 주세요.
청소기 미작동	• 전원이 제대로 연결되어 있는지 확인해 주세요.
물 보충 램프 깜빡임	• 물통에 물이 충분한지 확인해 주세요. • 물이 충분히 채워졌어도 꺼질 때까지 시간이 다소 걸립니다. 잠시 기다려 주세요.
스팀 안 나옴	• 물통에 물이 충분한지 확인해 주세요. • 안전 스위치를 눌렀는지 확인해 주세요.
바닥에 물이 남음	• 스팀 청소구를 너무 자주 좌우로 기울이면 물이 소량 새어 나올 수 있습니다. • 걸레가 많이 젖었으므로 걸레를 교체해 주세요.
악취 발생	• 제품 기능상의 문제는 아니므로 고장이 아닙니다. • 먼지통 및 필터를 교체해 주세요. • 스팀 청소구의 물통 등 청결 상태를 확인해 주세요.
소음 발생	• 흡입구, 호스, 먼지통, 먼지분리기에 크기가 큰 이물질이 걸려 있는지 확인해 주세요. • 먼지통, 먼지분리기, 필터의 조립 상태를 확인해 주세요.

46 **다음 중 청소 유형별 청소기 사용 방법에 대한 설명으로 옳지 않은 것은?**

① 기본형 청소구로 카펫 청소가 가능하다.

② 스팀 청소 직후 통을 분리하면 화상의 위험이 있다.

③ 기본형 청소구를 이용하여 좁은 틈새를 청소할 수 있다.

④ 안전 스위치를 1회 누르면 별도의 외부 입력 없이 스팀을 지속하여 발생시킬 수 있다.

⑤ 스팀 청소 시 물 보충 및 걸레 부착 작업은 반드시 전원을 분리한 상태에서 진행해야 한다.

47 **다음 중 고장 유형별 확인 사항이 바르게 연결되어 있지 않은 것은?**

① 물 보충 램프 깜빡임 : 잠시 기다리기

② 악취 발생 : 스팀 청소구의 청결 상태 확인하기

③ 흡입력 약화 : 먼지통, 먼지분리기, 필터 교체하기

④ 바닥에 물이 남음 : 물통에 물이 너무 많이 있는지 확인하기

⑤ 소음 발생 : 흡입구, 호스, 먼지통, 먼지분리기의 이물질 걸림 확인하기

| 인천교통공사 / 대인관계능력

48 다음 중 동료의 피드백을 장려하기 위한 방안으로 적절하지 않은 것은?

① 행동과 수행을 관찰한다.
② 즉각적인 피드백을 제공한다.
③ 뛰어난 수행성과에 대해서는 인정한다.
④ 간단하고 분명한 목표와 우선순위를 설정한다.
⑤ 긍정적인 상황에서는 피드백을 자제하는 것도 나쁘지 않다.

| 인천교통공사 / 대인관계능력

49 다음 중 내적 동기를 유발하는 방법으로 적절하지 않은 것은?

① 변화를 두려워하지 않는다.
② 업무 관련 교육을 생략한다.
③ 주어진 일에 책임감을 갖는다.
④ 창의적인 문제해결법을 찾는다.
⑤ 새로운 도전의 기회를 부여한다.

| 인천교통공사 / 대인관계능력

50 다음은 갈등 정도와 조직 성과의 관계에 대한 그래프이다. 이에 대한 설명으로 옳지 않은 것은?

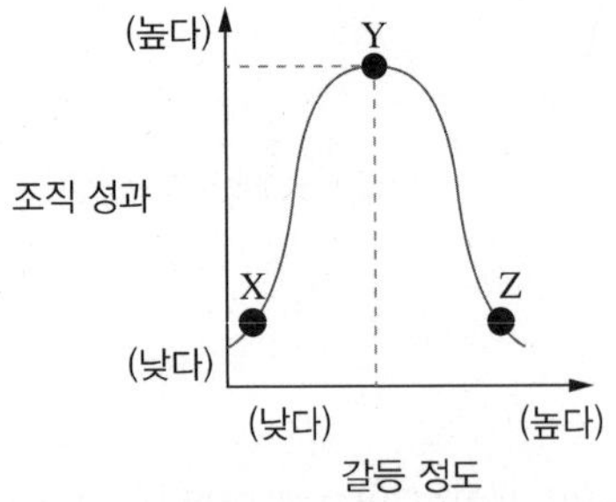

① 적절한 갈등이 있을 경우 가장 높은 조직 성과를 얻을 수 있다.
② 갈등이 없을수록 조직 내부가 결속되어 높은 조직 성과를 보인다.
③ Y점에서는 갈등의 순기능, Z점에서는 갈등의 역기능이 작용한다.
④ 갈등이 없을 경우 낮은 조직 성과를 얻을 수 있다.
⑤ 갈등이 잦을 경우 낮은 조직 성과를 얻을 수 있다.

PART 1

직업기초능력

CHAPTER 01

의사소통능력

합격 Cheat Key

의사소통능력은 평가하지 않는 공사・공단이 없을 만큼 필기시험에서 중요도가 높은 영역으로, 세부 유형은 문서 이해, 문서 작성, 의사 표현, 경청, 기초 외국어로 나눌 수 있다. 문서 이해・문서 작성과 같은 지문에 대한 주제 찾기, 내용 일치 문제의 출제 비중이 높으며, 문서의 특성을 파악하는 문제도 출제되고 있다.

1 문제에서 요구하는 바를 먼저 파악하라!

의사소통능력에서 가장 중요한 것은 제한된 시간 안에 빠르고 정확하게 답을 찾아내는 것이다. 의사소통능력에서는 지문이 아니라 문제가 주인공이므로 지문을 보기 전에 문제를 먼저 파악해야 하며, 문제에 따라 전략적으로 빠르게 풀어내는 연습을 해야 한다.

2 잠재되어 있는 언어 능력을 발휘하라!

세상에 글은 많고 우리가 학습할 수 있는 시간은 한정적이다. 이를 극복할 수 있는 방법은 다양한 글을 접하는 것이다. 실제 시험장에서 어떤 내용의 지문이 나올지 아무도 예측할 수 없으므로 평소에 신문, 소설, 보고서 등 여러 글을 접하는 것이 필요하다.

3 상황을 가정하라!

업무 수행에 있어 상황에 따른 언어 표현은 중요하다. 같은 말이라도 상황에 따라 다르게 해석될 수 있기 때문이다. 그런 의미에서 자신의 의견을 효과적으로 전달할 수 있는 능력을 평가하는 것이다. 업무를 수행하면서 발생할 수 있는 여러 상황을 가정하고 그에 따른 올바른 언어표현을 정리하는 것이 필요하다.

4 말하는 이의 입장에서 생각하라!

잘 듣는 것 또한 하나의 능력이다. 상대방의 이야기에 귀 기울이고 공감하는 태도는 업무를 수행하는 관계 속에서 필요한 요소이다. 그런 의미에서 다양한 상황에서 듣는 능력을 평가하는 것이다. 말하는 이가 요구하는 듣는 이의 태도를 파악하고, 이에 따른 판단을 할 수 있도록 언제나 말하는 사람의 입장이 되는 연습이 필요하다.

01 문서 내용 이해

| 유형분석 |

- 주어진 지문을 읽고 선택지를 고르는 전형적인 독해 문제이다.
- 지문은 주로 신문기사(보도자료 등)나 업무 보고서, 시사 등이 제시된다.
- 공사공단에 따라 자사와 관련된 내용의 기사나 법조문, 보고서 등이 출제되기도 한다.

K씨는 성장기인 아들의 수면습관을 바로 잡기 위해 수면습관에 관련된 글을 찾아보았다. 다음 글을 읽고 이해한 내용으로 적절하지 않은 것은?

> 수면은 비렘(non-REM)수면과 렘수면으로 이뤄진 사이클이 반복되면서 이뤄지는 복잡한 신경계의 상호작용이며, 좋은 수면이란 이 사이클이 끊어지지 않고 충분한 시간 동안 유지되도록 하는 것이다. 수면 패턴은 일정한 것이 좋으며, 깨는 시간을 지키는 것이 중요하다. 그리고 수면 패턴은 휴일과 평일 모두 일정하게 지키는 것이 성장하는 아이들의 수면 리듬을 유지하는 데 좋다. 수면 상태에서 깨어날 때 영향을 주는 자극들은 '빛, 식사 시간, 운동, 사회 활동' 등이 있으며, 이 중 가장 강한 자극은 '빛'이다. 침실을 밝게 하는 것은 적절한 수면 자극을 방해하는 것이다. 반대로 깨어날 때 강한 빛 자극을 주면 수면 상태에서 빠르게 벗어날 수 있다. 이는 뇌의 신경 전달 물질인 멜라토닌의 농도와 연관되어 나타나는 현상이다. 수면 중 최대치로 올라간 멜라토닌은 시신경이 강한 빛에 노출되면 빠르게 줄어들게 되는데, 이때 수면 상태에서 벗어나게 된다. 아침 일찍 일어나 커튼을 젖히고 밝은 빛이 침실 안으로 들어오게 하는 것은 매우 효과적인 각성 방법인 것이다.

① 잠에서 깨는 데 가장 강력한 자극을 주는 것은 빛이었구나.
② 멜라토닌의 농도에 따라 수면과 각성이 영향을 받는구나.
③ 평일에 잠이 모자란 우리 아들은 잠을 보충해 줘야 하니까 휴일에 늦게까지 자도록 둬야겠어.
④ 좋은 수면은 비렘수면과 렘수면의 사이클이 충분한 시간 동안 유지되도록 하는 것이구나.
⑤ 우리 아들 침실이 좀 밝은 편이니 충분한 수면을 위해 암막커튼을 달아줘야겠어.

정답 ③

수면 패턴은 휴일과 평일 모두 일정하게 지키는 것이 성장하는 아이들의 수면 리듬을 유지하는 데 좋다. 따라서 휴일에 늦잠을 자는 것은 적절하지 않다.

풀이 전략!

주어진 선택지에서 키워드를 체크한 후, 지문의 내용과 비교해 가면서 내용의 일치 유무를 빠르게 판단한다.

대표기출유형 01 기출응용문제

※ 다음 글의 내용으로 적절하지 않은 것을 고르시오. [1~2]

01

기업은 많은 이익을 남기길 원하고, 소비자는 좋은 제품을 저렴하게 구매하길 원한다. 그 과정에서 힘이 약한 저개발국가의 농민, 노동자, 생산자들은 무역상품의 가격 결정 과정에 참여하지 못하고, 자신이 재배한 식량과 상품을 매우 싼값에 팔아 겨우 생계를 유지한다. 그 결과, 세계 인구의 20% 정도가 우리 돈 약 1,000원으로 하루를 살아가고, 세계 노동자의 40%가 하루 2,000원 정도의 소득으로 살아가고 있다.
이러한 무역 거래의 한계를 극복하고, 공평하고 윤리적인 무역 거래를 통해 저개발국가 농민, 노동자, 생산자들이 겪고 있는 빈곤 문제를 해결하기 위해 공정무역이 생겨났다. 공정무역은 기존 관행 무역으로부터 소외당하며 불이익을 받고 있는 생산자와 지속가능한 파트너십을 통해 공정하게 거래하는 것으로, 생산자들과 공정무역 단체의 직거래를 통한 거래 관계에서부터 단체나 제품 등에 대한 인증시스템까지 모두 포함하는 무역을 의미한다.
이와 같은 공정무역은 국제 사회 시민운동의 일환으로, 1946년 미국의 시민단체 '텐사우전드빌리지(Ten Thousand Villages)'가 푸에르토리코의 자수 제품을 구매하고, 1950년대 후반 영국의 '옥스팜(Oxfam)'이 중국 피난민들의 수공예품과 동유럽국가의 수공예품을 팔면서 시작되었다. 이후 1960년대에는 여러 시민단체들이 조직되어 아프리카, 남아메리카, 아시아의 빈곤한 나라에서 본격적으로 활동을 전개하였다. 이 단체들은 가난한 농부와 노동자들이 스스로 조합을 만들어 환경친화적으로 농산물을 생산하도록 교육하고, 이에 필요한 자금 등을 지원했다. 2000년대에는 공정무역이 자본주의의 대안활동으로 여겨지며 급속도로 확산되었고, 공정무역 단체나 회사가 생겨남에 따라 저개발국가 농부들이 생산한 농산물이 공정한 값을 받고 거래되었다. 이러한 과정에서 공정무역은 저개발국 생산자들의 삶을 개선하기 위한 중요한 시장 메커니즘으로 주목을 받게 된 것이다.

① 시민단체들은 조합을 만들어 환경친화적인 농산물을 직접 생산하고, 이를 회사에 공정한 값으로 판매하였다.

② 공정무역은 1946년 시작되었고, 1960년대 조직된 여러 시민단체들이 본격적으로 활동을 전개하였다.

③ 기존 관행 무역에서는 저개발국가의 농민, 노동자, 생산자들이 무역상품의 가격 결정 과정에 참여하지 못했다.

④ 세계 노동자의 40%가 하루 2,000원 정도의 소득으로 살아가며, 세계 인구의 20%는 약 1,000원으로 하루를 살아간다.

⑤ 공정무역에서는 저개발국가의 생산자들과 지속가능한 파트너십을 통해 그들을 무역 거래 과정에서 소외시키지 않는다.

PART 1

02

경제학에서는 가격이 한계비용과 일치할 때를 가장 이상적인 상태라고 본다. '한계비용'이란 재화의 생산량을 한 단위 증가시킬 때 추가되는 비용을 말한다. 한계비용 곡선과 수요 곡선이 만나는 점에서 가격이 정해지면 재화의 생산 과정에 들어가는 자원이 낭비 없이 효율적으로 배분되며, 사회 전체의 만족도가 가장 커진다. 가격이 한계비용보다 높아지면 상대적으로 높은 가격으로 인해 수요량이 줄면서 거래량이 따라 줄고, 결과적으로 생산량도 감소한다. 이는 사회 전체의 관점에서 볼 때 자원이 효율적으로 배분되지 못하는 상황이므로 사회 전체의 만족도가 떨어지는 결과를 낳는다.
위에서 설명한 일반 재화와 마찬가지로 수도, 전기, 철도와 같은 공익 서비스도 자원배분의 효율성을 생각하면 한계비용 수준으로 가격, 즉 공공요금을 결정하는 것이 바람직하다. 대부분의 공익 서비스는 초기 시설 투자비용은 막대한 반면 한계비용은 매우 적다. 이러한 경우, 한계비용으로 공공요금을 결정하면 공익 서비스를 제공하는 기업은 손실을 볼 수 있다.
예컨대 초기 시설 투자비용이 6억 달러이고, 톤당 1달러의 한계비용으로 수돗물을 생산하는 상수도 서비스를 가정해 보자. 이때 수돗물 생산량을 '1톤, 2톤, 3톤, …'으로 늘리면 총비용은 '6억 1달러, 6억 2달러, 6억 3달러, …'로 늘어나고, 톤당 평균비용은 '6억 1달러, 3억 1달러, 2억 1달러, …'로 지속적으로 줄어든다. 그렇지만 평균비용이 계속 줄어들더라도 한계비용 아래로는 결코 내려가지 않는다. 따라서 한계비용으로 수도 요금을 결정하면 총비용보다 총수입이 적으므로 수도 사업자는 손실을 보게 된다.
이를 해결하는 방법에는 크게 두 가지가 있다. 하나는 정부가 공익 서비스 제공 기업에 손실분만큼 보조금을 주는 것이고, 다른 하나는 공공요금을 평균비용 수준으로 정하는 것이다. 전자의 경우 보조금을 세금으로 충당한다면 다른 부문에 들어갈 재원이 줄어드는 문제가 있다. 평균비용 곡선과 수요 곡선이 교차하는 점에서 요금을 정하는 후자의 경우에는 총수입과 총비용이 같아져 기업이 손실을 보지는 않는다. 그러나 요금이 한계비용보다 높기 때문에 사회 전체의 관점에서 자원의 효율적 배분에 문제가 생긴다.

① 자원이 효율적으로 배분될 때 사회 전체의 만족도가 극대화된다.
② 정부는 공공요금을 한계비용 수준으로 유지하기 위하여 보조금 정책을 펼 수 있다.
③ 공익 서비스와 일반 재화의 생산 과정에서 자원을 효율적으로 배분하기 위한 조건은 서로 같다.
④ 가격이 한계비용보다 높은 경우에는 한계비용과 같은 경우에 비해 결국 그 재화의 생산량이 줄어든다.
⑤ 평균비용이 한계비용보다 큰 경우, 공공요금을 평균비용 수준에서 결정하면 자원의 낭비를 방지할 수 있다.

03 다음 중 리질리언스에 대해 바르게 이해한 사람은?

경제 위기는 언제나 반복해서 다가온다. 또한 경제 위기와 함께 전개되는 사회적·경제적인 모습 또한 놀랍도록 반복된다. 경제 위기는 무역과 자금 흐름을 교란하고, 글로벌 경제 성장 속도를 둔화시키고, 그 과정에서 번창하는 국가와 몰락하는 국가가 명확히 구분되고, 몰락하는 국가에서는 종종 정치 혁명까지 촉발한다.
최근에는 기후 변화, 글로벌 정세 등 경제 이외의 분야에서 촉발되는 재난 문제 또한 고조되는 상황이다. 신조어 리질리언스(Resilience)는 '뛰어서 되돌아가다.'라는 뜻의 라틴어 '리실리오(Resilio)'에서 기원한다. 즉, 재난으로 인한 시스템의 피해 영향을 최소화하고 손상된 시스템을 복구하는데 드는 노력을 최소화하는 역량을 의미한다.
여기서 말하는 '회복'이란 단순히 위기 이전으로 돌아가는 것을 의미하지 않는다. '회복력'은 단순히 피해 발생 이전 상태로의 복귀가 아니라, 피해를 반복적으로 발생시키는 구조적 문제의 개선을 통해 이전과 다른 시스템을 만들어낸다는 개념이다.
이러한 리질리언스의 대표적인 사례를 이번 코로나19 사태가 보여줬다 해도 과언이 아니다. 우리 사회는 지난 2017년 메르스라는 초유의 전염병 상황에 직면한 바 있다. 당시 메르스를 극복하는 과정에서 우리 사회는 전염병에 대한 방역 체계를 점검할 기회가 있었다. 이번 코로나19 사태에서 신종 감염병 진단 시약을 즉각적으로 사용할 수 있었던 것도 2017년 3월 발의, 2018년 2월 국회를 통과한 긴급사용승인 제도 덕분이다. 당시 이 제도 또한 메르스 사태를 통해 도출한 위기 대응 전략 중 하나였다. 메르스 이후 우리나라는 지역별로 감염병 전문병원을 지정하였고, 대형병원에는 음압병실을 의무적으로 설치하도록 법제화하였으며, 위험환자 선별진료제도도 도입했다.
우리 사회가 2008년 글로벌 금융위기를 여타 국가에 비해 슬기롭게 극복할 수 있었던 요인 중 하나는 1998년 직면한 IMF 외환위기 덕분일 것이다. IMF 외환위기는 기존의 금융, 회계, 기업경영의 패러다임은 물론 사회 전반의 근간을 완전히 바꾸어 놓는 계기가 되었다. 1998년 외환위기 이후 우리 기업들은 외환위기 이후 15년 동안 혹심한 구조조정을 추진하여 견실한 재무 건전성을 유지해왔다. 정부는 대기업들이 부채비율을 200% 이하로 낮추도록 하는 한편, 빅딜(Big Deal)을 통해 핵심 계열사 위주로 사업구조를 재편하도록 유도했다. 정부 스스로도 세계 10위권 수준의 외환 보유고를 유지하며 금융시장의 안전성을 유지하고자 노력했다. 이러한 체질 개선은 IMF 외환위기가 없었다면 불가능했을 것이다.
이제 우리 사회는 코로나19로 인해 또 한 번의 리질리언스를 추구할 상황에 놓여 있다. IMF 외환위기 당시에도, 글로벌 금융위기 당시에도 그랬던 것처럼 우리 사회가 체질 개선과 구조조정을 수행하게 되면 그만큼의 고통이 수반될 것이다. 하지만 이는 언젠가 또 다시 도래할 재난을 극복할 수 있는 기초체력이 되어줄 것을 잊지 말아야 할 것이다.

① A : 리질리언스는 피해 이전 상태로 돌아가는 것만을 의미해.
② B : 지난 메르스 사태 때 우리는 감염병 진단 시약을 바로 사용할 수 있었어.
③ C : 긴급사용승인제도는 2018년 2월에 발의됐어.
④ D : 외환위기 이후로 기업들은 구조조정을 꾸준히 진행해왔어.
⑤ E : 빅딜(Big Deal)은 기업들의 부채비율을 200% 이하로 유지시키는 것을 의미해.

PART 1

02 글의 주제 · 제목

| 유형분석 |

- 주어진 지문을 파악하여 전달하고자 하는 핵심 주제를 고르는 문제이다.
- 정보를 종합하고 중요한 내용을 구별하는 능력이 필요하다.
- 설명문부터 주장, 반박문까지 다양한 성격의 지문이 제시되므로 글의 성격별 특징을 알아두는 것이 좋다.

다음 글의 주제로 가장 적절한 것은?

표준화된 언어는 의사소통을 효과적으로 하기 위하여 의도적으로 선택해야 할 공용어로서의 가치가 있다. 반면에 방언은 지역이나 계층의 언어와 문화를 보존하고 드러냄으로써 국가 전체의 언어와 문화를 다양하게 발전시키는 토대로서의 가치가 있다. 이러한 의미에서 표준화된 언어와 방언은 상호 보완적인 관계에 있다. 표준화된 언어가 있기에 정확한 의사소통이 가능하며, 방언이 있기에 개인의 언어생활에서나 언어 예술 활동에서 자유롭고 창의적인 표현이 가능하다. 결국 우리는 표준화된 언어와 방언 둘 다의 가치를 인정해야 하며, 발화(發話) 상황(狀況)을 잘 고려해서 표준화된 언어와 방언을 잘 가려서 사용할 줄 아는 능력을 길러야 한다.

① 창의적인 예술 활동에서는 방언의 기능이 중요하다.
② 표준화된 언어와 방언에는 각각 독자적인 가치와 역할이 있다.
③ 정확한 의사소통을 위해서는 표준화된 언어가 꼭 필요하다.
④ 표준화된 언어와 방언을 구분할 줄 아는 능력을 길러야 한다.
⑤ 표준화된 언어는 방언보다 효용가치가 있다.

정답 ②

마지막 문장의 '표준화된 언어와 방언 둘 다의 가치를 인정'하고, '잘 가려서 사용할 줄 아는 능력을 길러야 한다.'는 내용을 바탕으로 ②와 같은 주제를 이끌어낼 수 있다.

풀이 전략!

'결국', '즉', '그런데', '그러나', '그러므로' 등의 접속어 뒤에 주제가 드러나는 경우가 많다는 것에 주의하면서 지문을 읽는다.

대표기출유형 02 기출응용문제

01 다음 글의 제목으로 가장 적절한 것은?

> 감시용으로만 사용되는 CCTV가 최근에 개발된 신기술과 융합되면서 그 용도가 점차 확대되고 있다. 대표적인 것이 인공지능(AI)과의 융합이다. CCTV가 지능을 가지게 되면 단순 행동 감지에서 벗어나 객체를 추적해 행위를 판단할 수 있게 된다. 단순히 사람의 눈을 대신하던 CCTV가 사람의 두뇌를 대신하는 형태로 진화하고 있는 셈이다.
> 인공지능을 장착한 CCTV는 범죄현장에서 이상 행동을 하는 사람을 선별하고, 범인을 추적하거나 도주 방향을 예측해 통합관제센터로 통보할 수 있다. 또 수상한 사람의 행동 패턴에 따라 지속적인 추적이나 감시를 수행하고, 차량번호 및 사람 얼굴 등을 인식해 관련 정보를 분석해 제공할 수 있다. 한국전자통신연구원(ETRI)에서는 CCTV 등의 영상 데이터를 활용해 특정 인물이 어떤 행동을 할지를 사전에 예측하는 영상분석 기술을 연구 중인 것으로 알려져 있다. 인공지능 CCTV는 범인 추적뿐만 아니라 자연재해를 예측하는 데 사용할 수도 있다. 장마철이나 국지성 집중호우 때 홍수로 범람하는 하천의 수위를 감지하는 것은 물론 산이나 도로 등의 붕괴 예측 등 다양한 분야에 적용될 수 있기 때문이다.

① 범죄를 예측하는 CCTV
② 인공지능과 사람의 공존
③ AI와 융합한 CCTV의 진화
④ CCTV와 AI의 현재와 미래
⑤ 당신을 관찰한다, CCTV의 폐해

PART 1

02 다음 글의 주제로 가장 적절한 것은?

> 금융당국은 은행의 과점체제를 해소하고, 은행과 비은행의 경쟁을 촉진시키는 방안으로 은행의 고유 전유물이었던 통장을 보험 및 카드 업계로 도입하는 것을 검토하겠다고 밝혔다.
> 이는 전자금융거래법을 개정해 대금결제업, 자금이체업, 결제대행업 등 모든 전자금융업 업무를 관리하는 종합지급결제사업자를 제도화하여 비은행에 도입한다는 것으로, 이를 통해 비은행권은 간편결제·송금 외에도 은행 수준의 보편적 지급결제 서비스가 가능해지는 것이다.
> 특히 금융당국이 은행업 경쟁촉진 방안으로 검토 중인 은행업 추가 인가나 소규모 특화은행 도입 등 여러 방안 중에서 종합지급결제사업자 제도를 중점으로 검토 중인 이유는 은행의 유효경쟁을 촉진시킴으로써 은행의 과점 이슈를 가장 빠르게 완화할 수 있을 것으로 판단되기 때문이다.
> 이는 소비자 측면에서도 기대효과가 있는데, 은행 계좌가 없는 금융소외계층은 종합지급결제사업자 제도를 통해 금융 서비스를 제공받을 수 있고, 기존 방식에서 각 은행에 지불하던 지급결제 수수료가 절약돼 그만큼 보험료가 인하될 가능성도 기대해 볼 수 있기 때문이다. 보험사 및 카드사 측면에서도 기존 방식에서는 은행을 통해 진행했던 방식이 해당 제도가 확립된다면 직접 처리할 수 있게 되어 방식이 간소화될 수 있다는 장점이 있다.
> 하지만 이 또한 현실적으로 많은 문제들이 제기되는데, 그중 하나가 소비자보호 사각지대의 발생이다. 비은행권은 은행권과 달리 예금보험제도가 적용되지 않을뿐더러 은행권에 비해 규제 수준이 상대적으로 낮기 때문에 금융소비자 보호 등 리스크 관리가 우려되기 때문이다. 또한 종합지급결제업 자체가 사실상 은행업과 크게 다르지 않기 때문에 은행권의 극심한 반발도 예상된다.

① 은행의 과점체제 해소를 위한 방안
② 종합지급결제사업자 제도의 득과 실
③ 은행의 권리를 침해하는 비은행 업계
④ 은행과 비은행 경쟁 속 소비자의 실익
⑤ 소비자보호 사각지대 발생의 문제점

03 다음 글의 제목으로 가장 적절한 것은?

구글어스가 세계 환경 보안관 역할을 톡톡히 하고 있어 화제다. 구글어스는 가상 지구본 형태로 제공되는 세계 최초의 위성영상지도 서비스로서, 간단한 프로그램만 내려받으면 지구 전역의 위성사진 및 지도, 지형 등의 정보를 확인할 수 있다. 구글은 그동안 축적된 인공위성 빅데이터 등을 바탕으로 환경 및 동물 보호 활동을 지원하고 있다.

지구에서는 지난 10여 년간 약 230만 km^2의 삼림이 사라졌다. 병충해 및 태풍, 산불 등으로 손실된 것이다. 특히 개발도상국들의 산림 벌채와 농경지 확보가 주된 이유다. 이처럼 사라지는 숲에 비해 자연의 자생력으로 복구되는 삼림은 아주 적은 편이다.

그런데 최근에 개발된 초고해상도 '구글어스' 이미지를 이용해 정밀 분석한 결과, 식물이 살 수 없을 것으로 여겨졌던 건조지대에서도 훨씬 많은 숲이 분포한다는 사실이 밝혀졌다. 국제연합식량농업기구(FAO) 등 13개국 20개 기관과 구글이 참여한 대규모 국제공동연구진은 구글어스로 얻은 위성 데이터를 세부 단위로 쪼개 그동안 잘 알려지지 않은 전 세계 건조지역을 집중 분석했다.

그 결과 강수량이 부족해 식물의 정상적인 성장이 불가능할 것으로 알려졌던 건조지대에서 약 467만 km^2의 숲을 새로이 찾아냈다. 이는 한반도 면적의 약 21배에 달한다. 연구진은 이번 발견으로 세계 삼림 면적의 추정치가 9% 정도 증가할 것이라고 주장했다.

건조지대는 지구 육지표면의 40% 이상을 차지하지만, 명확한 기준과 자료 등이 없어 그동안 삼림 분포에 대해서는 잘 알려지지 않았다. 그러나 이번 연구결과로 인해 전 세계 숲의 이산화탄소 처리량 등에 대해 보다 정확한 계산이 가능해짐으로써 과학자들의 지구온난화 및 환경보호 연구에 많은 도움이 될 것으로 기대되고 있다.

① 구글어스로 보는 환경훼손의 심각성
② 인간의 이기심으로 사라지는 삼림
③ 사막화 현상으로 건조해지는 지구
④ 환경오염으로 심각해지는 식량난
⑤ 전 세계 환경 보안관, 구글어스

PART 1

03 문단 나열

| 유형분석 |

- 각 문단 또는 문장의 내용을 파악하고 논리적 순서에 맞게 배열하는 복합적인 문제이다.
- 전체적인 글의 흐름을 이해하는 것이 중요하며, 각 문장의 지시어나 접속어에 주의한다.

다음 문단을 논리적 순서대로 바르게 나열한 것은?

(가) 상품의 가격은 기본적으로 수요와 공급의 힘으로 결정된다. 시장에 참여하고 있는 경제 주체들은 자신이 가진 정보를 기초로 하여 수요와 공급을 결정한다.
(나) 이런 경우에는 상품의 가격이 우리의 상식으로는 도저히 이해하기 힘든 수준까지 일시적으로 뛰어오르는 현상이 나타날 가능성이 있다. 이런 현상은 특히 투기의 대상이 되는 자산의 경우 자주 나타나는데, 우리는 이를 '거품 현상'이라고 부른다.
(다) 그러나 현실에서는 사람들이 서로 다른 정보를 갖고 시장에 참여하는 경우가 많다. 어떤 사람은 특정한 정보를 갖고 있는데 거래 상대방은 그 정보를 갖고 있지 못한 경우도 있다.
(라) 일반적으로 거품 현상이란 것은 어떤 상품, 자산의 가격이 지속해서 급격히 상승하는 현상을 가리킨다. 이와 같은 지속적인 가격 상승이 일어나는 이유는 애초에 발생한 가격 상승이 추가적인 가격 상승의 기대로 이어져 투기 바람이 형성되기 때문이다.
(마) 이들이 똑같은 정보를 함께 갖고 있으며 이 정보가 아주 틀린 것이 아닌 한, 상품의 가격은 어떤 기본적인 수준에서 크게 벗어나지 않을 것이라고 예상할 수 있다.

① (가) – (다) – (나) – (라) – (마)
② (가) – (마) – (다) – (나) – (라)
③ (라) – (가) – (다) – (나) – (마)
④ (라) – (다) – (가) – (나) – (마)
⑤ (마) – (가) – (다) – (라) – (나)

정답 ②

제시문은 가격을 결정하는 요인과 이를 통해 일반적으로 할 수 있는 예상을 언급하고, 현실적인 여러 요인으로 인해 '거품 현상'이 나타나기도 하며 '거품 현상'이란 구체적으로 무엇인지를 설명하는 글이다. 따라서 (가) 수요와 공급에 의해 결정되는 가격 – (마) 상품의 가격에 대한 일반적인 예상 – (다) 현실적인 가격 결정 요인 – (나) 이로 인해 예상치 못하게 나타나는 '거품 현상' – (라) '거품 현상'에 대한 구체적인 설명의 순서로 나열해야 한다.

풀이 전략!

상대적으로 시간이 부족하다고 느낄 때는 선택지를 참고하여 문장의 순서를 생각해 본다.

대표기출유형 03 기출응용문제

※ 다음 문단을 논리적 순서대로 바르게 나열한 것을 고르시오. [1~3]

01

(가) 이 방식을 활용하면 공정의 흐름에 따라 제품이 생산되므로 자재의 운반 거리를 최소화할 수 있어 전체 공정 관리가 쉽다.

(나) 그러나 기계 고장과 같은 문제가 발생하면 전체 공정이 지연될 수 있고, 규격화된 제품 생산에 최적화된 설비 및 배치 방식을 사용하기 때문에 제품의 규격이나 디자인이 변경되면 설비 배치 방식을 재조정해야 한다는 문제가 있다.

(다) 제품을 효율적으로 생산하기 위해서는 생산 설비의 효율적인 배치가 중요하다. 설비의 효율적인 배치란 자재의 불필요한 운반을 최소화하고, 공간을 최대한 활용하면서 적은 노력으로 빠른 시간에 목적하는 제품을 생산할 수 있도록 설비를 배치하는 것이다.

(라) 그중에서도 제품별 배치(Product Layout) 방식은 생산하려는 제품의 종류는 적지만 생산량이 많은 경우에 주로 사용된다. 제품별로 완성품이 될 때까지의 공정 순서에 따라 설비를 배열해 부품 및 자재의 흐름을 단순화하는 것이 핵심이다.

① (가) – (다) – (나) – (라)
② (다) – (가) – (라) – (나)
③ (다) – (라) – (가) – (나)
④ (다) – (라) – (나) – (가)
⑤ (라) – (다) – (나) – (가)

02

(가) 덕후에 대한 사회의 시선도 달라졌다. 과거의 덕후는 이해할 수 없는 자기들만의 세계에 빠져 사는 소통 능력이 부족한 잉여 인간이라는 이미지가 강했다. 하지만 이제는 특정 분야에 해박한 지식을 가진 전문가, 독특한 취향을 지닌 조금 특이하지만 멋있는 존재로 받아들여진다. 전문가들은 이제 한국의 덕후는 단어의 어원이었던 일본의 오타쿠와는 완전히 다른 존재로 진화하고 있다고 진단한다.

(나) 현재 진화한 덕후들은 자신만의 취미에 더욱 몰입한다. 취향에 맞는다면 아낌없이 지갑을 연다. 좋아하는 대상도 다양해지고 있다. 립스틱이나 매니큐어 같은 화장품, 스타벅스 컵까지도 덕질(덕후+질)의 대상이 된다. 이른바 취향 소비를 덕후들이 이끌고 있는 것이다. 덕후들은 자신이 좋아하는 대상을 위해 댓글을 달며 기업이 내놓는 상품에 입김을 발휘하기도 한다. 아예 스스로 좋아하는 대상과 관련된 상품을 제작해 판매하기도 하고, 파생산업까지 나오고 있다.

(다) 덕후는 일본의 오타쿠(御宅)를 한국식으로 발음한 인터넷 신조어 오덕후를 줄인 말이다. 얼마 전까지 덕후 이미지는 사회성이 부족하거나 우스꽝스럽다는 식으로 그다지 긍정적이지 않았다. 하지만 최근 들어 인터넷과 SNS는 물론 일상생활에서도 자신이 덕후임을 만천하에 드러내며 덕밍아웃(덕후+커밍아웃)하는 사례가 늘고 있다.

① (가) – (나) – (다)
② (가) – (다) – (나)
③ (나) – (가) – (다)
④ (다) – (가) – (나)
⑤ (다) – (나) – (가)

03

(가) 이에 따라 오픈뱅킹시스템의 기능을 확대하고, 보안성을 강화하기 위한 정책적 노력이 필요할 것으로 판단된다. 오픈뱅킹시스템이 금융 인프라로서 지속성, 안정성, 확장성 등을 가지기 위해서는 오픈뱅킹시스템에 대한 법적 근거가 필요하다. 법제화와 함께 오픈뱅킹시스템에서 발생할 수 있는 사고에 대한 신속하고 효율적인 해결 방안에 대해 이해관계자 간의 긴밀한 협의도 필요하다. 오픈뱅킹시스템의 리스크를 경감하고, 사고 발생 시 신속하고 효율적으로 해결하는 체계를 갖춰 소비자의 신뢰를 얻는 것이 오픈뱅킹시스템, 나아가 마이데이터업을 포함하는 오픈뱅킹의 성패를 좌우할 열쇠이기 때문이다.

(나) 우리나라 정책 당국도 은행뿐만 아니라 모든 금융회사가 보유한 정보를 개방하는 오픈뱅킹을 선도해서 추진하고 있다. 먼저 은행권과 금융결제원이 공동으로 구축한 오픈뱅킹시스템이 지난해 전면 시행되었다. 은행 및 핀테크 사업자는 오픈뱅킹시스템을 이용해 은행계좌에 대한 정보 조회와 은행계좌로부터의 이체 기능을 편리하게 개발하였다. 현재 저축은행 등의 제2금융권 계좌에 대한 정보 조회와 이체 기능을 추가하는 방안이 논의 중이다.

(다) 핀테크의 발전과 함께 은행이 보유한 정보를 개방하는 오픈뱅킹 정책이 각국에서 추진되고 있다. 오픈뱅킹은 은행이 보유한 고객의 정보에 해당 고객의 동의를 받아 다른 금융회사 및 핀테크 사업자 등 제3자가 접근할 수 있도록 허용하는 정부의 정책 또는 은행의 자발적인 활동을 의미한다.

(라) 한편 올해 1월에 개정된 신용정보법이 7월에 시행됨에 따라 마이데이터 산업이 도입되었다. 마이데이터란 개인이 각종 기관과 기업에 산재하는 신용정보 등 자신의 개인정보를 확인하여 직접 관리하고 활용할 수 있는 서비스를 말한다. 향후 마이데이터 사업자는 고객의 동의를 받아 금융회사가 보유한 고객의 정보에 접근하는 오픈뱅킹업을 수행할 예정이다.

① (나) – (가) – (다) – (라)
② (나) – (다) – (라) – (가)
③ (다) – (가) – (라) – (나)
④ (다) – (나) – (가) – (라)
⑤ (다) – (나) – (라) – (가)

04 다음 제시된 문단에 이어질 내용을 논리적 순서대로 바르게 나열한 것은?

우리는 살아가면서 얼마나 많은 것들을 알고 배우는가? 우리는 주로 우리가 '아는 것'들에 초점을 맞추지만, 사실상 살아가면서 알고 있고, 알 수 있는 것보다는 알지 못하는 것들이 훨씬 더 많다. 그러나 대부분의 사람들이 평소에 자신이 얼마나 많은 것들을 모르고 있는지에 대해서는 그다지 의식하지 못한 채 살아가고 있다. 일상생활에서는 자신의 주변과 관련하여 아는 바와 이미 습득한 지식에 대해서 의심하는 일은 거의 없을뿐더러, 그 지식체계에 변화를 주어야 할 계기도 거의 주어지지 않기 때문이다.

(가) 그러므로 어떤 지식을 안다는 것은 어떤 지식을 알지 못하는 것에서 출발하는 것이며, 때로는 '어떤 부분에 대하여 잘 알지 못한다는 것을 앎' 자체가 하나의 지식이 될 수 있다. 『논어』 위정편에서 공자는 "아는 것을 아는 것이라 하고, 알지 못하는 것을 알지 못하는 것이라고 하는 것이 곧 안다는 것이다(知之爲知之 不知爲不知 是知也)."라고 하였다. 비슷한 시기에 서양의 소크라테스는 무지(無知)를 아는 것이 신으로부터 받은 가장 큰 지혜라고 주장하였다. '무지에 대한 지'의 중요성을 인식한 것은 동서양의 학문이 크게 다르지 않았던 것이다.

(나) 우리는 더 발전된 미래로 나아가는 힘은 '무지에 대한 지'에 있음을 자각해야 한다. 무엇을 잘못 알고 있지는 않은지, 더 알아야 할 것은 무엇인지, 끊임없이 우리 자신의 지식에 대하여 질문하고 도전해야 한다. 아는 것과 모르는 것을 구분하고, '무지에 대한 지'를 통해 얻은 것들을 단순히 지식으로 아는 데 그치지 않고 아는 것들을 실천하는 것, 그것이 성공하는 사람이 되고 성공하는 사회로 나아가는 길일 것이다.

(다) 이러한 학문적 소견과 달리 역사는 때때로 '무지에 대한 지'를 철저히 배제하는 방향으로 흘러가기도 했다. 그리하여 제대로 검증되지도 않은 어떤 신념이나 원칙을 맹목적으로 좇은 결과, 불특정다수의 사람들이나 특정 집단을 희생시키고 발전을 저해한 사례들은 역사 가운데 수도 없이 많다. 가까운 과거에는 독재와 전체주의가 그랬고, 학문과 예술 분야에서 암흑의 시기였던 중세 시대가 그랬다.

(라) 그러나 예상치 못했던 일이 발생하거나 낯선 곳에 가는 등 일상적이지 않은 상황에 놓이게 되면, 이전에는 궁금하지 않았던 것들에 대하여 알고자 하는 욕구가 커진다. 또한 공부를 하거나 독서를 하는 경우, 자신이 몰랐던 많은 것들을 알게 되고 이를 해결하기 위해 치열하게 몰입한다. 이 과정에서 자신이 잘못 알고 있던 것들을 깨닫기도 함은 물론이다.

(마) 오늘날이라고 해서 크게 다르지는 않다. 정보의 홍수라고 할 만큼 사람들은 과거에 비하여 어떤 정보에 대해 접근하기가 쉬워졌지만, 쉽게 얻을 수 있는 만큼 깊게 알려고 하지 않는다. 그러면서도 사람들은 보거나 들은 것을 마치 자신이 알고 있는 것으로 생각하는 경향이 크다.

① (가) – (다) – (라) – (나) – (마)
② (가) – (다) – (마) – (라) – (나)
③ (라) – (가) – (다) – (마) – (나)
④ (라) – (마) – (가) – (다) – (나)
⑤ (마) – (가) – (라) – (나) – (다)

04 | 내용 추론

| 유형분석 |

- 주어진 지문을 바탕으로 도출할 수 있는 내용을 찾는 문제이다.
- 선택지의 내용을 정확하게 확인하고 지문의 정보와 비교하여 추론하는 능력이 필요하다.

다음 글을 읽고 추론할 수 있는 내용으로 적절하지 않은 것은?

> 1977년 개관한 퐁피두 센터의 정식명칭은 국립 조르주 퐁피두 예술문화 센터로, 공공정보기관(BPI), 공업창작센터(CCI), 음악·음향의 탐구와 조정연구소(IRCAM), 파리 국립 근현대 미술관(MNAM) 등이 있는 종합문화예술 공간이다. 퐁피두라는 이름은 이 센터의 창설에 힘을 기울인 조르주 퐁피두 대통령의 이름을 딴 것이다.
> 1969년 당시 대통령이었던 퐁피두는 파리의 중심지에 미술관이면서 동시에 조형예술과 음악, 영화, 서적 그리고 모든 창조적 활동의 중심이 될 수 있는 문화 복합센터를 지어 프랑스 미술을 더욱 발전시키고자 했다. 요즘 미술관들은 미술관의 이러한 복합적인 기능과 역할을 인식하고 변화를 시도하는 곳이 많다. 미술관은 더 이상 전시만 보는 곳이 아니라 식사도 하고 영화도 보고 강연도 들을 수 있는 곳으로, 대중과의 거리 좁히기를 시도하고 있는 것도 그리 특별한 일은 아니다. 그러나 이미 40년 전에 21세기 미술관의 기능과 역할을 미리 내다볼 줄 아는 혜안을 가지고 설립된 퐁피두 미술관은 프랑스가 왜 문화강국이라 불리는지를 알 수 있게 해준다.

① 퐁피두 미술관의 모습은 기존 미술관의 모습과 다를 것이다.
② 퐁피두 미술관을 찾는 사람들의 목적은 다양할 것이다.
③ 퐁피두 미술관은 전통적인 예술작품들을 선호할 것이다.
④ 퐁피두 미술관은 파격적인 예술작품들을 배척하지 않을 것이다.
⑤ 퐁피두 미술관은 현대 미술관의 선구자라는 자긍심을 가지고 있을 것이다.

정답 ③

제시문에 따르면 퐁피두 미술관은 모든 창조적 활동을 위한 공간이므로, 퐁피두가 전통적인 예술작품을 선호할 것이라는 내용은 추론할 수 없다.

풀이 전략!

주어진 지문이 어떠한 내용을 다루고 있는지 파악한 후 선택지의 키워드를 확실하게 체크하고, 지문의 정보에서 도출할 수 있는 내용을 찾는다.

대표기출유형 04 기출응용문제

01 **다음 글을 읽고 추론할 수 있는 내용으로 가장 적절한 것은?**

> 조선이 임진왜란 중에도 필사적으로 보존하고자 한 서적이 바로 조선왕조실록이다. 실록은 원래 서울의 춘추관과 성주・충주・전주 4곳의 사고(史庫)에 보관되었으나, 임진왜란 이후 전주 사고의 실록만 온전한 상태였다. 전란이 끝난 후 단 1벌 남은 실록을 다시 여러 벌 등서하자는 주장이 제기되었다. 우여곡절 끝에 실록의 인쇄가 끝난 시기는 1606년이었다. 재인쇄 작업의 결과 원본을 포함해 모두 5벌의 실록을 갖추게 되었다. 원본은 강화도 마니산에 봉안하고 나머지 4벌은 서울의 춘추관과 평안도 묘향산, 강원도의 태백산과 오대산에 봉안했다.
> 이 5벌 중에서 서울 춘추관의 것은 1624년 이괄의 난 때 불에 타 없어졌고, 묘향산의 것은 1633년 후금과의 관계가 악화되자 전라도 무주의 적상산에 사고를 새로 지어 옮겼다. 강화도 마니산의 것은 1636년 병자호란 때 청군에 의해 일부 훼손되었던 것을 현종 때 보수하여 숙종 때 강화도 정족산에 다시 봉안했다. 결국 내란과 외적 침입으로 인해 5곳 가운데 1곳의 실록은 소실되었고, 1곳의 실록은 장소를 옮겼으며, 1곳의 실록은 손상을 입었던 것이다.
> 정족산, 태백산, 적상산, 오대산 4곳의 실록은 그 후 안전하게 지켜졌다. 그러나 일본이 다시 여기에 손을 대었다. 1910년 조선 강점 이후 일제는 정족산과 태백산에 있던 실록을 조선총독부로 이관하고, 적상산의 실록은 구황궁 장서각으로 옮겼으며, 오대산의 실록은 일본 동경제국대학으로 반출했다. 일본으로 반출한 것은 1923년 관동 대지진 때 거의 소실되었다. 정족산과 태백산의 실록은 1930년에 경성제국대학으로 옮겨져 지금까지 서울대학교에 보존되어 있다. 한편 장서각의 실록은 6・25 전쟁 때 북한으로 옮겨져 현재 김일성종합대학에 소장되어 있다.

① 재인쇄하였던 실록은 모두 5벌이다.
② 태백산에 보관하였던 실록은 현재 일본에 있다.
③ 현재 한반도에 남아 있는 실록은 모두 4벌이다.
④ 적상산에 보관하였던 실록은 일부가 훼손되었다.
⑤ 현존하는 실록 중에서 가장 오래된 것은 서울대학교에 있다.

02 다음 글을 바탕으로 〈보기〉의 내용으로부터 추론할 수 있는 내용으로 가장 적절한 것은?

조선의 음악은 예와 함께 의례의 핵심이었기 때문에 조선의 대표적인 음악기관이었던 장악원의 역할은 아주 중요했다. 각종 왕실 행사, 제례, 연향, 조회, 군사의례 등 왕이 활쏘기를 할 때까지도 음악인들이 동원되었기에 1년 내내 쉴 틈이 없을 정도였다.
성종 대에 편찬된 『경국대전』에 의하면, 장악원은 소속 음악인의 수가 '아악 악사 2명, 악생 297명, 속악 악사 2명, 악공 518명, 가동 10명'이었고, 후보생을 포함하면 981명에 이르는 대규모 기관이었다. 이런 장악원의 최고 책임자는 제조라고 했는데 전문 음악인이 아닌 행정관리자여서 악공이나 악생의 연주 실력을 구분하기 어려웠고, 후에 『악학궤범』의 주요 저자인 성현이 장악원의 제조로 발탁됐다.
『악학궤범』은 성종 24년인 1493년에 제작된 음악책이다. 목판본으로 모두 9권 3책으로 되어있으며, 고려 이후부터 성종 때까지의 음악에 대한 이론과 악기 설명, 음악 형식, 궁중 무용, 연주할 때 입는 옷의 설명 등 음악에 대해 자세히 기록하고 있다. 기존의 음악 관련 문헌이 가사의 내용이 주가 되거나 악곡을 수록한 악보집의 형태였다면 『악학궤범』은 음악이론과 제도 및 법식을 주로 다루어 전통음악의 법전과도 같은 문헌이라고 할 수 있다.

보기

좋은 음악도 귀를 스쳐 지나가면 곧 없어지고, 없어지면 흔적이 없는 것이 마치 그림자가 형체가 있으면 모이고 형체가 없어지면 흩어지는 것과 같다. 그러나 악보가 있으면 음의 느리고 빠른 것을 알 수 있고, 그림이 있으면 악기의 형상을 분별할 수 있으며, 책이 있으면 시행하는 법을 알 수 있을 것이다.

① 『악학궤범』에는 용비어천가, 정읍사, 아박무, 무고, 처용무 등의 한글 노랫말도 수록되어 있다.
② 당시 장악원의 의궤와 악보가 오래되어 헐었고, 요행히 남은 것들도 틀려 그것을 바로잡기 위해 책을 편찬했다.
③ 악공 선발을 위한 시험에서 비파는 필수 악기로 사서인은 음악을 배울 때 비파를 중요시하고 있다.
④ 궁중의 제사 음악인 아악, 당나라와 송나라에서 유입된 음악인 당악, 우리나라에서 만들어진 음악인 향악으로 분류할 수 있다.
⑤ 『악학궤범』은 그림으로 악기를 자세히 설명하며, 악보를 수록하고 음악이론과 제도 및 법식을 다루고 있다.

03 다음 글을 바탕으로 추론한 내용으로 적절하지 않은 것은?

> 생태학에서 생물량, 또는 생체량으로 번역되어 오던 단어인 바이오매스(Biomass)는 태양 에너지를 받은 식물과 미생물의 광합성에 의해 생성되는 식물체, 균체, 그리고 이를 자원으로 삼는 동물체 등을 모두 포함한 생물 유기체를 일컫는다. 그리고 이러한 바이오매스를 생화학적, 또는 물리적 변환과정을 통해 액체, 가스, 고체연료, 혹은 전기나 열에너지 형태로 이용하는 기술을 화이트 바이오 테크놀로지(White Biotechnology), 줄여서 '화이트 바이오'라고 부른다.
> 옥수수나 콩, 사탕수수와 같은 식물자원을 이용해 화학제품이나 연료를 생산하는 기술인 화이트 바이오는 재생이 가능한 데다 기존 화석원료를 통한 제조방식에서 벗어나 이산화탄소 배출을 줄일 수 있는 탄소중립적인 기술로 주목받고 있다. 한편 산업계에서는 미생물을 활용한 화이트 바이오를 통해 산업용 폐자재나 가축의 분뇨, 생활폐기물과 같이 죽은 유기물이라 할 수 있는 유기성 폐자원을 바이오매스 자원으로 활용하여 에너지를 생산하고자 연구하고 있어 온실가스 배출, 악취 발생, 수질 오염 등 환경적 문제는 물론 그 처리비용 문제도 해결할 수 있을 것으로 기대를 모으고 있다.
> 비록 보건 및 의료 분야의 바이오산업인 레드 바이오나 농업 및 식량 분야의 그린 바이오보다 늦게 발전을 시작했지만, 한국과학기술기획평가원이 발간한 보고서에 따르면 화이트 바이오 관련 산업은 연평균 18%의 빠른 속도로 성장하며 기존의 화학 산업을 대체할 것으로 전망되고 있다.

① 생태학에서 정의하는 바이오매스와 산업계에서 정의하는 바이오매스는 다르다.
② 산업계는 화이트 바이오를 통해 환경오염 문제를 해결할 수 있을 것으로 기대를 모으고 있다.
③ 가정에서 나온 폐기물은 바이오매스 자원으로 고려되지 않는다.
④ 화이트 바이오 산업은 아직 다른 두 바이오산업에 비해 규모가 작을 것이다.
⑤ 기존 화학 산업의 경우 탄소배출이 문제가 되고 있었다.

05 빈칸 삽입

| 유형분석 |

- 주어진 지문을 바탕으로 빈칸에 들어갈 내용을 찾는 문제이다.
- 선택지의 내용을 정확하게 확인하고 빈칸 앞뒤 문맥을 파악하는 능력이 필요하다.

다음 글의 빈칸에 들어갈 내용으로 가장 적절한 것은?

미세먼지와 황사는 여러모로 비슷하면서도 뚜렷한 차이점을 지니고 있다. 삼국사기에도 기록되어 있는 황사는 중국 내륙 내몽골 사막에 강풍이 불면서 날아오는 모래와 흙먼지를 일컫는데, 장단점이 존재했던 과거와 달리 중국 공업지대를 지난 황사에 미세먼지와 중금속 물질이 더해지며 심각한 환경문제로 대두되었다. 이와 달리 미세먼지는 일반적으로는 대기오염물질이 공기 중에 반응하여 형성된 황산염이나 질산염 등 이온 성분, 석탄·석유 등에서 발생한 탄소화합물과 검댕, 흙먼지 등 금속화합물의 유해성분으로 구성된다.
미세먼지의 경우 통념적으로는 먼지를 미세먼지와 초미세먼지로 구분하고 있지만, 대기환경과 환경 보전을 목적으로 하는 환경정책기본법에서는 미세먼지를 PM(Particulate Matter)이라는 단위로 구분한다. 즉, 미세먼지(PM_{10})의 경우 입자의 크기가 $10\mu m$ 이하인 먼지이고, 미세먼지($PM_{2.5}$)는 입자의 크기가 $2.5\mu m$ 이하인 먼지로 정의하고 있다. 이에 비해 황사는 통념적으로는 입자 크기로 구분하지 않으나 주로 지름 $20\mu m$ 이하의 모래로 구분하고 있다. 때문에 ________________

① 황사 문제를 해결하기 위해서는 근본적으로 황사의 발생 자체를 억제할 필요가 있다.
② 황사와 미세먼지의 차이를 입자의 크기만으로 구분 짓긴 어렵다.
③ 미세먼지의 역할 또한 분명히 존재함을 기억해야 할 것이다.
④ 황사와 미세먼지의 근본적인 구별법은 그 역할에서 찾아야 할 것이다.
⑤ 초미세먼지를 차단할 수 있는 마스크라 해도 황사와 초미세먼지를 동시에 차단하긴 어렵다.

정답 ②

미세먼지의 경우 최소 $10\mu m$ 이하의 먼지로 정의되고 있지만, 황사의 경우 주로 지름 $20\mu m$ 이하의 모래로 구분하되 통념적으로는 입자 크기로 구분하지 않는다. 따라서 $10\mu m$ 이하의 황사의 입자의 크기만으로 미세먼지와 구분 짓기는 어렵다.

오답분석

①·⑤ 제시문을 통해서 알 수 없는 내용이다.
③ 미세먼지의 역할에 대한 설명을 찾을 수 없다.
④ 제시문에서 설명하는 황사와 미세먼지의 근본적인 구별법은 구성성분의 차이이다.

풀이 전략!

빈칸 앞뒤의 문맥을 파악한 후 선택지에서 가장 어울리는 내용을 찾는다. 빈칸 앞에 접속사가 있다면 이를 활용한다.

※ 다음 글의 빈칸에 들어갈 내용으로 가장 적절한 것을 고르시오. [1~4]

01

"너는 냉면 먹어라, 나는 냉면 먹을게."와 같은 문장이 어딘가 이상한 문장이라는 사실과, 어떻게 고쳐야 바른 문장이 된다는 사실은 심각하게 따져 보지 않고도 순간적으로 파악해 낼 수 있다. 그러나 막상 이 문장이 틀린 이유가 무엇인지 설명하라고 하면, ____________ 이를 논리적으로 설명해 내기 위해서는 국어의 문법 현상에 대한 상당한 수준의 전문적 식견이 필요하기 때문이다.

① 일반인으로서는 매우 곤혹스러움을 느끼게 된다.
② 전문가들은 설명이 불가능하다고 말한다.
③ 이 역시 특별한 문제없이 설명할 수 있다.
④ 대부분의 사람들은 틀린 이유를 명확하게 찾아낼 수 있다.
⑤ 국어를 모국어로 하는 사람들만이 설명할 수 있다.

02

일반적으로 물체, 객체를 의미하는 프랑스어 '오브제(Objet)'는 라틴어에서 유래된 단어로, 어원적으로는 앞으로 던져진 것을 의미한다. 미술에서 대개 인간이라는 '주체'와 대조적인 '객체'로서의 대상을 지칭할 때 사용되는 오브제가 미술사 전면에 나타나게 된 것은 입체주의 이후이다.
20세기 초 입체파 화가들이 화면에 나타나는 공간을 자연의 모방이 아닌 독립된 공간으로 인식하기 시작하면서 회화는 재현미술로서의 단순한 성격을 벗어나기 시작한다. 즉, '미술은 그 자체가 실재이다. 또한 그것은 객관세계의 계시 혹은 창조이지 그것의 반영이 아니다.'라는 세잔의 사고에 의하여 공간의 개방화가 시작된 것이다. 이는 평면에 실제 사물이 부착되는 콜라주 양식의 탄생과 함께 일상의 평범한 재료들이 회화와 자연스레 연결되는 예술과 비예술의 결합으로 차츰 변화하게 된다.
이러한 오브제의 변화는 다다이즘과 쉬르리얼리즘에서 '일용의 기성품과 자연물 등을 원래의 그 기능이나 있어야 할 장소에서 분리하고, 그대로 독립된 작품으로서 제시하여 일상적 의미와는 다른 상징적・환상적인 의미를 부여하는 것'으로 일반화된다. 그리고 동시에, 기존 입체주의에서 단순한 보조 수단에 머물렀던 오브제를 캔버스와 대리석의 대체하는 확실한 표현 방법으로 완성시켰다.
이후 오브제는 그저 예술가가 지칭하는 것만으로도 우리의 일상생활과 환경 그 자체가 곧 예술작품이 될 수 있음을 주장한다. ________________ 거기에서 더 나아가 오브제는 일상의 오브제를 다양하게 전환시켜 다양성과 대중성을 내포하고, 오브제의 진정성과 상징성을 제거하는 팝아트에서 다시 한 번 새롭게 변화하기에 이른다.

① 무너진 베를린 장벽의 조각을 시내 한복판에 장식함으로써 예술과 비예술이 결합한 것이다.
② 화려하게 채색된 소변기를 통해 일상성에 환상적인 의미를 부여한 것이다.
③ 폐타이어나 망가진 금관악기 등으로 제작된 자동차를 통해 일상의 비일상화를 나타낸 것이다.
④ 평범한 세면대일지라도 예술가에 의해 오브제로 정해진다면 일상성을 간직한 미술과 일치되는 것이다.
⑤ 기존의 수프 통조림을 실크 스크린으로 동일하게 인쇄하여 손쉽게 대량생산되는 일상성을 풍자하는 것이다.

03

태양은 지구의 생명체가 살아가는 데 필요한 빛과 열을 공급해 준다. 태양은 이런 막대한 에너지를 어떻게 계속 내놓을 수 있을까?

16세기 이전까지는 태양을 포함한 별들이 지구상의 물질을 이루는 네 가지 원소와 다른, 불변의 '제5원소'로 이루어졌다고 생각했다. 하지만 밝기가 변하는 신성(新星)이 별 가운데 하나라는 사실이 알려지면서 별이 불변이라는 통념은 무너지게 되었다. 또한, 태양의 흑점 활동이 관측되면서 태양 역시 불덩어리일지도 모른다고 생각하기 시작했다. 그 후 섭씨 5,500℃로 가열된 물체에서 노랗게 보이는 빛이 나오는 것을 알게 되면서 유사한 빛을 내는 태양의 온도도 비슷할 것이라고 추측하게 되었다.

19세기에는 에너지 보존 법칙이 확립되면서 새로운 에너지 공급이 없다면 태양의 온도가 점차 낮아져야 한다는 결론을 내렸다. 그렇다면 과거에는 태양의 온도가 훨씬 높았어야 했고, 지구의 바다가 펄펄 끓어야 했을 것이다. 하지만 실제로는 그렇지 않았고, 사람들은 태양의 온도를 일정하게 유지해 주는 에너지원이 무엇인지에 대해 생각하게 되었다.

20세기 초 방사능이 발견되면서 사람들은 방사능 물질의 붕괴에서 나오는 핵분열 에너지를 태양의 에너지원으로 생각하였다. 그러나 태양빛의 스펙트럼을 분석한 결과 태양에는 우라늄 등의 방사능 물질 대신 수소와 헬륨이 있다는 것을 알게 되었다. 즉, 방사능 물질의 붕괴에서 나오는 핵분열 에너지가 태양의 에너지원이 아니었던 것이다.

현재 태양의 에너지원은 수소 원자핵 네 개가 헬륨 원자핵 하나로 융합하는 과정의 질량 결손으로 인해 생기는 핵융합 에너지로 알려져 있다. 태양은 엄청난 양의 수소 기체가 중력에 의해 뭉쳐진 것으로, 그 중심으로 갈수록 밀도와 압력, 온도가 증가한다. 태양에서의 핵융합은 천만℃ 이상의 온도를 유지하는 중심부에서만 일어난다. 높은 온도에서만 원자핵들은 높은 운동 에너지를 가지게 되며, 그 결과로 원자핵들 사이의 반발력을 극복하고 융합되기에 충분히 가까운 거리로 근접할 수 있기 때문이다. 태양빛이 핵융합을 통해 나온다는 사실은 태양으로부터 온 중성미자가 관측됨으로써 더 확실해졌다.

중심부의 온도가 올라가 핵융합 에너지가 늘어나면 그 에너지로 인한 압력으로 수소를 밖으로 밀어내어 중심부의 밀도와 온도를 낮추게 된다. 이렇게 온도가 낮아지면 방출되는 핵융합 에너지가 줄어들며, 그 결과 압력이 낮아져서 수소가 중심부로 들어오게 되어 중심부의 밀도와 온도를 다시 높인다. 이렇듯 태양 내부에서 중력과 핵융합 반응의 평형 상태가 유지되기 때문에 ______________ 태양은 이미 50억 년간 빛을 냈고, 앞으로도 50억 년 이상 더 빛날 것이다.

① 태양의 핵융합 에너지가 폭발적으로 증가할 수 있게 된다.
② 태양 외부의 밝기가 내부 상태에 따라 변할 수 있게 된다.
③ 태양이 오랫동안 안정적으로 빛을 낼 수 있게 된다.
④ 태양이 일정한 크기를 유지할 수 있었다.
⑤ 과거와 달리 태양이 일정한 온도를 유지할 수 있게 된다.

04

스마트팩토리는 인공지능(AI), 사물인터넷(IoT) 등 다양한 기술이 융합된 자율화 공장으로, 제품 설계와 제조, 유통, 물류 등의 산업 현장에서 생산성 향상에 초점을 맞췄다. 이곳에서는 기계, 로봇, 부품 등의 상호 간 정보 교환을 통해 제조 활동을 하고, 모든 공정 이력이 기록되며, 빅데이터 분석으로 사고나 불량을 예측할 수 있다. 스마트팩토리에서는 컨베이어 생산 활동으로 대표되는 산업 현장의 모듈형 생산이 컨베이어를 대체하고 IoT가 신경망 역할을 한다. 센서와 기기 간 다양한 데이터를 수집하고, 이를 서버에 전송하면 서버는 데이터를 분석해 결과를 도출한다. 서버는 AI 기계학습 기술이 적용돼 빅데이터를 분석하고 생산성 향상을 위한 최적의 방법을 제시한다.
스마트팩토리의 대표 사례로는 고도화된 시뮬레이션 '디지털 트윈'을 들 수 있다. 디지털 트윈은 데이터를 기반으로 가상공간에서 미리 시뮬레이션하는 기술이다. 시뮬레이션을 위해 빅데이터를 수집하고 분석과 예측을 위한 통신·분석 기술에 가상현실(VR), 증강현실(AR)과 같은 기술을 더한다. 이를 통해 산업 현장에서 작업 프로세스를 미리 시뮬레이션하고, VR·AR로 검증함으로써 실제 시행에 따른 손실을 줄이고, 작업 효율성을 높일 수 있다.
한편 '에지 컴퓨팅'도 스마트팩토리의 주요 기술 중 하나이다. 에지 컴퓨팅은 산업 현장에서 발생하는 방대한 데이터를 클라우드로 한 번에 전송하지 않고, 에지에서 사전 처리한 후 데이터를 선별해서 전송한다. 서버와 에지가 연동해 데이터 분석 및 실시간 제어를 수행하여 산업 현장에서 생산되는 데이터가 기하급수로 늘어도 서버에 부하를 주지 않는다. 현재 클라우드 컴퓨팅이 중앙 데이터센터와 직접 소통하는 방식이라면 에지 컴퓨팅은 기기 가까이에 위치한 일명 '에지 데이터 센터'와 소통하며, 저장을 중앙 클라우드에 맡기는 형식이다. 이를 통해 데이터 처리 지연 시간을 줄이고 즉각적인 현장 대처를 가능하게 한다.
이러한 스마트팩토리의 발전은 ______________________________ 최근 선진국에서 나타나는 주요 현상 중의 하나는 바로 '리쇼어링'의 가속화이다. 리쇼어링이란 인건비 등 각종 비용 절감을 이유로 해외에 나간 자국 기업들이 다시 본국으로 돌아오는 현상을 의미하는 용어이다. 2000년대 초반까지는 국가적 차원에서 세제 혜택 등의 회유책을 통해 추진되어 왔지만, 스마트팩토리의 등장으로 인해 자국 내 스마트팩토리에서의 제조 비용과 중국이나 멕시코와 같은 제3국에서 제조 후 수출 비용에 큰 차이가 없어 리쇼어링 현상은 더욱 가속화되고 있다.

① 공장의 제조 비용을 절감시키고 있다.
② 공장의 세제 혜택을 사라지게 하고 있다.
③ 공장의 위치를 변화시키고 있다.
④ 수출 비용을 줄이는 데 도움이 된다.
⑤ 공장의 생산성을 높이고 있다.

PART 1

05 다음 글에서 〈보기〉의 문장이 들어갈 위치로 가장 적절한 곳은?

전국(戰國)시대의 사상계가 양주(楊朱)와 묵적(墨翟)의 사상에 경도되어 유학의 영향력이 약화되고 있다고 판단한 맹자(孟子)는 유학의 수호자를 자임하면서 공자(孔子)의 사상을 계승하는 한편, 다른 학파의 사상적 도전에 맞서 유학 사상의 이론화 작업을 전개하였다. 그는 공자의 춘추(春秋) 시대에 비해 사회 혼란이 가중되는 시대적 환경 속에서 사회 안정을 위해 특히 '의(義)'의 중요성을 강조하였다. (가)

맹자가 강조한 '의'는 공자가 제시한 '의'에 대한 견해를 강화한 것이었다. 공자는 사회 혼란을 치유하는 방법을 '인(仁)'의 실천에서 찾고, '인'의 실현에 필요한 객관 규범으로서 '의'를 제시하였다. 공자가 '인'을 강조한 이유는 자연스러운 도덕 감정인 '인'을 사회 전체로 확산했을 때 비로소 사회가 안정될 것이라고 보았기 때문이다. 이때 공자는 '의'를 '인'의 실천에 필요한 합리적 기준으로서 '정당함'을 의미한다고 보았다. (나)

맹자는 공자와 마찬가지로 혈연관계에서 자연스럽게 드러나는 도덕 감정인 '인'의 확산이 필요함을 강조하면서도, '의'의 의미를 확장해 '의'를 '인'과 대등한 지위로 격상했다. (다) 그는 부모에게 효도하는 것은 '인'이고, 형을 공경하는 것은 '의'라고 하여 '의'를 가족 성원 간에도 지켜야 할 규범이라고 규정하였다. 그리고 나의 형을 공경하는 것에서 시작하여 남의 어른을 공경하는 것으로 나아가는 유비적 확장을 통해 '의'를 사회 일반의 행위 규범으로 정립하였다. (라) 나아가 그는 '의'를 개인의 완성 및 개인과 사회의 조화를 위해 필수적인 행위 규범으로 설정하였고, 사회 구성원으로서 개인은 '의'를 실천하여 사회 질서 수립과 안정에 기여해야 한다고 주장하였다.

또한 맹자는 '의'가 이익의 추구와 구분되어야 한다고 주장하였다. 이러한 입장에서 그는 사적인 욕망으로부터 비롯된 이익의 추구는 개인적으로는 '의'의 실천을 가로막고, 사회적으로는 혼란을 야기한다고 보았다. 특히 작은 이익이건 천하의 큰 이익이건 '의'에 앞서 이익을 내세우면 천하는 필연적으로 상하 질서의 문란이 초래될 것이라고 역설하였다. (마)

보기

그래서 그는 사회 안정을 위해 사적인 욕망과 결부된 이익의 추구는 '의(義)'에서 배제되어야 한다고 주장하였다.

① (가)
② (나)
③ (다)
④ (라)
⑤ (마)

06 다음 글의 빈칸에 들어갈 문장을 〈보기〉에서 찾아 순서대로 바르게 나열한 것은?

우리가 사용하는 플라스틱은 석유를 증류하는 과정에서 얻어진 휘발유나 나프타를 기반으로 생산된다. ______________ 특히 폐기물의 불완전 연소에 의한 대기 오염은 심각한 환경오염의 원인으로 대두되었다. 이로 인해 자연 분해가 거의 불가능한 난분해성 플라스틱 제품에 대한 정부의 규제가 강화되었고, 플라스틱 소재 분야에서도 환경 보존을 위한 노력을 하고 있다. '바이오 플라스틱'은 옥수수, 사탕수수 등 식물체를 가공한 바이오매스를 원료로 만든 친환경 플라스틱이다. 바이오 플라스틱은 바이오매스 함유 정도에 따라, 바이오매스가 50% 이상인 '생분해성 플라스틱'과 25% 이상인 '바이오 베이스 플라스틱'으로 크게 구분된다. 생분해성 플라스틱은 일정한 조건에서 시간의 경과에 따라 완전 분해될 수 있는 플라스틱이고, 바이오 베이스 플라스틱은 바이오매스와 석유 화학 유래 물질 등을 이용하여 생산되는 플라스틱이다. 생분해성 플라스틱은 보통 3 ~ 6개월 정도의 빠른 기간에, 미생물에 의해 물과 이산화탄소 등으로 자연 분해된다. 분해 과정에서 다이옥신 등 유해 물질이 방출되지 않으며, 탄소 배출량도 적어 친환경적이다. ______________ 이로 인해 생분해성보다는 이산화탄소 저감에 중점을 두고 있는 바이오 베이스 플라스틱의 개발이 빠르게 진행되고 있다. 바이오 베이스 플라스틱은 식물 유래의 원료와 일반 플라스틱 수지를 중합하거나 결합하는 방식으로 생산되지만, 이산화탄소의 총량을 기준으로 볼 때는 환경 문제가 되지 않는다. ______________ 바이오매스 원료 중에서 가장 대표적인 것은 옥수수 전분이다. 그런데 최근에는 바이오매스 원료 중에서도 볏짚, 왕겨, 옥수숫대, 콩 껍질 등 비식용 부산물을 사용하는 기술이 발전하고 있다. 이는 지구상 곳곳에서 많은 사람들이 굶주리는 상황에서 제기된 비판이 있었기 때문이다.
바이오 베이스 플라스틱은 생분해성 플라스틱보다 내열성 및 가공성이 우수하고, 분해 기간 조절이 가능하기 때문에 비닐봉지와 음료수병, 식품 포장기는 물론 다양한 산업용품 개발에 활용되고 있다. 근래에는 전자 제품에서부터 건축 자재, 자동차용품까지 적용 분야가 확대되는 추세이다. 하지만 바이오매스와 배합되는 원료들이 완전히 분해되지는 않으므로, 바이오 베이스 플라스틱이 진정한 의미의 환경친화적 대체재라고 볼 수는 없다.

보기

㉠ 왜냐하면 플라스틱을 폐기할 때 화학 분해가 되어도 그 플라스틱의 식물성 원료가 이산화탄소를 흡수하며 성장했기 때문이다.
㉡ 하지만 내열성 및 가공성이 취약하고, 바이오매스의 가격이 비싸며, 생산 비용이 많이 드는 단점이 있다.
㉢ 석유로 플라스틱을 만드는 과정이나 소각 또는 매립하여 폐기하는 과정에서 유독 물질, 이산화탄소 등의 온실가스가 많이 배출된다.

① ㉠, ㉡, ㉢
② ㉠, ㉢, ㉡
③ ㉡, ㉠, ㉢
④ ㉡, ㉢, ㉠
⑤ ㉢, ㉡, ㉠

PART 1

06 | 맞춤법 · 어휘

| 유형분석 |

- 맞춤법에 맞는 단어를 찾거나 주어진 지문의 내용에 어울리는 단어를 찾는 문제가 주로 출제된다.
- 단어 사이의 관계에 대한 문제가 출제되므로 뜻이 비슷하거나 반대되는 단어를 함께 학습하는 것이 좋다.
- 자주 출제되는 단어나 헷갈리는 단어에 대한 학습을 꾸준히 하는 것이 좋다.

다음 중 밑줄 친 부분의 맞춤법이 옳은 것은?

① 그는 손가락으로 북쪽을 <u>가르켰다</u>.

② <u>뚝배기</u>에 담겨 나와서 시간이 지나도 식지 않았다.

③ 열심히 하는 것은 좋은데 <u>촛점</u>이 틀렸다.

④ 세영이는 몸이 너무 약해서 보약을 <u>다려</u> 먹어야겠다.

⑤ 벽을 가득 덮고 있는 <u>덩쿨</u> 덕에 여름 분위기가 난다.

정답 ②

'찌개 따위를 끓이거나 설렁탕 따위를 담을 때 쓰는 그릇'을 뜻하는 어휘는 '뚝배기'이다.

오답분석

① '손가락 따위로 어떤 방향이나 대상을 집어서 보이거나 말하거나 알리다.'의 의미를 가진 어휘는 '가리키다'이다.

③ '사람들의 관심이나 주의가 집중되는 사물의 중심 부분'의 의미를 가진 어휘는 '초점'이다.

④ '액체 따위를 끓여서 진하게 만들거나 약재 따위에 물을 부어 우러나도록 끓이다.'의 의미를 가진 어휘는 '달이다'이다(다려 → 달여).

⑤ '길게 뻗어 나가면서 다른 물건을 감기도 하고 땅바닥에 퍼지기도 하는 식물의 줄기'의 의미를 가진 어휘는 '넝쿨' 또는 '덩굴'이다.

풀이 전략!

문제에서 물어보는 단어를 정확히 확인해야 하고, 문제에서 다루고 있는 단어의 앞뒤 내용을 읽고 글의 전체적 흐름을 생각하며 문제에 접근해야 한다.

대표기출유형 06 기출응용문제

01 다음 중 맞춤법이 옳은 것은?

> • 내노라 / 내로라 / 내놔라하는 사람들이 다 모였다.
> • 탐장님이 결제 / 결재해야 할 수 있는 일이다.

① 내노라, 결제
② 내노라, 결재
③ 내로라, 결제
④ 내로라, 결재
⑤ 내놔라, 결재

02 다음 중 밑줄 친 부분의 맞춤법이 옳지 않은 것은?

① 윗층에 누가 사는지 모르겠다.
② 오뚝이는 아무리 쓰러뜨려도 잘도 일어난다.
③ 새 컴퓨터를 살 생각에 좋아서 깡충깡충 뛰었다.
④ 그의 초라한 모습이 내 호기심에 불을 당겼다.
⑤ 형은 끼니도 거른 채 일에 몰두했다.

03 다음 중 밑줄 친 ㉠, ㉡의 관계와 가장 유사한 것은?

> 남성적 특성과 여성적 특성을 모두 가지고 있는 사람이 남성적 특성 혹은 여성적 특성만 지니고 있는 사람에 비하여 훨씬 더 다양한 ㉠ 자극에 대하여 다양한 ㉡ 반응을 보일 수 있다. 이렇게 여러 개의 반응 레퍼토리를 가지고 있다는 것은 다시 말하면, 그때그때 상황의 요구에 따라 적합한 반응을 보일 수 있다는 것이며, 이는 곧 사회적 환경에 더 유연하고 효과적으로 대처할 수 있다는 것을 의미한다.

① 개인 – 사회
② 정신 – 육체
③ 물고기 – 물
④ 입력 – 출력
⑤ 후보자 – 당선자

CHAPTER 02

수리능력

합격 Cheat Key

수리능력은 사칙 연산 · 통계 · 확률의 의미를 정확하게 이해하고 이를 업무에 적용하는 능력으로, 기초 연산과 기초 통계, 도표 분석 및 작성의 문제 유형으로 출제된다. 수리능력 역시 채택하지 않는 공사 · 공단이 거의 없을 만큼 필기시험에서 중요도가 높은 영역이다.

특히, 난이도가 높은 공사 · 공단의 시험에서는 도표 분석, 즉 자료 해석 유형의 문제가 많이 출제되고 있고, 응용 수리 역시 꾸준히 출제하는 공사 · 공단이 많기 때문에 기초 연산과 기초 통계에 대한 공식의 암기와 자료 해석 능력을 기를 수 있는 꾸준한 연습이 필요하다.

1 응용 수리의 공식은 반드시 암기하라!

응용 수리는 공사 · 공단마다 출제되는 문제는 다르지만, 사용되는 공식은 비슷한 경우가 많으므로 자주 출제되는 공식을 반드시 암기하여야 한다. 문제에서 묻는 것을 정확하게 파악하여 그에 맞는 공식을 적절하게 적용하는 꾸준한 노력과 공식을 암기하는 연습이 필요하다.

2 자료의 해석은 자료에서 즉시 확인할 수 있는 지문부터 확인하라!

수리능력 중 도표 분석, 즉 자료 해석 능력은 많은 시간을 필요로 하는 문제가 출제되므로, 증가·감소 추이와 같이 눈으로 확인이 가능한 지문을 먼저 확인한 후 복잡한 계산이 필요한 지문을 확인하는 방법으로 문제를 풀이한다면 시간을 조금이라도 아낄 수 있다. 또한, 여러 가지 보기가 주어진 문제 역시 지문을 잘 확인하고 문제를 풀이한다면 불필요한 계산을 생략할 수 있으므로 항상 지문부터 확인하는 습관을 들여야 한다.

3 도표 작성에서 지문에 작성된 도표의 제목을 반드시 확인하라!

도표 작성은 하나의 자료 혹은 보고서와 같은 수치가 표현된 자료를 도표로 작성하는 형식으로 출제되는데, 대체로 표보다는 그래프를 작성하는 형태로 많이 출제된다. 지문을 살펴보면 각 지문에서 주어진 도표에도 소제목이 있는 경우가 대부분이다. 이때, 자료의 수치와 도표의 제목이 일치하지 않는 경우 함정이 존재하는 문제일 가능성이 높으므로 도표의 제목을 반드시 확인하는 것이 중요하다.

01 응용 수리

| 유형분석 |

- 문제에서 제공하는 정보를 파악한 뒤, 사칙연산을 활용하여 계산하는 전형적인 수리문제이다.
- 문제를 풀기 위한 정보가 산재되어 있는 경우가 많으므로 주어진 조건 등을 꼼꼼히 확인해야 한다.

세희네 가족의 올해 휴가비용은 작년 대비 교통비는 15%, 숙박비는 24% 증가하였고, 전체 휴가비용은 20% 증가하였다. 작년 전체 휴가비용이 36만 원일 때, 올해 숙박비는?(단, 전체 휴가비는 교통비와 숙박비의 합이다)

① 160,000원
② 184,000원
③ 200,000원
④ 248,000원
⑤ 268,000원

정답 ④

작년 교통비를 x원, 숙박비를 y원이라 하자.

$1.15x+1.24y=1.2(x+y)$ ⋯ ㉠

$x+y=36$ ⋯ ㉡

㉠과 ㉡을 연립하면 $x=16$, $y=20$이다.

따라서 올해 숙박비는 $20\times1.24=24.8$만 원이다.

풀이 전략!

문제에서 묻는 바를 정확하게 확인한 후, 필요한 조건 또는 정보를 구분하여 신속하게 풀어 나간다. 단, 계산에 착오가 생기지 않도록 유의한다.

대표기출유형 01 기출응용문제

01 민주와 정수는 원 모양의 트랙을 걷기로 했다. 시작 지점에서 동시에 출발하여 서로 반대 방향으로 민주는 분속 40m, 정수는 분속 45m로 걷는다. 출발한 지 40분 후에 두 사람이 두 번째로 마주친다고 할 때, 트랙의 둘레는?

① 1,400m
② 1,500m
③ 1,600m
④ 1,700m
⑤ 1,800m

PART 1

02 A와 B는 가위바위보를 해서 이기면 2계단을 올라가고, 지면 1계단을 내려가는 게임을 하였다. 게임이 끝난 후, A는 11계단, B는 2계단을 올라가 있었다. A가 이긴 횟수는?(단, 비기는 경우는 고려하지 않는다)

① 5번
② 8번
③ 12번
④ 18번
⑤ 20번

03 50명의 남학생 중에서 24명, 30명의 여학생 중에서 16명이 뮤지컬을 좋아한다고 한다. 전체 80명의 학생 중에서 임의로 선택한 한 명이 뮤지컬을 좋아하지 않는 학생이었을 때, 그 학생이 여학생일 확률은?

① $\frac{3}{20}$
② $\frac{1}{4}$
③ $\frac{3}{10}$
④ $\frac{7}{20}$
⑤ $\frac{2}{5}$

04 농도가 10%인 소금물 200g에 농도가 15%인 소금물을 섞어서 농도가 13%인 소금물을 만들려고 한다. 이때, 농도가 15%인 소금물은 몇 g이 필요한가?

① 150g
② 200g
③ 250g
④ 300g
⑤ 350g

05 A는 8분에 2바퀴를 돌고, B는 6분에 1바퀴를 돈다. 두 사람이 3시 정각에 같은 방향으로 동시에 출발하였다면, 출발점에서 4번째로 만나는 시각은?

① 3시 12분
② 3시 24분
③ 3시 48분
④ 4시 36분
⑤ 5시

06 H회사의 사우회에서 참석자들에게 과자를 1인당 8개씩 나누어 주려고 한다. 10개씩 들어 있는 과자를 17상자 준비하였더니 과자가 남았고, 남은 과자를 1인당 1개씩 더 나누어 주려고 하니 부족했다. 만약 지금보다 9명이 더 참석한다면 과자 6상자를 추가해야 참석자 모두에게 1인당 8개 이상씩 나누어 줄 수 있다. 이때 사우회의 처음 참석자 수는 몇 명인가?

① 18명
② 19명
③ 20명
④ 21명
⑤ 22명

07 A지역 유권자의 $\frac{3}{5}$과 B지역 유권자의 $\frac{1}{2}$이 헌법 개정에 찬성하였다. A지역 유권자가 B지역 유권자의 4배일 때, A와 B 두 지역 유권자의 한법 개정 찬성률은 얼마인가?

① 54%
② 56%
③ 58%
④ 60%
⑤ 62%

08 가로 길이가 $x$cm이고 세로 길이가 $y$cm인 직사각형의 둘레의 길이가 20cm이고 넓이가 24cm^{2}이다. 이 직사각형의 가로 길이와 세로 길이를 3cm씩 늘릴 때, 늘어난 직사각형의 넓이는?

① 59cm^2
② 60cm^2
③ 61cm^2
④ 62cm^2
⑤ 63cm^2

09 다음 그림과 같은 직육면체 모양의 그릇을 기울여 액체를 담았을 때, 액체의 부피는?

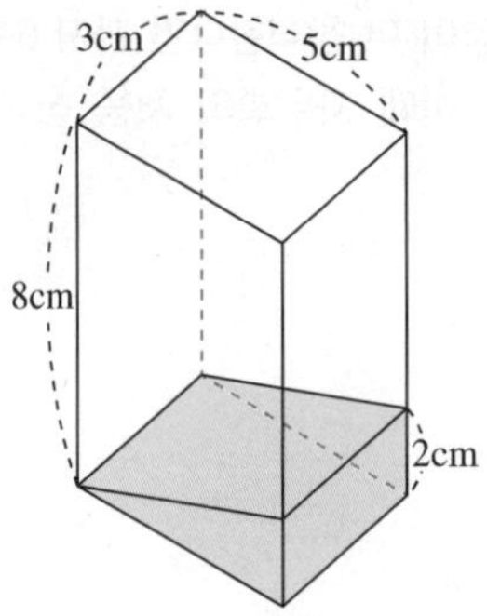

① $15cm^3$
② $20cm^3$
③ $24cm^3$
④ $32cm^3$
⑤ $36cm^3$

10 다음 도형은 가장 큰 직사각형을 제외한 나머지 직사각형 3개가 각각 가로 길이의 절반씩 겹쳐져 있는 형태이다. 각 직사각형은 작은 것부터 순서대로 가로 · 세로의 길이가 각각 1cm씩 커진다. 가장 작은 직사각형의 세로 길이가 가로의 길이보다 1cm 더 크다고 할 때, 겹쳐진 상태의 4개 사각형 넓이가 $49cm^2$ 이었다면 겹쳐진 4개 사각형의 둘레는?

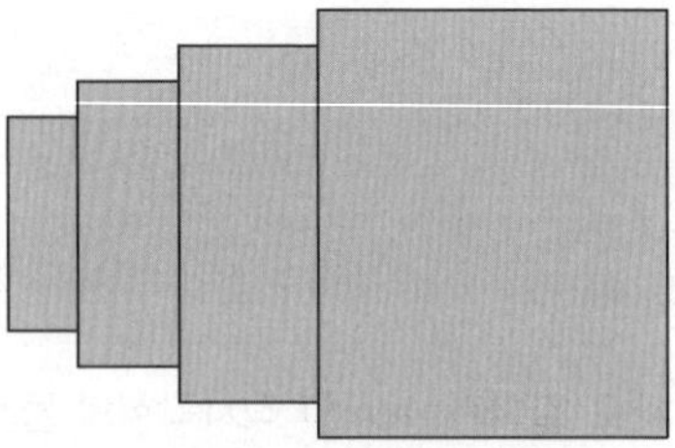

① 31cm
② 32cm
③ 33cm
④ 34cm
⑤ 35cm

11 다음 그림과 같은 모양의 직각삼각형 ABC가 있다. 변 AB의 길이는 18cm이고 직각삼각형의 둘레가 72cm일 때, 직각삼각형 ABC의 넓이는?

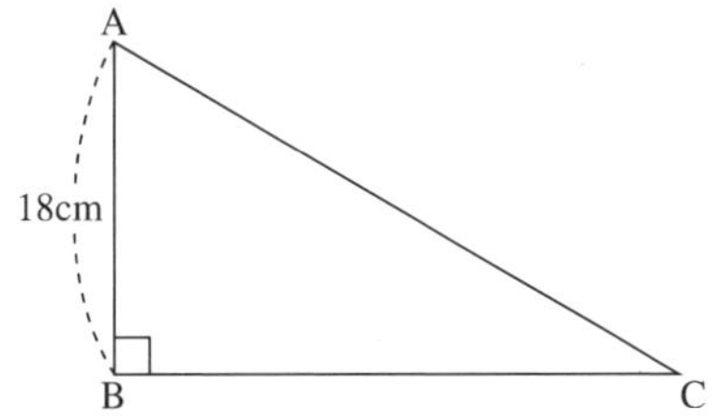

① $182cm^2$
② $186cm^2$
③ $192cm^2$
④ $210cm^2$
⑤ $216cm^2$

12 철수는 다음 그림과 같은 사각뿔에 물을 채우려고 한다. 사각뿔에 가득 채워지는 물의 부피는?

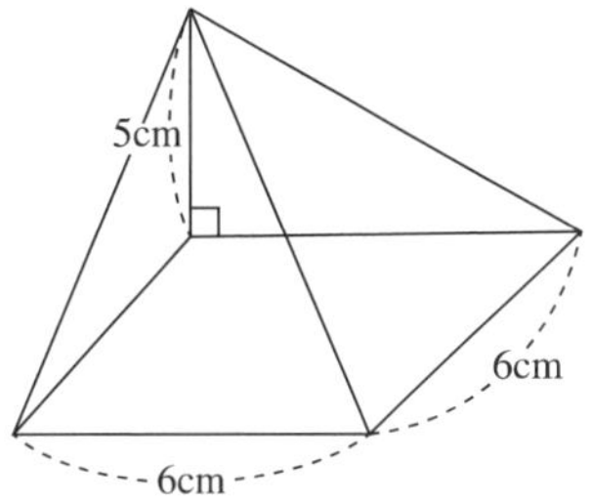

① $60cm^3$
② $80cm^3$
③ $100cm^3$
④ $120cm^3$
⑤ $180cm^3$

02 수열 규칙

| 유형분석 |

- 나열된 수의 규칙을 찾아 해결하는 문제이다.
- 등차·등비수열 등 다양한 수열 규칙에 대한 사전 학습이 요구된다.

다음과 같이 일정한 규칙으로 수를 나열할 때, 빈칸에 들어갈 수는?

1 2 8 ( ) 148 765 4,626

① 12
② 16
③ 24
④ 27
⑤ 33

정답 ⑤

앞의 항에 $\times1+1^2$, $\times2+2^2$, $\times3+3^2$, $\times4+4^2$, …인 수열이다.
따라서 ( )$=8\times3+3^2=33$이다.

풀이 전략!

- 수열을 풀이할 때는 다음과 같은 규칙이 적용되는지를 순차적으로 판단한다.
  1) 각 항에 일정한 수를 사칙연산(+, −, ×, ÷)하는 규칙
  2) 홀수 항, 짝수 항 규칙
  3) 피보나치 수열과 같은 계차를 이용한 규칙
  4) 군수열을 활용한 규칙
  5) 항끼리 사칙연산을 하는 규칙

주요 수열 규칙

구분	내용
등차수열	앞의 항에 일정한 수를 더해 이루어지는 수열
등비수열	앞의 항에 일정한 수를 곱해 이루어지는 수열
피보나치 수열	앞의 두 항의 합이 그 다음 항의 수가 되는 수열
건너뛰기 수열	두 개 이상의 수열 또는 규칙이 일정한 간격을 두고 번갈아가며 적용되는 수열
계차수열	앞의 항과 차가 일정하게 증가하는 수열
군수열	일정한 규칙성으로 몇 항씩 묶어 나눈 수열

대표기출유형 02 기출응용문제

※ 다음과 같이 일정한 규칙으로 수를 나열할 때, 빈칸에 들어갈 수를 고르시오. **[1~9]**

01

12.3　　15　　7.5　　10.2　　(　　)　　7.8　　3.9

① 4.2　　② 5.1
③ 6.3　　④ 7.2
⑤ 8.1

02

$\frac{6}{15}$　　$\frac{18}{15}$　　$\frac{18}{45}$　　(　　)　　$\frac{54}{135}$

① $\frac{36}{135}$　　② $\frac{54}{135}$
③ $\frac{54}{45}$　　④ $\frac{36}{54}$
⑤ $\frac{45}{54}$

03

5　2　1　　$\frac{3}{2}$　$\frac{3}{2}$　3　　12　(　　)　-1

① $\frac{10}{3}$　　② $\frac{11}{3}$
③ $\frac{13}{3}$　　④ 3
⑤ 7

04

−81	−30	−27	−21	−9	−12	( )

① −3
② −1
③ 0
④ 1
⑤ 2

05

0.7	0.9	1.15	1.45	1.8	( )

① 2.0
② 2.1
③ 2.15
④ 2.2
⑤ 2.5

06

0.5	1.4	1.2	4.1	2.8	12.2	6.2	( )

① 36.5
② 36.6
③ 37.5
④ 37.6
⑤ 38.5

07

1	2	5	2	3	13	3	4	( )

① 7
② 12
③ 20
④ 25
⑤ 30

08

3	−4	6	7	4	( )	18	−3	27

① −2
② −5
③ −8
④ −14
⑤ −20

09

6	6	4	8	3	5	7	1	9	4	3	( )

① 10
② 11
③ 12
④ 13
⑤ 14

03 자료 계산

| 유형분석 |

- 문제에 주어진 도표를 분석하여 계산하는 문제이다.
- 주로 그래프와 표로 제시되며, 경영·경제·산업 등과 관련된 최신 이슈를 많이 다룬다.
- 자료 간의 증감률·합계·차이 등을 자주 묻는다.

다음 자료를 근거로 할 때, 하루 동안 고용할 수 있는 최대 인원은?

총예산	본예산	500,000원
	예비비	100,000원
인건비	1인당 수당	50,000원
	산재보험료	(수당)×0.504%
	고용보험료	(수당)×1.3%

① 10명
② 11명
③ 12명
④ 13명
⑤ 14명

정답 ②

- (1인당 하루 인건비)=(1인당 수당)+(산재보험료)+(고용보험료)
  =50,000+50,000×0.504%+50,000×1.3%
  =50,000+252+650=50,902원
- (하루에 고용할 수 있는 인원수)=[(본예산)+(예비비)]÷(하루 1인당 인건비)
  =600,000÷50,902≒11.8

따라서 하루 동안 고용할 수 있는 최대 인원은 11명이다.

풀이 전략!

계산을 위해 필요한 정보를 도표에서 확인하도록 하며, 복잡한 계산을 하기 전에 조건을 꼼꼼하게 확인하여 실수를 줄일 수 있도록 한다.

01 다음은 4개 국가의 연도별 관광 수입 및 지출을 나타낸 자료이다. 2023년 관광 수입이 가장 많은 국가와 가장 적은 국가의 2024년 관광 지출 대비 관광 수입 비율의 차이는 얼마인가?(단, 소수점 둘째 자리에서 반올림한다)

〈국가별 관광 수입 및 지출〉

(단위 : 백만 달러)

구분	관광 수입			관광 지출		
	2022년	2023년	2024년	2022년	2023년	2024년
한국	15,214	17,300	13,400	25,300	27,200	30,600
중국	44,969	44,400	32,600	249,800	250,100	257,700
홍콩	36,150	32,800	33,300	23,100	24,100	25,400
인도	21,013	22,400	27,400	14,800	16,400	18,400

① 25.0%p
② 27.5%p
③ 28.3%p
④ 30.4%p
⑤ 31.1%p

02 서울에 위치한 A회사는 거래처인 B, C회사에 소포를 보냈다. 서울에 위치한 B회사에는 800g의 소포를 보냈고, 인천에 위치한 C회사에는 2.4kg의 소포를 보냈다. 두 회사로 보낸 소포의 총중량은 16kg 이하이고, 택배요금의 합계는 6만 원이다. H택배회사의 요금표가 다음과 같을 때, A회사는 800g 소포와 2.4kg 소포를 각각 몇 개씩 보냈는가?(단, 소포는 각 회사로 1개 이상 보낸다)

〈H택배회사 요금표〉

구분	~ 2kg	~ 4kg	~ 6kg	~ 8kg	~ 10kg
동일지역	4,000원	5,000원	6,500원	8,000원	9,500원
타지역	5,000원	6,000원	7,500원	9,000원	10,500원

	800g	2.4kg
①	12개	2개
②	12개	4개
③	9개	2개
④	9개	4개
⑤	6개	6개

03 다음은 폐기물협회에서 제공하는 전국 폐기물 발생 현황 자료이다. 빈칸 (ㄱ), (ㄴ)에 들어갈 수로 옳은 것은?(단, 소수점 둘째 자리에서 반올림한다)

〈전국 폐기물 발생 현황〉

(단위 : 톤 / 일, %)

구분		2019년	2020년	2021년	2022년	2023년	2024년
총계	발생량	359,296	357,861	365,154	373,312	382,009	382,081
	증감률	6.6	−0.4	2.0	2.2	2.3	0.02
의료 폐기물	발생량	52,072	50,906	49,159	48,934	48,990	48,728
	증감률	3.4	−2.2	−3.4	(ㄱ)	0.1	−0.5
사업장 배출시설계 폐기물	발생량	130,777	123,604	137,875	137,961	146,390	149,815
	증감률	13.9	(ㄴ)	11.5	0.1	6.1	2.3
건설 폐기물	발생량	176,447	183,351	178,120	186,417	186,629	183,538
	증감률	2.6	3.9	−2.9	4.7	0.1	−1.7

	(ㄱ)	(ㄴ)
①	−0.5	−5.5
②	−0.5	−4.5
③	−0.6	−5.5
④	−0.6	−4.5
⑤	−0.8	−5.5

04 다음은 우리나라의 LPCD(Liter Per Capita Day)에 대한 자료이다. 1인 1일 사용량에서 영업용 사용량이 차지하는 비중과 1인 1일 가정용 사용량 중 하위 두 항목이 차지하는 비중을 순서대로 바르게 나열한 것은?(단, 소수점 셋째 자리에서 반올림한다)

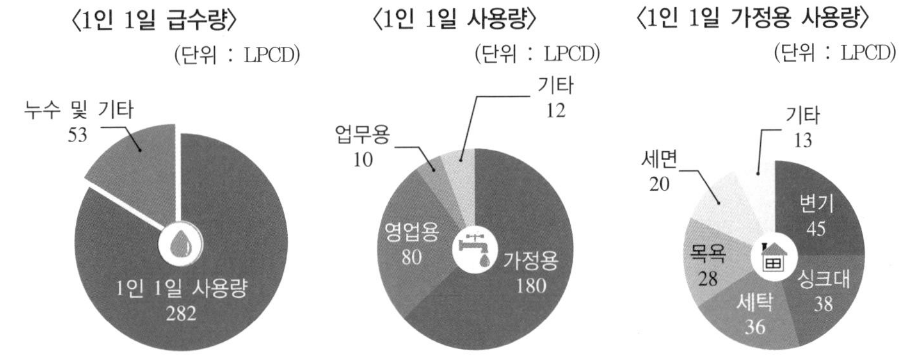

※ LPCD(Liter Per Capita Day) : 1인 1일 물사용량으로 지역·국가 간 물 사용량을 비교할 수 있게 하고, 수자원을 효율적으로 활용할 수 있게 하는 지표

① 27.57%, 16.25%
② 27.57%, 19.24%
③ 28.37%, 18.33%
④ 28.37%, 19.24%
⑤ 30.56%, 20.78%

04 자료 이해

| 유형분석 |

- 제시된 자료를 분석하여 선택지의 정답 유무를 판단하는 문제이다.
- 자료의 수치 등을 통해 변화량이나 증감률, 비중 등을 비교하여 판단하는 문제가 자주 출제된다.
- 지원하고자 하는 기업이나 산업과 관련된 자료 등이 문제의 자료로 많이 다뤄진다.

다음은 A ~ E 5개국의 경제 및 사회 지표 자료이다. 이에 대한 설명으로 옳지 않은 것은?

〈주요 5개국의 경제 및 사회 지표〉

구분	1인당 GDP(달러)	경제성장률(%)	수출(백만 달러)	수입(백만 달러)	총인구(백만 명)
A	27,214	2.6	526,757	436,499	50.6
B	32,477	0.5	624,787	648,315	126.6
C	55,837	2.4	1,504,580	2,315,300	321.8
D	25,832	3.2	277,423	304,315	46.1
E	56,328	2.3	188,445	208,414	24.0

※ (총 GDP)=(1인당 GDP)×(총인구)

① 경제성장률이 가장 큰 나라가 총 GDP는 가장 작다.
② 총 GDP가 가장 큰 나라의 GDP는 가장 작은 나라의 GDP보다 10배 이상 더 크다.
③ 5개국 중 수출과 수입에 있어서 규모에 따라 나열한 순위는 서로 일치한다.
④ A국이 E국보다 총 GDP가 더 크다.
⑤ 1인당 GDP에 따른 순위와 총 GDP에 따른 순위는 서로 일치한다.

정답 ⑤

1인당 GDP 순위는 E>C>B>A>D이다. 그런데 1인당 GDP가 가장 큰 E국은 1인당 GDP가 2위인 C국보다 1% 정도밖에 높지 않은 반면, 인구는 C국의 $\frac{1}{10}$ 이하이므로 총 GDP 역시 C국보다 작다. 따라서 1인당 GDP 순위와 총 GDP 순위는 일치하지 않는다.

풀이 전략!

평소 변화량이나 증감률, 비중 등을 구하는 공식을 알아두고 있어야 하며, 지원하는 기업이나 산업에 대한 자료 등을 확인하여 비교하는 연습 등을 한다.

01 다음은 8개국의 무역수지에 대한 자료이다. 이에 대한 설명으로 옳지 않은 것은?

〈8개국의 무역수지 현황〉

(단위 : 백만 USD)

구분	한국	그리스	노르웨이	뉴질랜드	대만	독일	러시아	미국
7월	40,882	2,490	7,040	2,825	24,092	106,308	22,462	125,208
8월	40,125	2,145	7,109	2,445	24,629	107,910	23,196	116,218
9월	40,846	2,656	7,067	2,534	22,553	118,736	25,432	122,933
10월	41,983	2,596	8,005	2,809	26,736	111,981	24,904	125,142
11월	45,309	2,409	8,257	2,754	25,330	116,569	26,648	128,722
12월	45,069	2,426	8,472	3,088	25,696	102,742	31,128	123,557

① 한국 무역수지의 전월 대비 증가량이 가장 많았던 달은 11월이다.
② 뉴질랜드의 무역수지는 8월 이후 지속해서 증가하였다.
③ 그리스의 12월 무역수지의 전월 대비 증가율은 약 0.7%이다.
④ 10월부터 12월 사이 한국의 무역수지 변화 추이와 같은 양상을 보이는 나라는 2개국이다.
⑤ 12월 무역수지가 7월 대비 감소한 나라는 그리스, 독일, 미국이다.

02 다음은 한국과 OECD 평균 기대여명 변화에 대한 자료이다. 이에 대한 설명으로 옳지 않은 것은?

〈65세, 80세의 한국 및 OECD 평균 기대여명 변화 추이〉

(단위 : 년)

연령		남성 1974년	남성 2004년	남성 2014년	남성 2024년	여성 1974년	여성 2004년	여성 2014년	여성 2024년
65세	한국	10.2	13.4	15.5	18.2	14.9	17.5	19.6	22.4
	OECD 평균	12.7	14.7	16.3	17.9	15.6	18.4	19.8	21.3
80세	한국	4.7	6.1	6.9	8.0	6.4	7.9	8.5	10.1
	OECD 평균	5.7	6.6	7.3	8.3	6.6	8.2	8.9	10.0

① 65세, 80세 여성의 기대여명은 2024년에 OECD 평균보다 모두 높아졌다.
② 80세 남성의 기대여명은 1974～2024년 동안 OECD 평균 기대여명과의 격차가 꾸준히 줄어들었다.
③ 남성의 기대여명보다 여성의 기대여명이 더 높다.
④ 2024년 80세 여성 기대여명의 1974년 대비 증가율은 OECD 평균보다 한국이 더 크다.
⑤ 1974～2014년 동안 65세 연령의 성별 한국 기대여명과 OECD 평균 기대여명과의 격차는 남성보다 여성이 더 크다.

03 다음은 지역별 마약류 단속에 대한 자료이다. 이에 대한 설명으로 옳은 것은?

〈지역별 마약류 단속 건수〉

(단위 : 건, %)

구분	대마	마약	향정신성 의약품	합계	
					비중
서울	49	18	323	390	22.1
인천·경기	55	24	552	631	35.8
부산	6	6	166	178	10.1
울산·경남	13	4	129	146	8.3
대구·경북	8	1	138	147	8.3
대전·충남	20	4	101	125	7.1
강원	13	0	35	48	2.7
전북	1	4	25	30	1.7
광주·전남	2	4	38	44	2.5
충북	0	0	21	21	1.2
제주	0	0	4	4	0.2
전체	167	65	1,532	1,764	100.0

※ 수도권은 서울과 인천·경기를 합한 지역임

※ 마약류는 대마, 마약, 향정신성의약품으로만 구성됨

① 대마 단속 전체 건수는 마약 단속 전체 건수의 3배 이상이다.

② 수도권의 마약류 단속 건수는 마약류 단속 전체 건수의 50% 이상이다.

③ 마약 단속 건수가 없는 지역은 5곳이다.

④ 향정신성의약품 단속 건수는 대구·경북 지역이 광주·전남 지역의 4배 이상이다.

⑤ 강원 지역은 향정신성의약품 단속 건수가 대마 단속 건수의 3배 이상이다.

04 다음은 H국의 자동차 매출에 대한 자료이다. 이에 대한 설명으로 옳은 것은?

〈2024년 10월 월매출액 상위 10개 자동차의 매출 현황〉

(단위 : 억 원, %)

자동차	순위	월매출액		
			시장점유율	전월 대비 증가율
A	1	1,139	34.3	60
B	2	1,097	33.0	40
C	3	285	8.6	50
D	4	196	5.9	50
E	5	154	4.6	40
F	6	149	4.5	20
G	7	138	4.2	50
H	8	40	1.2	30
I	9	30	0.9	150
J	10	27	0.8	40

※ $(\text{시장점유율})=\frac{(\text{해당 자동차 월매출액})}{(\text{전체 자동차 월매출 총액})}\times 100$

〈2024년 I자동차 누적매출액〉

(단위 : 억 원)

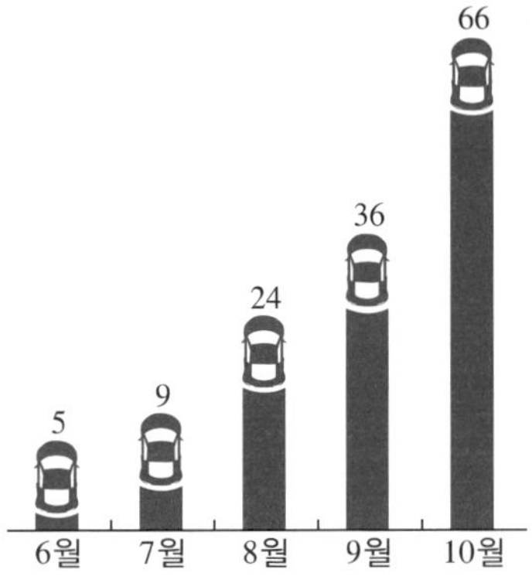

※ 월매출액은 해당 월 말에 집계됨

① 2024년 9월 C자동차의 월매출액은 200억 원 이상이다.

② 2024년 10월 월매출액 상위 6개 자동차의 순위는 전월과 동일하다.

③ 2024년 6월부터 9월 중 I자동차의 월매출액이 가장 큰 달은 9월이다.

④ 2024년 10월 월매출액 상위 5개 자동차의 10월 월매출액 기준 시장점유율은 80% 미만이다.

⑤ 2024년 10월 H국의 전체 자동차 월매출 총액은 4,000억 원 미만이다.

CHAPTER 03

문제해결능력

합격 Cheat Key

문제해결능력은 업무를 수행하면서 여러 가지 문제 상황이 발생하였을 때, 창의적이고 논리적인 사고를 통하여 이를 올바르게 인식하고 적절히 해결하는 능력으로, 하위 능력에는 사고력과 문제처리능력이 있다.

문제해결능력은 NCS 기반 채용을 진행하는 대다수의 공사·공단에서 채택하고 있으며, 다양한 자료와 함께 출제되는 경우가 많아 어렵게 느껴질 수 있다. 특히, 난이도가 높은 문제로 자주 출제되기 때문에 다른 영역보다 더 많은 노력이 필요할 수는 있지만 그렇기에 차별화를 할 수 있는 득점 영역이므로 포기하지 말고 꾸준하게 노력해야 한다.

1 질문의 의도를 정확하게 파악하라!

문제해결능력은 문제에서 무엇을 묻고 있는지 정확하게 파악하여 먼저 풀이 방향을 설정하는 것이 가장 효율적인 방법이다. 특히, 조건이 주어지고 답을 찾는 창의적·분석적인 문제가 주로 출제되고 있기 때문에 처음에 정확한 풀이 방향이 설정되지 않는다면 문제를 제대로 풀지 못하게 되므로 첫 번째로 출제 의도 파악에 집중해야 한다.

2 중요한 정보는 반드시 표시하라!

출제 의도를 정확히 파악하기 위해서는 문제의 중요한 정보를 반드시 표시하거나 메모하여 하나의 조건, 단서도 잊고 넘어가는 일이 없도록 해야 한다. 실제 시험에서는 시간의 압박과 긴장감으로 정보를 잘못 적용하거나 잊어버리는 실수가 많이 발생하므로 사전에 충분한 연습이 필요하다.

3 반복 풀이를 통해 취약 유형을 파악하라!

문제해결능력은 특히 시간관리가 중요한 영역이다. 따라서 정해진 시간 안에 고득점을 할 수 있는 효율적인 문제 풀이 방법을 찾아야 한다. 이때, 반복적인 문제 풀이를 통해 자신이 취약한 유형을 파악하는 것이 중요하다. 정확하게 풀 수 있는 문제부터 빠르게 풀고 취약한 유형은 나중에 푸는 효율적인 문제 풀이를 통해 최대한 고득점을 맞는 것이 중요하다.

01 | 명제 추론

| 유형분석 |

- 주어진 조건을 토대로 논리적으로 추론하여 참 또는 거짓을 구분하는 문제이다.
- 자료를 제시하고 새로운 결과나 자료에 주어지지 않은 내용을 추론해 가는 형식의 문제가 출제된다.

H공사는 공휴일 세미나 진행을 위해 인근의 사무용품점 A ~ F에서 필요한 물품을 구매하고자 한다. 다음 〈조건〉을 참고할 때, 공휴일에 영업하는 사무용품점의 수는?

조건

- C는 공휴일에 영업하지 않는다.
- B가 공휴일에 영업하지 않으면, C와 E는 공휴일에 영업한다.
- E 또는 F가 영업하지 않는 날이면, D는 영업한다.
- B가 공휴일에 영업하면, A와 E는 공휴일에 영업하지 않는다.
- B와 F 중 한 곳만 공휴일에 영업한다.

① 2곳
② 3곳
③ 4곳
④ 5곳
⑤ 6곳

정답 ①

주어진 조건을 순서대로 논리 기호화하면 다음과 같다.

- 첫 번째 조건 : $\sim C$
- 두 번째 조건 : $\sim B \rightarrow (C \land E)$
- 세 번째 조건 : $(\sim E \lor \sim F) \rightarrow D$
- 네 번째 조건 : $B \rightarrow (\sim A \land \sim E)$

첫 번째 조건이 참이므로 두 번째 조건의 대우[$(\sim C \lor \sim E) \rightarrow B$]에 따라 B는 공휴일에 영업한다. 이때 네 번째 조건에 따라 A와 E는 영업하지 않고, 다섯 번째 조건에 따라 F도 영업하지 않는다. 마지막으로 세 번째 조건에 따라 D는 영업한다. 따라서 공휴일에 영업하는 사무용품점은 B와 D 2곳이다.

풀이 전략!

명제와 관련한 기본적인 논법에 대해서는 미리 학습해 두며, 이를 바탕으로 각 문장에 있는 핵심단어 또는 문구를 기호화하여 정리한 후, 선택지와 비교하여 참 또는 거짓을 판단한다.

01 9층 건물의 지하에서 출발한 엘리베이터에 타고 있던 A～I 9명은 1층부터 9층까지 각각 다른 층에 내렸다. 〈조건〉을 근거로 할 때, 다음 중 짝수 층에서 내리지 않은 사람은?

조건

- D는 F보다는 빨리 내렸고, A보다는 늦게 내렸다.
- H는 홀수 층에 내렸다.
- C는 3층에 내렸다.
- G는 C보다 늦게 내렸고, B보다 빨리 내렸다.
- B는 C보다 3층 후에 내렸고, F보다는 1층 전에 내렸다.
- I는 D보다 늦게 내렸고, G보다는 일찍 내렸다.

① B
② D
③ E
④ G
⑤ I

02 H공사의 A～C는 이번 신입사원 교육에서 각각 인사, 사업, 영업 교육 중 하나를 맡게 되었다. 다음 〈조건〉을 참고할 때, 교육과 관련된 내용이 바르게 연결된 것은?

조건

- 교육은 각각 2시간, 1시간 30분, 1시간 동안 진행된다.
- A, B, C 중 2명은 과장이며, 나머지 한 명은 부장이다.
- 부장은 B보다 짧게 교육을 진행한다.
- A가 가장 오랜 시간 동안 사업 교육을 진행한다.
- 교육 시간은 인사 교육이 가장 짧다.

	직원	담당 교육	교육 시간
①	B과장	인사 교육	1시간
②	B부장	영업 교육	1시간
③	C부장	인사 교육	1시간
④	C부장	인사 교육	1시간 30분
⑤	C과장	영업 교육	1시간 30분

03 **홍보팀, 총무팀, 연구개발팀, 고객지원팀, 법무팀, 디자인팀으로 구성된 H사가 사내 체육대회를 실시하였다. 여섯 팀이 참가한 경기가 다음 〈조건〉과 같을 때, 항상 참인 것은?**

조건

- 체육대회는 모두 4종목이며 모든 팀은 적어도 한 종목에 참가해야 한다.
- 이어달리기 종목에 참가한 팀은 5팀이다.
- 홍보팀은 모든 종목에 참가하였다.
- 연구개발팀은 2종목에 참가하였다.
- 총무팀이 참가한 어떤 종목은 4팀이 참가하였다.
- 연구개발팀과 디자인팀은 같은 종목에 참가하지 않는다.
- 고객지원팀과 법무팀은 모든 종목에 항상 같이 참가하였거나 같이 참가하지 않았다.
- 디자인팀은 족구 종목에 참가하였다.

① 총무팀이 참가한 종목의 수와 법무팀이 참가한 종목의 수는 같다.
② 홍보팀과 고객지원팀이 동시에 참가하지 않는 종목은 없다.
③ 참가하는 종목이 가장 적은 팀은 디자인팀이다.
④ 연구개발팀과 법무팀이 참가한 종목의 수는 같다.
⑤ 연구개발팀과 디자인팀이 동시에 참가하지 않는 종목은 없다.

04 **H공사의 건물에서는 엘리베이터 여섯 대(1호기 ~ 6호기)를 6시간에 걸쳐 검사하고자 한다. 한 시간에 한 대씩만 검사한다고 할 때, 다음 〈조건〉에 근거하여 바르게 추론한 것은?**

조건

- 제일 먼저 검사하는 엘리베이터는 5호기이다.
- 가장 마지막에 검사하는 엘리베이터는 6호기가 아니다.
- 2호기는 6호기보다 먼저 검사한다.
- 3호기는 두 번째로 먼저 검사하며, 그 다음으로 검사하는 엘리베이터는 1호기이다.

① 6호기는 4호기보다 늦게 검사한다.
② 마지막으로 검사하는 엘리베이터는 4호기가 아니다.
③ 4호기 다음으로 검사할 엘리베이터는 2호기이다.
④ 2호기는 세 번째로 1호기보다 먼저 검사한다.
⑤ 6호기는 1호기 다다음에 검사하며, 다섯 번째로 검사하게 된다.

05 **이번 학기에 4개의 강좌 A ~ D가 새로 개설되는데, 강사 갑 ~ 무 중 4명이 한 강좌씩 맡으려 한다. 배정 결과를 궁금해 하는 5명은 다음과 같이 예측했다. 배정 결과를 보니 갑 ~ 무의 진술 중 한 명의 진술만이 거짓이고 나머지는 참임이 드러났을 때, 다음 중 바르게 추론한 것은?**

갑 : 을이 A강좌를 담당하고 병은 강좌를 담당하지 않을 것이다.
을 : 병이 B강좌를 담당할 것이다.
병 : 정은 D강좌가 아닌 다른 강좌를 담당할 것이다.
정 : 무가 D강좌를 담당할 것이다.
무 : 을의 말은 거짓일 것이다.

① 갑은 A강좌를 담당한다.
② 을은 C강좌를 담당한다.
③ 병은 강좌를 담당하지 않는다.
④ 정은 D강좌를 담당한다.
⑤ 무는 B강좌를 담당한다.

06 **A ~ G 7명이 원형테이블에 〈조건〉과 같이 앉아 있을 때, 다음 중 직급이 사원인 사람과 대리인 사람을 순서대로 바르게 나열한 것은?**

조건

A, B, C, D, E, F, G는 모두 사원, 대리, 과장, 차장, 팀장, 본부장, 부장 중 하나의 직급에 해당하며, 이 중 동일한 직급인 직원은 없다.
• A의 왼쪽에는 부장이, 오른쪽에는 차장이 앉아 있다.
• E는 사원과 이웃하여 앉지 않았다.
• B는 부장과 이웃하여 앉아 있다.
• C의 직급은 차장이다.
• G는 차장과 과장 사이에 앉아 있다.
• D는 A와 이웃하여 앉아 있다.
• 사원은 부장, 대리와 이웃하여 앉아 있다.

	사원	대리
①	A	F
②	B	E
③	B	F
④	D	E
⑤	D	G

02 SWOT 분석

| 유형분석 |

- 상황에 대한 환경 분석 결과를 통해 주요 과제를 도출하는 문제이다.
- 주로 3C 분석 또는 SWOT 분석을 활용한 문제들이 출제되고 있으므로 해당 분석도구에 대한 사전 학습이 요구된다.

다음 글을 참고하여 B자동차가 취할 수 있는 전략으로 옳은 것은?

'SWOT'는 Strength(강점), Weakness(약점), Opportunity(기회), Threat(위협)의 머리글자를 따서 만든 단어로, 경영 전략을 세우는 방법론이다. SWOT로 도출된 조직의 내・외부 환경을 분석하고, 이 결과를 통해 대응전략을 구상할 수 있다. 'SO전략'은 기회를 활용하기 위해 강점을 사용하는 전략이고, 'WO전략'은 약점을 보완 또는 극복하여 시장의 기회를 활용하는 전략이다. 'ST전략'은 위협을 피하기 위해 강점을 활용하는 방법이며, 'WT전략'은 위협요인을 피하기 위해 약점을 보완하는 전략이다.

- 새로운 정권의 탄생으로 자동차 업계 내 새로운 바람이 불 것으로 예상된다. A당선인이 이번 선거에서 친환경차 보급 확대를 주요 공약으로 내세웠고, 공약에 따라 공공기관용 친환경차 비율을 70%로 상향시키기로 하고, 친환경차 보조금 확대 등을 통해 친환경차 보급률을 높이겠다는 계획을 세웠다. 또한 최근 환경을 생각하는 국민 의식의 향상과 친환경차의 연비 절감 부분이 친환경차 구매 욕구 상승에 기여하고 있다.
- B자동차는 기존에 전기자동차 모델들을 꾸준히 출시하여 성장세가 두드러지고 있는데다 고객들의 다양한 구매 욕구를 충족시킬 만한 전기자동차 상품의 다양성을 확보하였다. 또한, B자동차의 전기자동차 미국 수출이 증가하고 있는 만큼 앞으로의 전망도 밝을 것으로 예상된다.

① SO전략　　② WO전략
③ ST전략　　④ WT전략

정답 ①

- Strength(강점) : B자동차는 전기자동차 모델들을 꾸준히 출시하여 성장세가 두드러지고 있는데다 고객들의 다양한 구매 욕구를 충족시킬 만한 전기자동차 상품의 다양성을 확보하였다.
- Opportunity(기회) : 새로운 정권에서 친환경차 보급 확대에 적극 나설 것으로 보인다는 점과 환경을 생각하는 국민 의식의 향상과 친환경차의 연비 절감 부분이 친환경차 구매 욕구 상승에 기여하고 있으며 B자동차의 미국 수출이 증가하고 있다.

따라서 해당 기사를 분석하면 SO전략이 적절하다.

풀이 전략!

문제에 제시된 분석도구를 확인한 후, 분석 결과를 종합적으로 판단하여 각 선택지의 전략 과제와 일치 여부를 판단한다.

대표기출유형 02 기출응용문제

01 다음은 H공사의 국내 자율주행자동차 산업에 대한 SWOT 분석 결과이다. 이에 대한 경영 전략으로 적절하지 않은 것을 〈보기〉에서 모두 고르면?

〈국내 자율주행자동차 산업에 대한 SWOT 분석 결과〉

구분	분석 결과
강점(Strength)	• 민간 자율주행기술 R&D지원을 위한 대규모 예산 확보 • 국내외에서 우수한 평가를 받는 국내 자동차기업 존재
약점(Weakness)	• 국내 민간기업의 자율주행기술 투자 미비 • 기술적 안전성 확보 미비
기회(Opportunity)	• 국가의 지속적 자율주행자동차 R&D 지원법안 본회의 통과 • 완성도 있는 자율주행기술을 갖춘 외국 기업들의 등장
위협(Threat)	• 자율주행차에 대한 국민들의 심리적 거부감 • 자율주행차에 대한 국가의 과도한 규제

〈SWOT 분석에 의한 경영 전략〉

- SO전략 : 기회를 이용해 강점을 활용하는 전략
- ST전략 : 강점을 활용하여 위협을 최소화하거나 극복하는 전략
- WO전략 : 기회를 활용하여 약점을 보완하는 전략
- WT전략 : 약점을 최소화하고 위협을 회피하는 전략

보기

ㄱ. 자율주행기술 수준이 우수한 외국 기업과의 기술이전협약을 통해 국내 우수 자동차기업들의 자율주행기술 연구 및 상용화 수준을 향상시키려는 전략은 SO전략에 해당한다.

ㄴ. 민간의 자율주행기술 R&D를 적극 지원하여 자율주행기술의 안전성을 높이려는 전략은 ST전략에 해당한다.

ㄷ. 자율주행자동차 R&D를 지원하는 법률을 토대로 국내 기업의 기술개발을 적극 지원하여 안전성을 확보하려는 전략은 WO전략에 해당한다.

ㄹ. 자율주행기술개발에 대한 국내기업의 투자가 부족하므로 국가기관이 주도하여 기술개발을 추진하는 전략은 WT전략에 해당한다.

① ㄱ, ㄴ
② ㄱ, ㄷ
③ ㄴ, ㄷ
④ ㄴ, ㄹ
⑤ ㄱ, ㄴ, ㄷ

02 H은행에 근무 중인 A사원은 국내 금융 시장에 대한 보고서를 작성하면서 H은행에 대한 SWOT 분석을 진행하였다. 다음 중 위협 요인에 들어갈 내용으로 옳지 않은 것은?

〈H은행 SWOT 분석 결과〉

강점(Strength)	약점(Weakness)
• 지속적 혁신에 대한 경영자의 긍정적 마인드 • 고객만족도 1위의 높은 고객 충성도 • 다양한 투자 상품 개발	• 해외 투자 경험 부족으로 취약한 글로벌 경쟁력 • 소매 금융에 비해 부족한 기업 금융
기회(Opportunity)	**위협(Threat)**
• 국내 유동자금의 증가 • 해외 금융시장 진출 확대 • 정부의 규제 완화 정책	

① 정부의 정책 노선 혼란 등으로 인한 시장의 불확실성 증가

② 경기 침체 장기화

③ 부족한 리스크 관리 능력

④ 금융업의 경계 파괴에 따른 경쟁 심화

⑤ 글로벌 금융사의 국내 시장 진출

03 다음은 국내의 한 화장품 제조 회사에 대한 SWOT 분석 자료이다. 〈보기〉 중 분석에 따른 대응 전략으로 옳은 것을 모두 고르면?

〈화장품 제조 회사 SWOT 분석 결과〉

강점(Strength)	약점(Weakness)
• 신속한 제품 개발 시스템 • 차별화된 제조 기술 보유	• 신규 생산 설비 투자 미흡 • 낮은 브랜드 인지도
기회(Opportunity)	**위협(Threat)**
• 해외시장에서의 한국 제품 선호 증가 • 새로운 해외시장의 출현	• 해외 저가 제품의 공격적 마케팅 • 저임금의 개발도상국과 경쟁 심화

보기

ㄱ. 새로운 해외시장의 소비자 기호를 반영한 제품을 개발하여 출시한다.
ㄴ. 국내에 화장품 생산 공장을 추가로 건설하여 제품 생산량을 획기적으로 증가시킨다.
ㄷ. 차별화된 제조 기술을 통해 품질 향상과 고급화 전략을 추구한다.
ㄹ. 해외 현지 기업과의 인수·합병을 통해 해당 회사의 브랜드로 제품을 출시한다.

① ㄱ, ㄴ
② ㄱ, ㄷ
③ ㄴ, ㄷ
④ ㄴ, ㄹ
⑤ ㄷ, ㄹ

04 다음은 중국에 진출한 프랜차이즈 커피전문점에 대해 SWOT 분석을 한 것이다. 빈칸 (가) ~ (라)에 들어갈 전략을 바르게 나열한 것은?

〈중국 진출 프랜차이즈 커피전문점에 대한 SWOT 분석 결과〉

S(강점)	W(약점)
• 풍부한 원두커피의 맛 • 독특한 인테리어 • 브랜드 파워 • 높은 고객 충성도	• 낮은 중국 내 인지도 • 높은 시설비 • 비싼 임대료
O(기회)	**T(위협)**
• 중국 경제 급성장 • 서구문화에 대한 관심 • 외국인 집중 • 경쟁업체 진출 미비	• 중국의 차 문화 • 유명 상표 위조 • 커피 구매 인구의 감소

(가)	(나)
• 브랜드가 가진 미국 고유문화 고수 • 독특하고 차별화된 인테리어 유지 • 공격적 점포 확장	• 외국인 많은 곳에 점포 개설 • 본사 직영으로 인테리어
(다)	**(라)**
• 고품질 커피로 상위 소수고객에 집중	• 녹차 향 커피 • 개발 상표 도용 감시

	(가)	(나)	(다)	(라)
①	SO전략	ST전략	WO전략	WT전략
②	WT전략	ST전략	WO전략	SO전략
③	SO전략	WO전략	ST전략	WT전략
④	ST전략	WO전략	SO전략	WT전략
⑤	WT전략	WO전략	ST전략	SO전략

PART 1

03 | 자료 해석

| 유형분석 |

- 주어진 자료를 해석하고 활용하여 풀어가는 문제이다.
- 꼼꼼하고 분석적인 접근이 필요한 다양한 자료들이 출제된다.

K씨는 자신의 생활을 참고하여 신용카드를 발급받고자 한다. 다음 중 K씨에게 가장 적절한 카드는?

〈K씨의 생활〉

K씨는 아침에 일어나 간단하게 끼니를 챙기고 출근을 한다. 자가용을 타고 가는 길이 항상 막혀 짜증이 날 법도 하지만, K씨는 라디오 뉴스로 주요 이슈를 확인하느라 정신이 없다. 출퇴근 중에는 차에서 보내는 시간이 많아 주유비가 상당히 많이 나온다. 그나마 기름 값이 싸져서 부담은 덜하다. 보조석에는 공과금 용지가 펼쳐져 있다. 혼자 살기 때문에 많은 요금이 나오지 않아 납부하는 것을 신경 쓰지 못하고 있다. 이제 곧 겨울이 올 것을 대비하여 오늘 오후에 차량 점검을 맡기려고 예약을 해두었다. 아직 사고는 난 적이 없지만 혹시나 하는 마음에 점검을 받으려고 한다.

〈신용카드 종류〉

A카드	B카드	C카드	D카드
• 놀이공원 할인 • 커피 할인 • Kids카페 할인	• 포인트 두 배 적립 • 6개월간 무이자 할인	• 공과금 할인 • 온라인 쇼핑몰 할인 • 병원 / 약국 할인	• 주유비 할인 • 차량 소모품 할인 • 상해보험 무료 가입

① A카드
② B카드
③ C카드
④ D카드

정답 ④

K씨의 생활을 살펴보면 출퇴근길에 자가용을 사용하고 있고 주유비에 대해서 부담을 가지고 있다. 그리고 곧 겨울이 올 것을 대비해 차량 점검을 할 예정이다. 따라서 K씨는 자동차와 관련된 혜택을 받을 수 있는 D카드를 선택하는 것이 가장 적절하다.

풀이 전략!

문제 해결을 위해 필요한 정보가 무엇인지 먼저 파악한 후, 제시된 자료를 분석적으로 읽고 해석한다.

대표기출유형 03 기출응용문제

01 다음 〈조건〉과 상황을 근거로 판단할 때, 출장을 함께 갈 수 있는 직원들의 조합으로 가장 적절한 것은?

조건

H공사 A지사에서는 4월 11일 회계감사 관련 서류 제출을 위해 본사로 출장을 가야 한다. 오전 8시 정각 출발이 확정되어 있으며, 출발 후 B지사에 복귀하기까지 총 8시간이 소요된다. 단, 비가 오는 경우 1시간이 추가로 소요된다.

- 출장 인원 중 한 명이 직접 운전하여야 하며, '1종 보통' 소지자만 운전할 수 있다.
- 출장 시간에 사내 업무가 겹치는 경우에는 출장을 갈 수 없다.
- 출장 인원 중 부상자가 포함되어 있는 경우, 서류 박스 운반 지연으로 인해 30분이 추가로 소요된다.
- 차장은 책임자로서 출장 인원에 적어도 한 명은 포함되어야 한다.
- 주어진 조건 외에는 고려하지 않는다.

〈상황〉

- 4월 11일은 하루 종일 비가 온다.
- 4월 11일 당직 근무는 17시 10분에 시작한다.

직원	직위	운전면허	건강상태	출장 당일 사내 업무
갑	차장	1종 보통	부상	없음
을	차장	2종 보통	건강	17시 15분 계약업체 면담
병	과장	없음	건강	17시 35분 관리팀과 회의
정	과장	1종 보통	건강	당직 근무
무	대리	2종 보통	건강	없음

① 갑・을・병
② 갑・병・정
③ 을・병・무
④ 을・정・무
⑤ 병・정・무

※ H회사는 업무의 효율적인 관리를 위해 새롭게 부서를 통합하고 사무실을 옮기려고 한다. 다음 〈조건〉을 보고 이어지는 질문에 답하시오. **[2~3]**

• 팀 조직도

디자인	경영 관리	경영 기획	인사	총무	VM	법무	영업 기획	영업 관리	콘텐츠 개발	마케팅	전산

※ VM(Visual Marketing)팀

• 사무실 배치도

4F

1	2
3	4

5F

1	2
3	4

6F

1	2
3	4

조건

• 4층은 디자인과 마케팅뿐만 아니라 영업까지 전부 담당하기 위해 영업홍보부서로 개편한다.
• 경영기획관리부서는 새로운 콘텐츠 발굴부터 매장의 비주얼까지 전부 관리할 것이다.
• 6층에서는 회사의 인사, 급여, 전산관리와 같은 전반적인 일들을 관리할 것이다.
• 팀명에 따라 가나다순으로 1 ~ 4팀으로 배치되며 영어 이름일 경우 한글로 변환하여 가나다순으로 배치한다.

02 부서마다 4개의 팀이 배정된다고 할 때, 다음 중 영업홍보부서에 포함될 팀으로 옳지 않은 것은?

4F

1	2
3	4

① VM팀
② 디자인팀
③ 마케팅팀
④ 영업관리팀
⑤ 영업기획팀

03 H회사는 팀 배정을 끝마치고 각자 내선번호를 부여하기로 했다. 〈조건〉을 바탕으로 빈칸에 들어갈 변경된 내선번호가 바르게 짝지어진 것은?

조건

내선번호는 3자리 숫자이다.
- 첫 번째 자리는 층 번호이다.
- 두 번째 자리는 각 층의 팀 이름 순번으로 1 ~ 4까지 부여한다.
- 세 번째 자리는 직급으로 부장, 과장, 대리, 사원 순서로 1 ~ 4까지 부여한다.

[받는 이] H대리(VM팀)
[내용] 안녕하십니까? 부서 개편으로 인해 내선번호가 새롭게 부여되었음을 안내드립니다. H대리님의 번호는 00– (가) (이)며 이에 대한 궁금한 점이 있으시다면 00 – (나) (으)로 연락주시기 바랍니다.
[보낸 이] A사원(총무팀)

	(가)	(나)
①	321	622
②	422	544
③	533	644
④	513	632
⑤	412	631

PART 1

※ B씨는 다음 자료를 참고하여 휴가를 다녀오려고 한다. 이어지는 질문에 답하시오. **[4~5]**

〈여행경로 선정 조건〉

- 항공편 왕복 예산은 80만 원이다.
- 휴가지 후보는 태국, 싱가포르, 베트남이다.
- 중국을 경유하면 총비행금액의 20%가 할인된다.
- 제시된 항공편만 이용가능하다.

〈항공편 정보〉

비행편	출발 시각	도착 시각	금액(원)
인천 – 베트남	09:10	14:30	341,000
인천 – 싱가포르	10:20	15:10	580,000
인천 – 중국	10:30	14:10	210,000
중국 – 베트남	13:40	16:40	310,000
인천 – 태국	10:20	15:20	298,000
중국 – 싱가포르	14:10	17:50	405,000
태국 – 인천	18:10	21:20	203,000
중국 – 인천	18:50	22:10	222,000
베트남 – 인천	19:00	21:50	195,000
싱가포르 – 인천	19:30	22:30	304,000
베트남 – 중국	19:10	21:40	211,000
싱가포르 – 중국	20:10	23:20	174,000

※ 항공편은 한국 시간 기준임

04 다음 〈보기〉에서 옳은 것을 모두 고르면?

보기

ㄱ. 인천에서 중국을 경유해서 베트남으로 갈 경우 싱가포르로 직항해서 가는 것보다 편도 비용이 15만 원 이상 저렴하다.

ㄴ. 직항 항공편만을 선택할 때, 왕복 항공편 비용이 가장 적게 드는 여행지로 여행을 간다면 베트남으로 여행을 갈 것이다.

ㄷ. 베트남으로 여행을 다녀오는 경우 왕복 항공편 최소 비용은 60만 원 미만이다.

① ㄱ
② ㄱ, ㄴ
③ ㄱ, ㄷ
④ ㄴ, ㄷ
⑤ ㄱ, ㄴ, ㄷ

05 B씨는 여행지 선정 기준을 바꾸어 태국, 싱가포르, 베트남 중 왕복 소요 시간이 가장 짧은 곳을 여행지로 선정하고자 한다. 다음 중 B씨가 여행지로 선정할 국가와 그 국가에 대한 왕복 소요 시간이 바르게 연결된 것은?

	여행지	왕복 소요 시간
①	태국	8시간 20분
②	싱가포르	7시간 50분
③	싱가포르	8시간 10분
④	베트남	7시간 50분
⑤	베트남	9시간 40분

06 올해 리모델링하는 H호텔에서 근무하는 A사원은 호텔 비품 구매를 담당하게 되었다. 제조사별 소파 특징을 알아본 A사원은 이탈리아제의 천, 쿠션재에 패더를 사용한 소파를 구매하기로 하였다. 쿠션재는 패더와 우레탄뿐이며 이 소파는 침대 겸용은 아니지만 리클라이닝이 가능하고 '조립'이라고 표시되어 있었으며, 커버는 교환할 수 없다. A사원이 구매하려는 소파의 제조사는?

〈제조사별 소파 특징〉

구분	특징
A사	• 쿠션재에 스프링을 사용하지 않는 경우에는 이탈리아제의 천을 사용하지 않는다. • 국내산 천을 사용하는 경우에는 커버를 교환 가능하게 하지 않는다.
B사	• 쿠션재에 우레탄을 사용하는 경우에는 국내산 천을 사용한다. • 리클라이닝이 가능하지 않으면 이탈리아제 천을 사용하지 않는다.
C사	• 쿠션재에 패더를 사용하지 않는 경우에는 국내산 천을 사용한다. • 침대 겸용 소파의 경우에는 쿠션재에 패더를 사용하지 않는다.
D사	• 쿠션재에 패더를 사용하는 경우에는 이탈리아제의 천을 사용한다. • 조립이라고 표시된 소파의 경우에는 쿠션재에 우레탄을 사용한다.

① A사 또는 B사
② A사 또는 C사
③ B사 또는 C사
④ B사 또는 D사
⑤ C사 또는 D사

CHAPTER 04

정보능력

합격 Cheat Key

정보능력은 업무를 수행함에 있어 기본적인 컴퓨터를 활용하여 필요한 정보를 수집·분석·활용하는 능력으로, 업무와 관련된 정보를 수집하고, 이를 분석하여 의미 있는 정보를 얻는 능력을 의미한다. 세부 유형은 컴퓨터 활용, 정보 처리로 나눌 수 있다.

1 평소에 컴퓨터 활용 스킬을 틈틈이 익혀라!

윈도우(OS)에서 어떠한 설정을 할 수 있는지, 응용프로그램(엑셀 등)에서 어떠한 기능을 활용할 수 있는지를 평소에 직접 사용해 본다면 문제를 보다 수월하게 해결할 수 있다. 여건이 된다면 컴퓨터 활용 능력에 관련된 자격증 공부를 하는 것도 이론과 실무를 익히는 데 도움이 될 것이다.

2 문제의 규칙을 찾는 연습을 하라!

일반적으로 코드체계나 시스템 논리체계를 제공하고 이를 분석하여 문제를 해결하는 유형이 출제된다. 이러한 문제는 문제해결능력과 같은 맥락으로 규칙을 파악하여 접근하는 방식으로 연습이 필요하다.

3 현재 보고 있는 그 문제에 집중하라!

정보능력의 모든 것을 공부하려고 한다면 양이 너무나 방대하다. 그렇기 때문에 수험서에서 본인이 현재 보고 있는 문제들을 집중적으로 공부하고 기억하려고 해야 한다. 그러나 엑셀의 함수 수식, 연산자 등 암기를 필요로 하는 부분들은 필수적으로 암기를 해서 출제가 되었을 때 오답률을 낮출 수 있도록 한다.

4 사진 · 그림을 기억하라!

컴퓨터 활용 능력을 파악하는 영역이다 보니 컴퓨터 속 옵션, 기능, 설정 등의 사진 · 그림이 문제에 같이 나오는 경우들이 있다. 그런 부분들은 직접 컴퓨터를 통해서 하나하나 확인을 하면서 공부한다면 더 기억에 잘 남게 된다. 조금 귀찮더라도 한 번씩 클릭하면서 확인해 보도록 한다.

01 정보 이해

| 유형분석 |

- 정보능력 전반에 대한 이해를 확인하는 문제이다.
- 정보능력 이론이나 새로운 정보 기술에 대한 문제가 자주 출제된다.

다음 중 정보의 가공 및 활용에 대한 설명으로 옳지 않은 것은?

① 정보는 원형태 그대로 혹은 가공하여 활용할 수 있다.

② 수집된 정보를 가공하여 다른 형태로 재표현하는 방법도 가능하다.

③ 정적정보의 경우 이용한 이후에도 장래 활용을 위해 정리하여 보존한다.

④ 비디오테이프에 저장된 영상정보는 동적정보에 해당한다.

⑤ 동적정보는 입수하여 처리 후에는 해당 정보를 즉시 폐기해도 된다.

정답 ④

저장매체에 저장된 자료는 시간이 지나도 언제든지 동일한 형태로 재생이 가능하므로 정적정보에 해당한다.

오답분석

① 정보는 원래 형태 그대로 활용하거나 분석 및 정리 등 가공하여 활용할 수 있다.

② 정보를 가공하는 것뿐 아니라 일정한 형태로 재표현하는 것도 가능하다.

③ 시의성이 사라지면 정보의 가치가 떨어지는 동적정보와 달리, 정적정보의 경우 이용 후에도 장래에 활용을 하기 위해 정리하여 보존하는 것이 좋다.

⑤ 동적정보의 특징은 입수 후 처리한 경우에는 폐기하여도 된다는 것이다. 오히려 시간의 경과에 따라 시의성이 점점 떨어지는 동적정보를 축적하는 것은 비효율적이다.

풀이 전략!

자주 출제되는 정보능력 이론을 확인하고, 확실하게 암기해야 한다. 특히 새로운 정보 기술이나 컴퓨터 전반에 대해 관심을 가지는 것이 좋다.

대표기출유형 01 기출응용문제

01 **다음은 기획안을 제출하기 위한 정보수집 전에 어떠한 정보를 어떻게 수집할지에 대한 '정보의 전략적 기획'의 사례이다. S사원에게 필요한 정보로 적절하지 않은 것은?**

> H전자의 S사원은 상사로부터 세탁기 신상품에 대한 기획안을 제출하라는 업무를 받았다. 먼저 S사원은 기획안을 작성하기 위해 자신에게 어떠한 정보가 필요한지를 생각해 보았다. 개발하려는 세탁기 신상품의 컨셉은 중년층을 대상으로 한 실용적이고 경제적이며 조작하기 쉬운 것을 대표적인 특징으로 삼고 있다.

① 기존에 세탁기를 구매한 고객들의 데이터베이스로부터 정보가 필요할 수도 있다.
② 현재 세탁기를 사용하면서 불편한 점은 무엇인지에 대한 정보가 필요하다.
③ 데이터베이스로부터 성별로 세탁기 선호 디자인에 대한 정보가 필요하다.
④ 고객들의 세탁기에 대한 부담 가능한 금액은 얼마인지에 대한 정보도 필요할 것이다.
⑤ 데이터베이스를 통해 중년층이 선호하는 디자인이나 색은 무엇인지에 대한 정보도 있으면 좋을 것이다.

02 **다음 글을 읽고 정보관리의 3원칙 중 ㉠~㉢에 해당하는 내용을 바르게 짝지은 것은?**

> '구슬이 서말이라도 꿰어야 보배'라는 속담처럼 여러 가지 채널과 갖은 노력 끝에 입수한 정보가 우리가 필요한 시점에 즉시 활용되기 위해서는 모든 정보가 차곡차곡 정리되어 있어야 한다. 이처럼 정보의 관리란 수집된 다양한 형태의 정보를 어떤 문제해결이나 결론 도출에 사용하기 쉬운 형태로 바꾸는 일이다. 정보를 관리할 때는 특히 ㉠ <u>정보에 대한 사용 목표가 명확해야 하며</u>, ㉡ <u>정보를 쉽게 작업할 수 있어야 하고</u>, ㉢ <u>즉시 사용할 수 있어야 한다</u>.

	㉠	㉡	㉢
①	목적성	용이성	유용성
②	다양성	용이성	통일성
③	용이성	통일성	다양성
④	통일성	목적성	유용성
⑤	통일성	목적성	용이성

03 H공사의 A사원은 최근 회사 내 업무용 개인 컴퓨터의 보안을 강화하기 위하여 다음과 같은 메일을 받았다. 메일 내용을 토대로 귀하가 취해야 할 행동으로 옳지 않은 것은?

발신 : 전산보안팀
수신 : 전 임직원 제목 : 업무용 개인 컴퓨터 보안대책 공유 내용 : 안녕하십니까. 전산팀 ○○○ 팀장입니다. 최근 개인정보 유출 등 전산보안 사고가 자주 발생하고 있어 각별한 주의가 필요한 상황입니다. 이에 따라 자사에서도 업무상 주요 정보가 유출되지 않도록 보안프로그램을 업그레이드하는 등 전산보안을 더욱 강화하고 있습니다. 무엇보다 업무용 개인 컴퓨터를 사용하는 분들이 특히 신경을 많이 써주셔야 철저한 보안이 실천됩니다. 번거로우시더라도 아래와 같은 사항을 따라 주시길 바랍니다. • 인터넷 익스플로러를 종료할 때마다 검색기록이 삭제되도록 설정해 주세요. • 외출 또는 외근으로 장시간 컴퓨터를 켜두어야 하는 경우에는 인터넷 검색기록을 직접 삭제해 주세요. • 인터넷 검색기록 삭제 시, 기본 설정되어 있는 항목 외에도 '다운로드 기록', '양식 데이터', '암호', '추적방지, ActiveX 필터링 및 Do Not Track 데이터'를 모두 체크하여 삭제해 주세요(단, 즐겨찾기 웹 사이트 데이터 보존 부분은 체크 해제할 것). • 인터넷 익스플로러에서 방문한 웹 사이트 목록을 저장하는 기간을 5일로 변경해 주세요. • 자사에서 제공 중인 보안프로그램은 항시 업데이트하여 최신 상태로 유지해 주세요. 위 사항을 적용하는 데 어려움이 있을 경우에는 이미지와 함께 설명이 친절하게 되어 있는 아래의 첨부파일을 참고하시기 바랍니다. 〈첨부〉 업무용 개인 컴퓨터 보안대책 적용 방법 설명(이미지).zip

① 자사의 보안프로그램을 실행하고 [설정]에서 업데이트를 실행한다.
② 장시간 외출할 경우에는 [인터넷 옵션]의 '일반' 카테고리에 있는 [삭제]를 클릭해 직접 삭제한다.
③ 검색기록 삭제 시 [인터넷 옵션]의 '일반' 카테고리에 있는 [삭제]를 클릭하여 기존에 설정되어 있는 항목을 포함한 모든 항목을 체크하여 삭제한다.
④ [인터넷 옵션]의 '일반' 카테고리 중 검색기록 부분에서 [설정]을 클릭하고, '기록' 카테고리의 [페이지 보관일수]를 5일로 설정한다.
⑤ 인터넷 익스플로러에서 [도구(또는 톱니바퀴 모양)]를 클릭하여 [인터넷 옵션]의 '일반' 카테고리에 있는 [종료할 때 검색기록 삭제]를 체크한다.

04 H주임은 최근 개인정보 보호의 중요성을 실감하였고, 개인정보의 종류를 파악하기 위해 다음과 같이 표를 만들었다. 빈칸 ㉠~㉤에 들어갈 정보로 옳지 않은 것은?

분류	내용
일반 정보	이름, 주민등록번호, 운전면허 정보, 주소, 전화번호, 생년월일, 출생지, 본적지, 성별, 국적 등
가족 정보	가족의 이름, 직업, 생년월일, __㉠__, 출생지 등
교육 및 훈련 정보	최종 학력, 성적, 기술 자격증 / 전문 면허증, 이수 훈련 프로그램, 서클 활동, 상벌 사항, 성격 / 행태 보고 등
병역 정보	군번 및 계급, 제대유형, 주특기, 근무부대 등
부동산 및 동산 정보	소유 주택 및 토지, __㉡__, 저축현황, 현금카드, 주식 및 채권, 수집품, 고가의 예술품, 보석 등
소득 정보	연봉, 소득의 원천, __㉢__, 소득세 지불 현황 등
기타 수익 정보	보험가입 현황, 수익자, 회사의 판공비 등
신용 정보	저당, 신용카드, 담보설정 여부 등
고용 정보	고용주, 회사 주소, 상관의 이름, 직무수행 평가 기록, 훈련 기록, 상벌 기록 등
법적 정보	전과기록, 구속 기록, 이혼 기록 등
의료 정보	가족병력 기록, 과거 의료기록, 신체장애, 혈액형 등
조직 정보	노조가입, __㉣__, 클럽 회원, 종교단체 활동 등
습관 및 취미 정보	흡연 / 음주량, 여가 활동, 도박 성향, __㉤__ 등

① ㉠ : 주민등록번호
② ㉡ : 자동차
③ ㉢ : 대부 상황
④ ㉣ : 정당 가입
⑤ ㉤ : 비디오 대여 기록

대표기출유형

02 | 엑셀 함수

| 유형분석 |

- 컴퓨터 활용과 관련된 상황에서 문제를 해결하기 위한 행동이 무엇인지 묻는 문제이다.
- 주로 업무수행 중에 많이 활용되는 대표적인 엑셀 함수(COUNTIF, ROUND, MAX, SUM, COUNT, AVERAGE, …)가 출제된다.
- 종종 엑셀시트를 제시하여 각 셀에 들어갈 함수식이 무엇인지 고르는 문제가 출제되기도 한다.

다음 시트에서 판매수량과 추가판매의 합계를 구하기 위해서 [B6] 셀에 들어갈 수식으로 옳은 것은?

	A	B	C
1	일자	판매수량	추가판매
2	06월19일	30	8
3	06월20일	48	
4	06월21일	44	
5	06월22일	42	12
6	합계	184	

① =SUM(B2, C2, C5)
② =LEN(B2:B5, 3)
③ =COUNTIF(B2:B5, "> = 12")
④ =SUM(B2:B5)
⑤ =SUM(B2:B5, C2, C5)

정답 ⑤

「=SUM(합계를 구할 처음 셀:합계를 구할 마지막 셀)」으로 표시해야 한다. 판매수량과 추가판매를 더하는 것은 비연속적인 셀을 더하는 것이므로 연속하는 영역을 입력하고 ','로 구분한 다음 영역을 다시 지정해야 한다. 따라서 [B6] 셀에 작성해야 할 수식으로는 「=SUM(B2:B5, C2, C5)」이 옳다.

풀이 전략!

제시된 상황에서 사용할 엑셀 함수가 무엇인지 파악한 후, 선택지에서 적절한 함수식을 골라 식을 만들어야 한다. 평소 대표적으로 문제에 자주 출제되는 몇몇 엑셀 함수를 익혀두면 풀이시간을 단축할 수 있다.

01 다음 시트에서 [B1] 셀에 〈보기〉의 (가) ~ (마) 함수를 입력하였을 때, 표시되는 결괏값이 다른 것은?

	A	B
1	333	
2	합격	
3	불합격	
4	12	
5	7	

보기

(가) =ISNUMBER(A1)
(나) =ISNONTEXT(A2)
(다) =ISTEXT(A3)
(라) =ISEVEN(A4)
(마) =ISODD(A5)

① (가)
② (나)
③ (다)
④ (라)
⑤ (마)

02 다음 워크시트에서 성별이 '남'인 직원들의 근속연수 합계를 구하는 수식으로 옳지 않은 것은?

	A	B	C	D	E	F
1	사원번호	이름	생년월일	성별	직위	근속연수
2	E5478	이재홍	1980-02-03	남	부장	8
3	A4625	박언영	1985-04-09	여	대리	4
4	B1235	황준하	1986-08-20	남	대리	3
5	F7894	박혜선	1983-12-13	여	과장	6
6	B4578	이애리	1990-05-06	여	사원	1
7	E4562	김성민	1986-03-08	남	대리	4
8	A1269	정태호	1991-06-12	남	사원	2
9	C4567	김선정	1990-11-12	여	사원	1

① =SUMIFS(F2:F9, D2:D9, 남)

② =DSUM(A1:F9, 6, D1:D2)

③ =DSUM(A1:F9, F1, D1:D2)

④ =SUMIF(D2:D9, D2, F2:F9)

⑤ =SUMIFS(F2:F9, D2:D9, D2)

03 다음 시트와 같이 월~금요일까지는 '업무'로, 토요일과 일요일에는 '휴무'로 표시하고자 할 때 [B2] 셀에 입력해야 할 함수식으로 옳지 않은 것은?

	A	B
1	일자	휴무, 업무
2	2025-02-08	휴무
3	2025-02-09	휴무
4	2025-02-10	업무
5	2025-02-11	업무
6	2025-02-12	업무
7	2025-02-13	업무
8	2025-02-14	업무

① =IF(OR(WEEKDAY(A2, 0)=0, WEEKDAY(A2, 0)=6), "휴무", "업무")

② =IF(OR(WEEKDAY(A2, 1)=1, WEEKDAY(A2, 1)=7), "휴무", "업무")

③ =IF(OR(WEEKDAY(A2, 2)=6, WEEKDAY(A2, 2)=7), "휴무", "업무")

④ =IF(WEEKDAY(A2, 2)>=6, "휴무", "업무")

⑤ =IF(WEEKDAY(A2, 3)>=5, "휴무", "업무")

04 다음 중 아래의 워크시트를 참조하여 작성한 수식 「=INDEX(A3:E9,MATCH(SMALL(B3:B9,2),B3:B9,0),5)」의 결과는?

	A	B	C	D	E
1	(단위 : 개 / 원)				
2	상품명	판매수량	단가	판매금액	원산지
3	참외	5	2,000	10,000	대구
4	바나나	12	1,000	12,000	서울
5	감	10	1,500	15,000	부산
6	포도	7	3,000	21,000	대전
7	사과	20	800	16,000	광주
8	오렌지	9	1,200	10,800	전주
9	수박	8	10,000	80,000	춘천

① 21,000
② 대전
③ 15,000
④ 광주
⑤ 사과

05 다음 중 [D2] 셀에 수식 「=UPPER(TRIM(A2))&“KR”」을 입력했을 경우 결괏값은?

	A	B	C	D
1	도서코드	출판사	출판년도	변환도서코드
2	mng-002	대한도서	2024	
3	pay-523	믿음사	2025	
4	mng-091	정일도서	2023	

① MNG-002-kr
② MNG-KR
③ MNG 002-KR
④ MNG-002KR
⑤ MNG-002

CHAPTER 05

조직이해능력

합격 Cheat Key

조직이해능력은 업무를 원활하게 수행하기 위해 조직의 체제와 경영을 이해하고 국제적인 추세를 이해하는 능력이다. 현재 많은 공사・공단에서 출제 비중을 높이고 있는 영역이기 때문에 미리 대비하는 것이 중요하다. 실제 업무 능력에서 조직이해능력을 요구하기 때문에 중요도는 점점 높아질 것이다.

세부 유형은 조직 체제 이해, 경영 이해, 업무 이해, 국제 감각으로 나눌 수 있다. 조직도를 제시하는 문제가 출제되거나 조직의 체계를 파악해 경영의 방향성을 예측하고, 업무의 우선순위를 파악하는 문제가 출제된다.

1 문제 속에 정답이 있다!

경력이 없는 경우 조직에 대한 이해가 낮을 수밖에 없다. 그러나 문제 자체가 실무적인 내용을 담고 있어도 문제 안에는 해결의 단서가 주어진다. 부담을 갖지 않고 접근하는 것이 중요하다.

2 경영・경제학원론 정도의 수준은 갖추도록 하라!

지원한 직군마다 차이는 있을 수 있으나, 경영・경제이론을 접목시킨 문제가 꾸준히 출제되고 있다. 따라서 기본적인 경영・경제이론은 익혀 둘 필요가 있다.

3 지원하는 공사 · 공단의 조직도를 파악하라!

출제되는 문제는 각 공사 · 공단의 세부내용일 경우가 많기 때문에 지원하는 공사 · 공단의 조직도를 파악해 두어야 한다. 조직이 운영되는 방법과 전략을 이해하고, 조직을 구성하는 체제를 파악하고 간다면 조직이해능력에서 조직도가 나올 때 단기간에 문제를 풀 수 있을 것이다.

4 실제 업무에서도 요구되므로 이론을 익혀라!

각 공사 · 공단의 직무 특성상 일부 영역에 중요도가 가중되는 경우가 있어서 많은 취업준비생들이 일부 영역에만 집중하지만, 실제 업무 능력에서 직업기초능력 10개 영역이 골고루 요구되는 경우가 많고, 현재는 필기시험에서도 조직이해능력을 출제하는 기관의 비중이 늘어나고 있기 때문에 미리 이론을 익혀 둔다면 모듈형 문제에서 고득점을 노릴 수 있다.

01 경영 전략

| 유형분석 |

- 경영 전략에서 대표적으로 출제되는 문제는 마이클 포터(Michael Porter)의 본원적 경쟁전략이다.
- 경쟁전략의 기본적인 이해와 구조를 물어보는 문제가 자주 출제되므로 전략별 특징 및 개념에 대한 이론 학습이 요구된다.

경영이 어떻게 이루어지느냐에 따라 조직의 생사가 결정된다고 할 만큼 경영은 조직에 있어서 핵심이다. 다음 중 경영 전략을 추진하는 과정에 대한 설명으로 옳지 않은 것은?

① 경영 전략은 조직 전략, 사업 전략, 부문 전략으로 분류된다.

② 환경 분석을 할 때는 조직의 내부환경뿐만 아니라 외부환경에 대한 분석도 필수이다.

③ 전략 목표는 비전과 미션으로 구분되는데, 둘 다 있어야 한다.

④ 경영 전략이 실행됨으로써 세웠던 목표에 대한 결과가 나오는데, 그것에 대한 평가 및 피드백 과정도 생략되어서는 안 된다.

⑤ '환경 분석 → 전략 목표 설정 → 경영 전략 도출 → 경영 전략 실행 → 평가 및 피드백'의 과정을 거쳐 이루어진다.

정답 ⑤

전략 목표를 먼저 설정하고 환경을 분석해야 한다.

풀이 전략!

대부분의 기업들은 마이클 포터의 본원적 경쟁 전략을 사용하고 있다. 각 전략에 해당하는 대표적인 기업을 연결하고, 그들의 경영 전략을 상기하며 문제를 풀어보도록 한다.

대표기출유형 01 기출응용문제

01 H회사는 새롭게 개발한 립스틱을 대대적으로 홍보하고 있다. 다음 중 H회사의 사례에 대한 대안으로 가장 적절한 것은?

> H회사 립스틱의 특징은 지속력과 선명한 색상, 그리고 20대 여성을 타깃으로 한 아기자기한 디자인이다. 하지만 제품 홍보를 했음에도 불구하고 매출이 좋지 않다. 조사 결과 저가 화장품이라는 브랜드 이미지 때문인 것으로 드러났다.

① 블라인드 테스트를 통해 제품의 질을 인정받는다.
② 홍보비를 두 배로 늘려 더 많이 광고한다.
③ 브랜드 이름을 최대한 감추고 홍보한다.
④ 무료 증정 이벤트를 연다.
⑤ 타깃을 30대 여성으로 바꾼다.

PART 1

02 다음 글에서 설명하고 있는 조직의 경영 기법은 무엇인가?

> 모든 조직은 경영의 기본 활동인 계획 – 실행 – 평가를 통해 조직이 원하는 성과를 창출해 낸다. 해당 기법은 이러한 조직의 경영 활동을 체계적으로 지원하는 관리 도구로, 경영자 및 관리자들이 시간관리를 통해서 자기 자신을 관리하듯 목표를 통해서 개인 및 조직성과를 관리한다. 성과 향상을 위해서는 목표를 설정하고, 이를 지속적으로 관리하는 것이 중요하다. 평가 결과는 과정의 산물이며, 성과 개선에 영향을 미치는 부수적인 요인이다. 따라서 기업들은 해당 기법을 활용할 경우 평가나 그 결과의 활용보다는 목표 설정, 중간 점검 등의 단계에 더욱 많은 관심을 기울여야 한다.

① 과업평가계획(PERT)
② 목표관리(MBO)
③ 조직개발(OD)
④ 총체적 질관리(TQM)
⑤ 전사적자원관리(ERP)

03 **다음 사례에서 나타난 마이클 포터의 본원적 경쟁 전략으로 가장 적절한 것은?**

> H사는 전자 제품 시장에서 경쟁회사가 가격을 낮추는 저가 전략을 사용하여 점유율을 높이려 하자, 이에 맞서 오히려 고급 기술을 적용한 고품질 프리미엄 제품을 선보이고 서비스를 강화해 시장의 점유율을 높였다.

① 차별화 전략
② 원가우위 전략
③ 집중화 전략
④ 마케팅 전략
⑤ 비교우위 전략

04 **다음은 H가구의 시장 조사 결과 보고서이다. 회사가 마련해야 할 마케팅 전략으로 적절한 것을 〈보기〉에서 모두 고르면?**

> • 조사 기간 : 2025. 02. 11. ~ 2025. 02. 21.
> • 조사 품목 : 돌침대
> • 조사 대상 : 주부 1,000명
> • 조사 결과
>   – 소비자의 건강에 대한 관심이 증대됨
>   – 소비자는 가격보다 제품의 기능을 우선적으로 고려함
>   – 취급 점포가 너무 많아서 점포 관리가 체계적이지 못함
>   – 자사 제품의 가격이 낮아서 품질도 떨어지는 것으로 인식됨

> **보기**
> ㄱ. 유통 경로를 늘린다.
> ㄴ. 고급화 전략을 추진한다.
> ㄷ. 박리다매 전략을 이용한다.
> ㄹ. 전속적 또는 선택적 유통 전략을 도입한다.

① ㄱ, ㄴ
② ㄱ, ㄷ
③ ㄴ, ㄷ
④ ㄴ, ㄹ
⑤ ㄷ, ㄹ

05 **다음 사례를 통해 추론했을 때 H전자가 TV 시장에서 경쟁력을 잃게 된 주요 원인으로 가장 적절한 것은?**

> 평판 TV 시장에서 PDP TV가 주력이 되리라 판단한 H전자는 2018년에 세계 최대 규모의 PDP 생산설비를 건설하기 위해 3조 원 수준의 막대한 투자를 결정한다. 당시 L전자와 S전자는 LCD와 PDP 사업을 동시에 수행하면서도 성장성이 높은 LCD TV로 전략을 수정하는 상황이었지만 H전자는 익숙한 PDP 사업에 더욱 몰입한 것이다. 하지만 주요 기업들의 투자가 LCD에 집중되면서, 새로운 PDP 공장이 본격 가동될 시점에 PDP의 경쟁력은 이미 LCD에 뒤처지게 됐다.
> 결국, 활용 가치가 현저하게 떨어진 PDP 생산설비는 조기에 상각을 고민할 정도의 골칫거리로 전락했다. H전자는 2022년에만 11조 원의 적자를 기록했으며, 2023년에도 10조 원 수준의 적자가 발생하였다. 연이은 적자는 H전자의 신용등급을 투기 등급으로 급락시켰고, H전자의 CEO는 '디지털 가전에서 패배자가 되었음'을 인정하며 고개를 숙였다. TV를 포함한 가전제품 사업에서 H전자가 경쟁력을 회복하기 어려워졌음은 말할 것도 없다.

① 사업 환경의 변화 속도가 너무나 빨라졌고, 변화의 속성도 예측이 어려워져 따라가지 못하였다.
② 차별성을 지닌 새로운 제품을 기획하고 개발하는 것에 대한 성공 가능성이 낮아져 주저했다.
③ 기존 사업영역에 대한 강한 애착으로 신사업이나 신제품에 대해 낮은 몰입도를 보였다.
④ 실패가 두려워 새로운 도전보다 안정적이며 실패 확률이 낮은 제품을 위주로 미래를 준비하였다.
⑤ 외부 환경이 어려워짐에 따라 잠재적 실패를 감내할 수 있는 자금을 확보하지 못하였다.

06 **다음 중 BCG 매트릭스와 GE & 맥킨지 매트릭스에 대한 설명으로 옳은 것을 〈보기〉에서 모두 고르면?**

> **보기**
> ㄱ. BCG 매트릭스는 미국의 컨설팅업체인 맥킨지에서 개발한 사업포트폴리오 분석 기법이다.
> ㄴ. BCG 매트릭스는 시장성장율과 상대적 시장점유율을 고려하여 사업의 형태를 4개 영역으로 나타낸다.
> ㄷ. GE & 맥킨지 매트릭스는 산업매력도와 사업경쟁력을 고려하여 사업의 형태를 6개 영역으로 나타낸다.
> ㄹ. GE & 맥킨지 매트릭스에서의 산업매력도는 시장규모, 경쟁구조, 시장 잠재력 등의 요인에 의해 결정된다.
> ㅁ. GE & 맥킨지 매트릭스는 BCG 매트릭스의 단점을 보완해준다.

① ㄱ, ㄴ
② ㄱ, ㄴ, ㄷ
③ ㄴ, ㄷ, ㅁ
④ ㄴ, ㄹ, ㅁ
⑤ ㄷ, ㄹ, ㅁ

02 조직 구조

| 유형분석 |

- 조직 구조 유형에 대한 특징을 물어보는 문제가 자주 출제된다.
- 기계적 조직과 유기적 조직의 차이점과 사례 등을 숙지하고 있어야 한다.
- 조직 구조 형태에 따라 기능적 조직, 사업별 조직으로 구분하여 출제되기도 한다.

다음 〈보기〉 중 조직 구조에 대한 설명으로 옳지 않은 것을 모두 고르면?

보기

ㄱ. 기계적 조직은 구성원들의 업무분장이 명확하게 이루어져 있는 편이다.
ㄴ. 기계적 조직은 조직 내 의사소통이 비공식적 경로를 통해 활발히 이루어진다.
ㄷ. 유기적 조직은 의사결정 권한이 조직 하부 구성원들에게 많이 위임되어 있으며, 업무내용이 명확히 규정되어 있는 것이 특징이다.
ㄹ. 유기적 조직은 기계적 조직에 비해 조직의 형태가 가변적이다.

① ㄱ, ㄴ
② ㄱ, ㄷ
③ ㄴ, ㄷ
④ ㄴ, ㄹ
⑤ ㄷ, ㄹ

정답 ③

ㄴ. 기계적 조직 내 의사소통은 비공식적 경로가 아닌 공식적 경로를 통해 주로 이루어진다.
ㄷ. 유기적 조직은 의사결정 권한이 조직 하부 구성원들에게 많이 위임되어 있으나, 업무내용은 기계적 조직에 비해 가변적이다.

오답분석

ㄱ. 기계적 조직은 위계질서 및 규정, 업무분장이 모두 명확하게 확립되어 있는 조직이다.
ㄹ. 유기적 조직에서는 비공식적인 상호 의사소통이 원활히 이루어지며, 규제나 통제의 정도가 낮아 변화에 따라 쉽게 변할 수 있는 특징을 가진다.

풀이 전략!

조직 구조는 유형에 따라 기계적 조직과 유기적 조직으로 나눌 수 있다. 기계적 조직과 유기적 조직은 서로 상반된 특징을 가지고 있으며, 기계적 조직이 관료제의 특징과 비슷함을 파악하고 있다면, 이와 상반된 유기적 조직의 특징도 수월하게 파악할 수 있다.

대표기출유형 02 기출응용문제

01 다음 중 빈칸 ㉠, ㉡에 들어갈 조직 유형을 바르게 짝지은 것은?

> 조직은 ___㉠___ 과 ___㉡___ 으로 구분할 수 있다. ___㉠___ 은 기업과 같이 이윤을 목적으로 하는 조직이며, ___㉡___ 은 정부 조직을 비롯하여 공익을 추구하는 병원, 대학, 시민단체, 종교단체 등이 해당한다.

	㉠	㉡
①	공식조직	비공식조직
②	비공식조직	공식조직
③	비영리조직	영리조직
④	영리조직	비영리조직
⑤	생산조직	통합조직

02 다음 중 조직 구조에 대한 설명으로 적절하지 않은 것은?

① 기능별 조직은 환경이 안정적일 때 조직관리의 효율성이 높다.
② 기능별 조직은 기능별 규모의 경제를 얻을 수 있다.
③ 제품 조직은 사업부 내 기능 간 조정이 용이하다.
④ 제품 조직은 시장 특성에 적절히 대응하므로 소비자의 만족을 증대시킬 수 있다.
⑤ 매트릭스 조직은 다품종을 생산하는 대규모 조직에서 효율적이다.

03 다음 중 조직목표의 기능에 대한 설명으로 적절하지 않은 것은?

① 조직이 나아갈 방향을 제시해 주는 기능을 한다.
② 조직 구성원의 의사결정 기준의 기능을 한다.
③ 조직 구성원의 행동에 동기를 유발시키는 기능을 한다.
④ 조직을 운영하는 데 융통성을 제공하는 기능을 한다.
⑤ 조직 구조나 운영과정과 같이 조직체제를 구체화할 수 있는 기준이 된다.

04 H기업은 새로운 조직 개편 기준에 따라 조직도 (가)를 조직도 (나)로 변경하려고 한다. 다음 중 조직도 (나)의 빈칸에 들어갈 팀으로 적절하지 않은 것은?

(가)

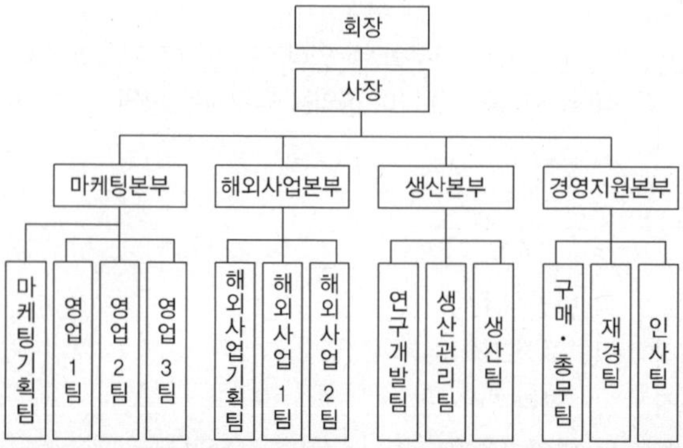

조직 개편 방향 및 기준

□ 명칭 변경 : 해외사업기획팀 → 해외마케팅기획팀
  본부 이동 : 해외사업 1·2팀(해외사업본부 → 마케팅본부)

□ 기능중심의 조직 개편
- ○ 해외사업본부의 해외사업기획팀과 마케팅본부의 마케팅기획팀을 신설한 마케팅기획본부로 이동
- ○ 마케팅본부의 영업 1·2·3팀을 2개의 팀으로 통합
- ○ 해외사업 1·2팀 통합 후 해외영업팀 신설
- ○ 구매·총무팀에서 구매팀과 총무팀으로 분리
- ○ 총무팀과 재경팀 통합 후 재무팀 신설

(나)

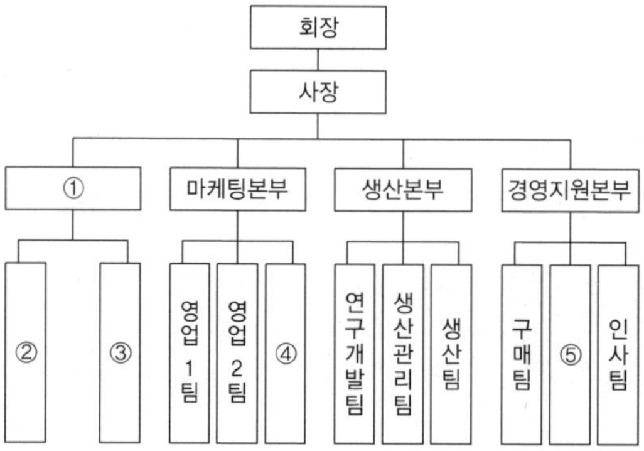

① 마케팅기획본부
② 해외마케팅기획팀
③ 영업 3팀
④ 해외영업팀
⑤ 재무팀

05 다음 〈보기〉 중 비영리조직으로 적절한 것을 모두 고르면?

보기

㉠ 사기업
㉡ 정부조직
㉢ 병원
㉣ 대학
㉤ 시민단체

① ㉠, ㉢
② ㉡, ㉤
③ ㉠, ㉢, ㉣
④ ㉡, ㉣, ㉤
⑤ ㉡, ㉢, ㉣, ㉤

06 다음 중 조직 구조의 결정요인에 대한 설명으로 적절하지 않은 것은?

① 급변하는 환경에서는 유기적 조직보다 원칙이 확립된 기계적 조직이 더 적합하다.
② 대규모 조직은 소규모 조직에 비해 업무의 전문화 정도가 높다.
③ 조직 구조의 주요 결정요인은 4가지로 전략, 규모, 기술, 환경이다.
④ 조직 활동의 결과에 대한 만족은 조직의 문화적 특성에 따라 상이하다.
⑤ 일반적으로 소량생산기술을 가진 조직은 유기적 조직 구조를, 대량생산기술을 가진 조직은 기계적 조직 구조를 가진다.

대표기출유형

03 업무 종류

| 유형분석 |

- 부서별 주요 업무에 대해 묻는 문제이다.
- 부서별 특징과 담당 업무에 대한 이해가 필요하다.

다음 상황에서 팀장의 지시를 적절히 수행하기 위하여 오대리가 거쳐야 할 부서명을 바르게 나열한 것은?

> 오대리, 내가 내일 출장 준비 때문에 무척 바빠서 그러는데 자네가 좀 도와줘야 할 것 같군. 우선 박비서한테 가서 오후 사장님 회의 자료를 좀 가져다 주게나. 오는 길에 지난주 기자단 간담회 자료 정리가 되었는지 확인해 보고 완료됐으면 한 부 챙겨 오고. 다음 주에 승진자 발표가 있을 것 같은데 우리 팀 승진 대상자 서류가 잘 전달되었는지 그것도 확인 좀 해 줘야겠어. 참, 오후에 바이어가 내방하기로 되어 있는데 공항 픽업 준비는 잘 해 두었지? 배차 예약 상황도 다시 한 번 점검해 봐야 할 거야. 그럼 수고 좀 해 주게.

① 기획팀 – 홍보팀 – 총무팀 – 경영관리팀
② 비서실 – 홍보팀 – 인사팀 – 총무팀
③ 인사팀 – 법무팀 – 총무팀 – 기획팀
④ 경영관리팀 – 법무팀 – 총무팀 – 인사팀
⑤ 회계팀 – 경영관리팀 – 인사팀 – 총무팀

정답 ②

우선 박비서에게 회의 자료를 받아 와야 하므로 비서실을 들러야 한다. 다음으로 기자단 간담회는 대회 홍보 및 기자단 상대 업무를 맡은 홍보팀에서 자료를 정리할 것이므로 홍보팀을 거쳐야 한다. 또한, 승진자 인사 발표 소관 업무는 인사팀이 담당한다고 볼 수 있으므로 인사팀을 들러야 한다. 또한, 회사의 차량 배차에 대한 업무는 총무팀이 담당한다고 볼 수 있다. 따라서 오대리가 거쳐야 할 부서를 순서대로 나열하면 '비서실 – 홍보실 – 인사팀 – 총무팀'이다.

풀이 전략!

조직은 목적의 달성을 위해 업무를 효과적으로 분배하고 처리할 수 있는 구조를 확립해야 한다. 조직의 목적이나 규모에 따라 업무의 종류는 다양하지만, 대부분의 조직에서는 총무, 인사, 기획, 회계, 영업으로 부서를 나누어 업무를 담당하고 있다. 따라서 5가지 업무 종류에 대해서는 미리 숙지해야 한다.

01 **다음을 보고 A사원이 처리할 첫 업무와 마지막 업무를 바르게 나열한 것은?**

> A씨, 우리 팀이 준비하는 프로젝트가 마무리 단계인 건 알고 있죠? 이제 곧 그동안 진행해 온 팀 프로젝트를 발표해야 하는데 A씨가 발표자로 선정되어서 몇 가지 말씀드릴 게 있어요. 9월 둘째 주 월요일 오후 4시에 발표를 할 예정이니 그 시간에 비어있는 회의실을 찾아보고 예약해 주세요. 오늘이 벌써 첫째 주 수요일이네요. 보통 일주일 전에는 예약해야 하니 최대한 빨리 확인하고 예약해 주셔야 합니다. 또 발표 내용을 PPT 파일로 만들어서 저한테 메일로 보내 주세요. 검토 후 수정사항을 회신할 테니 반영해서 최종본 내용을 브로슈어에 넣어 주세요. 최종본 내용을 모두 입력하면 디자인팀 D대리님께 파일을 넘겨줘야 해요. 디자인팀에서 작업 후 인쇄소로 보낼 겁니다. 최종 브로슈어는 1층 인쇄소에서 받아오시면 되는데 원래는 한나절이면 찾을 수 있지만 이번에 인쇄 주문 건이 많아서 다음 주 월요일에 찾을 수 있을 거예요. 아, 그리고 브로슈어 내용 정리 전에 작년에 프로젝트 발표자였던 B주임에게 물어보면 어떤 식으로 작성해야 할지 이야기해 줄 거예요.

① PPT 작성 – D대리에게 파일 전달
② 회의실 예약 – B주임에게 조언 구하기
③ 회의실 예약 – 인쇄소 방문
④ B주임에게 조언 구하기 – 인쇄소 방문
⑤ 회의실 예약 – D대리에게 파일 전달

02 **직무전결 규정상 전무이사가 전결인 '과장의 국내출장 건'의 결재를 시행하고자 한다. 박기수 전무이사가 해외출장으로 인해 부재중이어서 직무대행자인 최수영 상무이사가 결재하였다. 〈보기〉 중 적절하지 않은 것을 모두 고르면?**

> **보기**
> ㄱ. 최수영 상무이사가 결재한 것은 전결이다.
> ㄴ. 공문의 결재표상에는 '과장 최경옥, 부장 김석호, 상무이사 전결, 전무이사 최수영'이라고 표시되어 있다.
> ㄷ. 박기수 전무이사가 출장에서 돌아와서 해당 공문을 검토하는 것은 후결이다.

① ㄱ
② ㄷ
③ ㄱ, ㄴ
④ ㄴ, ㄷ
⑤ ㄱ, ㄴ, ㄷ

※ 다음은 H공사 조직도의 일부이다. 이어지는 질문에 답하시오. [3~4]

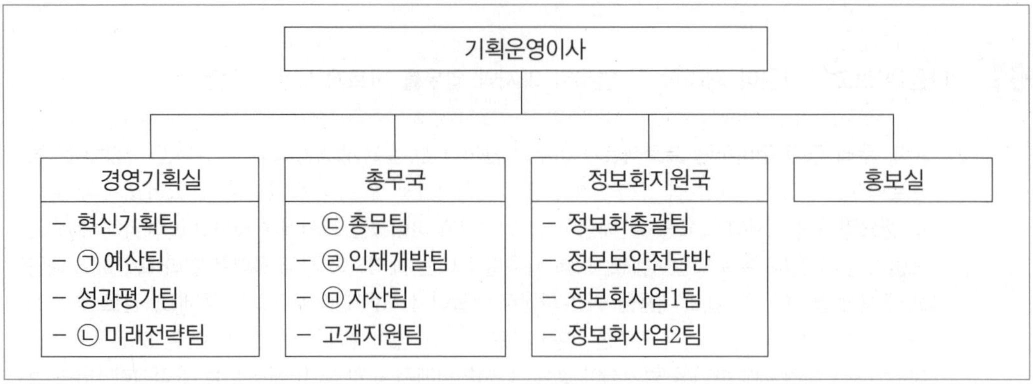

03 다음 중 H공사의 각 부서와 업무가 바르게 연결되지 않은 것은?

① ㉠ : 수입·지출 예산 편성 및 배정 관리
② ㉡ : 공사 사업 관련 연구과제 개발 및 추진
③ ㉢ : 복무관리 및 보건·복리 후생
④ ㉣ : 임직원 인사, 상훈, 징계
⑤ ㉤ : 예산집행 조정, 통제 및 결산 총괄

04 다음 중 정보보안전담반의 업무로 적절하지 않은 것은?

① 정보보안기본지침 및 개인정보보호지침 제·개정 관리
② 직원 개인정보보호 의식 향상 교육
③ 개인정보종합관리시스템 구축·운영
④ 정보보안 및 개인정보보호 계획 수립
⑤ 전문자격 시험 출제정보시스템 구축·운영

05 다음 중 이사원이 처리해야 할 업무를 순서대로 바르게 나열한 것은?

현재 시각은 오전 10시 30분. 이사원은 30분 후 거래처 직원과의 미팅이 예정되어 있다. 거래처 직원에게는 회사의 제1회의실에서 미팅을 진행하기로 미리 안내하였으나, 오늘 오전 현재 제1회의실 예약이 모두 완료되어 금일 사용이 불가능하다는 연락을 받았다. 또한 이사원은 오후 2시에 김팀장과 면담 예정이었으나, 오늘까지 문서 작업을 완료해달라는 부서장의 요청을 받았다. 이사원은 면담 시간을 미뤄보려 했지만 김팀장은 이사원과의 면담 이후 부서 회의에 참여해야 하므로 면담 시간을 미룰 수 없다고 답변했다.

㉠ 거래처 직원과의 미팅
㉡ 오전 11시에 사용 가능한 회의실 사용 예약
㉢ 거래처 직원에게 미팅 장소 변경 안내
㉣ 김팀장과의 면담
㉤ 부서장이 요청한 문서 작업 완료

① ㉠－㉢－㉡－㉣－㉤
② ㉡－㉠－㉢－㉤－㉣
③ ㉡－㉢－㉠－㉣－㉤
④ ㉢－㉡－㉠－㉤－㉣
⑤ ㉢－㉡－㉤－㉣－㉠

06 다음 중 업무의 특성에 대한 설명으로 적절하지 않은 것은?

① 업무는 궁극적으로 같은 목적을 지향하므로 통합되어야 한다.
② 개인이 선호하는 업무를 임의로 선택하기 어렵다.
③ 업무 간에는 서열성이 있어 순차적으로 이루어지기도 한다.
④ 개별 업무들은 요구되는 지식, 기술 등이 다르다.
⑤ 조립, 생산 등의 업무는 자율적이고 재량권이 많다.

합 격 의
공 식
시대에듀

SDEDU

미래는 자신이 가진 꿈의 아름다움을 믿는 사람들의 것이다.

– 엘리노어 루즈벨트 –

PART 2

최종점검 모의고사

제1회
최종점검 모의고사

※ 한국자산관리공사 고졸채용 최종점검 모의고사는 2024년도 채용 공고와 후기를 기준으로 구성한 것으로, 실제 시험과 다를 수 있습니다.

■ 취약영역 분석

번호	01	02	03	04	05	06	07	08	09	10	11	12	13	14	15	16	17	18	19	20
O/×																				
영역	의사소통능력																			

번호	21	22	23	24	25	26	27	28	29	30	31	32	33	34	35	36	37	38	39	40
O/×																				
영역	수리능력																			

번호	41	42	43	44	45	46	47	48	49	50	51	52	53	54	55	56	57	58	59	60
O/×																				
영역	문제해결능력																			

번호	61	62	63	64	65	66	67	68	69	70	71	72	73	74	75	76	77	78	79	80
O/×																				
영역	정보능력																			

번호	81	82	83	84	85	86	87	88	89	90	91	92	93	94	95	96	97	98	99	100
O/×																				
영역	조직이해능력																			

평가문항	100문항	평가시간	120분
시작시간	:	종료시간	:
취약영역			

모바일 OMR

제 1 회 최종점검 모의고사

응시시간 : 120분 문항 수 : 100문항

정답 및 해설 p.040

01 다음 글의 내용으로 적절하지 않은 것은?

> 길을 걷고, 한강을 달리고, 손을 흔들고, 책장을 넘기는 것과 같은 인체의 작은 움직임(주파수 2 ~ 5Hz)도 스마트폰이나 웨어러블(안경, 시계, 의복 등과 같이 신체에 착용하는 제품) 기기들의 전기에너지원으로 사용될 수 있다. 이러한 인체의 움직임처럼 버려지는 운동 에너지로부터 전기를 생산하는 기술을 '에너지 하베스팅'이라 한다.
>
> 최근 과학 기술의 발전과 더불어 피트니스·헬스케어 모니터링 같은 다기능 휴대용·웨어러블 스마트 전자기기가 일상생활에서 많이 사용되고 있다. 동시에 사물인터넷(IoT)의 발달로 센서의 사용 또한 크게 늘고 있다. 이러한 스마트 전자기기 및 센서들은 소형 경량이며, 이동성 및 내구성을 갖춘 전원 공급원이 반드시 필요하다.
>
> 교체 및 충전식 전기 화학 배터리는 전원의 공급에는 탁월하지만 수명이 짧다. 또한 재충전 및 교체가 어렵다. 나아가 배터리 폐기로 인해 환경오염을 유발한다는 단점도 있다. 그러나 인체 움직임과 같은 작은 진동에너지 기반의 친환경 에너지 하베스팅 기술은 스마트폰 및 웨어러블 스마트기기를 위한 지속 가능한 반영구적 전원으로서 활용될 수 있다.
>
> 진동은 우리의 일상생활에 존재하며 버려지는 가장 풍부한 기계적 움직임 중 하나이다. 진동은 여러 유형과 넓은 범위의 주파수 및 진폭을 가지고 있다. 기계적 진동원은 움직이는 인체, 자동차, 진동 구조물, 물이나 공기의 흐름에 의한 진동 등을 모두 포함한다. 따라서 진동에너지를 효율적으로 수확하고 이를 전기에너지로 변환하기 위해서는 에너지 하베스팅 소자를 진동의 특성에 맞도록 설계해 제작해야 한다. 기계적 진동에너지 수집은 몇 가지 변환 메커니즘에 의해 이루어진다. 가장 활발하게 연구가 이루어지고 있는 진동 기반 에너지 하베스팅 기술에는 압전기력, 전자기력, 마찰전기에너지 등이 활용된다. 압전기력 기반은 압전 효과를 이용하여 기계적 진동에너지를 전기에너지로 변환하는 기술이다. 압전 소재와 적절한 기판을 사용하여 제작되며, 높은 출력 전압을 발생시키지만 발생된 전류는 상대적으로 낮다. 전자기력 기반은 코일과 자석 사이의 상대적 움직임으로부터 얻어지는 기전력(패러데이의 유도법칙)을 이용하여 전기를 생산하는 기술이다. 낮은 주파수의 기계적 에너지를 전기에너지로 변환하는 매우 효율적인 방법이다. 마찰전기 기반은 맥스웰의 변위 전류를 이용하여 전기를 생산하는 기술이다. 저주파 진동 범위에서 높은 출력 전압을 수확하는 데 매우 효율적이다.

① 3Hz의 소량의 주파수도 전자기기의 에너지원으로 사용될 수 있다.
② 디지털 기술이 발달함에 따라 센서의 사용은 감소하는 추세이다.
③ 전기를 충전해야 하는 배터리 기술은 사용 기간이 짧다는 단점을 가지고 있다.
④ 물이나 공기의 흐름 역시 진동원의 하나가 될 수 있다.
⑤ 패러데이의 유도법칙을 이용하면 낮은 주파수의 에너지를 효율적으로 사용할 수 있다.

02 다음 문단을 논리적 순서대로 바르게 나열한 것은?

(가) 이때 보험금에 대한 기댓값은 사고가 발생할 확률에 사고 발생 시 수령할 보험금을 곱한 값이다. 보험금에 대한 보험료의 비율(보험료/보험)을 보험료율이라 하는데, 보험료율이 사고 발생 확률보다 높으면 구성원 전체의 보험료 총액이 보험금 총액보다 더 많고, 그 반대의 경우에는 구성원 전체의 보험료 총액이 보험금 총액보다 더 적게 된다. 따라서 공정한 보험에서는 보험료율과 사고 발생 확률이 일치해야 한다.

(나) 위험 공동체의 구성원이 납부하는 보험료와 지급받는 보험금은 그 위험 공동체의 사고 발생 확률을 근거로 산정된다. 특정 사고가 발생할 확률은 정확히 알 수 없지만, 그동안 발생된 사고를 바탕으로 그 확률을 예측한다면 관찰 대상이 많아짐에 따라 실제 사고 발생 확률에 근접하게 된다.

(다) 본래 보험 가입의 목적은 금전적 이득을 취하는 데 있는 것이 아니라 장래의 경제적 손실을 보상받는 데 있으므로, 위험 공동체의 구성원은 자신이 속한 위험 공동체의 위험에 상응하는 보험료를 납부하는 것이 공정할 것이다.

(라) 따라서 공정한 보험에서는 구성원 각자가 납부하는 보험료와 그가 지급받을 보험금에 대한 기댓값이 일치해야 하며 구성원 전체의 보험료 총액과 보험금 총액이 일치해야 한다.

① (가) – (나) – (다) – (라)
② (가) – (다) – (나) – (라)
③ (가) – (라) – (나) – (다)
④ (나) – (다) – (라) – (가)
⑤ (나) – (라) – (다) – (가)

※ 다음 글을 읽고 이어지는 질문에 답하시오. [3~4]

(가) 인류가 바람을 에너지원으로 사용한 지 1만 년이 넘었고, 풍차는 수천 년 전부터 사용되었다. 풍력발전이 시작된 지도 100년이 넘었지만, 그동안 전력 생산비용이 저렴하고 사용하기 편리한 화력발전에 밀려 빛을 보지 못하다가 최근 온실가스 배출 등의 환경오염 문제를 해결하는 대안인 신재생 에너지로 주목받고 있다.

(나) 풍력발전은 바람의 운동에너지를 회전에너지로 변환하고, 발전기를 통해 전기에너지를 얻는 기술로, 공학자들은 계속적으로 높은 효율의 전기를 생산하기 위해 풍력발전시스템을 발전시켜 나가고 있다. 풍력발전시스템의 하나인 요우 시스템(Yaw System)은 바람에 따라 풍력발전기의 방향을 바꿔 회전날개가 항상 바람의 정면으로 향하게 하는 것이다. 또 다른 피치 시스템(Pitch System)은 비행기의 날개와 같이 바람에 따라 회전날개의 각도를 변화시킨다. 이 외에도 회전력을 잃지 않기 위해 직접 발전기에 연결하는 방식 등 다양한 방법을 활용한다. 또한 무게를 줄이면 높은 곳에 풍력발전기를 매달 수 있어 더욱 효율적인 발전이 가능해진다.

(다) 풍력발전기를 설치하는 위치도 중요하다. 풍력발전기의 출력은 풍속의 세제곱과 프로펠러 회전면적의 제곱에 비례한다. 풍속이 빠를수록, 프로펠러의 면적이 클수록 출력이 높아지는 것이다. 지상에서는 바람이 빠르지 않고, 바람도 일정하게 불지 않아 풍력발전의 출력을 높이는 데 한계가 있다. 따라서 풍력발전기는 최대 풍속이 아닌 최빈 풍속에 맞춰 설계된다. 이러한 한계를 극복하기 위해 고고도(High Altitude)의 하늘에 풍력발전기를 설치하려는 노력이 계속되고 있다.

(라) 그렇다면 어떻게 고고도풍(High Altitude Wind)을 이용할까? 방법은 비행선, 연 등에 발전기를 달아 하늘에 띄우는 것이다. 캐나다의 한 회사는 헬륨 가스 비행선에 발전기를 달아 공중에 떠 있는 발전기를 판매하고 있다. 이 발전기는 비행선에 있는 발전기가 바람에 의해 풍선이 회전하도록 만들어져 있으며, 회전하는 풍선이 발전기와 연결되어 있어 전기를 생산할 수 있다. 또 다른 회사는 이보다 작은 비행선 수십 대를 연결하여 바다 위에 띄우는 방식을 고안하고 있다. 서로 연결된 수십 대의 작은 비행선 앞에 풍차가 붙어 있어 발전할 수 있도록 되어 있다.

(마) 고고도풍을 이용한 풍력발전은 결국 대류권 상층부에 부는 초속 30m의 편서풍인 제트기류를 이용하게 될 것이다. 연구에 따르면 최대 초속 100m를 넘는 제트기류를 단 1%만 이용해도 미국에서 사용하는 전기에너지를 모두 충당할 수 있다고 한다. 우리나라 상공도 이 제트기류가 지나가기 때문에 이를 활용할 수 있다면 막대한 전기를 얻을 수 있을 것으로 전망된다.

03 다음 중 (가) 문단을 읽고 추론할 수 있는 내용으로 적절하지 않은 것은?

① 풍력에너지는 인류에서 가장 오래된 에너지원이다.
② 화력발전은 풍력발전보다 전력 생산비용이 낮다.
③ 신재생 에너지가 대두되면서 풍력발전이 새롭게 주목받고 있다.
④ 화력발전은 온실가스 배출 등 환경오염 문제를 일으킨다.
⑤ 신재생 에너지는 환경오염 등의 문제를 줄일 수 있다.

04 다음 중 (가) ~ (마) 문단의 주제로 적절하지 않은 것은?

① (가) : 환경오염 문제의 새로운 대안인 풍력발전
② (나) : 바람 에너지를 이용한 다양한 풍력발전시스템
③ (다) : 풍력발전기 설치 위치의 중요성
④ (라) : 고고도풍을 이용하는 기술의 한계
⑤ (마) : 제트기류를 활용한 풍력발전의 가능성

05 다음 글의 주제로 가장 적절한 것은?

빅데이터는 스마트팩토리 등 산업 현장 및 ICT 소프트웨어 설계 등에 주로 활용되어 왔다. 유통이나 물류 업계의 '콘텐츠가 대량으로 이동하는 현장'에서는 데이터가 발생하면, 이를 분석하고 활용하는 쪽으로 주로 사용됐다. 이제는 다양한 영역에서 빅데이터의 적용이 빨라지고 있다. 대표적인 사례가 금융권이다. 국내의 은행들은 빅데이터 스타트업 회사를 상대로 대규모 투자에 나서고 있다. 뉴스와 포털 등 현존하는 데이터를 확보하여 금융 키워드 분석에 활용하기 위해서이다. 의료업계도 마찬가지이다. 정부는 바이오헬스 산업의 혁신전략을 통해 연구개발 투자를 내년까지 4조 원 이상으로 확대하겠다고 밝혔으며, 빅데이터와 인공지능 등을 연계한 다양한 로드맵을 준비하고 있다. 벌써 의료 현장에 빅데이터 전략을 구사하고 있는 병원도 다수이다. 국세청도 빅데이터에 관심이 많다. 빅데이터 플랫폼 인프라 구축을 끝내는 한편, 50명 규모의 빅데이터 센터를 가동하기 시작했다. 조세 행정에서 빅데이터를 통해 탈세를 예방·적발하는 등 다양한 쓰임새를 고민하고 있다.

① 빅데이터의 정의와 장·단점
② 빅데이터의 종류
③ 빅데이터의 중요성
④ 빅데이터의 다양한 활용 방안
⑤ 빅데이터의 한계

※ 다음 문단을 논리적 순서대로 바르게 나열한 것을 고르시오. [6~7]

06

(가) 대부분의 반딧불이는 빛을 사랑의 도구로 사용하지만, 어떤 반딧불이는 번식 목적이 아닌 적대적 목적으로 사용하기도 한다. 포투루스(Photurus)라는 반딧불이의 암컷은 아무렇지 않게 상대 반딧불이를 잡아먹는다. 이 무시무시한 작업을 벌이기 위해 암컷 포투루스는 포티너스(Photinus) 암컷의 불빛을 흉내 낸다. 이를 자신과 같은 종으로 생각한 수컷 포티너스가 사랑이 가득 찬 마음으로 암컷 포투루스에게 달려들지만, 정체를 알았을 때는 이미 너무 늦었다는 것을 알게 된다.

(나) 먼저 땅에 사는 반딧불이 한 마리가 60마리 정도의 다른 반딧불이들과 함께 일렬로 빛을 내뿜는 경우가 있다. 수많은 반딧불이가 기차처럼 한 줄을 지어 마치 리더의 지시에 따르듯 한 반딧불이의 섬광을 따라 불빛을 내는 모습은 마치 작은 번개처럼 보인다. 이처럼 반딧불이는 집단으로 멋진 작품을 연출하는데 그중 가장 유명한 것은 동남아시아에 서식하는 반딧불이다. 이들은 공동으로 동시에 그리고 완벽하게 발광함으로써 크리스마스트리의 불빛을 연상시키기도 한다. 그러다 암컷을 발견한 반딧불이는 무리에서 빠져나와 암컷을 향해 직접 빛을 번쩍거리기도 한다.

(다) 이렇게 다른 종의 불빛을 흉내 내는 반딧불이는 북아메리카에서 흔히 찾아볼 수 있다. 그러므로 짝을 찾아 헤매는 수컷 반딧불이에게 황혼이 찾아드는 하늘은 유혹의 무대인 동시에 위험한 장소이기도 하다. 성욕을 채우려 연인을 찾다 그만 식욕만 왕성한 암컷을 만나게 되는 비운을 맞을 수 있기 때문이다.

(라) 사랑과 관련하여 반딧불이의 섬광은 여러 가지 형태의 신호가 있으며, 빛 색깔의 다양성, 밝기, 빛을 내는 빈도, 빛의 지속성 등에서 반딧불이 자신만의 특징을 가지기도 한다. 예를 들어 황혼 무렵에 사랑을 나누고 싶어 하는 반딧불이는 오렌지색을 선호하며, 그래도 역시 사랑엔 깊은 밤이 최고라는 반딧불이는 초록계열의 색을 선호한다. 발광 장소도 땅이나 공중, 식물 등 그 선호도가 다양하다. 반딧불이는 이런 모든 요소를 결합하여 다양한 모습을 보여주는데 이런 다양성이 조화를 이루거나 또는 동시에 이루어지게 되면 말 그대로 장관을 이루게 된다.

(마) 이처럼 혼자 행동하기를 좋아하는 반딧불이는 빛을 번쩍거리면서 서식지를 홀로 돌아다니기도 한다. 대표적인 뉴기니 지역의 반딧불이는 짝을 찾아 좁은 해안선과 근처 숲 사이를 반복적으로 왔다 갔다 한다. 반딧불이 역시 달이 빛나고 파도가 철썩이는 해변을 사랑을 나누기에 최적인 로맨틱한 장소로 여기는 것이다.

① (가) – (나) – (다) – (라) – (마)
② (가) – (다) – (라) – (나) – (마)
③ (나) – (가) – (다) – (마) – (라)
④ (라) – (나) – (마) – (가) – (다)
⑤ (마) – (나) – (라) – (가) – (다)

07

(가) '단어 연상법'은 프랜시스 골턴이 개발한 것으로, 지능의 종류를 구분하기 위한 것이었다. 이것은 피실험자에게 일련의 단어들을 또박또박 읽어주면서 각각의 단어를 듣는 순간 제일 먼저 떠오르는 단어를 말하게 하고, 실험자는 계시기를 들고 응답 시간, 즉 피실험자가 응답하는 데 걸리는 시간을 측정하여 차트에 기록하는 방법으로 진행한다. 실험은 대개 백 개가량의 단어들로 진행했다. 골턴은 응답 시간을 정확히 재기 위해 온갖 수단을 동원했지만, 그렇게 해서 얻은 정보의 양이 거의 없거나 지능의 수준을 평가하는 데 별로 중요하지 않은 경우가 많았다.

(나) 융이 그린 그래프들은 특정한 단어에 따르는 응답자의 심리 상태를 보여주었다. 이 결과를 통해 다음과 같은 두 가지 결론을 얻어낼 수 있었다. 첫째, 대답 과정에서 감정이 생겨난다. 둘째, 응답의 지연은 모종의 인식하지 못한 과정에 의해 자연 발생적으로 생겨난다. 하지만 이 기록을 토대로 결론을 내리거나 중요성을 따지기에는 너무 일렀다. 피실험자의 의식적 의도와는 별개로 작동하는 뭔가 알지 못하는 지연 행위가 있음이 분명했다.

(다) 당시에 성행했던 심리학 연구나 심리학을 정신의학에 응용하는 연구는 주로 의식에 초점이 맞춰져 있었다. 따라서 단어 연상법의 심리학에 대한 실험 연구도 의식을 바탕으로 해서 진행되었다. 하지만 융은 의식 또는 의지의 작용을 넘어서는 무엇인가가 있을 것이라고 생각했다. 여기서 그는 콤플렉스라는 개념을 끌어들인다. 융의 정의에 따르면 그것은 특수한 종류의 감정으로 이루어진 무의식 속의 관념 덩어리인데, 이것이 응답 시간을 지연시켰다는 것이다. 이후 여러 차례 실험을 거듭한 결과 그 결론은 사실임이 밝혀졌으며, 콤플렉스와 개인적 속성은 융의 사상 체계에서 핵심적인 요소가 되었다.

(라) 융의 연구 결과 단어 연상의 응답 시간은 피실험자의 정서에 큰 영향을 받으며, 그 실험법은 감춰진 정서를 찾아내는 데 더 유용하다는 점이 입증되었다. 정신적 연상의 연구를 통해 지능의 종류를 판단하고자 했던 단어 연상 실험이 오히려 그와는 다른 방향, 즉 무의식적인 감정이 빚어내는 효과를 드러내는 데 더 유용하다는 사실이 증명된 것이다. 그동안 골턴을 비롯하여 그 실험법을 수천 명의 사람들에게 실시했던 연구자들은 지연된 응답의 배후에 있는 피실험자의 정서에 주목하지 않았으며, 단지 응답의 지연을 피실험자가 반응하지 못한 것으로만 기록했던 것이다.

(마) 그런데 융은 이 실험에서 응답 시간이 늦어질 경우 피실험자에게 왜 응답을 망설이는지 물어보는 과정을 추가하였다. 그러자 놀랍게도 피실험자는 자신의 응답 시간이 늦어지는 것도 알지 못했을 뿐만 아니라, 그에 대해 아무런 설명도 하지 못했다. 융은 거기에 틀림없이 어떤 이유가 있으리라고 생각하고 구체적으로 파고들어 갔다. 한번은 말(馬)이라는 단어가 나왔는데 어떤 피실험자의 응답 시간이 무려 1분이 넘었다. 자세히 조사해 보니 그 피실험자는 과거에 사고로 말을 잃었던 아픈 기억을 지니고 있었다. 실험이 있기 전까지는 잊고 있었던 그 기억이 실험 과정에서 되살아난 것이다.

① (가) – (마) – (라) – (나) – (다)
② (가) – (마) – (라) – (다) – (나)
③ (나) – (다) – (가) – (마) – (라)
④ (다) – (가) – (마) – (라) – (나)
⑤ (다) – (나) – (가) – (마) – (라)

08 다음 글의 빈칸에 들어갈 내용으로 가장 적절한 것은?

> 1979년 경찰관 출신이자 샌프란시스코 시의원이었던 댄 화이트는 시장과 시의원을 살해했다는 이유로 1급 살인죄로 기소되었다. 화이트의 변호인은 피고인이 스낵을 비롯해 컵케이크, 캔디 등을 과다 섭취해서 당분 과다로 뇌의 화학적 균형이 무너져 정신에 장애가 왔다고 주장하면서 책임 경감을 요구하였다. 재판부는 변호인의 주장을 인정하여 계획 살인죄보다 약한 일반 살인죄를 적용하여 7년 8개월의 금고형을 선고했다. 이 항변은 당시 미국에서 인기 있던 스낵의 이름을 따 '트윙키 항변'이라 불렸고, 사건의 사회성이나 의외의 소송 전개 때문에 큰 화제가 되었다.
>
> 이를 계기로 1982년 슈엔달러는 교정시설에 수용된 소년범 276명을 대상으로 섭식과 반사회 행동의 상관관계에 대해 실험하였다. 기존의 식단에서 각설탕을 꿀로 바꾸어 보고, 설탕이 들어간 음료수에서 천연 과일 주스를 주는 등의 변화를 주었다. 이처럼 정제한 당의 섭취를 원천적으로 차단한 결과 시설 내 폭행, 절도, 규율 위반, 패싸움 등이 실험 전에 비해 무려 45%나 감소했다는 것을 알게 되었다. 따라서 이 실험을 통해 ________________________

① 과다한 영양 섭취가 범죄 발생에 영향을 미친다는 것을 알 수 있다.

② 과다한 정제당 섭취는 반사회적 행동을 유발할 수 있다는 것을 알 수 있다.

③ 가공 식품의 섭취가 일반적으로 폭력 행위를 증가시킨다는 것을 알 수 있다.

④ 정제당 첨가물로 인한 범죄 행위는 그 책임이 경감되어야 한다는 것을 알 수 있다.

⑤ 범죄 예방을 위해 교정시설 내에 정제당을 제공하지 말아야 한다는 것을 알 수 있다.

09 다음 글의 내용으로 가장 적절한 것은?

> 조선 후기의 대표적인 관료 선발 제도 개혁론인 유형원의 공거제 구상은 능력주의적, 결과주의적 인재 선발의 약점을 극복하려는 의도와 함께 신분적 세습의 문제점도 의식한 것이었다. 중국에서는 17세기 무렵 관료 선발에서 세습과 같은 봉건적인 요소를 부분적으로 재도입하려는 개혁론이 등장했다. 고염무는 관료제의 상층에는 능력주의적 제도를 유지하되, 지방관인 지현들은 어느 정도의 검증 기간을 거친 이후 그 지위를 평생 유지시켜 주고 세습의 길까지 열어 놓는 방안을 제안했다. 황종희는 지방의 관료가 자체적으로 관리를 초빙해서 시험한 후에 추천하는 '벽소'와 같은 옛 제도를 되살리는 방법으로 과거제를 보완하자고 주장했다.
>
> 이러한 개혁론은 갑작스럽게 등장한 것이 아니었다. 과거제를 시행했던 국가들에서는 수백 년에 걸쳐 과거제를 개선하라는 압력이 있었다. 시험 방식이 가져오는 부작용들은 과거제의 중요한 문제였으며 치열한 경쟁은 학문에 대한 깊이 있는 학습이 아니라 합격만을 목적으로 하는 형식적 학습을 하게 만들었다. 또한 많은 인재들이 수험 생활에 장기간 매달리면서 재능을 낭비하는 현상도 낳게 되었으며, 학습 능력 이외의 인성이나 실무 능력을 평가할 수 없기 때문에 서서히 과거제의 부족함이 드러나곤 했다.
>
> 과거제의 부작용에 대한 인식은 과거제를 통해 임용된 관리들의 활동에 대한 비판적 시각으로 연결되었다. 능력주의적 태도는 시험뿐 아니라 관리의 업무에 대한 평가에도 적용되었다. 세습적이지 않으면서 몇 년의 임기마다 다른 지역으로 이동하는 관리들은 승진을 위해 빨리 성과를 낼 필요가 있었기에, 지역 사회를 위해 장기적인 전망을 가지고 정책을 추진하기보다 가시적이고 단기적인 결과만을 중시하는 부작용을 가져왔다. 개인적 동기가 공공성과 상충되는 현상이 나타났던 것이다. 공동체 의식의 약화 역시 과거제의 부정적 결과로 인식되었다. 과거제 출신의 관리들이 공동체에 대한 소속감이 낮고 출세 지향적이기 때문에 세습 엘리트나 지역에서 천거된 관리에 비해 공동체에 대한 충성심이 약했던 것이다.

① 과거제 출신의 관리들은 공동체에 대한 소속감이 낮고 출세 지향적이었다.
② 과거제를 통해 임용된 관리들은 지역 사회를 위해 장기적인 전망을 가지고 정책을 추진하였다.
③ '벽소'는 과거제를 없애고자 등장한 새로운 제도이다.
④ 과거제는 학습 능력 이외의 인성이나 실무 능력까지 정확하게 평가할 수 있는 제도였다.
⑤ 고염무는 관료제의 상층에는 세습제를 실시하고, 지방관에게는 능력주의적 제도를 실시하자는 방안을 제안했다.

PART 2

10 다음 글의 밑줄 친 ㉠과 가까운 사례를 추론한 내용으로 가장 적절한 것은?

> 화학 공정을 통하여 저렴하고 풍부한 원료로부터 원하는 물질을 제조하고자 할 때, 촉매는 활성화 에너지가 낮은 새로운 반응 경로를 제공하여 마치 마술처럼 원하는 반응이 쉽게 일어나도록 돕는다. 제1차 세계대전 직전에 식량 증산에 크게 기여하였던 철 촉매에서부터 최근 배기가스를 정화하는 데 사용되는 백금 촉매에 이르기까지 다양한 촉매가 여러 가지 문제 해결의 핵심 기술이 되고 있다. 그러나 전통적인 공업용 촉매 개발은 시행착오를 반복하다가 요행히 촉매를 발견하는 식이었다. 이러한 문제점을 해결하기 위해 촉매 설계 방법이 제안되었는데, 이는 표면 화학 기술과 촉매 공학의 발전으로 가능해졌다. 촉매 설계 방법은 ㉠ 회귀 경로를 통하여 오류를 최소 과정 내에서 통제할 수 있는 체계로서 크게 세 단계로 이루어진다. 첫 번째 단계에서는 대상이 되는 반응을 선정하고, 열역학적 검토와 경제성 평가를 거쳐 목표치를 설정한다. 두 번째 단계에서는 반응물이 촉매 표면에 흡착되어 생성물로 전환되는 반응 경로 모델을 구상하며, 그 다음에 반응의 진행을 쉽게 하는 활성 물질, 활성 물질의 기능을 증진시키는 증진제, 그리고 반응에 적합한 촉매 형태를 유지시키는 지지체를 선정한다. 마지막 단계에서는 앞에서 선정된 조합으로 촉매 시료를 제조한 후 실험하고, 그 결과를 토대로 촉매의 활성·선택성·내구성을 평가한다. 여기서 결과가 목표치에 미달하면 다시 촉매 조합을 선정하는 단계로 돌아가며, 목표치를 달성하는 경우에도 설정된 경로 모델대로 반응이 진행되지 않았다면, 다시 경로 모델을 설정하는 단계로 회귀한다. 설정된 경로 모델에 따라 목표치에 도달하면 촉매 설계는 완료된다.
>
> 미래 사회에서는 에너지 자원의 효율적 사용과 환경 보존을 최우선시하여 다양한 촉매의 개발이 필요하게 될 것이다. 특히 반응 단계는 줄이면서도 효과적으로 원하는 물질을 생산하고, 낮은 온도에서 선택적으로 빠르게 반응을 진행시킬 수 있는 새로운 촉매가 필요하게 된다. 촉매 설계 방법은 환경 및 에너지 문제를 해결하는 마법의 돌을 만드는 체계적 접근법인 것이다.

① 민준이는 현관문 잠금 장치의 비밀번호를 잊어버려 여러 번호를 입력하다가 운 좋게 다섯 번 만에 문을 열었다.

② 승재는 고등학생 때 『목민심서』를 여러 번 읽었으나 잘 이해할 수 없었다. 그 후 대학생이 되어 다시 읽어 보니 내용을 보다 쉽게 이해할 수 있었다.

③ 수아는 좋은 시어를 찾기 위해 우리말 형용사 사전을 뒤졌으나 적절한 시어를 찾지 못했다. 그러던 어느 날 『토지』를 읽다가 적절한 시어를 찾아냈다.

④ 설아는 방송국 홈페이지에 글을 올리다가 우연히 경품 응모에 당첨되었다. 그 후 계속해서 글을 올렸고, 경품을 타는 횟수가 더욱 늘어났다.

⑤ 시안이는 설문지를 작성하여 설문 조사를 하던 중 설문지의 질문이 잘못된 것을 발견하여 설문지 작성 과정으로 돌아와 질문을 수정하였다.

11 다음 글의 제목으로 가장 적절한 것은?

> 중세 유럽에서는 토지나 자원을 왕실이 소유하고 있었다. 사람들은 이러한 토지나 자원을 이용하려면 일정한 비용을 지불해야 했다. 예를 들어 광산을 개발하거나 수산물을 얻는 사람들은 해당 자원의 이용에 대한 비용을 왕실에 지불하였고 이는 왕실의 권력과 부의 유지를 돕는 동시에 국가의 재정을 보충하는 역할을 하였는데, 이때 지불한 비용이 바로 로열티이다.
> 로열티의 개념은 산업 혁명과 함께 발전하였다. 산업 혁명을 통해 특허, 상표 등의 지적 재산권이 보호되기 시작하면서 기업들은 이러한 권리를 보유한 개인이나 조직에게 사용에 대한 보상을 지불하였다. 지적 재산권은 기업이 특정한 기술, 디자인, 상표 등을 보유하고 있을 때 그들에게 독점적인 권리를 제공하는데, 이러한 지적 재산권의 보호와 보상을 위해 로열티 제도가 도입되었다.
> 로열티는 기업과 지적 재산권 소유자 간의 계약에 의해 설정되는 형태로 발전하였다. 기업이 특정 제품을 판매하거나 특정 기술을 이용하는 경우 지적 재산권 소유자에게 계약에 따라 정해진 로열티를 지불한다. 이로써 지적 재산권을 보유한 개인이나 조직은 자신들의 창작물이나 기술의 사용에 대한 보상을 받을 수 있으며, 기업들은 이러한 지적 재산권의 이용을 허가받아 경쟁 우위를 확보할 수 있게 되었다.
> 현재 로열티는 제품 판매나 라이선스, 저작물의 이용 등 다양한 형태로 나타나며 지적 재산권의 보호와 경제적 가치를 확보하는 중요한 수단으로 작용하고 있다. 로열티는 지식과 창조성의 보상으로서의 역할을 수행하며 기업들의 연구 개발을 촉진하고 혁신을 격려한다. 이처럼 로열티 제도는 기업과 지적 재산권 소유자 간의 협력과 혁신적인 경제 발전에 기여하는 중요한 구조적 요소이다.

① 지적 재산권을 보호하는 방법
② 로열티 지급 시 유의사항
③ 지적 재산권의 정의
④ 로열티 제도의 유래와 발전
⑤ 로열티 제도의 모순

12 **다음 중 밑줄 친 부분의 띄어쓰기가 모두 옳은 것은?**

① 일과 여가 두가지를 어떻게 조화시키느냐하는 문제는 항상 인류의 관심대상이 되어 왔다.
② 최선의 세계를 만들기 위해서 무엇 보다 이 세계에 있는 모든 대상이 지닌 성질을 정확하게 인식해야 만 한다.
③ 내로라하는 영화배우 중 내 고향 출신도 상당수 된다. 그래서 자연스럽게 영화배우를 꿈꿨고, 그러다 보니 영화는 내 생활의 일부가 되었다.
④ 실기시험은 까다롭게 심사하는만큼 준비를 철저히 해야 한다. 한 달 간 실전처럼 연습하면서 시험에 대비하자.
⑤ 우주의 삼라 만상은 우리에게 온갖 경험을 제공하지만 많은 경험의 결과들이 서로 모순 되는 때가 많다.

13 **다음 문단을 논리적 순서대로 바르게 나열한 것은?**

(가) 여기에 반해 동양에서는 보름달에 좋은 이미지를 부여한다. 예를 들어, 우리나라의 처녀귀신이나 도깨비는 달빛이 흐린 그믐 무렵에나 활동하는 것이다. 그런데 최근에는 동서양의 개념이 마구 뒤섞여 보름달을 배경으로 악마의 상징인 늑대가 우는 광경이 동양의 영화에 나오기도 한다.

(나) 동양에서 달은 '음(陰)'의 기운을, 해는 '양(陽)'의 기운을 상징한다는 통념이 자리를 잡았다. 그래서 달을 '태음', 해를 '태양'이라고 불렀다. 동양에서는 해와 달의 크기가 같은 덕에 음과 양도 동등한 자격을 갖춘다. 즉, 음과 양은 어느 하나가 좋고 다른 하나는 나쁜 것이 아니라 서로 보완하는 관계를 이루는 것이다.

(다) 옛날부터 형성된 이러한 동서양 간의 차이는 오늘날까지 영향을 끼치고 있다. 동양에서는 달이 밝으면 달맞이를 하는데, 서양에서는 달맞이를 자살 행위처럼 여기고 있다. 특히 보름달은 서양인들에게 거의 공포의 상징과 같은 존재이다. 예를 들어, 13일의 금요일에 보름달이 뜨게 되면 사람들이 외출조차 꺼린다.

(라) 하지만 서양의 경우는 다르다. 서양에서 낮은 신이, 밤은 악마가 지배한다는 통념이 자리를 잡았다. 따라서 밤의 상징인 달에 좋지 않은 이미지를 부여하게 되었다. 이는 해와 달의 명칭을 보면 알 수 있다. 라틴어로 해를 'Sol'이라고 하고, 달을 'Luna'라고 하는데 정신병을 뜻하는 단어 'Lunacy'의 어원이 바로 'Luna'이다.

① (가) – (나) – (라) – (다)
② (나) – (다) – (가) – (라)
③ (나) – (라) – (가) – (다)
④ (나) – (라) – (다) – (가)
⑤ (다) – (나) – (라) – (가)

14 다음 글에서 〈보기〉가 들어갈 위치로 가장 적절한 곳은?

문화가 발전하려면 저작자의 권리 보호와 저작물의 공정 이용이 균형을 이루어야 한다. 저작물의 공정 이용이란 저작권자의 권리를 일부 제한하여 저작권자의 허락이 없어도 저작물을 자유롭게 이용하는 것을 말한다. 대표적으로 비영리적인 사적 복제를 허용하는 것이 있다. ___㉮___ 우리나라의 저작권법에서는 오래전부터 공정 이용으로 볼 수 있는 저작권 제한 규정을 두었다.
그런데 디지털 환경에서 저작물의 공정 이용은 여러 장애에 부딪혔다. 디지털 환경에서는 저작물을 원본과 동일하게 복제할 수 있고 용이하게 개작할 수 있다. ___㉯___ 그 결과 디지털화된 저작물의 이용 행위가 공정 이용의 범주에 드는 것인지 가늠하기가 더 어려워졌고 그에 따른 처벌 위험도 커졌다. ___㉰___
이러한 문제를 해소하기 위한 시도의 하나로 포괄적으로 적용할 수 있는 '저작물의 공정한 이용' 규정이 저작권법에 별도로 신설되었다. 그리하여 저작권자의 동의가 없어도 저작물을 공정하게 이용할 수 있는 영역이 확장되었다. 그러나 공정 이용 여부에 대한 시비가 자율적으로 해소되지 않으면 예나 지금이나 법적인 절차를 밟아 갈등을 해소해야 한다. ___㉱___ 저작물 이용의 영리성과 비영리성, 목적과 종류, 비중, 시장 가치 등이 법적인 판단의 기준이 된다.
저작물 이용자들이 처벌에 대한 불안감을 여전히 느낀다는 점에서 저작물의 자유 이용 허락 제도와 같은 '저작물의 공유' 캠페인이 주목을 받고 있다. 이 캠페인은 저작권자들이 자신의 저작물에 일정한 이용 허락 조건을 표시해서 이용자들에게 무료로 개방하는 것을 말한다. 누구의 저작물이든 개별적인 저작권을 인정하지 않고 모두가 공동으로 소유하자고 주장하는 사람들과 달리, 이 캠페인을 펼치는 사람들은 기본적으로 자신과 타인의 저작권을 존중한다. 캠페인 참여자들은 저작권자와 이용자들의 자발적인 참여를 통해 자유롭게 활용할 수 있는 저작물의 양과 범위를 확대하려고 노력한다. ___㉲___ 그러나 캠페인에 참여한 저작물을 이용할 때 허용된 범위를 벗어난 경우 법적 책임을 질 수 있다.

보기

㉠ 따라서 저작물이 개작되더라도 그것이 원래 창작물인지 2차적 저작물인지 알기 어렵다.
㉡ 이들은 저작물의 공유가 확산되면 디지털 저작물의 이용이 활성화되고 그 결과 인터넷이 더욱 창의적이고 풍성한 정보 교류의 장(場)이 될 것이라고 본다.

	㉠	㉡
①	㉮	㉯
②	㉯	㉰
③	㉯	㉱
④	㉯	㉲
⑤	㉰	㉲

PART 2

15 다음 중 밑줄 친 부분의 쓰임이 옳은 것은?

① 팀장님, 여기 서류에 결제 부탁드립니다.
② 한국 남자 수영팀이 10년 만에 한국 신기록을 갱신했다.
③ 일제강점기 독립운동가들은 일제 경찰에게 갖은 곤혹을 당했다.
④ 재난 당국은 실종자들의 생사 유무를 파악 중이다.
⑤ 그녀는 솔직하고 담백하게 자신의 마음을 표현했다.

16 다음 중 밑줄 친 부분의 맞춤법이 옳지 않은 것은?

① 저녁노을이 참 곱다.
② 여기서 밥 먹게 돗자리 펴라.
③ 담배꽁초를 함부로 버리지 마라.
④ 영희는 자기 잇속만 챙기는 깍정이다.
⑤ 감기가 금세 나을 거야.

17 다음 글의 내용으로 적절하지 않은 것은?

사람의 눈이 원래 하나였다면 세계를 입체적으로 지각할 수 있었을까? 입체 지각은 대상까지의 거리를 인식하여 세계를 3차원으로 파악하는 과정을 말한다. 입체 지각은 눈으로 들어오는 시각 정보로부터 다양한 단서를 얻어 이루어지는데 이를 양안 단서와 단안 단서로 구분할 수 있다.
양안 단서는 양쪽 눈이 함께 작용하여 얻어지는 것으로, 양쪽 눈에서 보내오는 시차(視差)가 있는 유사한 상이 대표적이다. 단안 단서는 한쪽 눈으로 얻을 수 있는 것인데, 사람은 단안 단서만으로도 이전의 경험으로부터 추론에 의하여 세계를 3차원으로 인식할 수 있다. 망막에 맺히는 상은 2차원이지만 그 상들 사이의 깊이의 차이를 인식하게 해 주는 다양한 실마리들을 통해 입체 지각이 이루어진다.
동일한 물체가 크기가 다르게 시야에 들어오면 우리는 더 큰 시각(視角)을 가진 쪽이 더 가까이 있다고 인식한다. 이렇게 물체의 상대적 크기는 대표적인 단안 단서이다. 또 다른 단안 단서로는 '직선 원근'이 있다. 우리는 앞으로 뻗은 길이나 레일이 만들어 내는 평행선의 폭이 좁은 쪽이 넓은 쪽보다 멀리 있다고 인식한다. 또 하나의 단안 단서인 '결 기울기'는 같은 대상이 집단적으로 어떤 면에 분포할 때, 시야에 동시에 나타나는 대상들의 연속적인 크기 변화로 얻어진다. 예를 들면 들판에 만발한 꽃을 보면 앞쪽은 꽃이 크고 뒤로 가면서 서서히 꽃이 작아지는 것으로 보이는데 이러한 시각적 단서가 쉽게 원근감을 일으킨다.
어떤 경우에는 운동으로부터 단안 단서를 얻을 수 있다. '운동 시차'는 관찰자가 운동할 때 정지한 물체들이 얼마나 빠르게 움직이는 것처럼 보이는지가 물체들까지의 상대적 거리에 대한 실마리를 제공하는 것이다. 예를 들어 기차를 타고 가다 창밖을 보면 가까이에 있는 나무는 빨리 지나가고 멀리 있는 산은 거의 정지해 있는 것처럼 보인다.

① 사고로 한쪽 눈의 시력을 잃은 사람은 입체 지각이 불가능하다.
② 대상까지의 거리를 인식할 수 있어야 세계를 입체적으로 지각할 수 있다.
③ 단안 단서에는 물체의 상대적 크기, 직선 원근, 결 기울기, 운동 시차 등이 있다.
④ 세계를 입체적으로 지각하기 위해서는 단서가 되는 다양한 시각 정보가 필요하다.
⑤ 이동하는 차 안에서 창밖을 보면 가까이에 있는 건물이 멀리 있는 건물보다 더 빨리 지나간다.

18 다음 문단을 논리적 순서대로 바르게 나열한 것은?

(가) 하지만 막상 앱을 개발하려 할 때 부딪히는 여러 난관이 있다. 여행지나 주차장에 한 정보를 모으는 것도 문제이고, 정보를 지속적으로 갱신하는 것도 문제이다. 이런 문제 때문에 결국 아이디어를 포기하는 경우가 많다.
(나) 그러나 이제는 아이디어를 포기하지 않아도 된다. 바로 공공 데이터가 있기 때문이다. 공공 데이터는 공공기관에서 생성, 취득하여 관리하고 있는 정보 중 전자적 방식으로 처리되어 누구나 이용할 수 있도록 국민들에게 제공된 것을 말한다.
(다) 현재 정부에서는 공공 데이터 포털 사이트를 개설하여 국민들이 쉽게 이용할 수 있도록 하고 있다. 공공 데이터 포털 사이트에서는 800여 개 공공기관에서 생성한 15,000여 건의 공공 데이터를 제공하고 있으며, 제공하는 공공 데이터의 양을 꾸준히 늘리고 있다.
(라) 앱을 개발하려는 사람들은 아이디어가 넘친다. 사람들이 여행 준비를 위해 많은 시간을 허비하는 것을 보면 한 번에 여행 코스를 짜 주는 앱을 만들어 보고 싶어 하고, 도심에 주차장을 못 찾아 헤매는 사람들을 보면 주차장을 쉽게 찾아 주는 앱을 만들어 보고 싶어 한다.

① (다) – (가) – (나) – (라)
② (다) – (나) – (가) – (라)
③ (다) – (라) – (나) – (가)
④ (라) – (가) – (나) – (다)
⑤ (라) – (나) – (다) – (가)

19 다음 빈칸에 들어갈 단어로 가장 적절한 것은?

정부는 선거와 관련하여 신고자에 대한 ＿＿＿＿＿을/를 대폭 강화하기로 하였다.

① 보훈(報勳)
② 공훈(功勳)
③ 공로(功勞)
④ 포상(褒賞)
⑤ 공적(功績)

20 다음 글을 읽고 필자의 생각으로 가장 적절한 것은?

우리는 우리가 생각한 것을 말로 나타낸다. 또 다른 사람의 말을 듣고, 그 사람이 무슨 생각을 가지고 있는지를 짐작한다. 그러므로 생각과 말은 서로 떨어질 수 없는 깊은 관계를 가지고 있다.
그러면 말과 생각은 얼마만큼 깊은 관계를 가지고 있을까? 이 문제를 놓고 사람들은 오랫동안 여러 가지 생각을 하였다. 그 가운데 가장 두드러진 것이 두 가지 있다. 그 하나는 말과 생각이 서로 꼭 달라붙은 쌍둥이인데 한 놈은 생각이 되어 속에 감추어져 있고 다른 한 놈은 말이 되어 사람 귀에 들리는 것이라는 생각이다. 다른 하나는 생각이 큰 그릇이고 말은 생각 속에 들어가는 작은 그릇이어서 생각에는 말 이외에도 다른 것이 더 있다는 생각이다.
이 두 가지 생각 가운데서 앞의 것은 조금만 깊이 생각해 보면 틀렸다는 것을 즉시 깨달을 수 있다. 우리가 생각한 것은 거의 대부분 말로 나타낼 수 있지만, 누구든지 가슴 속에 응어리진 어떤 생각이 분명히 있기는 한데 그것을 어떻게 말로 표현해야 할지 애태운 경험을 가지고 있을 것이다. 이것 한 가지만 보더라도 말과 생각이 서로 안팎을 이루는 쌍둥이가 아님은 쉽게 판명된다.
인간의 생각이라는 것은 매우 넓고 큰 것이며 말이란 결국 생각의 일부분을 주워 담는 작은 그릇에 지나지 않는다. 그러나 아무리 인간의 생각이 말보다 범위가 넓고 큰 것이라고 하여도 그것을 가능한 한 말로 바꾸어 놓지 않으면 그 생각의 위대함이나 오묘함이 다른 사람에게 전달되지 않기 때문에 말의 신세를 지지 않을 수가 없게 되어 있다. 그러니까 말을 통하지 않고는 생각을 전달할 수가 없는 것이다.

① 말은 생각의 하위요소이다.
② 말은 생각을 제한하는 틀이다.
③ 말은 생각의 폭을 확장시킨다.
④ 말은 생각을 전달하기 위한 수단이다.
⑤ 생각은 말이 내면화된 쌍둥이와 같은 존재이다.

21 300km/h로 달리는 열차가 있다. 목적지까지 거리는 400km이며, 7개역에 정차해야 한다. 정차역에서 10분간 대기 후 출발한다고 했을 때, 목적지까지 가는 데 걸린 시간은 총 얼마인가?(단, 일정한 속도로 달리는 것으로 가정한다)

① 1시간 10분
② 1시간 20분
③ 2시간 20분
④ 2시간 30분
⑤ 3시간

22 집에서 학교까지 가는 데 동생은 뛰어서 분당 50m의 속력으로, 형은 걸어서 분당 30m의 속력으로 동시에 출발하였더니 동생이 5분 먼저 도착하였다. 집에서 학교까지의 거리는 몇 m인가?

① 355m
② 360m
③ 365m
④ 370m
⑤ 375m

23 예선 경기에서 우승한 8명의 선수들이 본선 경기를 진행하려고 한다. 경기 방식은 토너먼트이고 작년에 우승한 1 ~ 4위까지의 선수들이 첫 경기에서 만나지 않도록 대진표를 정한다. 이때 가능한 대진표의 경우의 수는?

① 60가지
② 64가지
③ 68가지
④ 72가지
⑤ 76가지

24 다음은 H국의 최종에너지 소비량에 대한 자료이다. 〈보기〉 중 이에 대한 설명으로 옳은 것을 모두 고르면?

〈2022 ~ 2024년 유형별 최종에너지 소비량 비중〉

(단위 : %)

구분	석탄		석유제품	도시가스	전력	기타
	무연탄	유연탄				
2022년	2.7	11.6	53.3	10.8	18.2	3.4
2023년	2.8	10.3	54.0	10.7	18.6	3.6
2024년	2.9	11.5	51.9	10.9	19.1	3.7

〈2024년 부문별 · 유형별 최종에너지 소비량〉

(단위 : 천 toe)

구분	석탄		석유제품	도시가스	전력	기타	합계
	무연탄	유연탄					
산업	4,750	15,317	57,451	9,129	23,093	5,415	115,155
가정 · 상업	901	4,636	6,450	11,105	12,489	1,675	37,256
수송	0	0	35,438	188	1,312	0	36,938
기타	0	2,321	1,299	669	152	42	4,483
합계	5,651	22,274	100,638	21,091	37,046	7,132	193,832

보기

ㄱ. 2022 ~ 2024년 동안 전력 소비량은 매년 증가한다.
ㄴ. 2024년 산업부문의 최종에너지 소비량은 전체 최종에너지 소비량의 50% 이상을 차지한다.
ㄷ. 2022 ~ 2024년 동안 석유제품 소비량 대비 전력 소비량의 비율은 매년 증가한다.
ㄹ. 2024년에는 산업부문과 가정 · 상업부문에서 유연탄 소비량 대비 무연탄 소비량의 비율이 각각 25% 미만이다.

① ㄱ, ㄴ
② ㄱ, ㄹ
③ ㄴ, ㄷ
④ ㄴ, ㄹ
⑤ ㄷ, ㄹ

※ 다음은 공공체육시설 현황 및 1인당 체육시설 면적을 나타낸 자료이다. 이어지는 질문에 답하시오. [25~26]

〈공공체육시설 현황 및 1인당 체육시설 면적〉

(단위 : 개소, m^2)

구분		2021년	2022년	2023년	2024년
공공체육시설의 수	축구장	467	558	618	649
	체육관	529	581	639	681
	간이운동장	9,531	10,669	11,458	12,194
	테니스장	428	487	549	565
	기타	1,387	1,673	1,783	2,038
1인당 체육시설 면적		2.54	2.88	3.12	3.29

25 2023년에 전년 대비 시설이 가장 적게 늘어난 곳과 가장 많이 늘어난 곳의 시설 수의 합은?(단, 기타는 제외한다)

① 10,197개소
② 11,037개소
③ 11,197개소
④ 12,097개소
⑤ 12,137개소

26 2021년 전체 공공체육시설 중 체육관이 차지하고 있는 비율은?(단, 소수점 둘째 자리에서 반올림한다)

① 4.4%
② 4.3%
③ 4.2%
④ 4.1%
⑤ 4.0%

27 H공사에서는 사업 확장과 동시에 신입사원을 채용하려 한다. 부서별 배정 인원이 다음과 같을 때, 전체 신입사원의 수는?(단, 인사부, 총무부, 문화연구부, 마케팅부만 있다)

전체 신입사원 중 $\frac{1}{5}$은 인사부, $\frac{1}{4}$은 총무부, $\frac{1}{2}$의 인원은 연구부이며, 마케팅부에 배정할 인원은 100명이다.

① 1,000명
② 1,200명
③ 1,500명
④ 2,000명
⑤ 2,100명

28 미술 전시를 위해 정육면체 모양의 석고 조각의 각 면에 빨강, 주황, 노랑, 초록, 파랑, 검정으로 색을 칠하려고 한다. 가지고 있는 색깔은 남김없이 모두 사용해야 하고, 이웃하는 면에는 같은 색깔을 칠하지 않는다. 회전해서 같아지는 조각끼리는 서로 같은 정육면체라고 할 때, 만들 수 있는 서로 다른 정육면체는 모두 몇 가지인가?

① 6가지
② 15가지
③ 30가지
④ 60가지
⑤ 120가지

29 A와 B는 1.2km 떨어진 직선거리의 양 끝에서부터 12분 동안 마주 보고 달려 한 지점에서 만났다. B는 A보다 1.5배가 빠르다고 할 때, A의 속도는?

① 28m/분
② 37m/분
③ 40m/분
④ 48m/분
⑤ 53m/분

※ 다음은 2024년 지역별 에너지 소비량을 나타낸 자료이다. 이어지는 질문에 답하시오. **[30~31]**

〈지역별 에너지 소비량〉

[단위 : 만 토(toe)]

구분	석탄	석유	천연가스	수력·풍력	원자력
서울	885	2,849	583	2	574
인천	1,210	3,120	482	4	662
경기	2,332	2,225	559	3	328
대전	1,004	998	382	0.5	112
강원	3,120	1,552	101	28	53
부산	988	1,110	220	6	190
충청	589	1,289	88	4	62
전라	535	1,421	48	2	48
경상	857	1,385	58	2	55
대구	1,008	1,885	266	1	258
울산	552	888	53	1.6	65
광주	338	725	31	1	40
제주	102	1,420	442	41	221
합계	13,520	20,867	3,313	96	2,668

30 다음 〈보기〉 중 자료에 대한 설명으로 옳은 것을 모두 고르면?

보기

ㄱ. 석유와 천연가스, 원자력의 소비량 상위 3개 지역은 동일하다.
ㄴ. 강원의 소비량 1위인 에너지원은 2가지이다.
ㄷ. 석유의 소비량이 가장 많은 지역의 소비량은 가장 적은 지역의 소비량의 4배 이상이다.
ㄹ. 수력·풍력의 소비량 상위 5개 지역의 소비량의 합은 전체 소비량의 90% 이상을 차지한다.

① ㄱ, ㄴ
② ㄱ, ㄷ
③ ㄱ, ㄹ
④ ㄴ, ㄷ
⑤ ㄷ, ㄹ

31 에너지 소비량이 가장 적은 지역의 소비량이 전체 소비량에서 차지하는 비율을 구해 그 비율이 큰 순서대로 에너지원을 바르게 나열한 것은?(단, 비율은 소수점 셋째 자리에서 반올림한다)

① 원자력 – 석유 – 천연가스 – 석탄 – 수력・풍력
② 석유 – 천연가스 – 원자력 – 석탄 – 수력・풍력
③ 석유 – 원자력 – 석탄 – 천연가스 – 수력・풍력
④ 석유 – 원자력 – 천연가스 – 수력・풍력 – 석탄
⑤ 석유 – 원자력 – 천연가스 – 석탄 – 수력・풍력

32 H통신회사는 휴대전화의 통화시간에 따라 월 2시간까지는 기본요금이 부과되고, 2시간 초과 3시간까지는 분당 a원, 3시간 초과부터는 $2a$원을 부과한다. 다음과 같이 요금이 청구되었을 때, a의 값은 얼마인가?

〈휴대전화 이용요금〉

구분	통화시간	요금
8월	3시간 30분	21,600원
9월	2시간 20분	13,600원

① 50
② 80
③ 100
④ 120
⑤ 150

※ 다음은 2020 ~ 2024년 우리나라의 분야별 재정지출 추이를 나타낸 자료이다. 이어지는 질문에 답하시오. [33~34]

〈우리나라의 분야별 재정지출 추이〉

(단위 : 조 원, %)

구분	2020년	2021년	2022년	2023년	2024년	연평균 증가율
예산	137.3	147.5	153.7	165.5	182.8	7.4
기금	59.0	61.2	70.4	72.9	74.5	6.0
교육	24.5	27.6	28.8	31.4	35.7	9.9
사회복지·보건	32.4	49.6	56.0	61.4	67.5	20.1
R&D	7.1	7.8	8.9	9.8	10.9	11.3
SOC	27.1	18.3	18.4	18.4	18.9	−8.6
농림·해양·수산	12.3	14.1	15.5	15.9	16.5	7.6
산업·중소기업	11.4	11.9	12.4	12.6	12.6	2.5
환경	3.5	3.6	3.8	4.0	4.4	5.9
국방비	18.1	21.1	22.5	24.5	26.7	10.2
통일·외교	1.4	2.0	2.6	2.4	2.6	16.7
문화·관광	2.3	2.6	2.8	2.9	3.1	7.7
공공질서·안전	7.6	9.4	11.0	10.9	11.6	11.2
균형발전	5.0	5.5	6.3	7.2	8.1	12.8
기타	43.6	35.2	35.1	37.0	38.7	−2.9
총지출	196.3	208.7	224.1	238.4	257.3	7.0

※ (총지출)=(예산)+(기금)

33 다음 중 자료에 대한 설명으로 옳은 것은?(단, 비율은 소수점 첫째 자리에서 반올림한다)

① 교육 분야의 전년 대비 재정지출 증가율이 가장 높은 해는 2021년이다.
② 재정지출액이 전년 대비 증가하지 않은 해가 있는 분야는 총 5개이다.
③ 사회복지·보건 분야가 예산에서 차지하고 있는 비율은 언제나 가장 높다.
④ 기금의 연평균 증가율보다 낮은 연평균 증가율을 보이는 분야는 3개이다.
⑤ 통일·외교 분야와 기타 분야의 2020 ~ 2024년 재정지출 증감 추이는 동일하다.

34 다음 중 2023년 사회복지 · 보건 분야와 공공질서 · 안전 분야 재정지출의 2022년 대비 증감률의 차이는 얼마인가?(단, 소수점 둘째 자리에서 반올림한다)

① 9.4%p
② 10.5%p
③ 11.2%p
④ 12.6%p
⑤ 13.2%p

35 다음은 어느 해 개최된 올림픽에 참가한 6개국의 성적이다. 이에 대한 설명으로 옳지 않은 것은?

〈올림픽 참가 6개국 메달 현황〉

국가	참가선수(명)	금메달(개)	은메달(개)	동메달(개)	메달 합계(개)
A	240	4	28	57	89
B	261	2	35	68	105
C	323	0	41	108	149
D	274	1	37	74	112
E	248	3	32	64	99
F	229	5	19	60	84

① 획득한 금메달 수가 많은 국가일수록 은메달 수는 적었다.
② 금메달을 획득하지 못한 국가가 가장 많은 메달을 획득했다.
③ 참가선수의 수가 많은 국가일수록 획득한 동메달 수도 많았다.
④ 획득한 메달의 합계가 큰 국가일수록 참가선수의 수도 많았다.
⑤ 참가선수가 가장 적은 국가의 메달 합계는 전체 6위이다.

※ 다음은 5개 도시의 출산율과 사망률을 나타낸 자료이다. 이어지는 질문에 답하시오. **[36~37]**

〈2022년 5개 도시의 출산율 및 사망률 현황〉

(단위 : %)

구분	2021년 인구수	출산율	사망률
A도시	1,800만 명	12	8
B도시	1,450만 명	21	12
C도시	1,680만 명	16	9
D도시	1,250만 명	9	2
E도시	880만 명	26	11

〈2023년 5개 도시의 출산율과 사망률〉

(단위 : %)

구분	출산율	사망률
A도시	8	3
B도시	16	8
C도시	18	9
D도시	14	5
E도시	11	7

〈2024년 5개 도시의 출산율과 사망률〉

(단위 : %)

구분	출산율	사망률
A도시	15	4
B도시	18	8
C도시	12	2
D도시	18	6
E도시	21	11

※ 출산은 단태아를 기준으로 함. 예를 들어 인구가 100명일 때, 출산율이 20%라면 총인구수는 120명임

※ (당해 인구수)=(작년 인구수)×[1+(출산율)−(사망률)]

36 **다음 중 자료에 대한 설명으로 옳은 것을 〈보기〉에서 모두 고르면?(단, 인구수는 천의 자리에서 버림한다)**

보기

ㄱ. 2024년 5개 도시의 총인구수는 8,900만 명 이상이다.
ㄴ. 2024년 인구수가 2,000만 명을 넘은 도시는 두 곳뿐이다.
ㄷ. 2021년 인구수 대비 2024년 인구수가 가장 많이 증가한 도시는 A이다.
ㄹ. 2021년 인구수 대비 2024년 인구수의 증가율이 가장 높은 도시는 C이다.

① ㄱ, ㄴ
② ㄱ, ㄷ
③ ㄴ, ㄷ
④ ㄴ, ㄹ
⑤ ㄷ, ㄹ

37 **다음 〈조건〉을 참고하여 2025년 예상 인구수를 기준으로 1 ~ 5위인 도시를 순서대로 바르게 나열한 것은?**

조건

- 2025년의 A도시의 인구수는 2024년보다 (2024년 인구수)−(2022년 인구수)의 3배만큼 증가할 것이다.
- 2025년 B도시의 출산율과 사망률은 2024년과 같을 것이다.
- 2025년 C도시의 출산율은 2024년과 같고, 사망자 수는 출산자 수의 두 배일 것이다.
- 2025년 D도시의 출생자 수와 사망자 수는 각각 2024년 인구수의 30%, 10%일 것이다.
- 2025년 E도시의 출산율은 2022년과 같고, 사망률은 1%일 것이다.

① A−B−C−D−E
② A−B−C−E−D
③ A−B−D−C−E
④ A−C−B−D−E
⑤ A−C−B−E−D

38 H사의 감사팀은 과장 2명, 대리 3명, 사원 3명으로 구성되어 있다. A ~ D지역의 지사로 2명씩 나눠서 출장을 간다고 할 때, 각 출장 지역에 대리급 이상이 1명 이상 포함되어 있어야 하고 과장 2명이 각각 다른 지역으로 가야 한다. 과장과 대리가 한 조로 출장에 갈 확률은?

① $\frac{1}{2}$
② $\frac{1}{3}$
③ $\frac{2}{3}$
④ $\frac{3}{4}$
⑤ $\frac{3}{8}$

39 수열 (a_n)이 9, 11, 99, 101, 999, 1,001, …일 때, 22번째 항의 값은?

① $10^{10}+1$
② $10^{10}-1$
③ $10^{10}+2$
④ $10^{11}-1$
⑤ $10^{11}+1$

40 농도가 30%인 설탕물을 창가에 두고 물 50g을 증발시켜 농도가 35%인 설탕물을 만들었다. 여기에 설탕을 더 넣어 농도가 40%인 설탕물을 만든다면 몇 g의 설탕을 넣어야 하는가?

① 20g
② 25g
③ 30g
④ 35g
⑤ 40g

41 H휴게소의 물품 보관함에는 자물쇠로 잠긴 채 오랫동안 방치된 보관함 네 개가 있다. 휴게소 관리 직원인 L씨는 보관함을 정리하기 위해 보유하고 있는 1 ~ 6번까지의 열쇠로 네 개의 자물쇠를 모두 열어 보았다. 그 결과가 다음 〈조건〉과 같을 때, 항상 참인 것은?(단, 하나의 자물쇠는 정해진 하나의 열쇠로만 열린다)

조건

- 첫 번째 자물쇠는 1번 또는 2번 열쇠로 열렸다.
- 두 번째 자물쇠와 네 번째 자물쇠는 3번 열쇠로 열리지 않았다.
- 6번 열쇠로는 어떤 자물쇠도 열지 못했다.
- 두 번째 또는 세 번째 자물쇠는 4번 열쇠로 열렸다.
- 세 번째 자물쇠는 4번 또는 5번 열쇠로 열렸다.

① 첫 번째 자물쇠는 반드시 1번 열쇠로 열린다.
② 두 번째 자물쇠가 2번 열쇠로 열리면, 세 번째 자물쇠는 5번 열쇠로 열린다.
③ 세 번째 자물쇠가 5번 열쇠로 열리면, 네 번째 자물쇠는 2번 열쇠로 열린다.
④ 네 번째 자물쇠가 5번 열쇠로 열리면, 두 번째 자물쇠는 2번 열쇠로 열린다.
⑤ 3번 열쇠로는 어떤 자물쇠도 열지 못한다.

42 다음 기사에 나타난 문제 유형에 대한 설명으로 가장 적절한 것은?

도색이 완전히 벗겨진 차선과 지워지기 직전의 흐릿한 차선이 서울 강남의 도로 여기저기서 발견되고 있다. 알고 보니 규격 미달의 불량 도료 때문이었다. 시공 능력이 없는 업체들이 서울시가 발주한 도색 공사를 따낸 뒤 브로커를 통해 전문 업체에 공사를 넘겼고, 이 과정에서 수수료를 떼인 전문 업체들은 손해를 만회하기 위해 값싼 도료를 사용한 것이다. 차선용 도료에 값싼 일반용 도료를 섞다 보니 야간에 차선이 잘 보이도록 하는 유리알이 제대로 붙어 있지 못해 차선 마모는 더욱 심해졌다. 지난 4년간 서울 전역에서는 74건의 부실시공이 이뤄졌고, 공사 대금은 총 183억 원에 달하는 것으로 밝혀졌다.

① 발생형 문제로, 일탈 문제에 해당한다.
② 발생형 문제로, 미달 문제에 해당한다.
③ 탐색형 문제로, 잠재 문제에 해당한다.
④ 탐색형 문제로, 예측 문제에 해당한다.
⑤ 탐색형 문제로, 발견 문제에 해당한다.

43 다음은 국내 섬유 산업에 대한 SWOT 분석 결과이다. 이에 대한 설명으로 적절한 것을 〈보기〉에서 모두 고르면?

〈섬유 산업에 대한 SWOT 분석 결과〉

강점(Strength)	약점(Weakness)
• 빠른 제품 개발 시스템	• 기능 인력 부족 심화 • 인건비 상승
기회(Opportunity)	**위협(Threat)**
• 한류의 영향으로 한국 제품 선호 • 국내 기업의 첨단 소재 개발 성공	• 외국산 저가 제품 공세 강화 • 선진국의 기술 보호주의

보기

ㄱ. 한류 배우를 모델로 브랜드 홍보 전략을 추진한다.
ㄴ. 단순 노동 집약적인 소품종 대량 생산 체제를 갖춘다.
ㄷ. 소비자 기호를 빠르게 분석하여 제품 생산에 반영한다.
ㄹ. 선진국의 원천 기술을 이용한 기능성 섬유를 생산한다.

① ㄱ, ㄴ
② ㄱ, ㄷ
③ ㄴ, ㄷ
④ ㄴ, ㄹ
⑤ ㄷ, ㄹ

44 다음은 H기업에 대한 SWOT 분석 결과이다. 각 전략에 따른 대응으로 적절한 것을 〈보기〉에서 모두 고르면?

〈H기업의 SWOT 분석 결과〉

강점(Strength)	약점(Weakness)
• 높은 브랜드 이미지 · 평판 • 훌륭한 서비스와 판매 후 보증수리 • 확실한 거래망, 딜러와의 우호적인 관계 • 막대한 R&D 역량 • 자동화된 공장 • 대부분의 차량 부품 자체 생산	• 한 가지 차종에만 집중 • 고도의 기술력에 대한 과도한 집중 • 생산설비에 막대한 투자 → 차량모델 변경의 어려움 • 한 곳의 생산 공장만 보유 • 전통적인 가족형 기업 운영
기회(Opportunity)	**위협(Threat)**
• 소형 레저용 차량에 대한 수요 증대 • 새로운 해외시장의 출현 • 저가형 레저용 차량에 대한 선호 급증	• 휘발유의 부족 및 가격의 급등 • 레저용 차량 전반에 대한 수요 침체 • 다른 회사들과의 경쟁 심화 • 차량 안전 기준의 강화

보기

ㄱ. ST전략 : 기술개발을 통하여 연비를 개선한다.
ㄴ. SO전략 : 대형 레저용 차량을 생산한다.
ㄷ. WO전략 : 규제 강화에 대비하여 보다 안전한 레저용 차량을 생산한다.
ㄹ. WT전략 : 생산량 감축을 고려한다.
ㅁ. WO전략 : 국내 다른 지역이나 해외에 공장들을 분산 설립한다.
ㅂ. ST전략 : 경유용 레저 차량 생산을 고려한다.
ㅅ. SO전략 : 해외 시장 진출보다는 내수 확대에 집중한다.

① ㄱ, ㄴ, ㅁ, ㅂ
② ㄱ, ㄹ, ㅁ, ㅂ
③ ㄴ, ㄷ, ㅂ, ㅅ
④ ㄴ, ㄹ, ㅁ, ㅅ
⑤ ㄷ, ㅁ, ㅂ, ㅅ

45 다음은 제품 생산에 따른 공정 관리를 나타낸 자료이다. 〈보기〉 중 이에 대한 설명으로 옳은 것을 모두 고르면?(단, 각 공정은 동시 진행이 가능하다)

공정 활동	선행 공정	시간(분)
A. 부품 선정	없음	2
B. 절삭 가공	A	2
C. 연삭 가공	A	5
D. 부품 조립	B, C	4
E. 전해 연마	D	3
F. 제품 검사	E	1

※ 공정 간 부품의 이동 시간은 무시하며, A공정부터 시작되어 공정별로 1명의 작업 담당자가 수행함

보기

ㄱ. 전체 공정을 완료하기 위해서는 15분이 소요된다.
ㄴ. 첫 제품 생산 후부터 1시간마다 3개의 제품이 생산된다.
ㄷ. B공정이 1분 더 지연되어도 전체 공정 시간은 변화가 없다.

① ㄱ
② ㄴ
③ ㄱ, ㄷ
④ ㄴ, ㄷ
⑤ ㄱ, ㄴ, ㄷ

46 H기업에 근무하는 K대리는 직원 A ~ E를 대상으로 마케팅 전략에 대한 의견을 물었다. 이에 대해 직원 5명은 찬성과 반대 둘 중 하나의 의견을 제시했다. 다음 〈조건〉이 모두 참일 때 옳은 것은?

조건

- A 또는 D 둘 중 적어도 하나가 반대하면 C는 찬성하고 E는 반대한다.
- B가 반대하면 A는 찬성하고 D는 반대한다.
- D가 반대하면 C도 반대한다.
- E가 반대하면 B도 반대한다.
- 적어도 한 사람은 반대한다.

① A는 찬성하고 B는 반대한다.
② A는 찬성하고 E는 반대한다.
③ B와 D는 반대한다.
④ C는 반대하고 D는 찬성한다.
⑤ C와 E는 찬성한다.

47 H회사는 창립 10주년을 맞이하여 전 직원 단합대회를 준비하고 있다. 이를 위해 사장인 B씨는 여행상품 중 한 가지를 선정하려 하는데, 직원 투표 결과를 통해 결정하려고 한다. 직원 투표 결과와 여행상품별 혜택은 다음과 같고, 추가로 행사를 위한 부서별 고려사항을 참고하여 선택할 때 〈보기〉 중 옳은 것을 모두 고르면?

〈직원 투표 결과〉

상품내용		투표 결과(표)					
여행상품	1인당 비용(원)	총무팀	영업팀	개발팀	홍보팀	공장1	공장2
A	500,000	2	1	2	0	15	6
B	750,000	1	2	1	1	20	5
C	600,000	3	1	0	1	10	4
D	1,000,000	3	4	2	1	30	10
E	850,000	1	2	0	2	5	5

〈여행상품별 혜택 정리〉

상품명	날짜	장소	식사 제공	차량 지원	편의시설	체험시설
A	5/10 ~ 5/11	해변	○	○	×	×
B	5/10 ~ 5/11	해변	○	○	○	×
C	6/7 ~ 6/8	호수	○	○	○	×
D	6/15 ~ 6/17	도심	○	×	○	○
E	7/10 ~ 7/13	해변	○	○	○	×

〈부서별 고려사항〉

- 총무팀 : 행사 시 차량 지원이 가능함
- 영업팀 : 6월 초순에 해외 바이어와 가격 협상 회의 일정이 있음
- 공장1 : 3일 연속 공장 비가동 시 제품의 품질 저하가 예상됨
- 공장2 : 7월 중순 공장 이전 계획이 있음

보기

㉠ 여행상품 비용으로 총 1억 500만 원이 필요하다.
㉡ 투표 결과, 가장 인기가 많은 여행상품은 B이다.
㉢ 공장1의 A, B 투표 결과가 바뀐다면 여행상품 선택은 변경된다.

① ㉠
② ㉠, ㉡
③ ㉠, ㉢
④ ㉡, ㉢
⑤ ㉠, ㉡, ㉢

48 한 프랜차이즈 식당의 A ~ D매니저는 이번에 서울, 인천, 과천, 세종의 4개의 다른 지점에서 근무하게 되었다. 다음 〈조건〉을 참고할 때, 반드시 참인 것은?

> **조건**
> • 한 번 근무했던 지점에서는 다시 근무하지 않는다.
> • A와 C는 서울 지점에서 근무했었다.
> • B와 D는 세종 지점에서 근무했었다.
> • B는 이번에 과천 지점에서 일하게 되었다.

① A는 과천 지점에서 일한 적이 있다.
② C는 과천 지점에서 일한 적이 있다.
③ D는 일하게 되는 곳은 세종일 수도 있다.
④ A가 일하게 되는 곳은 세종일 수도 있다.
⑤ D는 인천 지점에서 일할 것이다.

49 H공사의 팀장은 효율성을 높이기 위해 순서를 정해서 A ~ G 7가지 업무를 수행하려고 한다. 다음 〈조건〉을 참고하여 가장 먼저 해야 하는 업무가 B일 때, 세 번째로 해야 할 업무는 무엇인가?

> **조건**
> • 중간에 수행하는 업무는 F이다.
> • A는 F와 C 이후에 수행하는 업무이다.
> • B 바로 다음에는 G를 수행한다.
> • D와 E는 F 다음에 수행한다.
> • E와 C 사이에 있는 업무는 두 가지이다.
> • G와 F 사이에는 하나의 업무가 있다.
> • D보다 나중에 하는 업무는 없다.

① A
② C
③ E
④ F
⑤ G

50 퇴직을 앞둔 회사원 H씨는 1년 뒤 샐러드 도시락 프랜차이즈 가게를 운영하고자 한다. 다음은 H씨가 회사 근처 샐러드 도시락 프랜차이즈 가게에 대해 SWOT 분석을 실시한 결과이다. 분석에 따른 대응 전략으로 적절한 것을 〈보기〉에서 모두 고르면?

〈샐러드 도시락 프랜차이즈 가게 SWOT 분석 결과〉

강점(Strength)	약점(Weakness)
• 다양한 연령층을 고려한 메뉴 • 월별 새로운 메뉴 제공	• 부족한 할인 혜택 • 홍보 및 마케팅 전략의 부재
기회(Opportunity)	**위협(Threat)**
• 건강한 식단에 대한 관심 증가 • 회사원들의 간편식 점심 수요 증가	• 경기 침체로 인한 외식 소비 위축 • 주변 음식점과의 경쟁 심화

보기

ㄱ. 다양한 연령층이 이용할 수 있도록 새로운 한식 도시락을 출시한다.
ㄴ. 계절 채소를 이용한 샐러드 런치 메뉴를 출시한다.
ㄷ. 제품의 가격 상승을 유발하는 홍보 방안보다 먼저 품질 향상 방안을 마련해야 한다.
ㄹ. 주변 회사와 제휴하여 이용 고객에 대한 할인 서비스를 제공한다.

① ㄱ, ㄴ
② ㄱ, ㄷ
③ ㄴ, ㄷ
④ ㄴ, ㄹ
⑤ ㄷ, ㄹ

51 H사는 신제품의 품번을 다음과 같은 규칙에 따라 정한다고 한다. 제품에 설정된 임의의 영단어가 'INTELLECTUAL'일 때, 이 제품의 품번으로 옳은 것은?

〈규칙〉

• 1단계 : 알파벳 A～Z를 숫자 1, 2, 3, …으로 변환하여 계산한다.
• 2단계 : 제품에 설정된 임의의 영단어를 숫자로 변환한 값의 합을 구한다.
• 3단계 : 임의의 영단어 속 자음의 합에서 모음의 합을 뺀 값의 절댓값을 구한다.
• 4단계 : 2단계와 3단계의 값을 더한 다음 4로 나누어 2단계의 값에 더한다.
• 5단계 : 4단계의 값이 정수가 아닐 경우에는 소수점 첫째 자리에서 버림한다.

① 120
② 140
③ 160
④ 180
⑤ 200

52 H공사는 워크숍에서 팀을 나눠 배드민턴 게임을 하기로 했다. 배드민턴 규칙은 실제 복식 경기 방식을 따르기로 하고, 전략팀 직원 A, B와 총무팀 직원 C, D가 먼저 대결을 한다고 할 때, 다음과 같은 경기 상황에 이어질 서브 방향 및 선수 위치로 옳은 것은?

〈배드민턴 복식 경기 방식〉

- 점수를 획득한 팀이 서브권을 갖는다. 다만, 서브권이 상대팀으로 넘어가기 전까지는 팀 내에서 같은 선수가 연속해서 서브권을 갖는다.
- 서브하는 팀은 자신의 팀 점수가 0이거나 짝수인 경우는 우측에서, 점수가 홀수인 경우는 좌측에서 서브한다.
- 서브하는 선수로부터 코트의 대각선 위치에 선 선수가 서브를 받는다.
- 서브를 받는 팀은 자신의 팀으로 서브권이 넘어오기 전까지는 팀 내에서 선수끼리 서로 코트 위치를 바꾸지 않는다.
- 좌측, 우측은 각 팀이 네트를 바라보고 인식하는 좌, 우이다.

〈경기 상황〉

- 전략팀(A · B), 총무팀(C · D) 간 복식 경기 진행
- 3 : 3 동점 상황에서 A가 C에 서브하고 전략팀(A · B)이 1점 득점

점수	서브 방향 및 선수 위치	득점한 팀
3 : 3	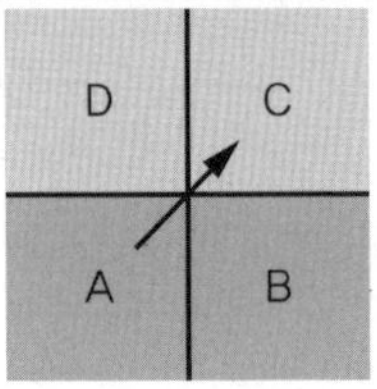	전략팀

①
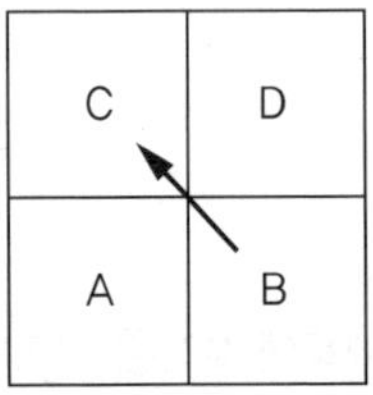

②
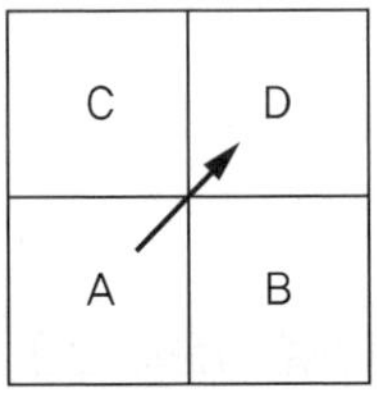

③
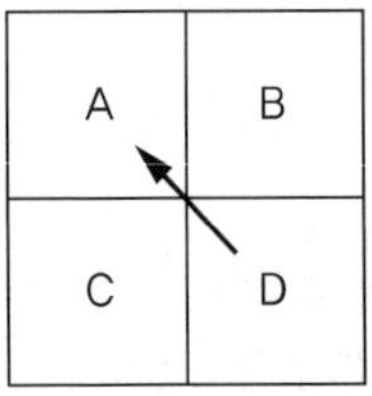

④
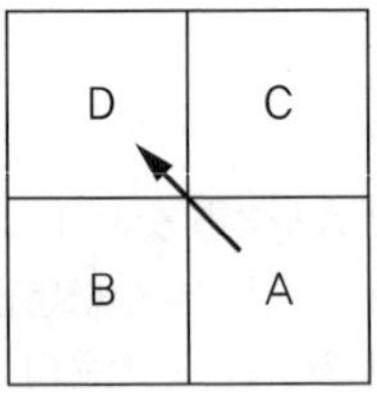

⑤
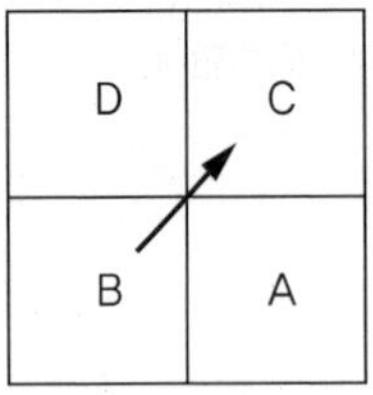

※ H아파트의 자전거 보관소에서는 입주민들의 자전거를 편리하게 관리하기 위해 다음과 같은 방법으로 자전거에 일련번호를 부여한다. 이어지는 질문에 답하시오. **[53~54]**

• 일련번호 순서

A	L	1	1	1	0	1	–	1
종류	무게	동	호수				–	등록순서

• 자전거 종류 구분

일반 자전거			전기 자전거
성인용	아동용	산악용	
A	K	T	B

• 자전거 무게 구분

10kg 이하	10kg 초과 20kg 미만	20kg 이상
S	M	L

• 동 구분 : 101동부터 110동까지의 끝자리를 1자리 숫자로 기재(예 101동 – 1)
• 호수 : 4자리 숫자로 기재(예 1101호 – 1101)
• 등록순서 : 동일 세대주당 자전거 등록순서를 1자리로 기재

53 다음 중 자전거의 일련번호가 바르게 표기된 것은?

① MT1109–2
② AM2012–2
③ AB10121–1
④ KS90101–2
⑤ BL82002–01

54 다음 중 일련번호가 'TM41205–2'인 자전거에 대한 설명으로 옳은 것은?

① 전기 모터를 이용해 주행할 수 있다.
② 자전거의 무게는 10kg 이하이다.
③ 204동 1205호에 거주하는 입주민의 자전거이다.
④ 자전거를 2대 이상 등록한 입주민의 자전거이다.
⑤ 해당 자전거의 소유자는 더 이상 자전거를 등록할 수 없다.

※ 유통업체인 H사는 유통대상의 정보에 따라 12자리로 구성된 분류 코드를 부여하여 관리하고 있다. 이어지는 질문에 답하시오. **[55~56]**

〈분류 코드 생성 방법〉

- 분류 코드는 한 개 상품당 하나가 부과된다.
- 분류 코드는 '발송 코드 – 배송 코드 – 보관 코드 – 운송 코드 – 서비스 코드'가 순서대로 연속된 12자리 숫자로 구성되어 있다.
- 발송 지역

발송 지역	발송 코드	발송 지역	발송 코드	발송 지역	발송 코드
수도권	a1	강원	a2	경상	b1
전라	b2	충청	c4	제주	t1
기타	k9	–	–	–	–

※ 수도권은 서울, 경기, 인천 지역임

- 배송 지역

배송 지역	배송 코드	배송 지역	배송 코드	배송 지역	배송 코드
서울	011	인천	012	강원	021
경기	103	충남	022	충북	203
경남	240	경북	304	전남	350
전북	038	제주	040	광주	042
대구	051	부산	053	울산	062
대전	071	세종	708	기타	009

- 보관 구분

보관 구분	보관 코드	보관 구분	보관 코드	보관 구분	보관 코드
냉동	FZ	냉장	RF	파손주의	FG
고가품	HP	일반	GN	–	–

- 운송 수단

운송 수단	운송 코드	운송 수단	운송 코드	운송 수단	운송 코드
5톤 트럭	105	15톤 트럭	115	30톤 트럭	130
항공운송	247	열차수송	383	기타	473

- 서비스 종류

배송 서비스	서비스 코드	배송 서비스	서비스 코드	배송 서비스	서비스 코드
당일 배송	01	지정일 배송	02	일반 배송	10

55 **다음 분류 코드에서 알 수 있는 정보로 옳지 않은 것은?**

c4304HP11501

① 해당 제품은 충청지역에서 발송되어 경북지역으로 배송되는 제품이다.
② 냉장보관이 필요한 제품이다.
③ 15톤 트럭에 의해 배송될 제품이다.
④ 당일 배송 서비스가 적용된 제품이다.
⑤ 해당 제품은 고가품이다.

56 **다음 〈조건〉에 따라 제품 A에 부여될 분류 코드로 옳은 것은?**

조건

- A는 Q업체가 7월 5일에 경기도에서 울산지역에 위치한 구매자에게 발송한 제품이다.
- 수산품인 만큼 냉동보관이 필요하며, 발송자는 택배 도착일을 7월 7일로 지정하였다.
- A는 5톤 트럭을 이용해 배송된다.

① k9062RF10510
② a1062FZ10502
③ a1062FZ11502
④ a1103FZ10501
⑤ a1102FZ10502

57 H중학교 백일장에 참여한 A～E학생에게 다음 〈조건〉에 따라 점수를 부여할 때, 점수가 가장 높은 학생은?

〈H중학교 백일장 채점표〉

학생	오탈자(건)	글자 수(자)	주제의 적합성	글의 통일성	가독성
A	33	654	A	A	C
B	7	476	B	B	B
C	28	332	B	B	C
D	25	572	A	A	A
E	12	786	C	B	A

조건

- 기본 점수는 80점이다.
- 오탈자가 10건 이상일 때 1점을 감점하고, 5건이 추가될 때마다 1점을 추가로 감점한다.
- 전체 글자 수가 350자 미만일 때 10점을 감점하고, 600자 이상일 때 1점을 부여하며, 25자가 추가될 때마다 1점을 추가로 부여한다.
- 주제의 적합성, 글의 통일성, 가독성을 A, B, C등급으로 나누며, 등급 개수에 따라 추가점수를 부여한다.
  - A등급 3개 : 25점
  - A등급 2개, B등급 1개 : 20점
  - A등급 2개, C등급 1개 : 15점
  - A등급 1개, B등급 2개 또는 A등급, B등급, C등급 1개 : 10점
  - B등급 3개 : 5점

예 오탈자 46건, 전체 글자 수 626자, 주제의 적합성, 글의 통일성, 가독성이 각각 A, B, A일 때 점수는 80−8+2+20=94점이다.

① A　　② B
③ C　　④ D
⑤ E

※ 다음은 음료의 메뉴판과 이번 주 일기예보이다. A사원은 그 날의 날씨와 평균기온을 고려하여 〈조건〉에 따라 자신이 마실 음료를 고른다. 이어지는 질문에 답하시오. **[58~59]**

〈메뉴판〉

(단위 : 원)

커피류			차 및 에이드류		
구분	작은 컵	큰 컵	구분	작은 컵	큰 컵
아메리카노	3,900	4,300	자몽에이드	4,200	4,700
카페라테	4,400	4,800	레몬에이드	4,300	4,800
바닐라라테	4,600	5,000	자두에이드	4,500	4,900
카페모카	5,000	5,400	밀크티	4,300	4,800

〈이번 주 일기예보〉

구분	7월 22일 일요일	7월 23일 월요일	7월 24일 화요일	7월 25일 수요일	7월 26일 목요일	7월 27일 금요일	7월 28일 토요일
날씨	흐림	맑음	맑음	흐림	비	비	맑음
평균기온	24℃	26℃	28℃	27℃	27℃	25℃	26℃

조건

- G사원은 맑거나 흐린 날에는 차 및 에이드류를 마시고, 비가 오는 날에는 커피류를 마신다.
- 평균기온이 26℃ 미만인 날에는 작은 컵으로, 26℃ 이상인 날은 큰 컵으로 마신다.
- 커피를 마시는 날 중 평균기온이 25℃ 미만인 날은 아메리카노를, 25℃ 이상, 27℃ 미만인 날은 바닐라라테를, 27℃인 날은 카페라테를, 28℃ 이상인 날은 카페모카를 마신다.
- 차 및 에이드류를 마시는 날 중 평균기온이 27℃ 미만인 날은 자몽에이드를, 27℃ 이상인 날은 자두에이드를 마신다. 단, 비가 오지 않는 화요일과 목요일에는 반드시 밀크티를 마신다.

58 오늘이 7월 25일이라고 할 때, 다음 중 A사원이 내일 마실 음료는?

① 아메리카노 큰 컵
② 카페라테 큰 컵
③ 바닐라라테 작은 컵
④ 카페모카 큰 컵
⑤ 자두에이드 작은 컵

59 A사원은 7월 24일에 직장동료인 B사원에게 음료를 사주고자 한다. B사원에게는 자신이 전날 마신 음료와 같은 종류의 음료를 사준다고 할 때, A사원이 음료 두 잔을 주문하며 지불할 금액은?

① 8,700원
② 9,000원
③ 9,200원
④ 9,500원
⑤ 9,700원

PART 2

60 다음 글과 상황을 근거로 판단할 때, 〈보기〉에서 옳은 것을 모두 고르면?

H국 사람들은 아래와 같이 한 손으로 1부터 10까지의 숫자를 표현한다.

숫자	1	2	3	4	5
펼친 손가락 개수	1개	2개	3개	4개	5개
펼친 손가락 모양					
숫자	6	7	8	9	10
펼친 손가락 개수	2개	3개	2개	1개	2개
펼친 손가락 모양					

〈상황〉

H국에 출장을 간 갑은 H국의 언어를 하지 못하여 물건을 살 때 상인의 손가락을 보고 물건의 가격을 추측한다. H국 사람의 숫자 표현법을 제대로 이해하지 못한 갑은 상인이 금액을 표현하기 위해 펼친 손가락 1개당 1원씩 돈을 지불하려고 한다(단, 갑은 하나의 물건을 구매하며, 물건의 가격은 최소 1원부터 최대 10원까지라고 가정한다).

보기

ㄱ. 물건의 가격과 갑이 지불하려는 금액이 일치했다면, 물건의 가격은 5원 이하이다.
ㄴ. 상인이 손가락 3개를 펼쳤다면, 물건의 가격은 최대 7원이다.
ㄷ. 물건의 가격과 갑이 지불하려는 금액이 8원만큼 차이가 난다면, 물건의 가격은 9원이거나 10원이다.
ㄹ. 갑이 물건의 가격을 초과하는 금액을 지불하려는 경우가 발생할 수 있다.

① ㄱ, ㄴ
② ㄴ, ㄷ
③ ㄴ, ㄹ
④ ㄷ, ㄹ
⑤ ㄱ, ㄴ, ㄷ

61 다음 워크시트와 같이 평점이 3.0 미만인 행 전체에 셀 배경색을 지정하고자 한다. 이를 위해 조건부 서식 설정에서 사용할 수식으로 옳은 것은?

	A	B	C	D
1	학번	학년	이름	평점
2	24959446	2	강혜민	3.38
3	25159458	1	김경식	2.60
4	25059466	2	김병찬	3.67
5	25159514	1	장현정	1.29
6	24959476	2	박동현	3.50
7	25159467	1	이승현	3.75
8	24859447	4	이병훈	2.93
9	24859461	3	강수빈	3.84

① =$D2<3
② =$D&2<3
③ =D2<3
④ =D$2<3
⑤ =D2>3

62 다음 중 H대학교의 문제를 해결하기 위한 대안으로 가장 적절한 것은?

> H대학교는 현재 학생 관리 프로그램, 교수 관리 프로그램, 성적 관리 프로그램의 3개의 응용 프로그램을 갖추고 있다. 학생 관리 프로그램은 학생 정보를 저장하고 있는 파일을 이용하고 교수 관리 프로그램은 교수 정보 파일, 성적 관리 프로그램은 성적 정보 파일을 이용한다. 즉, 각각의 응용 프로그램은 개별적인 파일을 이용한다.
> 이런 경우, 파일에는 많은 정보가 중복 저장되어 있다. 그렇기 때문에 중복된 정보가 수정되면 관련된 모든 파일을 수정해야 하는 불편함이 있다. 예를 들어, 한 학생이 자퇴하게 되면 학생 정보 파일뿐만 아니라 교수 정보 파일, 성적 정보 파일도 수정해야 하는 것이다.

① 와이파이 구축
② 유비쿼터스 구축
③ RFID 구축
④ NFC 구축
⑤ 데이터베이스 구축

63 H공사에서 근무하고 있는 S사원은 2025년 2월 발전소별 생산실적을 엑셀을 이용해 정리하려고 한다. 다음 (A) ~ (E) 셀에 입력해야 할 함수로 옳지 않은 것은?

	A	B	C	D	E	F	G
1							
2		2025년 2월 발전소별 생산실적					
3							
4		구분	열용량(Gcal)	전기용(MW)	열생산(Gcal)	발전량(MWh)	발전량의 순위
5		파주	404	516	144,600	288,111	(B)
6		판교	172	146	94,657	86,382	
7		광교	138	145	27,551	17	
8		수원	71	43	42,353	321,519	
9		화성	407	512	141,139	6,496	
10		청주	105	61	32,510	4,598	
11		대구	71	44	46,477	753	
12		삼송	103	99	2,792	4,321	
13		평균		(A)	(E)		
14							
15					열용량의 최댓값(Gcal)	열생산량 중 세 번째로 높은 값(Gcal)	
16					(C)	(D)	

① (A) : =AVERAGE(D5:D12)

② (B) : =RANK(F5,$F$5:$F$12,1)

③ (C) : =MAX(C5:C12)

④ (D) : =LARGE(E5:E12,3)

⑤ (E) : =AVERAGE(E5:E12)

64 K씨는 고객들의 주민등록번호 앞자리를 정리해 생년, 월, 일로 구분하고자 한다. 각 셀에 사용해야 할 함수식으로 옳은 것은?

	A	B	C	D	E
1	이름	주민등록번호 앞자리	생년	월	일
2	김천국	950215			
3	김지옥	920222			
4	박세상	940218			
5	박우주	630521			
6	강주변	880522			
7	홍시요	891021			
8	조자주	910310			

① [C2] : =LEFT(B2,2)
② [D3] : =LEFT(B3,4)
③ [E7] : =RIGHT(B7,3)
④ [D8] : =MID(B7,3,2)
⑤ [E4] : =MID(B4,4,2)

65 다음 중 분산처리 시스템의 특징으로 옳지 않은 것은?

① 작업을 병렬적으로 수행함으로써 사용자에게 빠른 반응 시간과 빠른 처리시간을 제공한다.
② 사용자들이 비싼 자원을 쉽게 공유하여 사용할 수 있고, 작업의 부하를 균등하게 유지할 수 있다.
③ 작업 부하를 분산시킴으로써 반응 시간을 항상 일관성 있게 유지할 수 있다.
④ 분산 시스템에 구성 요소를 추가하거나 삭제할 수 없다.
⑤ 다수의 구성요소가 존재하므로 일부가 고장 나더라도 나머지 일부는 계속 작동 가능하기 때문에 사용 가능도가 향상된다.

66 **다음 중 정보화 사회에 대한 설명으로 옳은 것은?**

① 정보화 사회에서는 정보의 다양한 특성 중 기술적 실효성이 가장 강조된다.
② 정보화 사회의 심화는 새로운 분야에서 국가 간 갈등을 야기해 세계화를 저해한다.
③ 정보화 사회가 진전됨에 따라 지식과 정보의 증가량 및 변화 속도는 더욱 증가할 것이다.
④ 정보화 사회에서는 체계화된 정보관리주체들이 존재하므로 개인들의 정보관리 필요성이 낮아진다.
⑤ 지식정보 관련 산업이 핵심 산업이 되면서, 물질이나 에너지 산업의 부가가치 생산성은 저하되고 있다.

67 **다음 중 Windows에서 [표준 사용자 계정]의 사용자가 할 수 있는 작업으로 옳지 않은 것은?**

① 사용자 자신의 암호를 변경할 수 있다.
② 마우스 포인터의 모양을 변경할 수 있다.
③ 관리자가 설정해 놓은 프린터를 프린터 목록에서 제거할 수 있다.
④ 사용자의 사진으로 자신만의 바탕 화면을 설정할 수 있다.
⑤ 사용자만의 고유한 파일 및 설정을 가질 수 있다.

68 다음 시트에서 [A2:A4] 영역의 데이터를 이용하여 [C2:C4] 영역처럼 표시하려고 할 때, [C2] 셀에 입력할 수식으로 옳은 것은?

	A	B	C
1	주소	사원 수	출신지
2	서귀포시	10	서귀포
3	여의도동	90	여의도
4	김포시	50	김포

① =LEFT(A2, LEN(A2)−1)
② =RIGHT(A2, LENGTH(A2))−1
③ =MID(A2, 1, VALUE(A2))
④ =LEFT(A2, TRIM(A2))−1
⑤ =MID(A2, LENGTH(A3))

PART 2

69 다음 글을 읽고 정보에 대한 설명으로 옳지 않은 것은?

> 우리가 필요로 하는 정보의 가치는 여러 가지 상황에 따라서 아주 달라질 수 있다. 다시 말해 정보의 가치를 평가하는 절대적인 기준은 없다는 것이다. 즉, 정보의 가치는 우리의 요구, 사용 목적, 그것이 활용되는 시기와 장소에 따라서 다르게 평가된다.
> 적시성과 독점성은 정보의 핵심적인 특성이다. 따라서 정보는 우리가 원하는 시간에 제공되어야 하며, 원하는 시간에 제공되지 못하는 정보는 정보로서의 가치가 없어지게 될 것이다. 또한 정보는 아무리 중요한 내용이라도 공개가 되고 나면, 그 가치가 급격하게 떨어지는 것이 보통이다. 따라서 정보는 공개 정보보다는 반공개 정보가, 반공개 정보보다는 비공개 정보가 더 큰 가치를 가질 수 있다. 그러나 비공개 정보는 정보의 활용이라는 면에서 경제성이 떨어지고, 공개 정보는 경쟁성이 떨어지게 된다. 따라서 정보는 공개 정보와 비공개 정보를 적절히 구성함으로써 경제성과 경쟁성을 동시에 추구해야 한다.

① 정보는 시의성이 있어야 높은 가치를 갖는다.
② 정보는 일반적으로 독점성이라는 핵심적 특징을 갖는다.
③ 비공개 정보는 반공개 정보에 비해 정보의 활용 측면에서 경제성이 더 높다.
④ 공개 정보는 반공개 정보에 비해 경쟁성이 떨어진다.
⑤ 공개 정보와 비공개 정보 모두 적절히 배분하여 정보를 구성해야 한다.

70 다음은 사내 동호회 활동 현황에 대해 정리한 자료이다. 사원번호 중에서 오른쪽 숫자 네 자리만 추출하려고 할 때, [F13] 셀에 입력해야 할 함수식으로 옳은 것은?

	A	B	C	D	E	F
1	사내 동호회 활동 현황					
2	사원번호	사원명	부서	구내번호	직책	
3	AC1234	고상현	영업부	1457	부장	
4	AS4251	정지훈	기획부	2356	사원	
5	DE2341	김수호	홍보부	9546	사원	
6	TE2316	박보영	기획부	2358	대리	
7	PP0293	김지원	홍보부	9823	사원	
8	BE0192	이성경	총무부	3545	과장	
9	GS1423	이민아	영업부	1458	대리	
10	HS9201	장준하	총무부	3645	부장	
11						
12						사원번호
13						1234
14						4251
15						2341
16						2316
17						0293
18						0192
19						1423
20						9201

① =LEFT(A3,3)

② =RIGHT(A3,4)

③ =LEFT(A3,3,4)

④ =MID(A3,1,2)

⑤ =CHOOSE(2,A3,A4,A5,A6)

71 다음 〈보기〉 중 개인정보의 분류에 대한 내용으로 옳지 않은 것을 모두 고르면?

보기

ㄱ. 소득 정보 : 대부상황, 저당, 신용카드, 담보설정 여부 등
ㄴ. 의료 정보 : 가족병력기록, 과거 의료기록, 신체장애, 혈액형 등
ㄷ. 조직 정보 : 고용주, 회사주소, 상관의 이름, 직무수행 평가 기록, 훈련기록, 상벌기록 등
ㄹ. 법적 정보 : 전과기록, 구속기록, 이혼기록 등

① ㄱ, ㄴ
② ㄱ, ㄷ
③ ㄴ, ㄷ
④ ㄴ, ㄹ
⑤ ㄷ, ㄹ

72 H기업은 출근 시스템 단말기에 직원들이 카드로 출근 체크를 하면 엑셀 워크시트에 실제 출근시간(B4:B10) 데이터가 자동으로 전송되어 입력된다. 총무부에서 근무하는 귀하는 데이터에 따라 직원들의 근태상황을 체크하려고 할 때, [C8] 셀에 입력할 함수는?(단, 9시까지는 출근으로 인정한다)

〈출근시간 워크시트〉

	A	B	C	D
1			날짜	2025.03.11
2	〈직원별 출근 현황〉			
3	이름	체크시간	근태상황	비고
4	이청용	7:55		
5	이하이	8:15		
6	구자철	8:38		
7	박지민	8:59		
8	손흥민	9:00		
9	박지성	9:01		
10	홍정호	9:07		

① =IF(B8>=TIME(9,1,0),"지각","출근")
② =IF(B8>=TIME(9,1,0),"출근","지각")
③ =IF(HOUR(B8)>=9,"지각","출근")
④ =IF(HOUR(B8)>=9,"출근","지각")
⑤ =IF(B8>=TIME(9,0,0),"지각","출근")

73 다음은 H공사에 지원한 지원자들의 PT면접 점수를 정리한 자료이며, 각 사원들의 점수로 면접 결과를 정리하고자 한다. 이를 위해 [F3] 셀에 〈보기〉와 같은 함수식을 입력하고, 채우기 핸들을 이용하여 [F6] 셀까지 드래그했을 경우, [F3] ~ [F6] 셀에 나타나는 결괏값으로 옳은 것은?

	A	B	C	D	E	F
1						(단위 : 점)
2	이름	발표내용	발표시간	억양	자료준비	결과
3	조재영	85	92	75	80	
4	박슬기	93	83	82	90	
5	김현진	92	95	86	91	
6	최승호	95	93	92	90	

보기

=IF(AVERAGE(B3:E3)>=90,"합격","불합격")

	[F3]	[F4]	[F5]	[F6]
①	불합격	불합격	합격	합격
②	합격	합격	불합격	불합격
③	합격	불합격	합격	불합격
④	불합격	합격	불합격	합격
⑤	불합격	불합격	불합격	합격

74 다음 글에서 설명하는 컴퓨터 시스템의 구성요소는?

- Main Memory이다.
- CPU 가까이에 위치하며, 반도체 기억장치 칩들로 고속 액세스 가능을 담당한다.
- 가격이 높고 면적을 많이 차지한다.
- 저장 능력이 없으므로 프로그램 실행 중 일시적으로 사용된다.

① 중앙처리장치
② 주기억장치
③ 보조저장장치
④ 입출력장치
⑤ LAN

75 **다음 글을 읽고 데이터베이스의 특징으로 적절하지 않은 것은?**

> 데이터베이스란 대량의 자료를 관리하고 내용을 구조화하여 검색이나 자료 관리 작업을 효과적으로 실행하는 프로그램으로, 삽입, 삭제, 수정, 갱신 등을 통하여 항상 최신의 데이터를 유동적으로 유지할 수 있으며, 이와 같은 다량의 데이터는 사용자의 질의에 대한 신속한 응답 처리를 가능하게 한다. 또한 이러한 데이터를 여러 명의 사용자가 동시에 공유할 수 있고, 각 데이터를 참조할 때는 사용자가 요구하는 내용에 따라 참조가 가능함은 물론 응용프로그램과 데이터베이스를 독립시킴으로써 데이터를 변경시키더라도 응용프로그램은 변경되지 않는다.

① 실시간 접근성
② 계속적인 진화
③ 동시 공유
④ 내용에 의한 참조
⑤ 데이터 논리적 의존성

PART 2

76 **다음 중 스프레드 시트의 메모에 대한 설명으로 옳지 않은 것은?**

① 메모를 삭제하려면 메모가 삽입된 셀을 선택한 후 [검토] 탭 [메모]그룹의 [삭제]를 선택한다.
② [서식 지우기] 기능을 이용하여 셀의 서식을 지우면 설정된 메모도 함께 삭제된다.
③ 메모가 삽입된 셀을 이동하면 메모의 위치도 셀과 함께 변경된다.
④ 삽입된 메모가 메모 표시 상태로 있다면 보이는 메모의 텍스트를 클릭하여 바로 편집할 수 있다.
⑤ 작성된 메모의 내용을 수정하려면 메모가 삽입된 셀의 바로 가기 메뉴에서 [메모 편집]을 선택한다.

77 다음 시트에서 [B9] 셀에 [B2:C8] 영역의 평균을 계산하고 자리 올림을 하여 천의 자리까지 표시하는 함수식으로 옳은 것은?

	A	B	C
1	1분기	2분기	3분기
2	91,000	91,000	91,000
3	81,000	82,000	83,000
4	71,000	72,000	73,000
5	61,000	62,000	63,000
6	51,000	52,000	53,000
7	41,000	42,000	43,000
8	91,000	91,000	91,000
9			

① =ROUNDUP(AVERAGE(B2:C8), −3)

② =ROUND(AVERAGE(B2:C8), −3)

③ =ROUNDUP(AVERAGE(B2:C8), 3)

④ =ROUND(AVERAGE(B2:C8), 3)

⑤ =ROUND(AVERAGE(B2:C8), −1)

78 다음 중 피벗테이블에 대한 설명으로 옳지 않은 것은?

① 피벗테이블 결과 표시는 동일한 시트 내에서만 가능하다.

② 피벗테이블로 작성된 목록에서 행 필드를 열 필드로 편집할 수 있다.

③ 피벗테이블 작성 후에도 사용자가 새로운 수식을 추가하여 표시할 수 있다.

④ 피벗테이블은 많은 양의 데이터를 손쉽게 요약하기 위해 사용되는 기능이다.

⑤ 피벗테이블에서 필터 기능을 사용할 수 있다.

79 다음 시트의 [B9] 셀에 「=DSUM(A1:C7,C1,A9:A10)」 함수를 입력했을 때, 결괏값은?

	A	B	C
1	이름	직급	상여금
2	장기동	과장	1,200,000
3	이승연	대리	900,000
4	김영신	차장	1,300,000
5	공경호	대리	850,000
6	표나리	사원	750,000
7	한미연	과장	950,000
8			
9	상여금		
10	>=1,000,000		

① 1,950,000
② 2,500,000
③ 2,800,000
④ 3,450,000
⑤ 3,500,000

80 다음 중 함수식에 대한 결괏값으로 옳지 않은 것은?

	함수식	결괏값
①	=ODD(12)	13
②	=EVEN(17)	18
③	=MOD(40, −6)	−2
④	=POWER(6,3)	18
⑤	=QUOTIENT(19,6)	3

※ 다음은 H공사의 조직도와 부서별 수행 업무이다. 이어지는 질문에 답하시오. **[81~82]**

〈조직도〉

기획상임이사

기획조정실	경영지원실	인재경영실	고객홍보실	정보통신실
• 기획예산부 • 경영전략부 • 성과관리부 • 법규송무부	• 총무부 • 관재부 • 정보보호부	• 인재개발부 • 인사부 • 노사복지부	• 고객서비스부 • 홍보부 • 진료비확인부	• 정보기획부 • 정보화지원부 • 경영정보부 • 정보자원부

〈부서별 수행 업무〉

부서	업무
기획조정실	• 기획예산부 : 연간 사업계획 수립 및 예산 편성 • 경영전략부 : 미래전략위원회 운영, 경영혁신 관련 업무 • 성과관리부 : 내부 성과관리체계 운영 • 법규송무부 : 소송 및 행정심판 지원·법률 검토
경영지원실	• 총무부 : 물품의 제조구매 및 용역 계약 • 관재부 : 사옥의 유지보수 등 시설 및 위탁업체 관리 • 정보보호부 : 개인정보보호 및 정보보안 관리·운영
인재경영실	• 인재개발부 : 최고위자과정 운영, 대내외 교육 지원 • 인사부 : 직원 채용·승진·승급·전보 및 퇴직 등 임용 • 노사복지부 : 임직원 급여 및 보수 관리에 관한 사항
고객홍보실	• 고객서비스부 : 고객만족도 조사, 고객센터 운영 • 홍보부 : 언론 대응, 홍보자료 발간 • 진료비확인부 : 진료비 확인요청 업무 처리
정보통신실	• 정보기획부 : IT 전략 계획 수립 및 분석·평가 • 정보화지원부 : 요양기관 업무포털 시스템 개발 및 운영 • 경영정보부 : 기관운영시스템 개발 및 운영 • 정보자원부 : 정보통신시스템 관리 및 운영

81 **다음은 H공사의 입찰공고 중 일부 내용이다. 공고문과 관련이 높은 부서를 바르게 나열한 것은?**

〈입찰 공고〉

'기관홍보 브로슈어 · 리플릿 제작 용역' 사업자 선정을 위한 제안서 제출 안내 사항을 아래와 같이 공고합니다.

1. 입찰에 부치는 사항
   - 사업명 : H공사 기관홍보 브로슈어 · 리플릿 제작 용역
   - 입찰 등록 마감 일시 및 장소
     - 일시 : 3월 26일(수) 14:00
     - 장소 : H공사 25층

     ※ 입찰공고일로부터 입찰 등록 마감 일시까지 상시 접수 가능합니다.

2. 사업 개요
   - 목적
     - 설립목적, 주요 업무 등의 홍보를 통한 기관인지도 제고
     - 대내외 행사에 사용할 주요 업무 소개 간행물 제작
   - 사업 기간 : 계약체결일 ~ 5월

… (하략) …

① 홍보부, 인사부
② 홍보부, 총무부
③ 관재부, 총무부
④ 관재부, 홍보부
⑤ 고객서비스부, 총무부

82 **다음은 홍보부의 S대리가 작성 중인 보도자료이다. 보도자료를 작성하던 S대리는 해당 내용에 대해 이해가 부족한 부분이 있어 이를 수정·보완하고자 한다. S대리가 업무 지원을 요청해야 하는 부서는 어디인가?**

> □ H공사는 원주에서 '국민 참여 열린경영위원회' 5차 회의를 개최했다.
> ○ 국민 참여 열린경영위원회는 국민 중심의 현장 경영 실천을 위한 국민 참여 기구로서 소비자단체, 시민단체, 사회복지단체 등 16명으로 구성하여 출범했다.
> ○ 국민 참여 열린경영위원회는 그동안 지역인재 양성을 위한 '산·학·관 연계 오픈 캠퍼스' 운영, 시민과 함께하는 '도시농부 아카데미 하우스' 협업사업 추진 등 지역사회 상생·협력, 일자리 창출 등 다양한 제안과 의견을 제시하며 H공사의 사회적 가치 실현을 위한 국민 채널로서 역할을 수행했다.
> □ 이날 회의는 '2025년 혁신계획'에 대한 의견 수렴 및 소통의 시간을 가졌다.
> ○ 2025년 혁신계획은 국민안전과 지역사회 공헌사업이 확대·강화되었다.
> □ 국민 참여 열린경영위원회 위원장은 "국민에게 유용한 H공사의 국민 서비스 및 정보를 좀더 친숙한 방법으로 홍보하고, 지역주민과 함께하는 활동을 확대하여 H공사가 A도 대표 공공기관으로 자리매김할 것을 기대한다."라고 밝혔다.

① 기획예산부
② 경영전략부
③ 총무부
④ 정보보호부
⑤ 노사복지부

83 다음은 조직의 문화를 기준에 따라 4가지로 구분한 자료이다. (가) ~ (라)에 대한 설명으로 옳지 않은 것은?

	유연성, 자율성 강조 (Flexibility & Discretion)		
내부지향성, 통합 강조 (Internal Focus & Integration)	(가)	(나)	외부지향성, 차별 강조 (External Focus & Differentiation)
	(다)	(라)	
	안정, 통제 강조 (Stability & Control)		

① (가)는 구성원 간 인화단결, 협동, 팀워크, 공유가치, 사기, 의사결정과정에 참여 등을 중요시한다.
② (가)는 개인의 능력개발에 대한 관심이 높고, 구성원에 대한 인간적 배려와 가족적인 분위기를 만들어낸다.
③ (나)는 규칙과 법을 준수하고, 관행과 안정, 문서와 형식, 명확한 책임소재 등을 강조하는 관리적 문화의 특징을 가진다.
④ (다)는 조직내부의 통합과 안정성을 확보하고, 현상유지 차원에서 계층화되는 조직문화이다.
⑤ (라)는 실적을 중시하고, 직무에 몰입하며, 미래를 위한 계획을 수립하는 것을 강조한다.

84 다음은 어느 부서의 분장업무를 나타낸 자료이다. 이를 토대로 유추할 수 있는 부서로 가장 적절한 것은?

분장업무	
• 판매방침 및 계획	• 외상매출금의 청구 및 회수
• 판매예산의 편성	• 제품의 재고 조절
• 시장조사	• 견본품, 반품, 지급품, 예탁품 등의 처리
• 판로의 개척, 광고 선전	• 거래처로부터의 불만처리
• 거래처의 신용조사와 신용한도의 신청	• 제품의 애프터서비스
• 견적 및 계약	• 판매원가 및 판매가격의 조사 검토
• 제조지시서의 발행	–

① 총무부
② 인사부
③ 기획부
④ 영업부
⑤ 자재부

85 **H기업 직원들은 이번 달 금융상품 홍보 방안을 모색하기 위한 회의를 하고 있다. 다음 중 회의에 임하는 태도가 적절하지 않은 직원은?**

> O계장 : 이번 달 실적을 향상시키기 위한 홍보 방안으로는 뭐가 있을까요? 의견이 있으면 주저하지 말고 뭐든지 말씀해 주세요.
> J사원 : 저는 조금은 파격적인 이벤트 같은 게 있었으면 좋겠어요. 예를 들면 곧 할로윈이니까 지점 내부를 할로윈 분위기로 꾸민 다음에 가면이나 가발 같은 걸 비치해 두고, 고객들이 인증샷을 찍으면 예금이나 환전 추가혜택을 주는 건 어떨까 싶어요.
> D주임 : 그건 좀 실현가능성이 없지 싶은데요. 그보다는 SNS로 이벤트 응모를 받아서 기프티콘 사은품을 쏘는 이벤트가 현실적이겠어요.
> C과장 : 가능성 여부를 떠나서 아이디어는 많을수록 좋으니 반박하지 말고 이야기하세요.
> G사원 : 의견 주시면 제가 전부 받아 적었다가 한꺼번에 정리하도록 할게요.

① O계장
② J사원
③ D주임
④ C과장
⑤ G사원

86 **다음 대화를 읽고 조직 목표의 기능과 특징으로 적절하지 않은 것은?**

> 이대리 : 박부장님께서 우리 회사의 목표가 무엇인지 생각해 본 적 있냐고 하셨을 때 당황했어. 평소에 딱히 생각하고 지내지 않았던 것 같아.
> 김대리 : 응, 그러기 쉽지. 개인에게 목표가 있어야 그것을 위해서 무언가를 하는 것처럼 당연히 조직에도 목표가 있어야 하는데 조직에 속해 있으면 당연히 알아두어야 한다고 생각해.

① 조직이 존재하는 정당성을 제공한다.
② 의사결정을 할 때뿐만 아니라 하고 나서의 기준으로도 작용한다.
③ 공식적 목표와 실제적 목표는 다를 수 있다.
④ 동시에 여러 개를 추구하는 것보다 하나씩 순차적으로 처리해야 한다.
⑤ 목표 간에는 위계 관계와 상호 관계가 공존한다.

87 **H공사는 경영진과 직원의 자유로운 소통, 부서 간 화합 등을 통해 참여와 열린 소통의 조직문화를 조성하고자 노력한다. 이러한 조직문화는 조직의 방향을 결정하고 조직을 존속하게 하는 데 중요한 요인이다. 다음 중 조직문화에 대한 설명으로 적절하지 않은 것은?**

① 조직구성원들의 조직몰입을 높여준다.
② 조직구성원들의 생활양식이나 가치를 의미한다.
③ 조직구성원의 사고방식과 행동양식을 규정한다.
④ 대부분의 조직들은 서로 비슷한 조직문화를 만들기 위해 노력한다.
⑤ 조직구성원들에게 일체감과 정체성을 부여하고, 결속력을 강화시킨다.

88 **다음 중 아래와 같은 제품 개발 프로세스에 대한 설명으로 적절하지 않은 것은?**

아이디어 및 고객 수요 가설 수립	→	최소 요건 제품(시제품) 개발	→	고객 선호도 파악, 제품 개선	→	마케팅 전략 수립	→	제품 판매

① 일본 도요타 자동차의 린 제조 방식에서 차용한 전략이다.
② 만들기, 측정, 학습의 과정을 반복하면서 꾸준히 혁신한다.
③ 제품 생산의 전 프로세스에서 낭비를 줄이고 최대 효율을 내는 방식이다.
④ 제품 개발이 끝날 때까지 전 과정을 비밀로 한다.
⑤ 고객의 생애 가치나 획득 비용 등을 측정한다.

89 **다음 중 밑줄 친 ㉠, ㉡에 대한 설명으로 가장 적절한 것은?**

> 개발 프로세스 다양하게 이루어지며, 조직목표의 효과적 달성에 영향을 미친다. 조직 구조에 대한 많은 연구를 통해 조직 구조에 영향을 미치는 요인으로는 조직의 전략, 규모, 기술, 환경 등이 있음을 확인할 수 있다. 이에 따라 ㉠ 기계적 조직 혹은 ㉡ 유기적 조직으로 설계된다.

① ㉠은 의사결정 권한이 조직의 하부 구성원들에게 많이 위임되어 있다.
② ㉡은 상하 간의 의사소통이 공식적인 경로를 통해 이루어진다.
③ ㉠은 규제나 통제의 정도가 낮아 의사소통 결정이 쉽게 변할 수 있다.
④ ㉡은 구성원들의 업무가 분명하게 정의된다.
⑤ 안정적이고 확실한 환경에서는 ㉠이 적합하고, 급변하는 환경에서는 ㉡이 적합하다.

※ 다음 글을 읽고 이어지는 질문에 답하시오. [90~92]

오토바이용 헬멧 제조업체인 H사는 국내 시장의 한계를 느끼고 미국 시장에 진출해 안전과 가격, 디자인 면에서 호평을 받으며 시장의 최강자가 되었다. 외환위기와 키코사태*로 위기 상황에 놓인 적도 있었지만 비상장 및 내실 있는 경영으로 은행에 출자 전환하도록 설득하여 오히려 기사회생하였다.
미국시장 진출 시 OEM 방식을 활용할 수 있었지만 자기 브랜드를 고집한 대표이사의 선택으로 해외에서 개별 도매상들을 상대로 직접 물건을 판매했다. 또한 평판이 좋은 중소규모 도매상을 선정해 유대관계를 강화했다. 한번 계약을 맺은 도매상과는 의리를 지켰고 그 결과 단단한 유통망을 갖출 수 있었다.
유럽 진출 시에는 미국과는 다른 소비자의 특성에 맞춰 고급스러운 디자인의 고가 제품을 포지셔닝하여 모토그랑프리를 후원하고 우승자와 광고 전속 계약을 맺었다. 여기에 신제품인 스피드와 레저를 동시에 즐길 수 있는 실용적인 변신 헬멧으로 유럽 소비자들을 공략해 시장 점유율을 높였다.

*키코사태(KIKO; Knock In Knock Out) : 환율 변동으로 인한 위험을 줄이기 위해 만들어진 파생상품에 가입한 수출 중소기업들이 2008년 미국발 글로벌 금융위기 여파로 환율이 급등하자 막대한 손실을 보게 된 사건

90 다음 중 H사가 미국시장에 성공적으로 진출할 수 있었던 요인으로 적절하지 않은 것은?

① OEM 방식을 효율적으로 활용했다.
② 자사 브랜드를 알리는 데 주력했다.
③ 평판이 좋은 유통망을 찾아 계약을 맺었다.
④ 안전과 가격, 디자인 모두에 심혈을 기울였다.
⑤ 계약을 맺은 도매상과의 의리를 지켰다.

91 다음 중 H사가 유럽시장 진출에서 성공을 거둔 요인으로 적절하지 않은 것은?

① 소비자 특성에 맞춘 고가 제품 포지셔닝
② 모토그랑프리 후원 등 전략적 마케팅 실행
③ 중소규모 도매상과 유대관계 강화
④ 하이브리드가 가능한 실용적 제품 개발
⑤ 고급스러운 디자인 제품으로 소비자들을 공략

92 다음 〈보기〉 중 H사가 해외 진출 시 분석을 위해 활용한 요소들을 모두 고르면?

보기

㉠ 현지 시장의 경쟁상황
㉡ 경쟁업체
㉢ 시장점유율
㉣ 제품 가격 및 품질 향상
㉤ 공급 능력

① ㉠, ㉡, ㉢
② ㉡, ㉢, ㉣
③ ㉢, ㉣, ㉤
④ ㉠, ㉡, ㉢, ㉣
⑤ ㉠, ㉡, ㉢, ㉣, ㉤

PART 2

93 다음 상황에서 K주임이 처리해야 할 업무 순서로 가장 적절한 것은?

안녕하세요, K주임님. 언론홍보팀 L대리입니다. 다름이 아니라 이번에 공단에서 진행하는 '소셜벤처 성장지원사업'에 관한 보도 자료를 작성하려고 하는데, 디지털소통팀의 업무 협조가 필요하여 연락드렸습니다. 디지털소통팀 P팀장님께 K주임님이 협조해 주신다는 이야기를 전해 들었습니다. 자세한 요청 사항은 회의를 통해서 말씀드리도록 하겠습니다. 혹시 내일 오전 10시에 회의를 진행해도 괜찮을까요? 일정 확인하시고 오늘 내로 답변 주시면 감사하겠습니다. 일단 회의 전에 알아두시면 좋을 것 같은 자료는 메일로 발송하였습니다. 회의 전에 미리 확인하셔서 관련 사항 숙지하시고 회의에 참석해 주시면 좋을 것 같습니다. 아! 그리고 오늘 오후 2시에 홍보실 각 팀 팀장 회의가 있다고 하니, P팀장님께 꼭 전해 주세요.

① 팀장 회의 참석 – 익일 업무 일정 확인 – 메일 확인 – 회의 일정 답변 전달
② 팀장 회의 참석 – 메일 확인 – 익일 업무 일정 확인 – 회의 일정 답변 전달
③ 팀장 회의 일정 전달 – 메일 확인 – 회의 일정 답변 전달 – 익일 업무 일정 확인
④ 팀장 회의 일정 전달 – 익일 업무 일정 확인 – 회의 일정 답변 전달 – 메일 확인
⑤ 팀장 회의 일정 전달 – 익일 업무 일정 확인 – 메일 확인 – 회의 일정 답변 전달

※ 다음은 H기관에서 공지한 교육 홍보물의 내용 중 일부를 발췌한 자료이다. 이어지는 질문에 답하시오. [94~96]

〈교육 홍보물〉

• 신청 자격 : 중소기업 재직자, 중소기업 관련 협회·단체 재직자
  - 성공적인 기술 연구개발을 통해 기술 경쟁력을 강화하고자 하는 중소기업
  - 정부의 중소기업 지원 정책을 파악하고 국가 연구개발 사업에 신청하고자 하는 중소기업

• 교육비용 : 100% 무료교육(교재 및 중식 제공)

• 교육일자 : 모든 교육과정은 2일 16시간 과정, 선착순 60명 마감

과정명	교육내용	교육일자	교육장소	접수마감
정규(일반)	연구개발의 성공을 보장하는 R&D 기획서 작성	10. 13(목) ~ 14(금)	B대학교	10. 12(수)
정규(종합)	R&D 기획서 작성 및 사업화 연계	10. 22(토) ~ 23(일)	A센터	10. 17(월)

※ 선착순 모집으로 접수마감일 전 정원 초과 시 조기 마감될 수 있음

본 교육과 관련하여 보다 자세한 정보를 원하시면 A사원(123-4567)에게 문의하여 주시기 바랍니다.

94 다음 중 A사원이 속해 있을 부서에서 수행하고 있을 업무로 적절하지 않은 것은?

① 중소기업 R&D 지원 사업 기획 및 평가·관리
② R&D 교육 관련 전문 강사진 관리
③ 연구개발 기획 역량 개발 지원 사업 기획·평가·관리
④ R&D 관련 장비 활용 지원 사업 기획 및 평가·관리
⑤ R&D 사업화 연계·지원 관리

95 다음 중 교육 홍보물에 공지한 교육과 관련된 고객의 질문에 대한 A사원의 대답으로 적절하지 않은 것은?

① 교육 과정을 신청할 때 한 기업에서 참여할 수 있는 인원수 제한이 있습니까?
② 본 교육의 내용을 바탕으로 기획서를 작성한다면 저희 기업도 개발 지원이 가능합니까?
③ 접수 마감일인 12일 현재 신청이 마감되었습니까? 혹시 추가 접수도 가능합니까?
④ 이전 차수에서 동일한 교육 과정을 이수했을 경우 이번 교육은 참여가 불가능합니까?
⑤ 일반과 종합과정을 모두 신청하는 것도 가능합니까?

96 **A사원은 상사로부터 위와 같은 교육 사업을 발전시키기 위해 세울 수 있는 목표와 그에 해당하는 과제를 발표하라는 과업을 받았다. 다음 중 교육 사업과 직접적인 관련성이 낮은 발언으로 가장 적절한 것은?**

① 중소기업의 기술 혁신을 위한 교육 지원 체계를 혁신화하기 위해 중소기업 R&D와 관련 있는 정책연구를 강화하고, 중소기업을 위한 맞춤형 평가체계도 구축해야 할 것입니다. 또한, 기술 혁신을 필요로 하는 대상을 중심으로 하는 기술 혁신 지원 서비스의 강화도 필요할 것입니다.

② 중소기업이 R&D를 효과적으로 하기 위한 성공사례와 이에 대한 보상 등을 조사하고 체계화하여 중소기업의 동기를 강화하고, 단발성이 아닌 지속적 연구가 이루어지기 위한 지원과 정보를 제공해야 합니다.

③ 중소기업의 지속적인 발전을 위한 성장 동력 강화를 목표로 잡고, 혁신과 성장을 도울 수 있는 우리 조직의 역량을 강화해야 합니다. 또한, 사회적 책임을 항상 생각하고 고객에게는 신뢰를 주는 조직이 될 수 있도록 소통과 협업을 통해 창조적인 조직문화를 구축해야 합니다.

④ 중소기업의 혁신 수준별 기술경쟁력을 강화하자는 목표를 바탕으로 R&D를 기획하고 개발하는 역량을 강화할 수 있도록 돕고, 지속적으로 성과를 창출할 수 있는 능력을 향상시켜 주어야 합니다. 또한, 국내뿐만이 아닌 국외로도 진출할 수 있는 글로벌 기술혁신 역량을 제고할 수 있도록 지원해야 합니다.

⑤ 중소기업의 기술사업화 성과를 높이자는 목표를 바탕으로 중소기업들이 보유하고 있는 창의적 아이디어를 꾸준히 발굴해야 합니다. 또한, 시장지향적인 R&D 지원 확대를 통해 중소기업이 자체적인 R&D에서 끝나지 않고 사업화에 연계할 수 있도록 하여 중소기업의 직접적인 성장을 도와야 합니다.

97 **다음 H공단 국제인력본부의 조직도를 참고할 때, 외국인력국의 업무로 적절하지 않은 것은?**

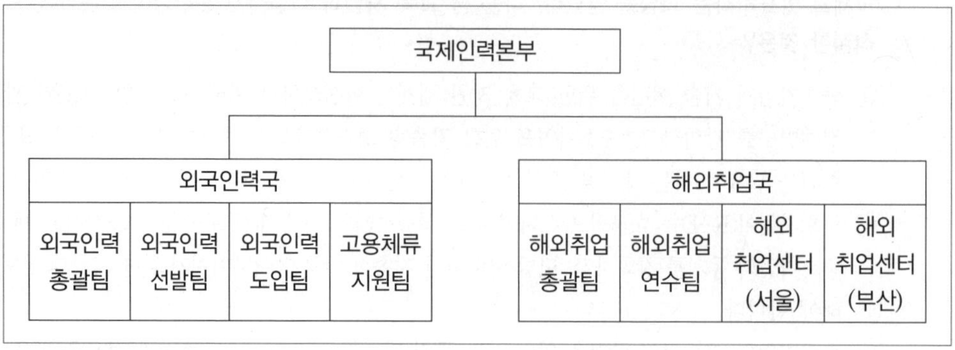

① 근로자 입국지원
② 근로자 고용·체류 지원
③ 한국어능력시험 시행
④ K-Move 취업센터 운영
⑤ 근로자 입국초기 모니터링

98 **다음 중 경영참가제도에서 자본참가에 해당하는 사례로 가장 적절한 것은?**

① 임직원들에게 저렴한 가격으로 일정 수량의 주식을 매입할 수 있게 권리를 부여한다.
② 위원회제도를 활용하여 근로자의 경영참여와 개선된 생산의 판매가치를 기초로 성과를 배분한다.
③ 부가가치의 증대를 목표로 하여 이를 노사협력 체제를 통해 달성하고, 이에 따라 증가된 생산성 향상분을 노사 간에 배분한다.
④ 천재지변의 대응, 생산성 하락, 경영성과 전달 등과 같이 단체교섭에서 결정되지 않은 사항에 대하여 노사가 서로 협력할 수 있도록 한다.
⑤ 노동자 또는 노동조합의 대표가 기업의 최고결정기관에 직접 참가해서 기업경영의 여러 문제를 노사가 공동으로 결정한다.

※ 다음은 H공사 연구소의 주요 사업별 연락처이다. 이어지는 질문에 답하시오. [99~100]

〈주요 사업별 연락처〉

주요 사업	담당부서	연락처
고객지원	고객지원팀	0××-739-7001
감사, 부패방지 및 지도 점검	감사실	0××-739-7011
국제협력, 경영 평가, 예산 기획, 규정, 이사회	전략기획팀	0××-739-7023
인재 개발, 성과 평가, 교육, 인사, ODA사업	인재개발팀	0××-739-7031
복무노무, 회계 관리, 계약 및 시설	경영지원팀	0××-739-7048
품질 평가 관리, 품질 평가 관련 민원	평가관리팀	0××-739-7062
가공품 유통 전반(실태조사, 유통정보), 컨설팅	유통정보팀	0××-739-7072
대국민 교육, 기관 마케팅, 홍보 관리, CS, 브랜드 인증	고객홍보팀	0××-739-7082
이력 관리, 역학조사 지원	이력관리팀	0××-739-7102
유전자 분석, 동일성 검사	유전자분석팀	0××-739-7111
연구사업 관리, 기준 개발 및 보완, 시장 조사	연구개발팀	0××-739-7133
정부3.0, 홈페이지 운영, 대외자료 제공, 정보 보호	정보사업팀	0××-739-7000

99 다음 중 H공사 연구소의 주요 사업별 연락처를 본 채용 지원자의 반응으로 적절하지 않은 것은?

① H공사 연구소는 1개의 실과 11개의 팀으로 이루어져 있구나.
② 예산 기획과 경영 평가는 같은 팀에서 종합적으로 관리하는구나.
③ 평가업무라 하더라도 평가 특성에 따라 담당하는 팀이 달라지는구나.
④ 홈페이지 운영은 고객홍보팀에서 마케팅과 함께 하는구나.
⑤ 부패방지를 위한 부서를 따로 두었구나.

100 다음 민원인의 요청을 듣고 난 후 민원을 해결하기 위해 연결할 부서로 가장 적절한 것은?

> 민원인 : 얼마 전 신제품 관련 등급 신청을 했습니다. 신제품 품질에 대한 등급에 대해 이의가 있습니다. 관련 건으로 담당자분과 통화하고 싶습니다.
> 상담원 : 불편을 드려서 죄송합니다. ________________ 연결해 드리겠습니다. 잠시만 기다려 주십시오.

① 지도 점검 업무를 담당하고 있는 감사실로
② 연구사업을 관리하고 있는 연구개발팀으로
③ 기관의 홈페이지 운영을 전담하고 있는 정보사업팀으로
④ 이력 관리 업무를 담당하고 있는 이력관리팀으로
⑤ 품질 평가를 관리하는 평가관리팀으로

제2회
최종점검 모의고사

※ 한국자산관리공사 고졸채용 최종점검 모의고사는 2024년도 채용 공고와 후기를 기준으로 구성한 것으로, 실제 시험과 다를 수 있습니다.

■ 취약영역 분석

번호	01	02	03	04	05	06	07	08	09	10	11	12	13	14	15	16	17	18	19	20
O/×																				
영역	의사소통능력																			

번호	21	22	23	24	25	26	27	28	29	30	31	32	33	34	35	36	37	38	39	40
O/×																				
영역	수리능력																			

번호	41	42	43	44	45	46	47	48	49	50	51	52	53	54	55	56	57	58	59	60
O/×																				
영역	문제해결능력																			

번호	61	62	63	64	65	66	67	68	69	70	71	72	73	74	75	76	77	78	79	80
O/×																				
영역	정보능력																			

번호	81	82	83	84	85	86	87	88	89	90	91	92	93	94	95	96	97	98	99	100
O/×																				
영역	조직이해능력																			

평가문항	100문항	평가시간	120분
시작시간	:	종료시간	:
취약영역			

모바일 OMR

제 2 회 최종점검 모의고사

응시시간 : 120분　문항 수 : 100문항

정답 및 해설 p.060

01 다음 문단을 논리적 순서대로 바르게 나열한 것은?

> (가) 주장애관리는 장애 정도가 심한 장애인이 의원뿐만 아니라 병원 및 종합병원급에서 장애 유형별 전문의에게 전문적인 장애관리를 받을 수 있는 서비스이다. 이전에는 대상 관리 유형이 지체장애, 시각장애, 뇌병변장애로 제한되어 있었으나, 3단계부터는 지적장애, 정신장애, 자폐성장애까지 확대되어 더 많은 중증장애인들이 장애관리를 받을 수 있게 되었다.
>
> (나) 이와 같이 3단계 장애인 건강주치의 시범 사업은 기존 1・2단계 시범 사업보다 더욱 확대되어 많은 중증장애인들의 참여를 예상하고 있다. 장애인 건강주치의 시범 사업에 신청하기 위해서는 국민건강보험공단 홈페이지의 '건강IN'에서 장애인 건강주치의 의료기관을 찾은 후 해당 의료기관에 방문하여 장애인 건강주치의 이용 신청사실 통지서를 작성해야 한다.
>
> (다) 장애인 건강주치의 제도가 제공하는 서비스는 일반건강관리, 주(主)장애관리, 통합관리로 나누어진다. 일반건강관리 서비스는 모든 유형의 중증장애인이 만성질환 등 전반적인 건강관리를 받을 수 있는 서비스로, 의원급에서 원하는 의사를 선택하여 참여할 수 있다. 1・2단계까지의 사업에서는 만성질환관리를 위해 장애인 본인이 검사 비용의 30%를 부담해야 했지만, 3단계부터는 본인부담금 없이 질환별 검사바우처로 제공한다.
>
> (라) 마지막으로 통합관리는 일반건강관리와 주장애관리를 동시에 받을 수 있는 서비스로, 동네에 있는 의원급 의료기관에 속한 지체・뇌병변・시각・지적・정신・자폐성 장애를 진단하는 전문의가 주장애관리와 만성질환관리를 모두 제공한다. 이 3가지 서비스들은 거동이 불편한 환자를 위해 의사나 간호사가 직접 집으로 방문하는 방문 서비스를 제공하고 있으며 기존까지는 연 12회였으나, 3단계 시범 사업부터 연 18회로 증대되었다.
>
> (마) 보건복지부와 국민건강보험공단은 2021년 9월부터 3단계 장애인 건강주치의 시범사업을 진행하였다. 장애인 건강주치의 제도는 중증장애인이 인근 지역에서 주치의로 등록 신청한 의사 중 원하는 의사를 선택하여 장애로 인한 건강문제, 만성질환 등 건강상태를 포괄적이고 지속적으로 관리받을 수 있는 제도로, 2018년 5월 1단계 시범사업을 시작으로 2단계 시범 사업까지 완료되었다.

① (나) – (다) – (가) – (라) – (마)
② (다) – (가) – (라) – (마) – (나)
③ (다) – (마) – (가) – (나) – (라)
④ (마) – (가) – (라) – (나) – (다)
⑤ (마) – (다) – (가) – (라) – (나)

02 다음 글의 빈칸에 들어갈 내용으로 가장 적절한 것은?

최근 경제・시사 분야에서 빈번하게 등장하고 있는 단어인 탄소배출권(CER; Certified Emission Reduction)에 대한 개념을 이해하기 위해서는 먼저 교토메커니즘(Kyoto Mechanism)과 탄소배출권거래제(Emission Trading)를 알아둘 필요가 있다.

교토메커니즘은 지구온난화의 규제 및 방지를 위한 국제 협약인 기후변화협약의 수정안인 교토 의정서에서, 온실가스를 보다 효과적이고 경제적으로 줄이기 위해 도입한 세 유연성체제인 '공동이행제도', '청정개발체제', '탄소배출권거래제'를 묶어 부르는 것이다.

이 중 탄소배출권거래제는 교토의정서 6대 온실가스인 이산화탄소, 메테인, 아산화질소, 과불화탄소, 수소불화탄소, 육불화황의 배출량을 줄여야 하는 감축의무국가가 의무감축량을 초과 달성하였을 경우에 그 초과분을 다른 국가와 거래할 수 있는 제도로, ____________________

결국 탄소배출권이란 현금화가 가능한 일종의 자산이자 가시적인 자연보호 성과인 셈이며, 이에 따라 많은 국가 및 기업에서 탄소배출을 줄임과 동시에 탄소감축 활동을 통해 탄소배출권을 획득하기 위해 동분서주하고 있다. 특히 기업들은 탄소배출권을 확보하는 주요 수단인 청정개발체제 사업을 확대하는 추세인데, 청정개발체제 사업은 개발도상국에 기술과 자본을 투자해 탄소배출량을 줄였을 경우에 이를 탄소배출량 감축목표달성에 활용할 수 있도록 한 제도이다.

① 6대 온실가스 중에서도 특히 이산화탄소를 줄이기 위해 만들어진 제도이다.
② 교토메커니즘의 세 유연성체제 중에서도 가장 핵심이 되는 제도라고 할 수 있다.
③ 다른 감축의무국가를 도움으로써 획득한 탄소배출권이 사용되는 배경이 되는 제도이다.
④ 의무감축량을 준수하지 못한 경우에도 다른 국가로부터 감축량을 구입할 수 있는 것이 특징이다.
⑤ 다른 국가를 도왔을 때 그로 인해 줄어든 탄소배출량을 감축목표량에 더할 수 있는 것이 특징이다.

03 다음 중 밑줄 친 부분의 맞춤법이 옳은 것은?

① 나는 보약을 먹어서 기운이 뻗쳤다.
② 한약을 다릴 때는 불 조절이 중요하다.
③ 가을이 되어 찬바람이 부니 몸이 으시시 추워진다.
④ 밤을 새우다시피 하며 시험을 치루고 나니 몸살이 났다.
⑤ 그는 항상 퇴근하기 전에는 자물쇠로 서랍을 단단히 잠궜다.

04 다음 중 밑줄 친 부분의 맞춤법이 옳지 않은 것은?

① 그는 입술을 지그시 깨물었다.
② 왠일로 선물까지 준비했는지 모르겠다.
③ 그는 목이 메어 한동안 말을 잇지 못했다.
④ 어제는 종일 아이를 치다꺼리하느라 잠시도 쉬지 못했다.
⑤ 노루가 나타난 것은 나무꾼이 도끼로 나무를 베고 있을 때였다.

05 다음 글의 주제로 가장 적절한 것은?

> 우리는 주변에서 신호등 음성 안내기, 휠체어 리프트, 점자 블록 등의 장애인 편의 시설을 많이 볼 수 있다. 우리는 이러한 편의 시설을 장애인들이 지니고 있는 국민으로서의 기본 권리를 인정한 것이라는 시각에서 바라보고 있다. 물론, 장애인의 일상생활 보장이라는 측면에서 이 시각은 당연한 것이다. 하지만 또 다른 시각이 필요하다. 그것은 바로 편의 시설이 장애인만을 위한 것이 아니라 일상생활에서 활동에 불편을 겪는 모두를 위한 것이라는 시각이다. 편리하고 안전한 시설은 장애인뿐만 아니라 우리 모두에게 유용하기 때문이다. 예를 들어 건물의 출입구에 설치되어 있는 경사로는 장애인들의 휠체어만 다닐 수 있도록 설치해 놓은 것이 아니라, 몸이 불편해서 계단을 오르내릴 수 없는 노인이나 유모차를 끌고 다니는 사람들도 편하게 다닐 수 있도록 만들어 놓은 시설이다. 결국 이 경사로는 우리 모두에게 유용한 시설인 것이다.
> 그런 의미에서 근래에 대두되고 있는 '보편적 디자인', 즉 '유니버설 디자인(Universal Design)'이라는 개념은 우리에게 좋은 시사점을 제공해 준다. 보편적 디자인은 가능한 모든 사람이 이용할 수 있도록 제품, 건물, 공간을 디자인한다는 의미를 가지고 있다. 이러한 시각으로 바라본다면 장애인 편의 시설은 우리 모두에게 편리하고 안전한 시설로 인식될 것이다.

① 우리 주변에서는 장애인 편의 시설을 많이 볼 수 있다.
② 보편적 디자인은 근래에 대두되고 있는 중요한 개념이다.
③ 어떤 집단의 사람들이라도 이용할 수 있는 제품을 만들어야 한다.
④ 보편적 디자인이라는 관점에서 장애인 편의 시설을 바라볼 필요가 있다.
⑤ 장애인들의 기본 권리를 보장하기 위해 장애인 편의 시설을 확충해야 한다.

06 다음 글의 내용으로 가장 적절한 것은?

OECD에 따르면 평균 수면시간이 프랑스는 8시간 50분, 미국은 8시간 38분, 영국은 8시간 13분이며, 우리나라는 7시간 49분으로 OECD 회원국 중 한국인의 수면시간이 가장 적다. 사회 특성상 다른 국가에 비해 근무 시간이 많아 수면시간이 짧은 것도 문제지만, 수면의 질 또한 낮아지고 있어 문제가 심각하다.

최근 수면장애 환자가 급격히 증가하는 추세이다. H공사에 따르면 수면장애로 병원을 찾은 환자는 2010년 46만 1,000명에서 2015년 72만 1,000명으로 5년 새 56% 이상 급증했다. 당시 병원을 찾은 사람이 70만 명을 넘었다면, 현재 수면장애로 고통받는 사람은 더 많을 것으로 추산된다.

수면장애는 단순히 잠을 이루지 못하는 불면증뿐 아니라 충분한 수면을 취했음에도 낮 동안 각성을 유지하지 못하는 기면증(과다수면증), 잠들 무렵이면 다리가 쑤시거나 저리는 증상, 코골이와 동반되어 수면 중에 호흡이 멈춰 숙면을 취하지 못하는 수면무호흡증 등 수면의 양과 질 저하로 생긴 다양한 증상을 모두 포괄한다. 수면장애는 학습장애, 능률 저하는 물론이고 교통사고 등 안전사고, 정서장애, 사회 적응 장애의 원인이 될 수 있다. 방치하게 되면 지병이 악화되고 심근경색증, 뇌졸중 등 심각한 병을 초래하기도 한다.

수면장애 환자는 여성이 42만 7,000명으로 남성(29만 1,000명)보다 1.5배 정도 더 많다. 여성은 임신과 출산, 폐경과 함께 찾아오는 갱년기 등 생체주기에 따른 영향으로 전 연령에서 수면장애가 보다 빈번하게 나타나는 경향을 보이는 것으로 보고된다. 특히 폐경이 되면 여성호르몬인 에스트로겐이 줄어들면서 수면과 관련이 있는 아세틸콜린 신경전달 물질의 분비 역시 저하되어 체내 시계가 혼란스러움을 느끼게 돼 밤에 잘 잠들지 못하거나 자주 깨며 새벽에 일찍 일어나는 등 여러 형태의 불면증이 동반된다.

또 연령별로는 40 ~ 50대 중・장년층이 36.6%로 가장 큰 비중을 차지했고, 이에 비해 20 ~ 30대는 17.3%로 나타났다. 흔히 나이가 들면 생체시계에 변화가 생겨 깊은 잠은 비교적 줄어들고 꿈수면이 나타나는 시간이 빨라지게 돼 상대적으로 얕은 수면과 꿈 수면이 많아지게 된다.

① 한국인의 수면시간은 근무 시간보다 짧다.
② 수면장애 환자는 20 ~ 30대에 가장 많다.
③ 수면장애 환자는 여성보다 남성이 더 많다.
④ 한국인의 수면의 질이 낮아지고 있다.
⑤ 여성의 경우 에스트로겐의 증가가 불면증에 영향을 미친다.

PART 2

07 **다음 문단을 논리적 순서대로 바르게 나열한 것은?**

(가) 동아시아의 문명 형성에 가장 큰 영향력을 끼친 책을 꼽을 때, 그중에 『논어』가 빠질 수 없다. 『논어』는 공자(B.C 551 ~ 479)가 제자와 정치인 등을 만나서 나눈 이야기를 담고 있다. 공자의 활동기간으로 따져보면 『논어』는 지금으로부터 대략 2,500년 전에 쓰인 것이다. 지금의 우리는 한나절에 지구 반대편으로 날아다니고, 여름에 겨울 과일을 먹는 그야말로 공자는 상상할 수도 없는 세상에 살고 있다.

(나) 2,500년 전의 공자와 그가 대화한 사람 역시 우리와 마찬가지로 '호모 사피엔스'이기 때문이다. 2,500년 전의 사람도 배고프면 먹고, 졸리면 자고, 좋은 일이 있으면 기뻐하고, 나쁜 일이 있으면 화를 내는 오늘날의 사람과 다름없었다. 불의를 보면 공분하고, 전쟁보다 평화가 지속되기를 바라고, 예술을 보고 들으며 즐거워했는데, 오늘날의 사람도 마찬가지이다.

(다) 물론 2,500년의 시간으로 인해 달라진 점도 많고 시대와 문화에 따라 '사람다움이 무엇인가?'에 대한 답은 다를 수 있지만, 사람은 돌도 아니고 개도 아니고 사자도 아니라 여전히 사람일 뿐인 것이다. 즉, 현재의 인간이 과거보다 자연의 힘에 두려워하지 않고 자연을 합리적으로 설명할 수는 있지만, 인간적 약점을 극복하고 신적인 존재가 될 수는 없는 그저 인간일 뿐인 것이다.

(라) 『논어』의 일부는 여성과 아동, 이민족에 대한 당시의 편견을 드러내고 있어 이처럼 달라진 시대의 흐름에 따라 폐기될 수밖에 없지만, 이를 제외한 부분은 '오래된 미래'로서 읽을 가치가 있는 것이다.

(마) 이론의 생명 주기가 짧은 학문의 경우, 2,500년 전의 책은 역사적 가치가 있을지언정 이론으로서는 폐기 처분이 당연시된다. 그런데 왜 21세기의 우리가 2,500년 전의 『논어』를 지금까지도 읽고, 또 읽어야 할 책으로 간주하고 있는 것일까?

① (가) – (마) – (나) – (다) – (라)
② (가) – (마) – (나) – (라) – (다)
③ (가) – (마) – (다) – (나) – (라)
④ (나) – (다) – (가) – (마) – (라)
⑤ (마) – (가) – (나) – (다) – (라)

08 **다음 중 띄어쓰기가 옳지 않은 것은?**

① 아는 것이 힘이다.
② 북어 한 쾌는 북어 스무 마리를 이른다.
③ 박승후 군은 국회의원 출마 의사를 밝혔다.
④ 나는 주로 삼학년을 맡아 미술을 지도했다.
⑤ 강아지가 집을 나간지 사흘 만에 돌아왔다.

09 **다음 중 사이시옷 쓰임이 옳은 것은?**

① 숫사슴
② 선짓국
③ 양치물
④ 전세집
⑤ 등굣길

10 **다음 중 밑줄 친 부분의 표기가 옳은 것은?**

① 나의 바램대로 내일은 흰 눈이 왔으면 좋겠다.
② 엿가락을 고무줄처럼 늘였다.
③ 학생 신분에 알맞는 옷차림을 해야 한다.
④ 계곡물에 손을 담구니 시원하다.
⑤ 지리한 장마가 끝나고 불볕더위가 시작되었다.

PART 2

11 **다음 문단을 논리적 순서대로 바르게 나열한 것은?**

(가) 개념사를 역사학의 한 분과로 발전시킨 독일의 역사학자 코젤렉은 '개념은 실재의 지표이자 요소'라고 하였다. 이 말은 실타래처럼 얽혀 있는 개념과 정치・사회적 실재, 개념과 역사적 실재의 관계를 정리하기 위한 중요한 지침으로 작용한다. 그에 의하면 개념은 정치적 사건이나 사회적 변화 등의 실재를 반영하는 거울인 동시에 정치・사회적 사건과 변화의 실제적 요소이다.

(나) 개념은 정치적 사건과 사회적 변화 등에 직접 관련되어 있거나 그것을 기록, 해석하는 다양한 주체들에 의해 사용된다. 이러한 주체들, 즉 '역사 행위자'들이 사용하는 개념은 여러 의미가 포개어진 층을 이룬다. 개념사에서는 사회・역사적 현실과 관련하여 이러한 층들을 파헤치면서 개념이 어떻게 사용되어 왔는가, 이 과정에서 그 의미가 어떻게 변화했는가, 어떤 함의들이 거기에 투영되었는가, 그 개념이 어떠한 방식으로 작동했는가 등에 대해 탐구한다.

(다) 이상에서 보듯이 개념사에서는 개념과 실재를 대조하고 과거와 현재의 개념을 대조함으로써 그 개념이 대응하는 실재를 정확히 드러내고 있는가, 아니면 실재의 이해를 방해하고 더 나아가 왜곡하는가를 탐구한다. 이를 통해 코젤렉은 과거에 대한 '단 하나의 올바른 묘사'를 주장하는 근대 역사학의 방법을 비판하고, 과거의 역사 행위자가 구성한 역사적 실재와 현재 역사가가 만든 역사적 실재를 의미있게 소통시키고자 했다.

(라) 사람들이 '자유', '민주', '평화' 등과 같은 개념들을 사용할 때, 그 개념이 서로 같은 의미를 갖는 것은 아니다. '자유'의 경우, '구속받지 않는 상태'를 강조하는 개념으로 쓰이는가 하면, '자발성'이나 '적극적인 참여'를 강조하는 개념으로 쓰이기도 한다. 이러한 정의와 해석의 차이로 인해 개념에 대한 논란과 논쟁이 늘 있어 왔다. 바로 이러한 현상에 주목하여 출현한 것이 코젤렉의 '개념사'이다.

(마) 또한, 개념사에서는 '무엇을 이야기하는가'보다는 '어떤 개념을 사용하면서 그것을 이야기하는가'에 관심을 갖는다. 개념사에서는 과거의 역사 행위자가 자신이 경험한 '현재'를 서술할 때 사용한 개념과 오늘날의 입장에서 '과거'의 역사 서술을 이해하기 위해 사용한 개념의 차이를 밝힌다. 그리고 과거의 역사를 현재의 역사로 번역하면서 양자가 어떻게 수렴될 수 있는가를 밝히는 절차를 밟는다.

① (가) – (나) – (다) – (라) – (마)
② (라) – (가) – (나) – (마) – (다)
③ (라) – (나) – (가) – (다) – (마)
④ (마) – (나) – (가) – (다) – (라)
⑤ (마) – (라) – (나) – (다) – (가)

12 다음 글을 통해 확인할 수 있는 내용이 아닌 것은?

> 영화 촬영 시 카메라가 찍기 시작하면서 멈출 때까지의 연속된 촬영을 '쇼트(Shot)'라 하고, 이러한 쇼트의 결합으로 이루어져 연극의 '장(場)'과 같은 역할을 수행하는 것을 '씬(Scene)'이라고 한다. 그리고 여러 개의 씬이 연결되어 영화의 전체 흐름 속에서 비교적 독립적인 의미를 지니는 것을 '시퀀스(Sequence)'라 일컫는다.
> 시퀀스는 씬을 제시하는 방법에 따라 '에피소드 시퀀스'와 '병행 시퀀스'로 구분할 수 있다. 먼저 에피소드 시퀀스는 짧은 장면을 연결하여 긴 시간의 흐름을 간단하게 보여주는 것을 말한다. 예를 들어 특정 인물의 삶을 다룬 영화의 경우, 주인공의 생애를 있는 그대로 재현하는 것은 불가능하므로 특징적인 짧은 장면을 연결하여 인물의 삶을 요약적으로 제시하는 것이 여기에 해당한다.
> 이와 달리 병행 시퀀스는 같은 시간, 다른 공간에서 일어나는 둘 이상의 별개 사건이 교대로 전개되는 것을 말한다. 범인을 추격하는 영화의 경우, 서로 다른 공간에서 쫓고 쫓기는 형사와 범인의 영상을 교차로 제시하는 방식이 좋은 예이다. 이 방법은 극적 긴장감을 조성할 수 있으며, 시간을 나타내는 특별한 표지가 없더라도 두 개의 사건에 동시성을 부여하여 시각적으로 통일된 단위로 묶을 수 있다.
> 시퀀스 연결 방법은 크게 두 가지로 나눌 수 있는데, 자연스럽게 연결하는 경우와 그렇지 않은 경우이다. 원래 이미지가 점점 희미해지면서 다른 이미지로 연결되는 디졸브 등의 기법을 사용하면 관객들은 하나의 시퀀스가 끝나고 다음 시퀀스가 시작된다는 것을 자연스럽게 알게 된다. 이러한 자연스러운 시퀀스 연결은 관객들이 사건의 전개 과정을 쉽게 파악하고, 다음에 이어질 장면을 예상하는 데 도움을 준다. 이와 달리 시퀀스의 마지막 부분에 시공간이 완전히 다른 이미지를 연결하여 급작스럽게 시퀀스를 전환하기도 하는데, 이러한 부자연스러운 시퀀스 연결은 관객들에게 낯선 느낌을 주고 의아함을 불러일으켜 시퀀스 연결 속에 숨은 의도나 구조를 생각하게 한다.
> 일반적으로 각 시퀀스의 길이가 길어 시퀀스의 수가 적은 영화들은 느린 템포로 사건이 진행되기 때문에 서사적 이야기 구조를 안정되게 제시하는 데 적합하다. 반면, 길이가 매우 짧은 시퀀스를 사용한 영화는 빠른 템포로 사건이 전개되므로 극적 긴장감을 조성할 수 있으며, 특정 이미지를 강조하거나 인물의 심리 상태 등도 효과적으로 제시할 수 있다.
> 이밖에도 서사의 줄거리를 분명하고 세밀하게 전달하기 위해 각 시퀀스에서 의미를 완결지어 관객으로 하여금 작은 단위의 카타르시스를 경험하게 하는 경우도 있고, 시퀀스 전체의 연결 관계를 통해서 영화의 서사 구조를 파악하게 하는 경우도 있다. 따라서 영화에 사용된 시퀀스의 특징을 분석하는 것은 영화의 서사 구조와 감독의 개성을 효과적으로 파악할 수 있는 좋은 방법이다.

① 시퀀스의 연결 방법과 효과
② 시퀀스의 길이에 따른 특징
③ 영화의 시퀀스를 구성하는 요소와 개념
④ 영화의 발전 과정과 시퀀스의 상관관계
⑤ 씬을 제시하는 방법에 따른 시퀀스의 종류

13 다음 글의 중심 내용으로 가장 적절한 것은?

통계는 다양한 분야에서 사용되며 막강한 위력을 발휘하고 있다. 그러나 모든 도구나 방법이 그렇듯이, 통계 수치에도 함정이 있다. 함정에 빠지지 않으려면 통계 수치의 의미를 정확히 이해하고, 도구와 방법을 올바르게 사용해야 한다. 친구 5명이 만나서 이야기를 나누다가 연봉이 화제가 되었다. 2천만 원이 4명, 7천만 원이 1명이었는데, 평균을 내면 3천만 원이다. 이 숫자에 대해 4명은 "나는 봉급이 왜 이렇게 적을까?" 하며 한숨을 내쉬었다. 그러나 이 평균값 3천만 원이 5명의 집단을 대표하는 데 아무 문제가 없을까? 물론 계산 과정에는 하자가 없지만, 평균을 집단의 대푯값으로 사용하는 데 어떤 한계가 있을 수 있는지 깊이 생각해 보지 않는다면, 우리는 잘못된 생각에 빠질 수도 있다. 평균은 극단적으로 아웃라이어(비정상적인 수치)에 민감하다. 집단 내에 아웃라이어가 하나만 있어도 평균이 크게 바뀐다는 것이다. 위의 예에서 1명의 연봉이 7천만 원이 아니라 100억 원이었다고 하자. 그러면 평균은 20억 원이 넘게 된다.
나머지 4명은 자신의 연봉이 평균치의 100분의 1밖에 안 된다며 슬퍼해야 할까? 연봉 100억 원인 사람이 아웃라이어이듯이 처음의 예에서 연봉 7천만 원인 사람도 아웃라이어인 것이다. 두드러진 아웃라이어가 있는 경우에는 평균보다는 최빈값이나 중앙값이 대푯값으로서 더 나을 수 있다.

① 평균은 집단을 대표하는 수치로서는 매우 부적당하다.
② 통계는 숫자 놀음에 불과하므로 통계 수치에 일희일비할 필요가 없다.
③ 평균보다는 최빈값이나 중앙값을 대푯값으로 사용해야 한다.
④ 통계 수치의 의미와 한계를 정확히 인식하고 사용할 필요가 있다.
⑤ 통계는 올바르게 활용하면 다양한 분야에서 사용할 수 있는 도구이다.

14 다음 글의 빈칸에 들어갈 말로 가장 적절한 것은?

과학을 이야기할 때 꼭 언급하고 지나가야 할 문제는 과학적인 방법으로 얻어진 결과를 어느 정도 신뢰할 수 있느냐 하는 문제이다. 과학은 인간의 이성으로 진리를 추구해 가는 가장 합리적인 방법이다. 따라서 과학적인 방법으로 도출해낸 결론은 우리가 얻을 수 있는 가장 신뢰할 수 있는 결론이라고 해야 할 것이다. 그러나 인간의 이성으로 얻은 결론이므로 인간이라는 한계를 뛰어넘을 수는 없으며, 인간의 지식이나 이성이 완벽하지 못하다는 것은 누구나 인정하고 있는 사실이다. 그러므로 ______________________

① 과학에 대하여 보다 더 적극적인 관심을 가질 필요가 있다.
② 과학적인 방법으로 얻어진 결론도 완벽하다고 할 수는 없다.
③ 과학으로써 인간의 지식이나 이성의 한계를 넘어서야 한다.
④ 과학 탐구에 있어서도 결국 그 주체는 인간임을 잊어서는 안 된다.
⑤ 과학의 산물이 인간에게 유용한 것만은 아니라고 보아야 한다.

15 다음 글의 내용으로 적절하지 않은 것은?

> 위기지학(爲己之學)이란 15세기의 사림파 선비들이 『소학(小學)』을 강조하면서 내세운 공부 태도를 가리킨다. 원래 이 말은 위인지학(爲人之學)과 함께 『논어(論語)』에 나오는 말이다. '옛날에 공부하던 사람들은 자기를 위해 공부했는데, 요즘 사람들은 남을 위해 공부한다.' 즉, 공자는 공부하는 사람의 관심이 어디에 있느냐를 가지고 학자를 두 부류로 구분했다. 어떤 학자는 '위기(爲己)란 자아가 성숙하는 것을 추구하며, 위인(爲人)이란 남들에게서 인정받기를 바라는 태도'라고 했다. 조선 시대를 대표하는 지식인 퇴계 이황(李滉)은 이렇게 말했다. '위기지학이란 우리가 마땅히 알아야 할 바가 도리이며, 우리가 마땅히 행해야 할 바가 덕행이라는 것을 믿고, 가까운 데서부터 착수해 나가되 자신의 이해를 통해서 몸소 실천하는 것을 목표로 삼는 공부이다. 반면, 위인지학이란 내면의 공허함을 감추고 관심을 바깥으로 돌려 지위와 명성을 취하는 공부이다.' 위기지학과 위인지학의 차이는 공부의 대상이 무엇이냐에 있다기보다 공부를 하는 사람의 일차적 관심과 태도가 자신을 내면적으로 성숙시키는 데 있느냐, 아니면 다른 사람으로부터 인정을 받는 데 있느냐에 있다는 것이다.
>
> 이것은 학문의 목적이 외재적 가치에 의해서가 아니라 내재적 가치에 의해서 정당화된다는 사고방식이 나타났음을 뜻한다. 이로써 당시 사대부들은 출사(出仕)를 통해 정치에 참여하는 것 외에 학문과 교육에 종사하면서도 자신의 사회적 존재 의의를 주장할 수 있다고 믿었다. 더 나아가 학자 또는 교육자로서 사는 것이 관료 또는 정치가로서 사는 것보다 훌륭한 것이라고 주장할 수 있게 되었다. 또한, 위기지학의 출현은 종래 과거제에 종속되어 있던 교육에 독자적 가치를 부여했다는 점에서 역사적 사건으로 평가받아 마땅하다.

① 국가가 위기지학을 권장함으로써 그 위상이 높아졌다.
② 위인지학을 추구하는 사람들은 체면과 인정을 중시했다.
③ 위기적 태도를 견지한 사람들은 자아의 성숙을 추구했다.
④ 공자는 학문을 대하는 태도를 기준으로 삼아 학자들을 나누었다.
⑤ 위기지학은 사대부에게 출사만이 훌륭한 것은 아니라는 근거를 제공했다.

16 다음 글의 빈칸에 들어갈 문장을 〈보기〉에서 찾아 순서대로 바르게 나열한 것은?

한 조사 기관에 따르면, 해마다 척추 질환으로 병원을 찾는 청소년들이 연평균 5만 명에 이르며 그 수가 지속적으로 증가하고 있다. 청소년의 척추 질환은 성장을 저해하고 학업의 효율성을 저하시킬 수 있다. ____(가)____ 따라서 청소년 척추 질환의 원인을 알고 예방하기 위한 노력이 필요하다.
전문가들은 앉은 자세에서 척추에 가해지는 하중이 서 있는 자세에 비해 1.4배 정도 크기 때문에 책상 앞에 오래 앉아 있는 청소년들의 경우, 척추 건강에 적신호가 켜질 가능성이 매우 높다고 말한다. 또한 전문가들은 청소년들의 운동 부족도 청소년 척추 질환의 원인이라고 강조한다. 척추 건강을 위해서는 기립근과 장요근 등을 강화하는 근력 운동이 필요하다. 그런데 실제로 질병관리본부의 조사에 따르면, 청소년들 가운데 주 3일 이상 근력 운동을 하고 있다고 응답한 비율은 남성이 약 33%, 여성이 약 9% 정도밖에 되지 않았다.
청소년들이 생활 속에서 비교적 쉽게 척추 질환을 예방할 수 있는 방법은 무엇일까? 첫째, 바른 자세로 책상 앞에 앉아 있는 습관을 들여야 한다. ____(나)____ 또한 책을 보기 위해 고개를 아래로 많이 숙이는 행동은 목뼈가 받는 부담을 크게 늘려 척추 질환을 유발하므로 책상 높이를 조절하여 목과 허리를 펴고 반듯하게 앉아 책을 보는 것이 좋다. 둘째, 틈틈이 척추 근육을 강화하는 운동을 해 준다. ____(다)____
그리고 발을 어깨보다 약간 넓게 벌리고 서서 양손을 허리에 대고 상체를 서서히 뒤로 젖혀 준다. 이러한 동작들은 척추를 지지하는 근육과 인대를 강화시켜 척추가 휘어지거나 구부러지는 것을 막아 준다. 따라서 이런 운동은 척추 건강을 위해 반드시 필요하다.

보기

㉠ 허리를 곧게 펴고 앉아 어깨를 뒤로 젖히고 고개를 들어 하늘을 본다.
㉡ 그렇기 때문에 적절한 대응 방안이 마련되지 않으면 문제가 더욱 심각해질 것이다.
㉢ 의자에 앉아 있을 때는 엉덩이를 의자 끝까지 밀어 넣고 등받이에 반듯하게 상체를 기대 척추를 꼿꼿하게 유지해야 한다.

	(가)	(나)	(다)
①	㉡	㉠	㉢
②	㉡	㉢	㉠
③	㉢	㉠	㉡
④	㉢	㉡	㉠
⑤	㉠	㉡	㉢

17 다음 글의 제목으로 가장 적절한 것은?

우리는 처음 만난 사람의 외모를 보고, 그를 어떤 방식으로 대우해야 할지를 결정할 때가 많다. 그가 여자인지 남자인지, 얼굴색이 흰지 검은지, 나이가 많은지 적은지 혹은 그의 스타일이 조금은 상류층의 모습을 띠고 있는지 아니면 너무나 흔해서 별 특징이 드러나 보이지 않는 외모를 하고 있는지 등을 통해 그들과 나의 차이를 재빨리 감지한다. 일단 감지가 되면 우리는 둘 사이의 지위 차이를 인식하고 우리가 알고 있는 방식으로 그를 대하게 된다. 한 개인이 특정 집단에 속한다는 것은 단순히 다른 집단의 사람과 다르다는 것뿐만 아니라, 그 집단이 다른 집단보다는 지위가 높거나 우월하다는 믿음을 갖게 한다. 모든 인간은 평등하다는 우리의 신념에도 불구하고 왜 인간들 사이의 이러한 위계화(位階化)를 당연한 것으로 받아들일까? 위계화란 특정 부류의 사람들은 자원과 권력을 소유하고 다른 부류의 사람들은 낮은 사회적 지위를 갖게 되는 사회적이며 문화적인 체계이다. 다음에서 우리는 이러한 불평등이 어떠한 방식으로 경험되고 조직화되는지를 살펴보기로 하자.
인간이 불평등을 경험하게 되는 방식은 여러 측면으로 나눌 수 있다. 산업 사회에서의 불평등은 계층과 계급의 차이를 통해서 정당화되는데, 이는 재산, 생산 수단의 소유 여부, 학력, 집안 배경 등등의 요소들의 결합에 의해 사람들 사이의 위계를 만들어 낸다. 또한 모든 사회에서 인간은 태어날 때부터 얻게 되는 인종, 성, 종족 등의 생득적 특성과 나이를 통해 불평등을 경험한다. 이러한 특성들은 단순히 생물학적인 차이를 지칭하는 것이 아니라, 개인의 열등성과 우등성을 가늠하게 만드는 사회적 개념이 되곤 한다.
한편 불평등이 재생산되는 다양한 사회적 기제들이 때로는 관습이나 전통이라는 이름 아래 특정 사회의 본질적인 문화적 특성으로 간주되고 당연시되는 경우가 많다. 불평등은 체계적으로 조직되고 개인에 의해 경험됨으로써 문화의 주요 부분이 되었고, 그 결과 같은 문화권 내의 구성원들 사이에 권력 차이와 그에 따른 폭력이나 비인간적인 행위들이 자연스럽게 수용될 때가 많다.
문화 인류학자들은 사회 집단의 차이와 불평등, 사회의 관습 또는 전통이라고 얘기되는 문화 현상에 대해 어떤 입장을 취해야 할지 고민을 한다. 문화 인류학자가 이러한 문화 현상은 고유한 역사적 산물이므로 나름대로 가치를 지닌다는 입장만을 반복하거나 단순히 관찰자로서의 입장에 안주한다면, 이러한 차별의 형태를 제거하는 데 도움을 줄 수 없다. 실제로 문화 인류학 연구는 기존의 권력관계를 유지시켜주는 다양한 문화적 이데올로기를 분석하고, 인간 간의 차이가 우등성과 열등성을 구분하는 지표가 아니라 동등한 다름일 뿐이라는 것을 일깨우는 데 기여해 왔다.

① 차이와 불평등
② 차이의 감지 능력
③ 문화 인류학의 역사
④ 위계화의 개념과 구조
⑤ 관습과 전통의 계승과 창조

18 **다음 글에 대한 내용으로 가장 적절한 것은?**

> 김치는 자연 발효에 의해 익어가기 때문에 미생물의 작용에 따라 맛이 달라진다. 김치가 발효되기 위해서는 효모와 세균 등 여러 미생물의 증식이 일어나야 하는데, 이를 위해 김치를 담글 때 찹쌀가루나 밀가루로 풀을 쑤어 넣어 준다. 이는 풀에 들어 있는 전분을 비롯한 여러 가지 물질이 김칫소에 있는 미생물을 쉽게 자랄 수 있도록 해주는 영양분의 역할을 하기 때문이다. 김치는 배추나 무에 있는 효소뿐만 아니라 그 사이에 들어가는 김칫소에 포함된 효소의 작용에 의해서도 발효가 일어날 수 있다.
>
> 김치의 발효 과정에 관여하는 미생물에는 여러 종류의 효모, 호기성 세균 그리고 유산균을 포함한 혐기성 세균이 있다. 갓 담근 김치의 발효가 시작될 때 호기성 세균과 혐기성 세균의 수가 두드러지게 증가하지만, 김치가 익어갈수록 호기성 세균의 수는 점점 줄어들어 나중에는 그 수가 완만하게 증가하는 효모의 수와 거의 비슷해진다. 그러나 혐기성 세균의 수는 김치가 익어갈수록 증가하며 결국 많이 익어서 시큼한 맛이 나는 김치에 있는 미생물 중 대부분을 차지한다. 김치를 익히는 데 관여하는 균과 매우 높은 산성의 환경에서도 잘 살 수 있는 유산균이 그 예이다.
>
> 김치를 익히는 데 관여하는 세균과 유산균뿐만 아니라 김치의 발효 초기에 증식하는 호기성 세균도 독특한 김치 맛을 내는 데 도움을 준다. 김치에 들어 있는 효모는 세균보다 그 수가 훨씬 적지만 여러 종류의 효소를 가지고 있어서 김치 안에 있는 여러 종류의 탄수화물을 분해할 수 있다. 또한, 김치를 발효시키는 유산균은 당을 분해해서 시큼한 맛이 나는 젖산을 생산하는데, 김치가 익어가면서 김치 국물의 맛이 시큼해지는 것은 바로 이런 이유 때문이다.
>
> 김치가 익는 정도는 재료나 온도 등의 조건에 따라 달라지는데, 이는 유산균의 발효 정도가 달라지기 때문이다. 특히 이 미생물들이 만들어 내는 여러 종류의 향미 성분이 더해지면서 특색 있는 김치 맛이 만들어진다. 김치가 익는 기간에 따라 여러 가지 맛을 내는 것도 모두 유산균의 발효 정도가 다른 데서 비롯된다.

① 김치를 담글 때 넣는 풀은 효모에 의해 효소로 바뀐다.

② 강한 산성 조건에서도 생존할 수 있는 혐기성 세균이 있다.

③ 김치 국물의 시큼한 맛은 호기성 세균의 작용에 의한 것이다.

④ 특색 있는 김치 맛을 만드는 것은 효모가 만든 향미 성분 때문이다.

⑤ 시큼한 맛이 나는 김치에 있는 효모의 수는 호기성 세균이나 혐기성 세균보다 훨씬 많다.

19 다음 글에 나타난 의사소통능력 개발 과정에서의 피드백에 대한 설명으로 적절하지 않은 것은?

> 피드백(Feedback)이란 상대방에게 그의 행동의 결과가 어떠한지에 대하여 정보를 제공해 주는 것을 말한다. 즉, 그의 행동이 나의 행동에 어떤 영향을 미치고 있는가에 대하여 상대방에게 솔직하게 알려주는 것이다. 말하는 사람 또는 전달자는 피드백을 이용하여 메시지의 내용이 실제로 어떻게 해석되고 있는가를 조사할 수 있다.

① 의사소통의 왜곡에서 오는 오해와 부정확성을 줄일 수 있다.
② 말뿐만 아니라 얼굴 표정 등으로 정확한 반응을 얻을 수 있다.
③ 대인관계에 있어서의 행동을 개선할 수 있는 기회를 제공해 줄 수 있다.
④ 상대방의 긍정적인 면뿐만 아니라 부정적인 면도 솔직하게 전달해야 한다.
⑤ 효과적인 개선을 위해서는 긍정적인 면보다 부정적인 면을 강조하여 전달해야 한다.

PART 2

20 다음 문장의 빈칸에 들어갈 단어를 순서대로 바르게 나열한 것은?

> • 요즘 옷은 남녀의 ㉠ 구별 / 차별이 없는 경우가 많다.
> • 많은 생산품 중에서 최상의 것만을 ㉡ 변별 / 식별해서 시장에 내놓았다.
> • 필적을 ㉢ 분별 / 감별한 결과 본인의 것이 아님이 판명되었다.

	㉠	㉡	㉢
①	구별	식별	분별
②	구별	변별	분별
③	구별	변별	감별
④	차별	변별	감별
⑤	차별	식별	감별

21 다음과 같이 일정한 규칙으로 수를 나열할 때, 빈칸에 들어갈 수는?

5 7 10 14 19 25 ( )

① 27
② 30
③ 32
④ 35
⑤ 38

22 H사에서 파견 근무를 나갈 10명을 뽑아 팀을 구성하려 한다. 새로운 팀 내에서 팀장 한 명과 회계 담당 2명을 뽑으려고 할 때, 가능한 경우의 수는 모두 몇 가지인가?

① 300가지
② 320가지
③ 348가지
④ 360가지
⑤ 396가지

23 A계열사와 B계열사의 제품 생산량의 비율은 3 : 7이고, 각각의 불량률은 2%, 3%이다. 부품을 선정하여 불량품이 나왔을 때, 그 불량품이 B계열사의 불량품일 확률은?

① $\frac{13}{21}$
② $\frac{7}{8}$
③ $\frac{7}{9}$
④ $\frac{13}{15}$
⑤ $\frac{15}{17}$

24 다음은 국가별 이산화탄소 배출량에 대한 자료이다. 〈조건〉에 따라 빈칸 ㉠~㉣에 해당하는 국가명을 순서대로 바르게 나열한 것은?

〈국가별 이산화탄소 배출량〉

(단위 : 백만 톤 CO_2eq)

국가	1995년	2005년	2015년	2020년	2024년
일본	1,041	1,141	1,112	1,230	1,189
미국	4,803	5,642	5,347	5,103	5,176
㉠	232	432	551	572	568
㉡	171	312	498	535	556
㉢	151	235	419	471	507
독일	940	812	759	764	723
인도	530	890	1,594	1,853	2,020
㉣	420	516	526	550	555
중국	2,076	3,086	7,707	8,980	9,087
러시아	2,163	1,474	1,529	1,535	1,468

조건

- 한국과 캐나다는 제시된 5개 연도의 이산화탄소 배출량 순위에서 8위를 두 번 했다.
- 사우디아라비아의 2020년 대비 2024년의 이산화탄소 배출량 증가율은 5% 이상이다.
- 이란과 한국의 이산화탄소 배출량의 합은 2015년부터 이란과 캐나다의 배출량의 합보다 많아진다.

① 캐나다, 이란, 사우디아라비아, 한국
② 한국, 사우디아라비아, 이란, 캐나다
③ 한국, 이란, 캐나다, 사우디아라비아
④ 이란, 한국, 사우디아라비아, 캐나다
⑤ 한국, 이란, 사우디아라비아, 캐나다

25 다음은 공항철도를 이용한 월별 여객 수송실적이다. 빈칸 (A) ~ (C)에 들어갈 수를 바르게 나열한 것은?

〈월별 공항철도 이용 여객 현황〉

(단위 : 명)

구분	수송인원	승차인원	유입인원
1월	287,923	117,532	170,391
2월	299,876	(A)	179,743
3월	285,200	131,250	153,950
4월	272,345	152,370	119,975
5월	(B)	188,524	75,796
6월	268,785	203,557	65,228
7월	334,168	234,617	99,551
8월	326,394	215,890	110,504
9월	332,329	216,866	115,463
10월	312,208	224,644	(C)

※ 유입인원은 환승한 인원임

※ (승차인원)=(수송인원)−(유입인원)

	(A)	(B)	(C)
①	120,133	264,320	87,564
②	120,133	251,310	97,633
③	122,211	251,310	97,633
④	122,211	264,320	97,633
⑤	131,127	253,229	87,564

26 희경이의 회사는 본사에서 A지점까지의 거리가 총 50km이다. 본사에서 근무하는 희경이가 A지점에서의 미팅을 위해 버스를 타고 60km/h의 속력으로 20km를 갔더니 미팅시간이 얼마 남지 않아 택시로 바꿔 타고 90km/h의 속력으로 갔더니 오후 3시에 도착할 수 있었다. 희경이가 본사에서 나온 시각은 언제인가?(단, 본사에서 나와 버스를 기다린 시간과 버스에서 택시로 바꿔 탄 시간은 고려하지 않는다)

① 오후 1시 40분
② 오후 2시
③ 오후 2시 20분
④ 오후 2시 40분
⑤ 오후 3시

27 KTX와 새마을호가 서로 마주 보며 오고 있다. 속력은 7 : 5의 비로 운행하고 있으며, 현재 두 열차 사이의 거리는 6km이다. 두 열차가 서로 만났을 때 새마을호가 이동한 거리는?

① 2km
② 2.5km
③ 3km
④ 3.5km
⑤ 4km

28 녹차를 좋아하는 H씨는 농도가 40%인 녹차를 만들어 마시고자 한다. 뜨거운 물 120g에 녹차 30g을 넣었는데 원하는 농도가 안 나와 녹차가루를 더 넣고자 할 때, 더 넣어야 하는 녹차가루의 양은 최소 몇 g인가?

① 20g
② 30g
③ 40g
④ 50g
⑤ 60g

29 우람이는 자전거로 집에서 출발하여 도서관에 갔다가 우체국에 가야 한다. 도서관은 우람이네 집을 기준으로 서쪽에 있고, 우체국은 집을 기준으로 동쪽에 있다. 집에서 도서관까지는 시속 5km로 이동하고, 도서관에서 집을 거쳐 우체국까지는 시속 3km로 이동한다. 집에서 우체국까지의 거리가 10km이고, 도서관에 갔다가 우체국에 갈 때까지 걸리는 시간이 4시간 이내라면 도서관은 집에서 최대 몇 km 떨어진 지점 내에 있어야 하는가?

① 1km
② $\frac{3}{2}$km
③ 2km
④ $\frac{7}{4}$km
⑤ $\frac{5}{4}$km

30 H공사 직원들의 여자 사원과 남자 사원의 비율은 6 : 4이고, 여자 사원 중 운동을 좋아하는 비율은 25%, 남자 사원 중 운동을 좋아하는 비율은 85%라고 한다. 전체 사원 중에서 운동을 좋아하는 비율은 몇 %인가?

① 40%
② 42%
③ 45%
④ 48%
⑤ 49%

31 김과장은 월급의 $\frac{1}{4}$은 저금하고, 저금한 나머지의 $\frac{1}{4}$은 모임회비, $\frac{2}{3}$는 월세로 내며, 그 나머지의 $\frac{1}{2}$은 부모님께 드린다고 한다. 나머지를 생활비로 쓴다면 생활비는 월급의 얼마인가?

① $\frac{1}{32}$
② $\frac{1}{16}$
③ $\frac{1}{12}$
④ $\frac{1}{8}$
⑤ $\frac{1}{6}$

32 다음은 부서별 업무시간 분석결과이다. 표준 업무시간은 80시간으로 모든 부서가 동일할 때, 어느 부서의 업무효율이 가장 높은가?

〈부서별 업무시간 분석결과〉

구분		A	B	C	D	E
투입 인원(명)		2	3	4	3	5
개인별 업무시간(시간)		41	30	22	27	17
회의	횟수(회)	3	2	1	2	3
	소요시간(시간/회)	1	2	4	1	2

- $(\text{업무효율})=\frac{(\text{표준 업무시간})}{(\text{총투입시간})}$
- (총투입시간)=(개인별 투입시간)×(투입 인원)

  ※ 개인별 투입시간 : (개인별 업무시간)+(회의 횟수)×(회의 소요시간)
- 부서원은 업무를 분담하여 동시에 수행할 수 있음
- 투입된 인원의 개인별 업무능력과 인원당 소요시간은 동일함

① A ② B

③ C ④ D

⑤ E

※ 다음은 교육부에서 발표한 고등학생의 졸업 후 진로 계획에 대한 자료이다. 이어지는 질문에 답하시오 (단, 소수점 둘째 자리에서 반올림한다). [33~34]

〈고등학생의 졸업 후 진로 계획〉

학교유형 / 진로	일반고		과학고 · 외고 · 국제고		예술 · 체육고		마이스터고		특성화고	
	빈도(명)	비율(%)	빈도(명)	비율(%)	빈도(명)	비율(%)	빈도(명)	비율(%)	빈도(명)	비율(%)
대학 진학	6,773	80.7	164	84.3	80	82.1	3	3.7	512	31.1
취업	457	5.4	11	5.7	3	3.3	64	80.2	752	45.6
창업	118	1.4	5	2.6	5	5.6	1	1.4	37	2.2
기타 (군 입대, 해외 유학)	297	3.5	5	2.4	3	2.7	6	8.1	86	5.3
진로 미결정	749	9.0	10	5.0	6	6.3	5	6.6	260	15.8

33 다음 중 고등학생의 졸업 후 진로 계획에 대한 설명으로 옳은 것은?

① 진로를 결정하지 못한 졸업생의 수가 가장 많은 학교 유형은 예술 · 체육고이다.
② 졸업 후 창업하는 졸업생들 중 특성화고 졸업생이 차지하는 비율은 20% 이상이다.
③ 졸업생들 중 대학 진학률이 가장 높은 학교 유형과 창업률이 가장 높은 학교 유형은 동일하다.
④ 일반고 졸업생 중 졸업 후 대학에 진학하는 졸업생의 수는 특성화고 졸업생 중 대학에 진학하는 졸업생 수의 14배 이상이다.
⑤ 졸업 후 군 입대를 하거나 해외 유학을 가는 졸업생들 중 과학고 · 외고 · 국제고와 마이스터고 졸업생들이 차지하는 비율은 5% 이상이다.

34 **다음은 고등학생의 졸업 후 진로 계획에 대한 보고서의 일부이다. 밑줄 친 내용 중 옳은 것을 모두 고르면?**

> 지난 8일, 진학점검부는 일반고, 과학고 · 외고 · 국제고, 예술 · 체육고, 마이스터고, 특성화고 졸업생들의 졸업 후 진로 계획에 대한 조사결과를 발표하였다. 진학점검부는 졸업생들의 졸업 후 진로를 크게 대학 진학, 취업, 창업, 기타(군 입대, 해외 유학), 진로 미결정으로 구분하여 조사하였다.
> 이에 따르면, ㉠ 모든 유형의 학교에서 졸업 후 대학에 진학한 졸업생 수가 가장 많았다. 진로를 결정하지 못한 학생들도 모든 유형의 학교를 통틀어 1,000명이 넘는 등 상당히 많았고, ㉡ 졸업 후 취업한 인원은 모든 유형의 학교를 통틀어 총 1,200명이 넘었다. 창업에 뛰어든 졸업생들은 비교적 적은 숫자였다.
> 학교 유형별로 보면, ㉢ 일반고의 경우 졸업 후 취업한 졸업생 수는 창업한 졸업생 수의 4배가 넘었다. 반면, 예술 · 체육고의 경우 창업한 졸업생 수가 취업한 졸업생 수보다 많았다. ㉣ 특성화고의 경우 진로를 결정하지 못한 졸업생 수가 대학에 진학한 졸업생 수의 40% 이상이었다. 과학고 · 외고 · 국제고 졸업생들의 경우 4/5 이상이 대학으로 진학하였다.

① ㉠, ㉡　② ㉠, ㉢
③ ㉡, ㉢　④ ㉡, ㉣
⑤ ㉢, ㉣

PART 2

35 다음 그림과 같이 한 변의 길이가 18cm인 정육면체의 모든 면에 접하는 구의 부피는?

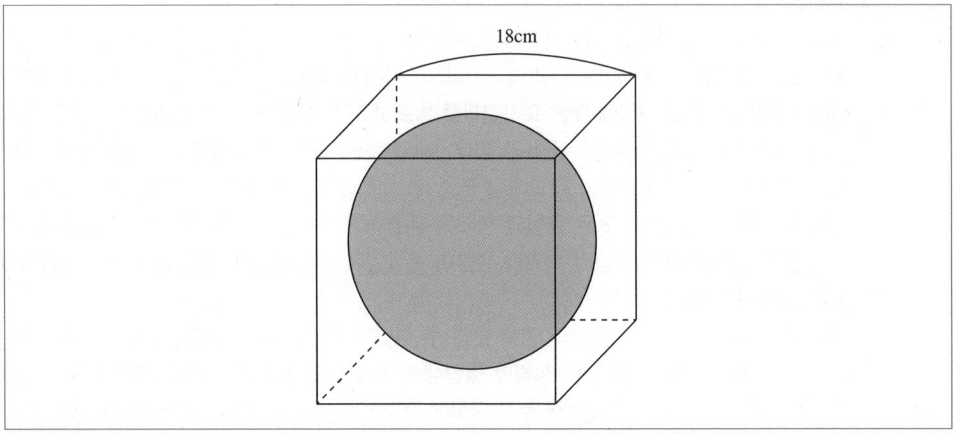

① $924\pi cm^3$　　② $948\pi cm^3$

③ $972\pi cm^3$　　④ $996\pi cm^3$

⑤ $1,214\pi cm^3$

36 다음과 같이 한 변의 길이가 12cm인 정사각형 ABCD에서 변 BC의 중점이 P, 변 CD의 중점이 Q일 경우, 선분 AP, AQ, PQ를 따라 잘랐을 때, 삼각형 APQ의 넓이는?

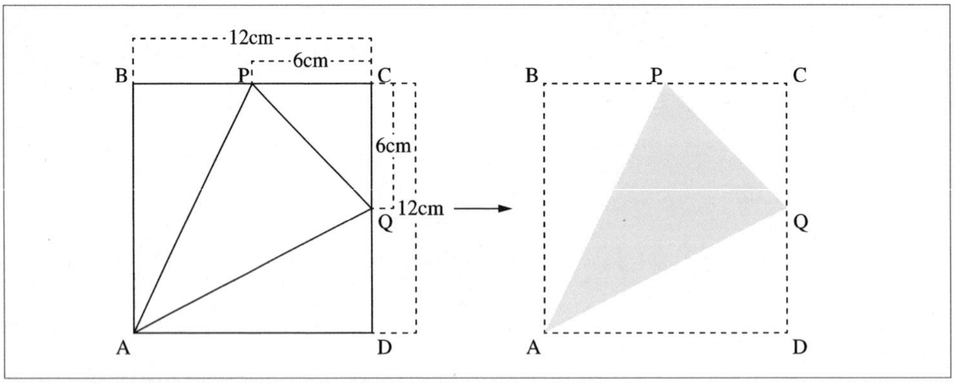

① $36cm^2$　　② $54cm^2$

③ $72cm^2$　　④ $90cm^2$

⑤ $108cm^2$

※ 다음은 현 직장 만족도에 대하여 조사한 자료이다. 이어지는 질문에 답하시오(단, 소수점 둘째 자리에서 반올림한다). **[37~38]**

〈현 직장 만족도〉

만족 분야	직장 유형	2023년	2024년
전반적 만족도	기업	6.9	6.3
	공공연구기관	6.7	6.5
	대학	7.6	7.2
임금과 수입	기업	4.9	5.1
	공공연구기관	4.5	4.8
	대학	4.9	4.8
근무시간	기업	6.5	6.1
	공공연구기관	7.1	6.2
	대학	7.3	6.2
사내분위기	기업	6.3	6.0
	공공연구기관	5.8	5.8
	대학	6.7	6.2

37 2023년 3개 기관의 전반적 만족도의 합은 2024년 3개 기관의 임금과 수입 만족도의 합의 몇 배인가?

① 1.4배
② 1.6배
③ 1.8배
④ 2.0배
⑤ 2.2배

38 다음 중 자료에 대한 설명으로 옳지 않은 것은?

① 현 직장에 대한 전반적 만족도는 대학 유형에서 가장 높다.
② 2024년 근무시간 만족도에서는 공공연구기관과 대학의 만족도가 동일하다.
③ 2024년에 모든 유형의 직장에서 임금과 수입의 만족도는 전년 대비 증가했다.
④ 사내분위기 측면에서 2023년과 2024년 공공연구기관의 만족도는 동일하다.
⑤ 2024년 근무시간에 대한 만족도의 전년 대비 감소율은 대학 유형이 가장 크다.

39 다음은 지역별 의료 인력 분포 현황을 나타낸 자료이다. 이에 대한 설명으로 옳지 않은 것은?

〈지역별 의료 인력 분포 현황〉

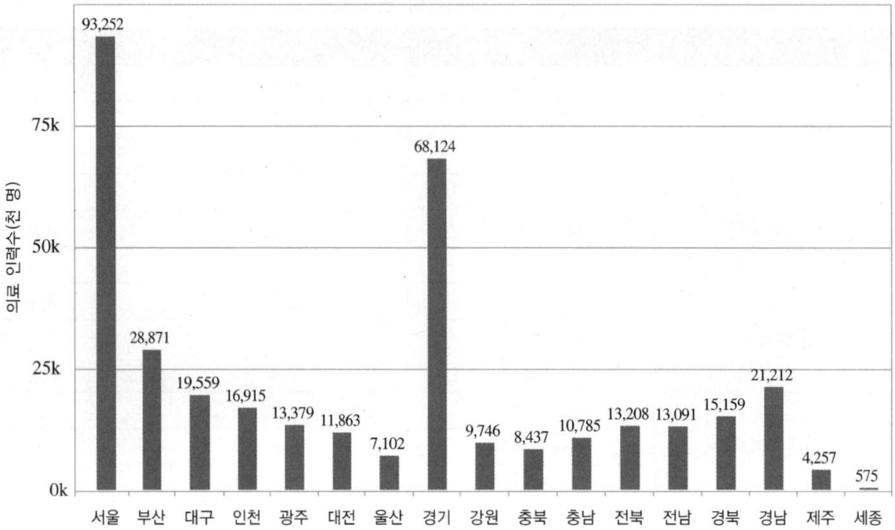

※ 의료 인력이란 의사, 치과의사, 한의사, 간호사, 약사를 말함

※ 수도권은 서울, 인천 및 경기도를 말함

① 의료 인력은 수도권에 편중된 불균형 상태를 보이고 있다.

② 수도권에서 경기가 차지하는 비중은 인천이 차지하는 비중의 4배 미만이다.

③ 의료 인력수가 두 번째로 적은 지역은 도서지역이다.

④ 의료 인력수가 많을수록 의료인력 비중이 고르다고 말할 수 없다.

⑤ 서울과 경기를 제외한 나머지 지역 중 의료 인력수가 가장 많은 지역과 가장 적은 지역의 차는 경남의 의료 인력수보다 크다.

40 다음은 H기업의 매출액과 분기별 매출액의 영업팀 구성비를 나타낸 자료이다. 연간 영업팀의 매출 순위와 1위 팀이 기록한 연 매출액을 차례대로 나열한 것은?

〈영업 A～D팀의 분기별 매출액〉

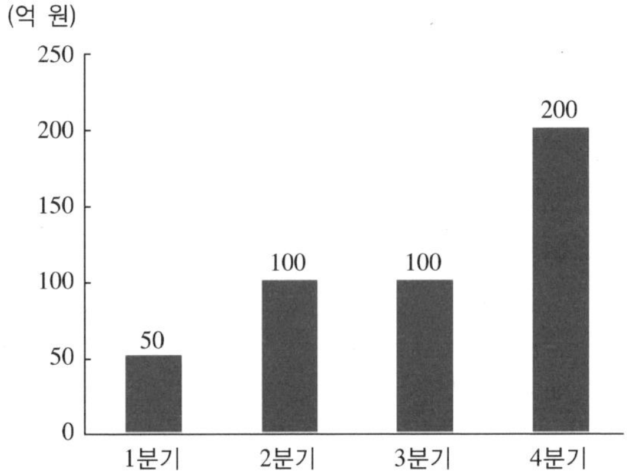

〈분기별 매출액에서 각 영업팀의 구성비〉

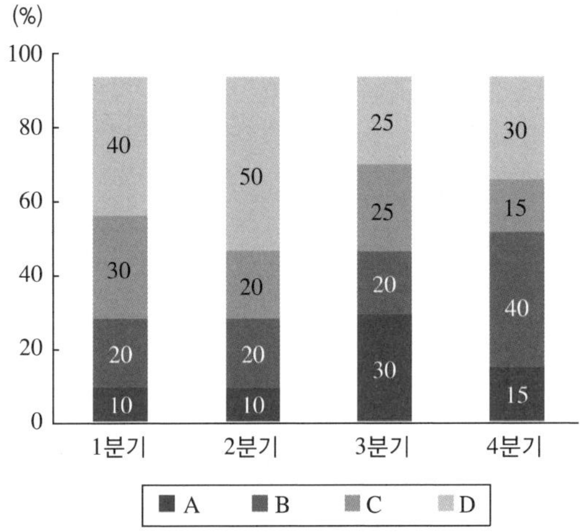

① A－B－C－D, 120억 원
② B－A－C－D, 120억 원
③ B－A－D－C, 155억 원
④ D－B－A－C, 120억 원
⑤ D－B－C－A, 155억 원

41 H공사에 근무하는 S사원은 부서 워크숍을 진행하기 위하여 다음과 같이 워크숍 장소를 선정하였다. 주어진 〈조건〉을 참고할 때, 워크숍 장소로 가장 적절한 곳은?

〈H공사 워크숍 장소 후보〉

후보	거리(공사 기준)	수용 가능 인원	대관료	이동 시간(편도)
A호텔	40km	100명	40만 원/일	1시간 30분
B연수원	40km	80명	50만 원/일	2시간
C세미나	20km	40명	30만 원/일	1시간
D리조트	60km	80명	80만 원/일	2시간 30분
E호텔	100km	120명	100만 원/일	3시간 30분

조건

- 워크숍은 1박 2일로 진행한다.
- S사원이 속한 부서의 직원은 모두 80명이며 전원 참석한다.
- 거리는 공사 기준 60km 이하인 곳으로 선정한다.
- 대관료는 100만 원 이하인 곳으로 선정한다.
- 이동 시간은 왕복으로 3시간 이하인 곳으로 선정한다.

① A호텔
② B연수원
③ C세미나
④ D리조트
⑤ E호텔

42 H공사 개발 사업부에는 부장 1명, 과장 1명, 사원 2명, 대리 2명 총 6명이 근무하고 있다. 다음 〈조건〉에 따라 5주 동안 개발 사업부 전원이 여름휴가를 다녀오려고 한다. 휴가는 1번씩 2주 동안 다녀온다고 할 때, 일어날 수 없는 상황은 무엇인가?(단, 모든 휴가의 시작은 월요일, 끝은 일요일이다)

> **조건**
> - 부서에는 세 명 이상이 근무해야 한다.
> - 같은 직급의 직원은 동시에 휴가 중일 수 없다.
> - 과장과 부장은 휴가가 겹칠 수 없다.
> - 1주 차에는 과장과 사원만 휴가를 갈 수 있다.

① 1주 차에 아무도 휴가를 가지 않는다.
② 대리는 혼자 휴가 중일 수 있다.
③ 부장은 4주 차에 휴가를 출발한다.
④ 5주 차에는 1명만 휴가 중일 수 있다.
⑤ 대리 중 한 명은 3주 차에 휴가를 출발한다.

※ 다음 자료를 보고 이어지는 질문에 답하시오. **[43~44]**

〈블랙박스 시리얼 번호 체계〉

개발사		제품		메모리 용량		제조연월				일련번호	PCB버전
값	의미	값	의미	값	의미	값	의미	값	의미	값	값
A	아리스	BD	블랙박스	1	4GB	A	2020년	1 ~ 9	1 ~ 9월	00001	1
S	성진	BL	LCD 블랙박스	2	8GB	B	2021년	O	10월	00002	2
B	백경	BP	IPS 블랙박스	3	16GB	C	2022년	N	11월	…	3
C	천호	BE	LED 블랙박스	4	32GB	D	2023년	D	12월	09999	9999
M	미강테크	–	–	–	–	E	2024년	–	–	–	–

※ 예시 : ABD2E6000101 → 아리스 블랙박스, 8GB, 2024년 6월 생산, 10번째 모델, PCB 1번째 버전

〈A/S 접수 현황〉

분류 1	분류 2	분류 3	분류 4
ABD1A2001092	MBE2E3001243	SBP3CD012083	ABD4B3007042
BBD1DD000132	MBP2CO120202	CBE3C4000643	SBE4D5101483
SBD1D9000082	ABE2D0001063	BBD3B6000761	MBP4C6000263
ABE1C6100121	CBL2C3010213	ABP3D8010063	BBE4DN020473
CBP1C6001202	SBD2B9001501	CBL3S8005402	BBL4C5020163
CBL1BN000192	SBP2C5000843	SBD3B1004803	CBP4D6100023
MBD1A2012081	BBL2BO010012	MBE3E4010803	SBE4E4001613
MBE1DB001403	CBD2B3000183	MBL3C1010203	ABE4DO010843

43 A/S가 접수되면 수리를 위해 각 제품을 해당 제조사로 전달한다. 그런데 제품 시리얼 번호를 확인하는 과정에서 조회되지 않는 번호가 있다는 것을 발견하였다. 다음 중 잘못 기록된 시리얼 번호는 모두 몇 개인가?

① 6개
② 7개
③ 8개
④ 9개
⑤ 10개

44 A/S가 접수된 제품 중 2020 ~ 2021년에 생산된 제품에 대해 무상으로 블루투스 기능을 추가해 주는 이벤트를 진행하고 있다. A/S 접수가 된 블랙박스 중에서 이벤트 대상에 해당하는 제품은 모두 몇 개인가?

① 6개
② 7개
③ 8개
④ 9개
⑤ 10개

45 다음 〈조건〉과 8월 날씨를 근거로 판단할 때, 8월 8일과 16일의 실제 날씨로 가능한 것은?

조건

• 날씨 예측 점수는 매일 다음과 같이 부여한다.

실제 \ 예측	맑음	흐림	눈·비
맑음	10점	6점	0점
흐림	4점	10점	6점
눈·비	0점	2점	10점

• 한 주의 주중(월~금요일) 날씨 예측 점수의 평균은 매주 5점 이상이다.

• 8월 1일부터 19일까지 요일별 날씨 예측 점수의 평균은 다음과 같다.

구분	월요일	화요일	수요일	목요일	금요일
날씨 예측 점수 평균	7점 이하	5점 이상	7점 이하	5점 이상	7점 이하

〈8월 날씨〉

구분	월요일	화요일	수요일	목요일	금요일	토요일	일요일
날짜			1	2	3	4	5
예측			맑음	흐림	맑음	눈·비	흐림
실제			맑음	맑음	흐림	흐림	맑음
날짜	6	7	8	9	10	11	12
예측	맑음	흐림	맑음	맑음	맑음	흐림	흐림
실제	흐림	흐림	?	맑음	흐림	눈·비	흐림
날짜	13	14	15	16	17	18	19
예측	눈·비	눈·비	맑음	눈·비	눈·비	흐림	흐림
실제	맑음	맑음	맑음	?	눈·비	흐림	눈·비

※ 위 달력의 같은 줄을 한 주로 함

	8월 8일	8월 16일
①	맑음	흐림
②	맑음	눈·비
③	눈·비	흐림
④	눈·비	맑음
⑤	흐림	흐림

46 H공사는 직원들의 체력증진 및 건강개선을 위해 점심시간을 이용해 운동 프로그램을 운영하고자 한다. 해당 프로그램을 운영할 업체는 직원들의 사전조사 결과를 바탕으로 한 점수에 따라 결정된다. 다음 〈조건〉에 따라 업체를 선정할 때, 최종적으로 선정될 업체는?

〈후보 업체 사전조사 결과〉

(단위 : 점)

구분	프로그램	흥미 점수	건강증진 점수
A업체	집중GX	5	7
B업체	필라테스	7	6
C업체	자율 웨이트	5	5
D업체	근력운동 트레이닝	6	4
E업체	스피닝	4	8

조건

- H공사는 전 직원들을 대상으로 후보 업체들에 대한 사전조사를 하였다. 후보 업체들에 대한 흥미 점수와 건강증진 점수는 전 직원들이 10점 만점으로 부여한 점수의 평균값이다.
- 흥미 점수와 건강증진 점수를 2 : 3의 가중치로 합산하여 1차 점수를 산정하고, 1차 점수가 높은 후보 업체 3개를 1차 선정한다.
- 직원들의 흥미가 더 중요하다고 생각되어 1차 선정된 후보 업체 중 흥미 점수와 건강증진 점수에 3 : 3 가중치로 합산하여 2차 점수를 산정한다.
- 2차 점수가 가장 높은 1개의 업체를 최종적으로 선정한다. 만일 1차 선정된 후보 업체들의 2차 점수가 모두 동일한 경우, 건강증진 점수가 가장 높은 후보업체를 선정한다.

① A업체 ② B업체
③ C업체 ④ D업체
⑤ E업체

47 **A는 서점에서 소설, 에세이, 만화, 잡지, 수험서를 각각 한 권씩 구매했다. 다음 〈조건〉이 모두 참일 때 A가 세 번째로 구매한 책으로 옳은 것은?**

조건

- 만화와 소설보다 잡지를 먼저 구매했다.
- 수험서를 가장 먼저 구매하지 않았다.
- 에세이와 만화를 연달아 구매하지 않았다.
- 수험서를 구매한 다음 곧바로 에세이를 구매했다.
- 에세이나 소설을 마지막에 구매하지 않았다.

① 소설
② 에세이
③ 만화
④ 잡지
⑤ 수험서

PART 2

48 **경찰관 또는 소방관이 직업인 네 사람 A ~ D에 대해 다음 〈조건〉이 모두 참일 때, 반드시 참인 것은?**

조건

(가) A, B, C, D 중에 직장 동료가 있다.
(나) A가 소방관이면 B가 소방관이거나 C가 경찰관이다.
(다) C가 경찰관이면 D는 소방관이다.
(라) D는 A의 상관이다.

① A, B의 직업은 다르다.
② A, C의 직업은 다르다.
③ B, C의 직업은 같다.
④ B, D의 직업은 다르다.
⑤ C, D의 직업은 같다.

49 H사에 근무하는 A ~ C 세 명은 협력업체를 방문하기 위해 택시를 타고 가고 있다. 〈조건〉을 참고할 때, 다음 중 항상 옳은 것은?

조건

- 세 명의 직급은 각각 과장, 대리, 사원이다.
- 세 명은 각각 검은색, 회색, 갈색 코트를 입었다.
- 세 명은 각각 기획팀, 연구팀, 디자인팀이다.
- 택시 조수석에는 회색 코트를 입은 과장이 앉아 있다.
- 갈색 코트를 입은 연구팀 직원은 택시 뒷좌석에 앉아 있다.
- 셋 중 가장 낮은 직급의 C는 기획팀이다.

① A – 대리, 갈색 코트, 연구팀
② A – 과장, 회색 코트, 디자인팀
③ B – 대리, 갈색 코트, 연구팀
④ B – 과장, 회색 코트, 디자인팀
⑤ C – 사원, 검은색 코트, 기획팀

50 다음 〈조건〉에 따라 갑 ~ 병이 주사위를 던져 나온 주사위의 눈의 수만큼 점수를 획득한다고 할 때, 항상 참이 아닌 것은?

조건

- 세 사람이 주사위를 던진 횟수는 총 10회이다.
- 세 사람이 획득한 점수는 47점이다.
- 갑은 가장 많은 횟수를 던졌다.
- 을이 얻은 점수는 16점이다.
- 병이 가장 많은 점수를 얻었다.

① 을은 주사위를 세 번 던졌다.
② 갑은 주사위를 네 번 던졌다.
③ 병은 6이 나온 적이 있다.
④ 을이 주사위를 던져서 얻은 주사위 눈의 수는 모두 짝수이다.
⑤ 갑이 얻을 수 있는 최소 점수는 13점이다.

51 **H공사에서는 인건비를 줄이기 위해 다양한 방식을 고민하고 있다. 다음 정보를 참고할 때 가장 적절한 방법은 무엇인가?(단, 한 달은 4주이다)**

〈정보〉

- 정직원은 오전 8시부터 오후 7시까지 평일·주말 상관없이 주 6일 근무하며, 1인당 월 급여는 220만 원이다.
- 계약직원은 오전 8시부터 오후 7시까지 평일·주말 상관없이 주 5일 근무하며, 1인당 월 급여는 180만 원이다.
- 아르바이트생은 평일 3일, 주말 2일로 하루 9시간씩 근무하며, 평일은 시급 9,000원, 주말은 시급 12,000원이다.
- 현재 정직원 5명, 계약직원 3명, 아르바이트생 3명이 근무 중이며 전체 인원을 줄일 수는 없다.

① 계약직원을 정직원으로 전환한다.
② 아르바이트생을 정직원으로 전환한다.
③ 아르바이트생을 계약직원으로 전환한다.
④ 계약직원을 아르바이트생으로 전환한다.
⑤ 직원을 더 이상 채용하지 않고 아르바이트생만 채용한다.

PART 2

52 **D주임은 소속부서 직원들의 업무분장을 위해 현재 담당업무에 대한 정보를 수집하였다. 수집한 정보의 내용이 다음과 같다고 할 때, D주임의 소속부서 직원들의 현재 담당업무에 대한 설명으로 옳은 것을 〈보기〉에서 모두 고르면?**

- D주임의 소속부서에는 A대리, B주임, C주임, D주임, E사원이 있다.
- B주임의 업무는 D주임의 업무와 일부가 중복된다.
- E사원의 업무는 모두 C주임의 업무이다.
- A대리의 업무는 C주임의 업무와 일부가 중복된다.
- C주임의 업무는 D주임의 업무와 일부가 중복된다.
- B주임의 업무와 C주임의 업무는 중복되지 않는다.
- A대리의 업무는 B주임의 모든 업무를 포함한다.

보기

ㄱ. A대리의 업무는 E사원의 업무를 포함한다.
ㄴ. D주임의 업무 중 A대리의 업무와 중복되는 부분이 있다.
ㄷ. E사원의 업무는 D주임의 업무에 포함된다.
ㄹ. B주임의 업무는 C주임의 업무에 포함된다.

① ㄱ　　② ㄴ
③ ㄱ, ㄹ　　④ ㄴ, ㄷ
⑤ ㄷ, ㄹ

53 다음은 H섬유회사에 대한 SWOT 분석 자료이다. 분석에 따른 대응 전략으로 적절한 것을 〈보기〉에서 모두 고르면?

S 강점	W 약점
• 첨단 신소재 관련 특허 다수 보유	• 신규 생산 설비 투자 미흡 • 브랜드의 인지도 부족
O 기회	**T 위협**
• 고기능성 제품에 대한 수요 증가 • 정부 주도의 문화 콘텐츠 사업 지원	• 중저가 의류용 제품의 공급 과잉 • 저임금의 개발도상국과 경쟁 심화

보기

ㄱ. SO전략으로 첨단 신소재를 적용한 고기능성 제품을 개발한다.
ㄴ. ST전략으로 첨단 신소재 관련 특허를 개발도상국의 경쟁업체에 무상 이전한다.
ㄷ. WO전략으로 문화 콘텐츠와 디자인을 접목한 신규 브랜드 개발을 통해 적극적 마케팅을 한다.
ㄹ. WT전략으로 기존 설비에 대한 재투자를 통해 대량생산 체제로 전환한다.

① ㄱ, ㄷ
② ㄱ, ㄹ
③ ㄴ, ㄷ
④ ㄴ, ㄹ
⑤ ㄷ, ㄹ

54 **다음 수제 초콜릿에 대한 분석 기사를 읽고 SWOT 분석에 의한 마케팅 전략을 진행하고자 할 때, 적절하지 않은 것은?**

> 오늘날 식품 시장을 보면 원산지와 성분이 의심스러운 제품들로 넘쳐 납니다. 이로 인해 소비자들은 고급스럽고 안전한 먹거리를 찾고 있습니다. 우리의 수제 초콜릿은 이러한 요구를 완벽하게 충족시켜 주고 있습니다. 풍부한 맛, 고급 포장, 모양, 건강상의 혜택, 강력한 스토리텔링 모두 높은 품질을 원하는 소비자들의 요구를 충족시키는 것입니다. 사실 수제 초콜릿을 만드는 데는 비용이 많이 듭니다. 각종 장비 및 유지 보수에서부터 값비싼 포장과 유통 업체의 높은 수익을 보장해 주다 보면 초콜릿을 생산하는 업체에게 남는 이익은 많지 않습니다. 또한 수제 초콜릿의 존재 자체를 많은 사람들이 알지 못하는 상황입니다. 하지만 보다 좋은 식품에 대한 인기가 높아짐에 따라 더 많은 업체들이 수제 초콜릿을 취급하기를 원하고 있습니다. 따라서 수제 초콜릿은 일반 초콜릿보다 더 높은 가격으로 판매될 수 있을 것입니다. 현재 초콜릿을 대량으로 생산하는 대형 제조업체들은 자신들의 일반 초콜릿과 수제 초콜릿의 차이를 줄이는 데 최선을 다하고 있습니다. 그리고 직접 맛을 보기 전에는 일반 초콜릿과 수제 초콜릿의 차이를 알 수 없기 때문에 소비자들은 굳이 초콜릿에 더 많은 돈을 지불해야 하는 이유를 알지 못할 수 있습니다. 따라서 수제 초콜릿의 효과적인 마케팅 전략이 필요한 시점입니다.

〈SWOT 분석에 의한 마케팅 전략〉

- SO전략(강점 – 기회전략) : 강점을 살려 기회를 포착한다.
- ST전략(강점 – 위협전략) : 강점을 살려 위협을 회피한다.
- WO전략(약점 – 기회전략) : 약점을 보완하여 기회를 포착한다.
- WT전략(약점 – 위협전략) : 약점을 보완하여 위협을 회피한다.

① 수제 초콜릿을 고급 포장하여 수제 초콜릿의 스토리텔링을 더 살린다.
② 효과적인 마케팅 방법으로 수제 초콜릿을 알려 대기업과의 경쟁을 이겨낼 수 있다.
③ 수제 초콜릿의 스토리텔링을 포장에 명시하여 소비자들이 믿고 구매할 수 있도록 한다.
④ 수제 초콜릿의 값비싸고 과장된 포장을 바꾸고, 그 비용으로 안전하고 맛있는 수제 초콜릿을 홍보한다.
⑤ 전문가의 의견을 통해 수제 초콜릿의 풍부한 맛을 알리는 동시에 일반 초콜릿과의 맛 차이도 알린다.

55 H공사에서 근무하는 A사원은 경제자유구역 사업에 대한 SWOT 분석 결과를 토대로 SWOT 분석에 의한 경영 전략을 세웠다. 다음 〈보기〉 중 SWOT 분석에 의한 경영 전략의 내용으로 적절하지 않은 것을 모두 고르면?

〈경제자유구역 사업에 대한 SWOT 분석 결과〉

구분	분석 결과
강점(Strength)	• 성공적인 경제자유구역 조성 및 육성 경험 • 다양한 분야의 경제자유구역 입주희망 국내기업 확보
약점(Weakness)	• 과다하게 높은 외자금액 비율 • 외국계 기업과 국내기업 간의 구조 및 운영상 이질감
기회(Opportunity)	• 국제경제 호황으로 인하여 타국 사업지구 입주를 희망하는 해외시장부문의 지속적 증가 • 국내진출 해외기업 증가로 인한 동형화 및 협업 사례 급증
위협(Threat)	• 국내거주 외국인 근로자에 대한 사회적 포용심 부족 • 대대적 교통망 정비로 인한 기성 대도시의 흡수 효과 확대

〈SWOT 분석에 의한 경영 전략〉

- SO전략 : 강점을 살려 기회를 포착한다.
- ST전략 : 강점을 살려 위협을 회피한다.
- WO전략 : 약점을 보완하여 기회를 포착한다.
- WT전략 : 약점을 보완하여 위협을 회피한다.

보기

ㄱ. 성공적인 경제자유구역 조성 노하우를 활용하여 타국 사업지구로의 진출을 희망하는 해외기업을 유인 및 유치하는 전략은 SO전략에 해당한다.

ㄴ. 다수의 풍부한 경제자유구역 성공 사례를 바탕으로 외국인 근로자를 국내주민과 문화적으로 동화시킴으로써 원활한 지역발전의 토대를 조성하는 전략은 ST전략에 해당한다.

ㄷ. 기존에 국내에 입주한 해외기업의 동형화 사례를 활용하여 국내기업과 외국계 기업의 운영상 이질감을 해소하여 생산성을 증대시키는 전략은 WO전략에 해당한다.

ㄹ. 경제자유구역 인근 대도시와의 연계를 활성화하여 경제자유구역 내 국내·외 기업 간의 이질감을 해소하는 전략은 WT전략에 해당한다.

① ㄱ, ㄴ

② ㄱ, ㄷ

③ ㄴ, ㄷ

④ ㄴ, ㄹ

⑤ ㄷ, ㄹ

56 H공단의 D과장은 우리나라 사람들의 해외 취업을 돕기 위해 박람회를 열고자 한다. 제시된 〈조건〉이 다음과 같을 때, D과장이 박람회 장소로 선택할 나라는?

조건

1. H공단의 해외 EPS센터가 있는 나라여야 한다.
   - 해외 EPS센터(15개국) : 필리핀, 태국, 인도네시아, 베트남, 스리랑카, 몽골, 우즈베키스탄, 파키스탄, 캄보디아, 중국, 방글라데시, 키르기스스탄, 네팔, 미얀마, 동티모르
2. 100개 이상의 한국 기업이 진출해 있어야 한다.

〈국가별 상황〉

국가	경쟁력	비고
인도네시아	한국 기업이 100개 이상 진출해 있으며, 안정적인 정치 및 경제 구조를 가지고 있다.	두 번의 박람회를 열었으나 실제 취업까지 연결되는 성과가 미미하였다.
아랍에미리트	UAE 자유무역지역에 다양한 다국적 기업이 진출해 있다.	석유가스산업, 금융산업에는 외국 기업의 진출이 불가하다.
중국	한국 기업이 170개 이상 진출해 있으며, 현지 기업의 80% 이상이 우리나라 사람의 고용을 원한다.	중국 청년의 실업률이 높아 사회문제가 되고 있다.
미얀마	2019년 기준 약 3,800명의 한인이 거주 중이며, 한류 열풍이 거세게 불고 있다.	내전으로 우리나라 사람들의 치안이 보장되지 않는다.
베트남	여성의 사회진출이 높고 정치, 경제, 사회 각 분야에서 많은 여성이 활약 중이다.	한국 기업 진출을 위한 인프라 구축이 잘 되어 있다.

① 인도네시아
② 아랍에미리트
③ 중국
④ 미얀마
⑤ 베트남

PART 2

57 **최씨 남매와 김씨 남매, 박씨 남매 6명은 야구 경기를 관람하기 위해 함께 야구장에 갔다. 다음 〈조건〉을 참고할 때, 항상 참인 것은?**

조건

- 양 끝자리는 같은 성별이 앉지 않는다.
- 박씨 여성은 왼쪽에서 세 번째 자리에 앉는다.
- 김씨 남매는 서로 인접하여 앉지 않는다.
- 박씨와 김씨는 인접하여 앉지 않는다.
- 김씨 남성은 맨 오른쪽 끝자리에 앉는다.

〈야구장 관람석〉

① 최씨 남매는 서로 인접하여 앉는다.
② 박씨 남매는 서로 인접하여 앉지 않는다.
③ 최씨 남성은 박씨 여성과 인접하여 앉는다.
④ 김씨 여성은 최씨 여성과 인접하여 앉지 않는다.
⑤ 최씨 남매는 왼쪽에서 첫 번째 자리에 앉을 수 없다.

58 **직원 A～E 중 일부를 지방으로 발령하기로 결정하였다. A를 지방으로 발령한다고 할 때, 다음 〈조건〉에 따라 지방으로 발령되지 않는 직원은 총 몇 명인가?**

조건

- 회사는 B와 D의 지방 발령에 대하여 같은 결정을 한다.
- 회사는 C와 E의 지방 발령에 대하여 다른 결정을 한다.
- D를 지방으로 발령한다면, E는 지방으로 발령하지 않는다.
- E를 지방으로 발령하지 않는다면, A도 지방으로 발령하지 않는다.

① 1명
② 2명
③ 3명
④ 4명
⑤ 5명

※ H회사는 신입사원 채용 안내를 위한 현수막을 설치하려고 한다. 다음 자료를 보고 이어지는 질문에 답하시오. **[59~60]**

• 현수막 설치 일자 : 3월 28일 월요일 ~ 4월 5일 화요일

• 현수막 설치 후보 장소

구분		회사 본관	A고등학교	B대학교	C마트	D주유소
게시 가능 기간		4월 내	3월 내	평일	4월 내 평일	4월 3일 이전
하루 평균 유동인구		200명	240명	280명	300명	250명
1일 게시비용	평일	8만 원	10만 원	12만 원	26만 원	9만 원
	주말	13만 원	7만 원	10만 원	20만 원	11만 원
설치비용		250만 원	280만 원	240만 원	200만 원	220만 원

• 장소 선정 기준

1) 하루 평균 유동인구가 가장 많은 곳
2) 게시 가능한 기간이 제일 긴 곳
3) 총비용[(총게시비용)+(설치비용)+(철거비용)]이 가장 적게 드는 곳

※ 선정 기준에 따라 장소마다 1개씩 총 3개의 현수막을 설치하되, 장소가 중복될 경우 설치 현수막 수가 줄어들 수 있음(예 하루 평균 유동인구가 가장 많은 곳과 게시 가능 기간이 제일 긴 곳, 총비용이 가장 적게 드는 곳이 모두 동일 장소일 경우 1개의 현수막만 설치함)

※ 설치비용은 한 번만 지불하며, 설치비용의 20%인 철거비용을 별도로 지불해야 함

59 다음 중 현수막이 설치될 장소를 모두 고르면?

① 회사 본관, C마트
② 회사 본관, D주유소
③ 회사 본관, B대학교
④ B대학교, C마트
⑤ B대학교, C마트, D주유소

60 현수막 게시 지침이 변경됨에 따라 4월 1일부터 4월 5일까지 하루 평균 유동인구가 상대적으로 많은 2곳에 현수막을 설치하기로 결정하였다. 다음 중 현수막 설치 과정에 필요한 총비용은 얼마인가?

① 588만 원
② 642만 원
③ 668만 원
④ 702만 원
⑤ 748만 원

PART 2

61 **다음 글을 참고할 때 1차 자료에 해당하지 않는 것은?**

> 정보는 기업이나 어떤 조직을 운영하는 데 있어서 중요한 자원으로, 의사결정을 하거나 문제의 답을 알아내고자 할 때 활용하는데, 이러한 정보는 크게 1차 자료와 2차 자료로 구분되어진다. 1차 자료란 원래의 연구 성과가 기록된 자료이며, 2차 자료란 이러한 1차 자료를 효과적으로 찾아보기 위해 1차 자료의 정보를 압축하여 정리해 놓은 것을 뜻한다.

① 신문
② 단행본
③ 연구보고서
④ 정기간행물
⑤ 학술지 논문

62 **다음 중 Windows에 설치된 프린터의 [인쇄 관리자] 창에서 할 수 있는 작업으로 옳지 않은 것은?**

① 인쇄 중인 문서도 강제로 종료시킬 수 있다.
② 현재 사용 중인 프린터를 공유하도록 설정할 수 있다.
③ 현재 사용 중인 프린터의 기본 설정을 변경할 수 있다.
④ 현재 사용 중인 프린터를 기본 프린터로 설정할 수 있다.
⑤ 인쇄 중인 문서를 일시 중지하고 다른 프린터로 출력하도록 할 수 있다.

※ H공사에 근무 중인 S사원은 체육대회를 준비하고 있다. S사원은 체육대회에 사용될 물품 구입비를 다음과 같이 엑셀로 정리하였다. 이어지는 질문에 답하시오. **[63~64]**

	A	B	C	D	E
1	구분	물품	개수	단가(원)	비용(원)
2	의류	A팀 체육복	15	20,000	300,000
3	식품류	과자	40	1,000	40,000
4	식품류	이온음료수	50	2,000	100,000
5	의류	B팀 체육복	13	23,000	299,000
6	상품	수건	20	4,000	80,000
7	상품	USB	10	10,000	100,000
8	의류	C팀 체육복	14	18,000	252,000
9	식품류	김밥	30	3,000	90,000

PART 2

63 S사원은 표에서 단가가 두 번째로 높은 물품의 금액을 구하고자 한다. 다음 중 S사원이 입력해야 할 함수로 옳은 것은?

① =MAX(D2:D9,2)

② =MIN(D2:D9,2)

③ =MID(D2:D9,2)

④ =LARGE(D2:D9,2)

⑤ =INDEX(D2:D9,2)

64 S사원은 구입물품 중 의류의 총개수를 구하고자 한다. 다음 중 S사원이 입력해야 할 함수로 옳은 것은?

① =SUMIF(A2:A9,A2,C2:C9)

② =COUNTIF(C2:C9,C2)

③ =VLOOKUP(A2,A2:A9,1,0)

④ =HLOOKUP(A2,A2:A9,1,0)

⑤ =AVERAGEIF(A2:A9,A2,C2:C9)

65 **다음 상황에서 B사원이 제시해야 할 해결 방안으로 가장 적절한 것은?**

> A팀장 : 어제 부탁한 보고서 작성은 다 됐나?
> B사원 : 네, 제 컴퓨터의 '문서' 폴더를 공유해 놓았으니 보고서를 내려받으시면 됩니다.
> A팀장 : 내 컴퓨터의 인터넷은 잘 되는데, 혹시 자네 인터넷이 지금 문제가 있나?
> B사원 : (모니터를 들여다보며) 아닙니다. 잘 되는데요?
> A팀장 : 네트워크 그룹에서 자네의 컴퓨터만 나타나지 않네. 어떻게 해야 하지?

① 컴퓨터를 다시 시작해야 합니다.
② 디스크 검사를 실행해야 합니다.
③ 화면 보호기를 재설정해야 합니다.
④ 네트워크상 작업 그룹명을 동일하게 해야 합니다.
⑤ 공유폴더의 사용권한 수준을 '소유자'로 지정해야 합니다.

66 **다음 시트에서 [D2:D7]처럼 생년월일만 따로 구하려고 할 때 [D2] 셀에 들어갈 수식으로 옳은 것은?**

	A	B	C	D
1	순번	이름	주민등록번호	생년월일
2	1	김현진	880821-2949324	880821
3	2	이혜지	900214-2928342	900214
4	3	김지언	880104-2124321	880104
5	4	이유미	921011-2152345	921011
6	5	박슬기	911218-2123423	911218
7	6	김혜원	920324-2143426	920324

① =RIGHT(A2,6)
② =RIGHT(A2,C2)
③ =LEFT(C2,6)
④ =LEFT(C2,2)
⑤ =MID(C2,5,2)

67 다음 중 엑셀시트에 제시된 함수식의 결괏값으로 옳지 않은 것은?

	A	B	C	D	E	F
1						
2		120	200	20	60	
3		10	60	40	80	
4		50	60	70	100	
5						
6		함수식			결괏값	
7		=MAX(B2:E4)			㉠	
8		=MODE(B2:E4)			㉡	
9		=LARGE(B2:E4,3)			㉢	
10		=COUNTIF(B2:E4,E4)			㉣	
11		=ROUND(B2,−1)			㉤	
12						

① ㉠=200
② ㉡=60
③ ㉢=100
④ ㉣=1
⑤ ㉤=100

PART 2

68 **다음 시트에서 [A7] 셀에 수식 「=$A$1+$A2」를 입력한 후 [A7] 셀을 복사하여 [C8] 셀에 붙여넣기 했을 때, [C8] 셀에 표시되는 결과로 옳은 것은?**

	A	B	C
1	1	2	3
2	2	4	6
3	3	6	9
4	4	8	12
5	5	10	15
6			
7			
8			

① 3
② 4
③ 7
④ 10
⑤ 15

69 **다음 중 파일 삭제 시 파일이 [휴지통]에 임시 보관되어 복원이 가능한 경우는?**

① USB 메모리에 저장되어 있는 파일을 〈Delete〉로 삭제한 경우
② 네트워크 드라이브 폴더를 〈Shift〉+〈Delete〉로 삭제한 경우
③ 바탕 화면에 있는 파일을 [휴지통]으로 드래그 앤 드롭하여 삭제한 경우
④ [휴지통]의 크기를 0%로 설정한 후 [내 문서] 폴더 안의 파일을 삭제한 경우
⑤ 네트워크 드라이브의 파일을 바로 가기 메뉴의 [삭제]를 클릭하여 삭제한 경우

70 다음 중 대규모로 저장된 데이터 안에서 체계적이고 자동적으로 통계적 규칙이나 패턴을 찾아내는 것을 의미하는 용어는?

① 데이터 마이닝
② 웹 마이닝
③ 오피니언 마이닝
④ 소셜 마이닝
⑤ 현실 마이닝

71 우리의 주위에는 수많은 정보가 있지만, 그 자체로는 의미가 없으며 정보를 분석하고 가공하여야만 정보로서의 가치를 가질 수 있다. 다음 중 정보분석에 대한 설명으로 옳지 않은 것은?

① 좋은 자료는 항상 훌륭한 분석이 될 수 있다.
② 반드시 고도의 수학적 기법을 요구하는 것만은 아니다.
③ 한 개의 정보에 불분명한 사항을 다른 정보로써 명백히 할 수 있다.
④ 정보분석이란 여러 정보를 상호 관련지어 새로운 정보를 생성해내는 활동이다.
⑤ 서로 상반되거나 큰 차이가 있는 정보의 내용을 판단해서 새로운 해석을 할 수 있다.

72 **다음 중 SSD와 HDD의 비교에 대한 설명으로 옳지 않은 것은?**

① SSD는 HDD에 비해 전력 소모량과 발열이 적다.

② 장기간 데이터를 보존하려면 SSD보다 HDD가 더 유리하다.

③ 일반적으로 SSD는 보다 신속한 데이터 접근 속도를 제공하지만, HDD는 더 큰 저장 용량을 제공한다.

④ SSD는 기계적인 방식을 사용하여 데이터를 읽고 쓰는 반면, HDD는 전기적인 방식으로 데이터를 저장한다.

⑤ SSD는 내구성이 높아 충격이나 진동에 덜 민감하지만, HDD는 이에 민감하여 외부 충격에 의해 데이터가 손실될 수 있다.

73 **다음 중 RAM과 ROM에 대한 설명으로 옳지 않은 것은?**

① ROM은 컴퓨터 바이오스에 사용된다.

② ROM은 RAM에 비해 속도가 비교적 느리다.

③ RAM은 전원이 꺼지면 데이터가 소멸되는 휘발성 저장매체이다.

④ 일반적으로 RAM과 ROM 모두 쉽게 삭제나 수정이 가능한 저장매체이다.

⑤ RAM은 응용프로그램을 로딩하거나, 데이터를 임시 저장하는 데 사용된다.

74 다음 중 정상적인 프로그램으로 위장하여 사용자의 정보를 탈취하거나 컴퓨터를 조종하는 악성코드는?

① 트로이목마
② 웜
③ 랜섬웨어
④ 스파이웨어
⑤ 애드웨어

75 다음 중 함수식에 대한 결괏값으로 옳지 않은 것은?

	함수식	결괏값
①	=TRIM(“1/4분기 수익”)	1/4분기 수익
②	=SEARCH(“세”,“세금 명세서”,3)	5
③	=PROPER(“republic of korea”)	REPUBLIC OF KOREA
④	=LOWER(“Republic of Korea”)	republic of korea
⑤	=MOD(18,−4)	−2

76 H공사의 C사원이 윈도우 10의 바탕화면에서 마우스 오른쪽 버튼을 클릭하였더니 다음과 같은 설정 창이 나타났다. 이때 설정 창에서 볼 수 있는 기능이 아닌 것은?

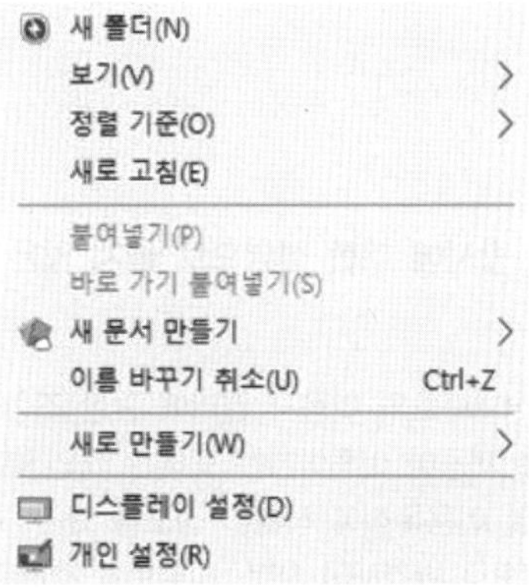

① 디스플레이 설정에 들어가서 야간 모드를 설정할 수 있다.
② 디스플레이 설정에 들어가서 잠금 화면을 설정할 수 있다.
③ 개인 설정에 들어가서 배경화면 색을 바꿀 수 있다.
④ 개인 설정에 들어가서 작업표시줄 기능을 바꿀 수 있다.
⑤ 개인 설정에 들어가서 윈도우 테마를 바꿀 수 있다.

77 **다음 중 하이퍼텍스트(Hypertext)에 대한 설명으로 옳지 않은 것은?**

① 하이퍼텍스트는 선형 구조를 가진다.

② 하이퍼텍스트는 노드와 링크를 단위로 한다.

③ 월드와이드웹의 발명을 이끈 주요 개념이 되었다.

④ 여러 명의 사용자가 서로 다른 경로를 통해 접근할 수 있다.

⑤ 하이퍼텍스트는 사용자의 선택에 따라 관련 있는 쪽으로 옮겨갈 수 있도록 조직화된 정보를 말한다.

78 **다음 중 개인정보 유출 방지에 대한 설명으로 옳지 않은 것을 〈보기〉에서 모두 고르면?**

보기

ㄱ. 회원가입 시 개인정보보호와 이용자 권리에 관한 조항을 유심히 읽어야 한다.
ㄴ. 제3자에 대한 정보 제공이 이루어지는 곳에는 개인정보를 제공하여서는 안 된다.
ㄷ. 제시된 정보수집 및 이용목적에 적합한 정보를 요구하는지 확인하여야 한다.
ㄹ. 비밀번호는 주기적으로 변경해야 하며, 비밀번호 관리를 위해 동일한 비밀번호를 사용하는 것이 좋다.
ㅁ. 제공한 정보가 가입해지 시 파기되는지 여부를 확인하여야 한다.

① ㄱ, ㄴ

② ㄱ, ㄷ

③ ㄴ, ㄹ

④ ㄴ, ㅁ

⑤ ㄷ, ㄹ, ㅁ

79 다음 프로그램의 실행 결과로 옳은 것은?

```
#include <stdio.h>
int main()
{
    int sum = 0;
    int x;
    for(x = 1;x < = 100;x+ +)
       sum+ = x;
    printf("1 + 2 + … + 100 = %d\n", sum);
      return 0;
}
```

① 5010
② 5020
③ 5040
④ 5050
⑤ 6000

80 다음 시트에서 [E10] 셀에 수식 「=INDEX(E2:E9,MATCH(0,D2:D9,0))」를 입력했을 때, [E10] 셀에 표시되는 결과로 옳은 것은?

	A	B	C	D	E
1	부서	직위	사원명	근무연수	근무월수
2	재무팀	사원	이수연	2	11
3	교육사업팀	과장	조민정	3	5
4	신사업팀	사원	최지혁	1	3
5	교육컨텐츠팀	사원	김다연	0	2
6	교육사업팀	부장	민경희	8	10
7	기구설계팀	대리	김형준	2	1
8	교육사업팀	부장	문윤식	7	3
9	재무팀	대리	한영혜	3	0
10					

① 0
② 1
③ 2
④ 3
⑤ 4

PART 2

81 다음 〈보기〉 중 제시된 조직도에 대해 바르게 설명한 사람을 모두 고르면?

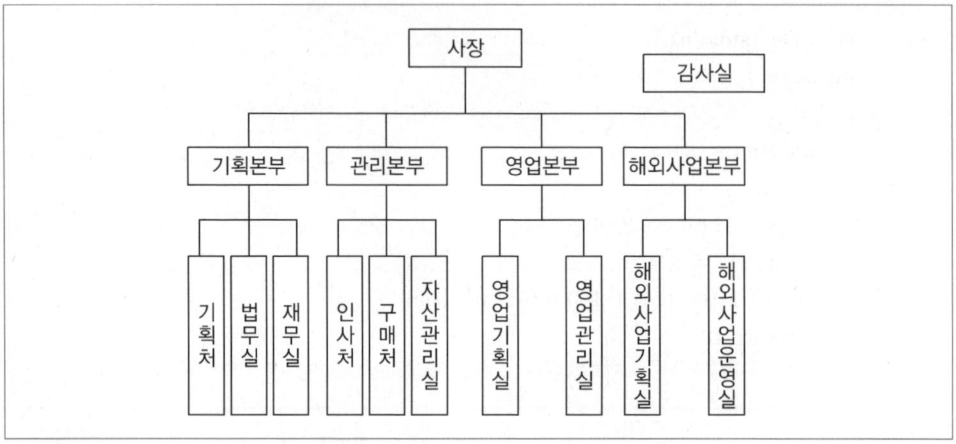

보기

A : 조직도를 보면 4개 본부, 3개의 처, 8개의 실로 구성되어 있어.
B : 사장 직속으로 4개의 본부가 있고, 그중 한 본부에서는 인사업무만을 전담하고 있네.
C : 감사실은 사장 직속이지만 별도로 분리되어 있구나.
D : 해외사업기획실과 해외사업운영실은 둘 다 해외사업과 관련이 있으니까 해외사업본부에 소속되어 있는 것이 맞아.

① A, B
② A, D
③ B, C
④ B, D
⑤ C, D

82 다음 상황에서 H사가 해외 시장 개척을 앞두고 기존의 조직 구조를 개편할 경우, 추가해야 할 조직으로 보기 어려운 것은?

H사는 몇 년 전부터 자체 기술로 개발한 제품의 판매 호조로 인해 기대 이상의 수익을 창출하게 되었다. 경쟁 업체들이 모방할 수 없는 독보적인 기술력을 앞세워 국내 시장을 공략한 결과, 이미 더 이상의 국내 시장 경쟁자들은 없다고 할 만큼 탄탄한 시장 점유율을 확보하였다. 이러한 H사의 사장은 올 초부터 해외 시장 진출의 꿈을 갖고 필요한 자료를 수집하기 시작하였다. 충분한 자금력을 확보한 H사는 우선 해외 부품 공장을 인수한 후 현지에 생산 기지를 건설하여 국내에서 생산되는 물량의 절반 정도를 현지로 이전 생산하고, 이를 통한 물류비 절감으로 주변국들부터 시장을 넓혀가겠다는 야심찬 계획을 가지고 있다. 한국 본사에서는 내년까지 4 ~ 5곳의 해외 거래처를 더 확보하여 지속적인 해외 시장 개척에 매진한다는 중장기 목표를 대내외에 천명해 둔 상태다.

① 해외관리팀
② 기업회계팀
③ 외환업무팀
④ 국제법무팀
⑤ 물류팀

※ 다음은 H회사의 회의록이다. 이어지는 질문에 답하시오. **[83~84]**

〈회의록〉

회의일시	2025년 2월 14일	부서	생산팀, 연구팀, 마케팅팀	작성자	이○○
참석자	생산팀 팀장・차장, 연구팀 팀장・차장, 마케팅팀 팀장・차장				
회의안건	제품에서 악취가 난다는 고객 불만에 따른 원인 조사 및 대책방안				
회의내용	주문폭주로 인한 물량증가로 잉크가 덜 마른 포장상자를 사용해 냄새가 제품에 스며든 것으로 추측				
결정사항	[생산팀] 내부 비닐 포장, 외부 종이상자 포장이었던 방식에서 내부 2중 비닐 포장, 외부 종이상자 포장으로 교체 [마케팅팀] 1. 주문량이 급격히 증가했던 일주일 동안 생산된 제품 전격 회수 2. 제품을 공급한 매장에 사과문 발송 및 100% 환불・보상 공지 [연구팀] 포장 재질 및 인쇄된 잉크의 유해성분 조사				

83 다음 중 회의록을 통해 알 수 있는 내용으로 가장 적절한 것은?

① 회의 참석자는 총 3명이다.
② 이 조직은 6명으로 이루어져 있다.
③ 포장 재질 및 인쇄된 잉크 유해성분을 조사한 결과 인체에는 무해한 것으로 밝혀졌다.
④ 주문량이 많아 잉크가 덜 마른 포장상자를 사용한 것이 문제 발생의 원인으로 추측된다.
⑤ 연구팀에서 제품을 전격 회수해 포장 재질 및 인쇄된 잉크의 유해성분을 조사하기로 했다.

84 다음 중 회의록을 참고할 때 회의 후 가장 먼저 해야 할 일로 가장 적절한 것은?

① 해당 브랜드의 전 제품 회수
② 새로 도입하는 포장방식 홍보
③ 제품을 공급한 매장에 사과문 발송
④ 포장 재질 및 인쇄된 잉크 유해성분 조사
⑤ 주문량이 급격히 증가한 일주일 동안 생산된 제품 파악

85 다음 〈보기〉 중 경영의 4요소에 대한 설명으로 옳은 것을 모두 고르면?

보기

ㄱ. 조직의 목적을 달성하기 위해 경영자가 수립하는 것으로, 더욱 구체적인 방법과 과정이 담겨 있다.

ㄴ. 조직에서 일하는 구성원으로, 경영은 이들의 직무수행에 기초하여 이루어지기 때문에 이것의 배치 및 활용이 중요하다.

ㄷ. 생산자가 상품 또는 서비스를 소비자에게 유통하는 데 관련된 모든 체계적 경영 활동이다.

ㄹ. 특정의 경제적 실체에 관하여 이해관계를 이루는 사람들에게 합리적인 경제적 의사결정을 하는 데 유용한 재무적 정보를 제공하기 위한 일련의 과정 또는 체계이다.

ㅁ. 경영하는 데 사용할 수 있는 돈으로, 이것이 충분히 확보되는 정도에 따라 경영의 방향과 범위가 정해지게 된다.

ㅂ. 조직이 변화하는 환경에 적응하기 위하여 경영활동을 체계화하는 것으로, 목표달성을 위한 수단이다.

① ㄱ, ㄴ, ㄷ, ㄹ
② ㄱ, ㄴ, ㄷ, ㅁ
③ ㄱ, ㄴ, ㅁ, ㅂ
④ ㄴ, ㄷ, ㅁ, ㅂ
⑤ ㄷ, ㄹ, ㅁ, ㅂ

86 H씨는 취업스터디에서 기업 분석을 하다가 〈보기〉에서 제시하고 있는 기업의 경영 전략을 정리하였다. 다음 중 〈보기〉의 내용과 경영 전략이 바르게 짝지어진 것은?

- 차별화 전략 : 가격 이상의 가치로 브랜드 충성심을 이끌어 내는 전략
- 원가우위 전략 : 업계에서 가장 낮은 원가로 우위를 확보하는 전략
- 집중화 전략 : 특정 세분시장만 집중 공략하는 전략

보기

㉠ H기업은 S/W에 집중하기 위해 H/W의 한글 전용 PC 분야를 한국계기업과 전략적으로 제휴하고 회사를 설립해 조직체에 위양하였으며 이후 고유분야였던 S/W에 자원을 집중하였다.
㉡ B마트는 재고 네트워크를 전산화해 원가를 절감하고 양질의 제품을 최저가격에 판매하고 있다.
㉢ A호텔은 5성급 호텔로 하루 숙박비용이 상당히 비싸지만, 환상적인 풍경과 더불어 친절한 서비스를 제공하고 객실 내 제품이 모두 최고급으로 비치되어 있어 이용객들에게 높은 만족도를 준다.

	차별화 전략	원가우위 전략	집중화 전략
①	㉠	㉡	㉢
②	㉠	㉢	㉡
③	㉡	㉠	㉢
④	㉢	㉠	㉡
⑤	㉢	㉡	㉠

87 다음 중 조직 변화의 과정을 순서대로 바르게 나열한 것은?

ㄱ. 환경 변화 인지
ㄴ. 변화 결과 평가
ㄷ. 조직 변화 방향 수립
ㄹ. 조직 변화 실행

① ㄱ－ㄷ－ㄹ－ㄴ
② ㄱ－ㄹ－ㄷ－ㄴ
③ ㄴ－ㄷ－ㄹ－ㄱ
④ ㄹ－ㄱ－ㄷ－ㄴ
⑤ ㄹ－ㄷ－ㄱ－ㄴ

88 H회사에 근무하는 A씨가 다음 글을 읽고 기업의 사회적 책임에 대해 생각해 보았다고 할 때, A씨가 생각한 내용으로 적절하지 않은 것은?

> 세계 자동차 시장 점유율 1위를 기록했던 도요타 자동차는 2009년 11월 가속페달의 매트 끼임 문제로 미국을 비롯해 전 세계적으로 1,000만 대가 넘는 자동차를 회수하는 사상 초유의 리콜을 감행했다. 도요타 자동차의 리콜 사태에 대한 원인으로는 기계적 원인과 더불어 무리한 원가 절감, 과도한 해외 생산 확대, 안일한 경영 등과 같은 경영상의 요인들이 제기되고 있다. 또 도요타 자동차는 급속히 성장하면서 제기된 문제들을 소비자의 관점이 아닌 생산자의 관점에서 해결하려고 했고, 리콜에 대한 늦은 대응 등 문제 해결에 미흡했다는 지적을 받고 있다. 이런 대규모 리콜 사태로 인해 도요타 자동차가 지난 수십 년간 세계적으로 쌓은 명성은 하루아침에 모래성이 됐다. 이와 반대인 사례로 존슨앤드존슨의 타이레놀 리콜 사건이 있다. 1982년 9월 말 미국 시카고 지역에서 존슨앤드존슨의 엑스트라 스트렝스 타이레놀 캡슐을 먹고 4명이 사망하는 사건이 발생했다. 이에 존슨앤드존슨은 즉각적인 대규모 리콜을 단행하여 빠른 문제해결에 초점을 맞췄다. 그 결과 존슨앤드존슨은 소비자들의 신뢰를 회복할 수 있었다.

① 상품에서 결함이 발견됐다면 기업은 그것을 인정하고 책임지는 모습이 필요하다.
② 기업은 문제를 인지한 즉시 문제를 해결하기 위해 노력해야 한다.
③ 소비자의 관점이 아닌 생산자의 관점에서 문제를 해결할 때 소비자들의 신뢰를 회복할 수 있다.
④ 존슨앤드존슨은 사회의 기대와 가치에 부합하는 윤리적 책임을 잘 이행하였다.
⑤ 이윤 창출은 기업의 유지에 필요한 것이지만, 수익만을 위해 움직이는 것은 여러 문제를 일으킬 수 있다.

89 다음 글에 제시된 조직의 특징으로 가장 적절한 것은?

> H공사의 사내 봉사 동아리에 소속된 70여 명의 임직원이 연탄 나르기 봉사활동을 펼쳤다. 이날 임직원들은 지역 주민들이 보다 따뜻하게 겨울을 날 수 있도록 연탄 총 3,000장을 담요와 함께 직접 전달했다. 사내 봉사 동아리에 소속된 H공사 A대리는 "매년 진행하는 연말 연탄 나눔 봉사활동을 통해 지역사회에 도움의 손길을 전할 수 있어 기쁘다."라며 "오늘의 작은 손길이 큰 불씨가 되어 많은 분들이 따뜻한 겨울을 보내길 바란다."라고 말했다.

① 인간관계에 따라 형성된 자발적인 조직
② 이윤을 목적으로 하는 조직
③ 규모와 기능 그리고 규정이 조직화되어 있는 조직
④ 조직구성원들의 행동을 통제할 장치가 마련되어 있는 조직
⑤ 공익을 요구하지 않는 조직

90 **조직의 목적이나 규모에 따라 업무는 다양하게 구성될 수 있다. 다음 중 조직 내의 업무 종류에 대한 설명으로 적절하지 않은 것은?**

① 영업부 : 판매계획, 판매예산의 편성, 시장조사, 광고·선전, 견적 및 계약 등
② 회계부 : 재무상태 및 경영실적 보고, 결산 관련 업무, 재무제표 분석 및 보고 등
③ 기획부 : 교육체계 수립 및 관리, 임금제도, 복리후생제도 및 지원업무, 복무 관리, 퇴직 관리 등
④ 인사부 : 조직기구의 개편 및 조정, 업무분장 및 조정, 인력수급계획 및 관리, 직무 및 정원의 조정 종합, 노사관리 등
⑤ 총무부 : 주주총회 및 이사회개최 관련 업무, 의전 및 비서업무, 집기비품 및 소모품의 구매와 관리, 사무실 임차 및 관리 등

91 **다음 중 대학생인 지수의 일과를 통해 알 수 있는 사실로 옳은 것은?**

지수는 화요일에 학교 수업, 아르바이트, 스터디, 봉사활동 등을 한다.
다음은 지수의 화요일 일과이다.
- 지수는 오전 11시부터 오후 4시까지 수업이 있다.
- 수업이 끝나고 학교 앞 프렌차이즈 카페에서 아르바이트를 3시간 동안 한다.
- 아르바이트를 마친 후, NCS 공부를 하기 위해 스터디를 2시간 동안 한다.
- 스터디 후에는 전국적으로 운영되는 유기견 보호단체와 함께 봉사활동을 1시간 동안 한다.

① 비공식적이면서 소규모조직에서 3시간 있었다.
② 하루 중 공식조직에서 9시간 있었다.
③ 비영리조직이며 대규모조직에서 6시간 있었다.
④ 영리조직에서 2시간 있었다.
⑤ 비공식적이며 비영리조직에서 2시간 있었다.

92 다음은 H공사 홍보팀의 주간회의록이다. 이에 대한 설명으로 가장 적절한 것은?

<table>
<tr><th colspan="7">주간회의록</th></tr>
<tr><td>회의일시</td><td>2024-12-16(월)</td><td>부서</td><td>홍보팀</td><td>작성자</td><td colspan="2">이사원</td></tr>
<tr><td>참석자</td><td colspan="6">김과장, 박주임, 최사원, 이사원</td></tr>
<tr><td>회의안건</td><td colspan="6">1. 개인 주간 스케줄 및 업무 점검
2. 2025년 회사 홍보 브로슈어 기획</td></tr>
<tr><td rowspan="3">회의내용</td><td colspan="4">내용</td><td colspan="2">비고</td></tr>
<tr><td colspan="4">1. 개인 주간 스케줄 및 업무 점검
• 김과장 : 브로슈어 기획 관련 홍보팀 미팅,
외부 디자이너 미팅
• 박주임 : 신제품 SNS 홍보 이미지 작업,
H공사 영문 서브페이지 2차 리뉴얼 작업 진행
• 최사원 : 2025년도 홈페이지 개편 작업 진행
• 이사원 : 12월 사보 편집 작업</td><td colspan="2">• 12월 20일 AM 10:00
홍보팀 박람회 관람</td></tr>
<tr><td colspan="4">2. 2025년도 H공사 홍보 브로슈어 기획
• 브로슈어 주제 : ‘신뢰’
– 창립 ○○주년을 맞아 여러분들의 신뢰로 H공사가 성장했음을 강조
– 한결같은 모습으로 여러들의 지지를 받아왔음을 H공사 이미지로 표현
• 20페이지 이내로 구성 예정</td><td colspan="2">• 12월 18일까지 기획팀에서 2025년도 브로슈어 최종원고 전달 예정</td></tr>
<tr><td rowspan="3">결정사항</td><td colspan="3">내용</td><td colspan="2">작업자</td><td>진행일정</td></tr>
<tr><td colspan="3">브로슈어 표지 이미지 샘플 조사</td><td colspan="2">최사원, 이사원</td><td>2024-12-16 ~ 2024-12-17</td></tr>
<tr><td colspan="3">브로슈어 표지 시안 작업 및 제출</td><td colspan="2">박주임</td><td>2024-12-16 ~ 2024-12-20</td></tr>
<tr><td>특이사항</td><td colspan="6">다음 회의 일정 : 12월 23일
• 브로슈어 표지 결정, 내지 1차 시안 논의</td></tr>
</table>

① H공사는 외부 디자이너에게 브로슈어 표지 이미지 샘플을 요청하였다.
② 디자인팀은 이번 주 수요일에 전시회를 관람할 예정이다.
③ 김과장은 이번 주에 내부 미팅, 외부 미팅을 모두 할 예정이다.
④ 이사원은 이번 주에 12월 사보 편집 작업만 하면 된다.
⑤ 최사원은 2025년도 홈페이지 개편 작업을 완료한 후 브로슈어 표지 시안을 제출할 예정이다.

93 **다음은 민츠버그(Mintzberg)가 구분한 경영자의 역할을 나타낸 표이다. (A) ~ (C)에 대한 설명으로 옳은 것은?**

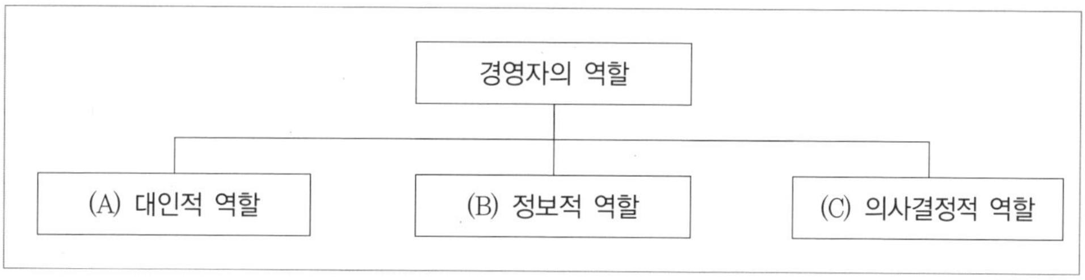

① (A) : 외부 환경의 변화를 모니터링 하는 것이다.
② (B) : 조직을 이끄는 리더로서의 역할을 의미한다.
③ (B) : 조직 내의 문제를 해결하는 것이다.
④ (C) : 분쟁조정자, 자원배분자로서의 역할을 의미한다.
⑤ (C) : 대외적으로 조직을 대표하는 것이다.

94 **다음 글을 읽고 빈칸에 들어갈 용어에 대한 설명으로 옳지 않은 것은?**

> ________은/는 조직이 변화하는 환경에 적응하기 위하여 경영 활동을 체계화하는 것으로, 전략은 목표가 아니라 목표 달성을 위한 수단이 된다. ________은/는 조직의 경영자가 수립하게 되지만, 모든 직업인은 자신이 속한 조직의 ________을/를 이해해야 조직 목표를 달성하는 데 기여할 수 있다.

① 학자에 따라 경영목적과 구분할 수도 구분하지 않을 수도 있다.
② 조직 전략, 사업 전략, 부문 전략으로 구분할 수 있으며, 이들은 수평적 수준을 가지고 있다.
③ 경영자의 경영이념이나 조직의 특성에 따라 다양하다.
④ 추진 과정은 '전략 목표 설정 → 환경 분석 → 경영 전략 도출 → 경영 전략 실행 → 평가 및 피드백' 순서로 이루어진다.
⑤ 최적의 대안을 수립하기 위하여 조직의 내・외부 환경을 분석해야 하며, 이를 위해 SWOT 분석이 가장 많이 활용되고 있다.

※ 다음은 조직의 유형을 나타낸 것이다. 이어지는 질문에 답하시오. [95~96]

〈조직의 유형〉

95 **다음 조직의 유형에 대해 이해한 내용으로 옳지 않은 것은?**

① 기업과 같이 이윤을 목적으로 하는 조직은 영리조직이다.
② 비영리조직은 공익을 목적으로 하는 단체이다.
③ 공식조직 내에서 인간관계를 지향하면서 비공식조직이 새롭게 생성되기도 한다.
④ 비공식조직은 조직의 구조, 기능, 규정 등이 조직화되어 있다.
⑤ 조직 규모를 기준으로 보면, 가족 소유의 상점은 소규모조직, 대기업은 대규모조직의 사례로 볼 수 있다.

96 **다음 중 밑줄 친 비영리조직의 사례로 보기 어려운 것은?**

① 정부조직
② 병원
③ 대학
④ 시민단체
⑤ 기업

97 **다음 중 의사소통을 강조하는 기업문화 형성을 위한 대안으로 적절하지 않은 것은?**

① 수평적 의사소통의 활성화를 위해 노력하고, 수직적 의사소통은 지양한다.
② 공식적인 의사소통 외에 비공식적인 의사소통 문화를 활성화하기 위해 사내 인트라넷을 구축한다.
③ 경영자층을 대상으로 개방적 리더십을 교육한다.
④ 최고 의사결정자가 현장 실무자들과 소통하는 데 많은 시간을 쓴다.
⑤ 아래로의 의사전달뿐만 아니라 위로의 의사전달도 중시한다.

98 **다음 (가), (나)의 조직 구조 형태를 이해한 내용으로 옳지 않은 것은?**

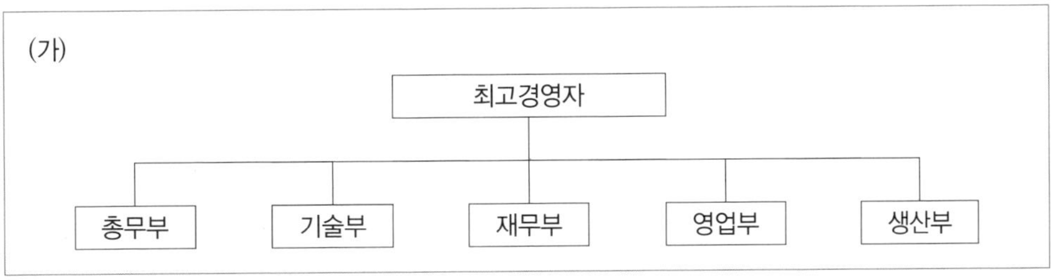

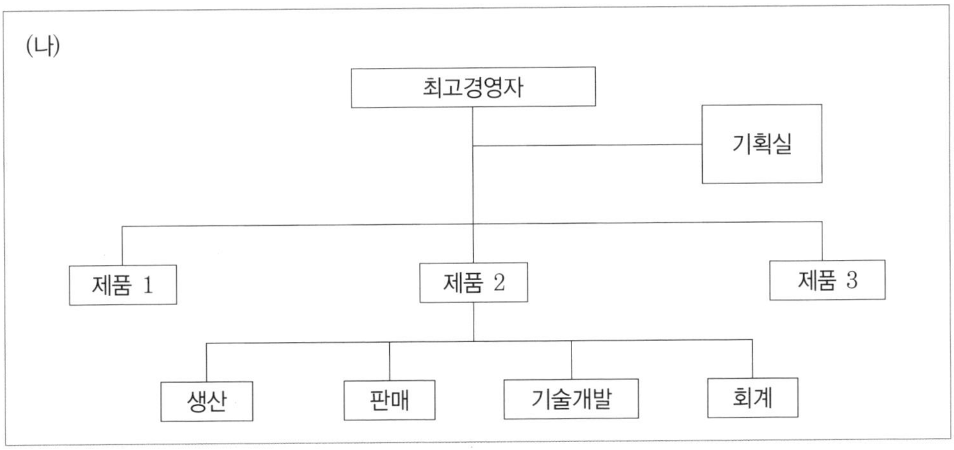

① (가)와 (나) 모두 조직의 CEO가 최상층에 있음을 확인할 수 있다.
② (가)는 (나)보다 분권화된 의사결정이 가능한 사업별 조직 구조이다.
③ (나)는 (가)보다 제품별 차이에 신속하게 적응하기 위한 조직 구조이다.
④ (나)는 (가)보다 급변하는 환경변화에 효과적으로 대응할 수 있는 조직 구조이다.
⑤ (가)의 경우는 업무의 내용이 유사하고 관련성이 있는 것들이 결합되어 형태를 이루고 있다.

99 **다음 중 집단(조직)에 대해 정리한 내용으로 적절하지 않은 것은?**

	구분	공식집단	비공식집단
①	개념	공식적인 목표를 추구하기 위해 조직에서 만든 집단	구성원들의 요구에 따라 자발적으로 형성된 집단
②	집단 간 경쟁의 원인	자원의 유한성, 목표 간의 충돌	
③	집단 간 경쟁의 장점	각 집단 내부의 응집성 강화, 활동 조직화 강화	
④	집단 간 경쟁의 단점	자원 낭비, 비능률	
⑤	예	상설 위원회, 업무 수행을 위한 팀, 동아리	친목회, 스터디 모임, 임시 위원회

100 **H회사는 몇 년째 실적 부진으로 골머리를 앓고 있다. 문제를 해결하기 위해 귀하를 비롯한 회사의 임직원들이 모여 회사의 문제점을 파악하고 구체적인 해결책을 마련해보는 시간을 가졌다. 각 사원이 말한 문제점과 해결책으로 적절하지 않은 것은?**

① A사원 : 우리 회사의 문제점은 자신이 소속된 부서 이외에는 별로 관심이 없다는 것입니다. 이번 기회로 부서들끼리 자주 소통하는 자리를 마련해 다른 부서의 업무를 파악하는 데 주의를 기울일 필요가 있을 것 같습니다.

② B사원 : 각 부서의 목표가 너무 상이합니다. 분기별로 회의를 통해 하나의 목표를 설정한 뒤 모든 부서가 그 목표를 달성하기 위해 힘을 모으는 것이 좋겠습니다.

③ C사원 : 직원들의 업무 독립성이 좀 더 뚜렷해질 필요도 있습니다. 예를 들어 A라는 업무는 A사원이 담당해 처음부터 끝까지 모든 과정을 책임지는 거죠. 지금은 업무과정이 너무 유기적이에요.

④ D사원 : 직원들의 성과급이 너무 적어서 업무 만족도나 의욕 등이 점점 낮아지고 있다고 생각해요. 성과가 있을 때마다 회사에서 그에 합당한 보상을 확실히 해준다면 직원들의 업무 의욕도 점점 커질 것입니다.

⑤ E사원 : 분기별로 업무 계획을 확실히 세우고 매일매일 그것을 확인해가는 방식으로 일을 해보는 것은 어떨까요? 우리 회사는 구체적인 계획을 세우기보다 즉흥적으로 일을 해나가는 점이 문제인 것 같아서요.

PART 3

채용 가이드

CHAPTER

01 블라인드 채용 소개

1. 블라인드 채용이란?

채용 과정에서 편견이 개입되어 불합리한 차별을 야기할 수 있는 출신지, 가족관계, 학력, 외모 등의 편견요인은 제외하고, 직무능력만을 평가하여 인재를 채용하는 방식입니다.

2. 블라인드 채용의 필요성

- 채용의 공정성에 대한 사회적 요구
  - 누구에게나 직무능력만으로 경쟁할 수 있는 균등한 고용기회를 제공해야 하나, 아직도 채용의 공정성에 대한 불신이 존재
  - 채용상 차별금지에 대한 법적 요건이 권고적 성격에서 처벌을 동반한 의무적 성격으로 강화되는 추세
  - 시민의식과 지원자의 권리의식 성숙으로 차별에 대한 법적 대응 가능성 증가
- 우수인재 채용을 통한 기업의 경쟁력 강화 필요
  - 직무능력과 무관한 학벌, 외모 위주의 선발로 우수인재 선발기회 상실 및 기업경쟁력 약화
  - 채용 과정에서 차별 없이 직무능력중심으로 선발한 우수인재 확보 필요
- 공정한 채용을 통한 사회적 비용 감소 필요
  - 편견에 의한 차별적 채용은 우수인재 선발을 저해하고 외모·학벌 지상주의 등의 심화로 불필요한 사회적 비용 증가
  - 채용에서의 공정성을 높여 사회의 신뢰수준 제고

3. 블라인드 채용의 특징

편견요인을 요구하지 않는 대신 직무능력을 평가합니다.

※ 직무능력중심 채용이란?
기업의 역량 기반 채용, NCS기반 능력중심 채용과 같이 직무수행에 필요한 능력과 역량을 평가하여 선발하는 채용 방식을 통칭합니다.

4. 블라인드 채용의 평가요소

직무수행에 필요한 지식, 기술, 태도 등을 과학적인 선발기법을 통해 평가합니다.

평가기준 = 직무수행에 필요한 직무능력

※ 과학적 선발기법이란?
직무분석을 통해 도출된 평가요소를 서류, 필기, 면접 등을 통해 체계적으로 평가하는 방법으로 입사지원서, 자기소개서, 직무수행능력평가, 구조화 면접 등이 해당됩니다.

5. 블라인드 채용 주요 도입 내용

• 입사지원서에 인적사항 요구 금지
  – 인적사항에는 출신지역, 가족관계, 결혼여부, 재산, 취미 및 특기, 종교, 생년월일(연령), 성별, 신장 및 체중, 사진, 전공, 학교명, 학점, 외국어 점수, 추천인 등이 해당
  – 채용 직무를 수행하는 데 있어 반드시 필요하다고 인정될 경우는 제외
    예 특수경비직 채용 시 : 시력, 건강한 신체 요구
       연구직 채용 시 : 논문, 학위 요구 등
• 블라인드 면접 실시
  – 면접관에게 응시자의 출신지역, 가족관계, 학교명 등 인적사항 정보 제공 금지
  – 면접관은 응시자의 인적사항에 대한 질문 금지

6. 블라인드 채용 도입의 효과성

• 구성원의 다양성과 창의성이 높아져 기업 경쟁력 강화
  – 편견을 없애고 직무능력 중심으로 선발하므로 다양한 직원 구성 가능
  – 다양한 생각과 의견을 통하여 기업의 창의성이 높아져 기업경쟁력 강화
• 직무에 적합한 인재선발을 통한 이직률 감소 및 만족도 제고
  – 사전에 지원자들에게 구체적이고 상세한 직무요건을 제시함으로써 허수 지원이 낮아지고, 직무에 적합한 지원자 모집 가능
  – 직무에 적합한 인재가 선발되어 직무이해도가 높아져 업무 효율 증대 및 만족도 제고
• 채용의 공정성과 기업이미지 제고
  – 블라인드 채용은 사회적 편견을 줄인 선발 방법으로 기업에 대한 사회적 인식 제고
  – 채용과정에서 불합리한 차별을 받지 않고 실력에 의해 공정하게 평가를 받을 것이라는 믿음을 제공하고, 지원자들은 평등한 기회와 공정한 선발과정 경험

CHAPTER

02 서류전형 가이드

01 채용공고문

1. 채용공고문의 변화

기존 채용공고문	변화된 채용공고문
• 취업 준비생에게 불충분하고 불친절한 측면 존재 • 모집 분야에 대한 명확한 직무 관련 정보 및 평가 기준 부재 • 해당 분야에 지원하기 위한 취업 준비생의 무분별한 스펙 쌓기 현상 발생	• NCS 직무분석에 기반한 채용 공고를 토대로 채용 전형 진행 • 지원자가 입사 후 수행하게 될 업무에 대한 자세한 정보 공지 • 직무수행 내용, 직무수행 시 필요한 능력, 관련된 자격, 직업기초 능력 제시 • 지원자가 해당 직무에 필요한 스펙만을 준비할 수 있도록 안내
• 모집 부문 및 응시 자격 • 지원서 접수 • 전형 절차 • 채용 조건 및 처우 • 기타 사항	• 채용 절차 • 채용유형별 선발 분야 및 예정 인원 • 전형 방법 • 선발 분야별 직무기술서 • 우대사항

2. 지원 유의사항 및 지원요건 확인

채용 직무에 따른 세부사항을 공고문에 명시하여 지원자에게 적격한 지원 기회를 부여함과 동시에 채용과정에서의 공정성과 신뢰성을 확보합니다.

구성	내용	확인 사항
모집분야 및 규모	고용 형태(인턴 계약직 등), 모집 분야, 인원, 근무지역 등	채용 직무가 여러 개일 경우 본인이 해당되는 직무의 채용 규모 확인
응시 자격	기본 자격 사항, 지원조건	지원을 위한 최소 자격요건을 확인하여 불필요한 지원을 예방
우대조건	법정·특별·자격증 가점	본인의 가점 여부를 검토하여 가점 획득을 위한 사항을 사실대로 기재
근무조건 및 보수	고용 형태 및 고용 기간, 보수, 근무지	본인이 생각하는 기대 수준에 부합하는지 확인하여 불필요한 지원을 예방
시험방법	서류·필기·면접전형 등의 활용 방안	전형 방법 및 세부 평가 기법 등을 확인하여 지원전략 준비
전형 일정	접수기간, 각 전형 단계별 심사 및 합격자 발표일 등	본인의 지원 스케줄을 검토하여 차질이 없도록 준비
제출 서류	입사지원서(경력·경험 기술서 등), 각종 증명서 및 자격증 사본 등	지원요건 부합 여부 및 자격 증빙서류 사전에 준비
유의 사항	임용 취소 등의 규정	임용 취소 관련 법적 또는 기관 내부 규정을 검토하여 해당 여부 확인

02 직무기술서

직무기술서란 직무수행의 내용과 필요한 능력, 관련 자격, 직업기초능력 등을 상세히 기재한 것으로 입사 후 수행하게 될 업무에 대한 정보가 수록되어 있는 자료입니다.

1. 채용분야

설명

NCS 직무분류 체계에 따라 직무에 대한 「대분류 – 중분류 – 소분류 – 세분류」 체계를 확인할 수 있습니다. 채용 직무에 대한 모든 직무기술서를 첨부하게 되며 실제 수행 업무를 기준으로 세부적인 분류 정보를 제공합니다.

채용분야	분류체계			
사무행정	대분류	중분류	소분류	세분류
분류 코드	02. 경영·회계·사무	03. 재무·회계	01. 재무	01. 예산
				02. 자금
			02. 회계	01. 회계감사
				02. 세무

2. 능력단위

설명

직무분류 체계의 세분류 하위능력 단위 중 실질적으로 수행할 업무의 능력만 구체적으로 파악할 수 있습니다.

능력단위	(예산)	03. 연간 종합예산 수립 05. 확정예산 운영	04. 추정재무제표 작성 06. 예산 실적 관리
	(자금)	04. 자금 운용	
	(회계감사)	02. 자금관리 05. 회계정보시스템 운용 07. 회계감사	04. 결산 관리 06. 재무분석
	(세무)	02. 결산 관리 07. 법인세 신고	05. 부가가치세 신고

3. 직무수행 내용

설명

세분류 영역의 기본 정의를 통해 직무수행 내용을 확인할 수 있습니다. 입사 후 수행할 직무내용을 구체적으로 확인할 수 있으며, 이를 통해 입사 서류 작성부터 면접까지 직무에 대한 명확한 이해를 바탕으로 자신의 희망 직무인지 아닌지, 해당 직무가 자신이 알고 있던 직무가 맞는지 확인할 수 있습니다.

직무수행내용	(예산) 일정 기간 예상되는 수익과 비용을 편성, 집행하며 통제하는 일
	(자금) 자금의 계획 수립, 조달, 운용을 하고 발생 가능한 위험 관리 및 성과평가
	(회계감사) 기업과 조직 내·외부에 있는 의사결정자들이 효율적인 의사결정을 할 수 있도록 유용한 정보를 제공, 제공된 회계정보의 적정성을 파악하는 일
	(세무) 세무는 기업의 활동을 위하여 주어진 세법 범위 내에서 조세부담을 최소화하는 조세 전략을 포함하고 정확한 과세소득과 과세표준 및 세액을 산출하여 과세당국에 신고·납부하는 일

4. 직무기술서 예시

태도	(예산) 정확성, 분석적 태도, 논리적 태도, 타 부서와의 협조적 태도, 설득력
	(자금) 분석적 사고력
	(회계 감사) 합리적 태도, 전략적 사고, 정확성, 적극적 협업 태도, 법률 준수 태도, 분석적 태도, 신속성, 책임감, 정확한 판단력
	(세무) 규정 준수 의지, 수리적 정확성, 주의 깊은 태도
우대 자격증	공인회계사, 세무사, 컴퓨터활용능력, 변호사, 워드프로세서, 전산회계운용사, 사회조사분석사, 재경관리사, 회계 관리 등
직업기초능력	의사소통능력, 문제해결능력, 자원관리능력, 대인관계능력, 정보능력, 조직이해능력

5. 직무기술서 내용별 확인 사항

항목	확인 사항
모집 부문	해당 채용에서 선발하는 부문(분야)명 확인 예 사무행정, 전산, 전기
분류체계	지원하려는 분야의 세부 직무군 확인
주요 기능 및 역할	지원하려는 기업의 전사적인 기능과 역할, 산업군 확인
능력단위	지원 분야의 직무수행에 관련되는 세부 업무 사항 확인
직무수행내용	지원 분야의 직무군에 대한 상세 사항 확인
전형 방법	지원하려는 기업의 신입사원 선발전형 절차 확인
일반요건	교육 사항을 제외한 지원 요건 확인(자격요건, 특수한 경우 연령)
교육요건	교육 사항에 대한 지원 요건 확인(대졸 / 초대졸 / 고졸 / 전공 요건)
필요 지식	지원 분야의 업무 수행을 위해 요구되는 지식 관련 세부 항목 확인
필요 기술	지원 분야의 업무 수행을 위해 요구되는 기술 관련 세부 항목 확인
직무수행태도	지원 분야의 업무 수행을 위해 요구되는 태도 관련 세부 항목 확인
직업기초능력	지원 분야 또는 지원기업의 조직원으로서 근무하기 위해 필요한 일반적인 능력 사항 확인

03 입사지원서

1. 입사지원서의 변화

기존지원서		능력 중심 채용 입사지원서
직무와 관련 없는 학점, 개인신상, 어학 점수, 자격, 수상 경력 등을 나열하도록 구성	VS	해당 직무수행에 꼭 필요한 정보들을 제시할 수 있도록 구성

기존지원서		능력 중심 채용 입사지원서	
직무기술서	→	인적사항	성명, 연락처, 지원 분야 등 작성 (평가 미반영)
직무수행내용		교육사항	직무지식과 관련된 학교교육 및 직업교육 작성
요구지식 / 기술		자격사항	직무관련 국가공인 또는 민간자격 작성
관련 자격증		경력 및 경험사항	조직에 소속되어 일정한 임금을 받거나(경력) 임금 없이(경험) 직무와 관련된 활동 내용 작성
사전직무경험			

2. 교육사항

- 지원분야 직무와 관련된 학교 교육이나 직업교육 혹은 기타교육 등 직무에 대한 지원자의 학습 여부를 평가하기 위한 항목입니다.
- 지원하고자 하는 직무의 학교 전공교육 이외에 직업교육, 기타교육 등을 기입할 수 있기 때문에 전공 제한 없이 직업교육과 기타교육을 이수하여 지원이 가능하도록 기회를 제공합니다.
  (기타교육 : 학교 이외의 기관에서 개인이 이수한 교육과정 중 지원 직무와 관련이 있다고 생각되는 교육 내용)

구분	교육과정(과목)명	교육내용	과업(능력단위)

3. 자격 사항

- 채용공고 및 직무기술서에 제시되어 있는 자격 현황을 토대로 지원자가 해당 직무를 수행하는 데 필요한 능력을 가지고 있는지를 평가하기 위한 항목입니다.
- 채용공고 및 직무기술서에 기재된 직무관련 필수 또는 우대자격 항목을 확인하여 본인이 보유하고 있는 자격 사항을 기재합니다.

자격유형	자격증명	발급기관	취득일자	자격증번호

4. 경력 및 경험 사항

- 직무와 관련된 경력이나 경험 여부를 표현하도록 하여 직무와 관련한 능력을 갖추었는지를 평가하기 위한 항목입니다.
- 해당 기업에서 직무를 수행함에 있어 필요한 사항만을 기록하게 되어 있기 때문에 직무와 무관한 스펙을 갖추지 않아도 됩니다.
- 경력 : 금전적 보수를 받고 일정 기간 동안 일했던 경우
- 경험 : 금전적 보수를 받지 않고 수행한 직업 외적인 활동

※ 기업에 따라 경력 / 경험 관련 증빙자료 요구 가능

구분	조직명	직위 / 역할	활동기간(년 / 월)	주요과업 / 활동내용

Tip

입사지원서 작성 방법

○ 경력 및 경험 사항 작성

- 직무기술서에 제시된 지식, 기술, 태도와 지원자의 교육 사항, 경력(경험)사항, 자격 사항과 연계하여 개인의 직무역량에 대해 스스로 판단 가능

○ 인적 사항 최소화

- 개인의 인적 사항, 학교명, 가족관계 등을 노출하지 않도록 유의

부적절한 입사지원서 작성 사례

- 학교 이메일을 기입하여 학교명 노출
- 거주지 주소에 학교 기숙사 주소를 기입하여 학교명 노출
- 자기소개서에 부모님이 재직 중인 기업명, 직위, 직업을 기입하여 가족관계 노출
- 자기소개서에 석·박사 과정에 대한 이야기를 언급하여 학력 노출
- 동아리 활동에 대한 내용을 학교명과 더불어 언급하여 학교명 노출

04 자기소개서

1. 자기소개서의 변화

- 기존의 자기소개서는 지원자의 일대기나 관심 분야, 성격의 장·단점 등 개괄적인 사항을 묻는 질문으로 구성되어 지원자가 자신의 직무능력을 제대로 표출하지 못합니다.
- 능력중심 채용의 자기소개서는 직무기술서에 제시된 직업기초능력(또는 직무수행능력)에 대한 지원자의 과거 경험을 기술하게 함으로써 평가 타당도 확보가 가능합니다.

1. 우리 회사와 해당 지원 직무 분야에 지원한 동기에 대해 기술해 주세요.

2. 자신이 경험한 다양한 사회활동에 대해 기술해 주세요.

3. 지원 직무에 대한 전문성을 키우기 위해 받은 교육과 경험 및 경력사항에 대해 기술해 주세요.

4. 인사업무 또는 팀 과제 수행 중 발생한 갈등을 원만하게 해결해 본 경험이 있습니까? 당시 상황에 대한 설명과 갈등의 대상이 되었던 상대방을 설득한 과정 및 방법을 기술해 주세요.

5. 과거에 있었던 일 중 가장 어려웠었던(힘들었었던) 상황을 고르고, 어떤 방법으로 그 상황을 해결했는지를 기술해 주세요.

Tip

자기소개서 작성 방법

① 자기소개서 문항이 묻고 있는 평가 역량 추측하기

> 예시
> - 팀 활동을 하면서 갈등 상황 시 상대방의 니즈나 의도를 명확히 파악하고 해결하여 목표 달성에 기여했던 경험에 대해서 작성해 주시기 바랍니다.
> - 다른 사람이 생각해내지 못했던 문제점을 찾고 이를 해결한 경험에 대해 작성해 주시기 바랍니다.

② 해당 역량을 보여줄 수 있는 소재 찾기(시간×역량 매트릭스)

예시

시간 →

평가역량 ↓

	2021년	2022년	2023년	2024년
도전정신	*대학 발표수업*	*대학 발표수업*	~~*다이어트 (헬스)*~~	
대인관계	*대학 발표수업*	*대학 발표수업*		*경영 동아리*
의사소통	*편의점 아르바이트*	~~*군대 작업*~~	*봉사 동아리*	
직무역량			*경영 동아리*	*Book Study*
…				

③ 자기소개서 작성 Skill 익히기

- 두괄식으로 작성하기
- 구체적 사례 사용하기
- '나'를 중심으로 작성하기
- 직무 역량 강조하기
- 경험 사례의 차별성 강조하기

CHAPTER

03 인성검사 소개 및 모의테스트

01 인성검사 유형

인성검사는 지원자의 성격특성을 객관적으로 파악하고 그것이 각 기업에서 필요로 하는 인재상과 가치에 부합하는가를 평가하기 위한 검사입니다. 인성검사는 KPDI(한국인재개발진흥원), K-SAD(한국사회적성개발원), KIRBS(한국행동과학연구소), SHR(에스에이치알) 등의 전문 기관을 통해 각 기업의 특성에 맞는 검사를 선택하여 실시합니다. 대표적인 인성검사의 유형에는 크게 다음과 같은 세 가지가 있으며, 채용 대행업체에 따라 달라집니다.

1. KPDI 검사

조직적응성과 직무적합성을 알아보기 위한 검사로 인성검사, 인성역량검사, 인적성검사, 직종별 인적성검사 등의 다양한 검사 도구를 구현합니다. KPDI는 성격을 파악하고 정신건강 상태 등을 측정하고, 직무검사는 해당 직무를 수행하기 위해 기본적으로 갖추어야 할 인지적 능력을 측정합니다. 역량검사는 특정 직무 역할을 효과적으로 수행하는 데 직접적으로 관련 있는 개인의 행동, 지식, 스킬, 가치관 등을 측정합니다.

2. KAD(Korea Aptitude Development) 검사

K-SAD(한국사회적성개발원)에서 실시하는 적성검사 프로그램입니다. 개인의 성향, 지적 능력, 기호, 관심, 흥미도를 종합적으로 분석하여 적성에 맞는 업무가 무엇인가 파악하고, 직무수행에 있어서 요구되는 기초능력과 실무능력을 분석합니다.

3. SHR 직무적성검사

직무수행에 필요한·종합적인 사고 능력을 다양한 적성검사(Paper and Pencil Test)로 평가합니다. SHR의 모든 직무능력검사는 표준화 검사입니다. 표준화 검사는 표본집단의 점수를 기초로 규준이 만들어진 검사이므로 개인의 점수를 규준에 맞추어 해석·비교하는 것이 가능합니다. S(Standardized Tests), H(Hundreds of Version), R(Reliable Norm Data)을 특징으로 하며, 직군·직급별 특성과 선발 수준에 맞추어 검사를 적용할 수 있습니다.

02 인성검사와 면접

인성검사는 특히 면접 질문과 관련성이 높습니다. 면접관은 지원자의 인성검사 결과를 토대로 질문을 하기 때문입니다. 일관적이고 이상적인 답변을 하는 것이 가장 좋지만, 실제 시험은 매우 복잡하여 전문가라 해도 일정 성격을 유지하면서 답변을 하는 것이 힘듭니다. 또한, 인성검사에는 라이 스케일(Lie Scale) 설문이 전체 설문 속에 교묘하게 섞여 들어가 있으므로 겉치레적인 답을 하게 되면 회답 태도의 허위성이 그대로 드러나게 됩니다. 예를 들어 '거짓말을 한 적이 한 번도 없다.'에 '예'로 답하고, '때로는 거짓말을 하기도 한다.'에 '예'라고 답하여 라이 스케일의 득점이 올라가게 되면 모든 회답의 신빙성이 사라지고 '자신을 돋보이게 하려는 사람'이라는 평가를 받을 수 있으므로 주의해야 합니다. 따라서 모의테스트를 통해 인성검사의 유형과 실제 시험 시 어떻게 문제를 풀어야 하는지 연습해 보고 체크한 부분 중 자신의 단점과 연결되는 부분은 면접에서 질문이 들어왔을 때 어떻게 대처해야 하는지 생각해 보는 것이 좋습니다.

03 유의사항

1. 기업의 인재상을 파악하라!

인성검사를 통해 개인의 성격 특성을 파악하고 그것이 기업의 인재상과 가치에 부합하는지를 평가하는 시험이기 때문에 해당 기업의 인재상을 먼저 파악하고 시험에 임하는 것이 좋습니다. 모의테스트에서 인재상에 맞는 가상의 인물을 설정하고 문제에 답해 보는 것도 많은 도움이 됩니다.

2. 일관성 있는 대답을 하라!

짧은 시간 안에 다양한 질문에 답을 해야 하는데, 그 안에는 중복되는 질문이 여러 번 나옵니다. 이때 앞서 자신이 체크했던 대답을 잘 기억해뒀다가 일관성 있는 답을 하는 것이 중요합니다.

3. 모든 문항에 대답하라!

많은 문제를 짧은 시간 안에 풀려다 보니 다 못 푸는 경우도 종종 생깁니다. 하지만 대답을 누락하거나 끝까지 다 못했을 경우 좋지 않은 결과를 가져올 수도 있으니 최대한 주어진 시간 안에 모든 문항에 답할 수 있도록 해야 합니다.

04 KPDI 모의테스트

※ 모의테스트는 질문 및 답변 유형 연습을 위한 것으로 실제 시험과 다를 수 있습니다.
※ 인성검사는 정답이 따로 없는 유형의 검사이므로 결과지를 제공하지 않습니다.

번호	내용	예	아니요
001	나는 솔직한 편이다.	☐	☐
002	나는 리드하는 것을 좋아한다.	☐	☐
003	법을 어겨서 말썽을 일으킨 적이 한 번도 없다.	☐	☐
004	거짓말을 한 번도 한 적이 없다.	☐	☐
005	나는 눈치가 빠르다.	☐	☐
006	나는 일을 주도하기보다는 뒤에서 지원하는 것을 선호한다.	☐	☐
007	앞일은 알 수 없기 때문에 계획은 필요하지 않다.	☐	☐
008	거짓말도 때로는 방편이라고 생각한다.	☐	☐
009	사람이 많은 술자리를 좋아한다.	☐	☐
010	걱정이 지나치게 많다.	☐	☐
011	일을 시작하기 전 재고하는 경향이 있다.	☐	☐
012	불의를 참지 못한다.	☐	☐
013	처음 만나는 사람과도 이야기를 잘 한다.	☐	☐
014	때로는 변화가 두렵다.	☐	☐
015	나는 모든 사람에게 친절하다.	☐	☐
016	힘든 일이 있을 때 술은 위로가 되지 않는다.	☐	☐
017	결정을 빨리 내리지 못해 손해를 본 경험이 있다.	☐	☐
018	기회를 잡을 준비가 되어 있다.	☐	☐
019	때로는 내가 정말 쓸모없는 사람이라고 느낀다.	☐	☐
020	누군가 나를 챙겨주는 것이 좋다.	☐	☐
021	자주 가슴이 답답하다.	☐	☐
022	나는 내가 자랑스럽다.	☐	☐
023	경험이 중요하다고 생각한다.	☐	☐
024	전자기기를 분해하고 다시 조립하는 것을 좋아한다.	☐	☐

025	감시받고 있다는 느낌이 든다.	☐	☐
026	난처한 상황에 놓이면 그 순간을 피하고 싶다.	☐	☐
027	세상엔 믿을 사람이 없다.	☐	☐
028	잘못을 빨리 인정하는 편이다.	☐	☐
029	지도를 보고 길을 잘 찾아간다.	☐	☐
030	귓속말을 하는 사람을 보면 날 비난하고 있는 것 같다.	☐	☐
031	막무가내라는 말을 들을 때가 있다.	☐	☐
032	장래의 일을 생각하면 불안하다.	☐	☐
033	결과보다 과정이 중요하다고 생각한다.	☐	☐
034	운동은 그다지 할 필요가 없다고 생각한다.	☐	☐
035	새로운 일을 시작할 때 좀처럼 한 발을 떼지 못한다.	☐	☐
036	기분 상하는 일이 있더라도 참는 편이다.	☐	☐
037	업무능력은 성과로 평가받아야 한다고 생각한다.	☐	☐
038	머리가 맑지 못하고 무거운 느낌이 든다.	☐	☐
039	가끔 이상한 소리가 들린다.	☐	☐
040	타인이 내게 자주 고민상담을 하는 편이다.	☐	☐

05 SHR 모의테스트

※ 모의테스트는 질문 및 답변 유형 연습을 위한 것으로 실제 시험과 다를 수 있습니다.
※ 인성검사는 정답이 따로 없는 유형의 검사이므로 결과지를 제공하지 않습니다.

※ 이 성격검사의 각 문항에는 서로 다른 행동을 나타내는 네 개의 문장이 제시되어 있습니다. 이 문장들을 비교하여, 자신의 평소 행동과 가장 가까운 문장을 'ㄱ' 열에 표기하고, 가장 먼 문장을 'ㅁ' 열에 표기하십시오.

01 나는 ______________________

	ㄱ	ㅁ
A. 실용적인 해결책을 찾는다.	☐	☐
B. 다른 사람을 돕는 것을 좋아한다.	☐	☐
C. 세부 사항을 잘 챙긴다.	☐	☐
D. 상대의 주장에서 허점을 잘 찾는다.	☐	☐

02 나는 ______________________

	ㄱ	ㅁ
A. 매사에 적극적으로 임한다.	☐	☐
B. 즉흥적인 편이다.	☐	☐
C. 관찰력이 있다.	☐	☐
D. 임기응변에 강하다.	☐	☐

03 나는 ______________________

	ㄱ	ㅁ
A. 무서운 영화를 잘 본다.	☐	☐
B. 조용한 곳이 좋다.	☐	☐
C. 가끔 울고 싶다.	☐	☐
D. 집중력이 좋다.	☐	☐

04 나는 ______________________

	ㄱ	ㅁ
A. 기계를 조립하는 것을 좋아한다.	☐	☐
B. 집단에서 리드하는 역할을 맡는다.	☐	☐
C. 호기심이 많다.	☐	☐
D. 음악을 듣는 것을 좋아한다.	☐	☐

05 나는 ______________________________

A. 타인을 늘 배려한다.
B. 감수성이 예민하다.
C. 즐겨하는 운동이 있다.
D. 일을 시작하기 전에 계획을 세운다.

ㄱ	ㅁ
☐	☐
☐	☐
☐	☐
☐	☐

06 나는 ______________________________

A. 타인에게 설명하는 것을 좋아한다.
B. 여행을 좋아한다.
C. 정적인 것이 좋다.
D. 남을 돕는 것에 보람을 느낀다.

ㄱ	ㅁ
☐	☐
☐	☐
☐	☐
☐	☐

07 나는 ______________________________

A. 기계를 능숙하게 다룬다.
B. 밤에 잠이 잘 오지 않는다.
C. 한 번 간 길을 잘 기억한다.
D. 불의를 보면 참을 수 없다.

ㄱ	ㅁ
☐	☐
☐	☐
☐	☐
☐	☐

08 나는 ______________________________

A. 종일 말을 하지 않을 때가 있다.
B. 사람이 많은 곳을 좋아한다.
C. 술을 좋아한다.
D. 휴양지에서 편하게 쉬고 싶다.

ㄱ	ㅁ
☐	☐
☐	☐
☐	☐
☐	☐

09 나는 ______________________

	ㄱ	ㅁ
A. 뉴스보다는 드라마를 좋아한다.	☐	☐
B. 길을 잘 찾는다.	☐	☐
C. 주말엔 집에서 쉬는 것이 좋다.	☐	☐
D. 아침에 일어나는 것이 힘들다.	☐	☐

10 나는 ______________________

	ㄱ	ㅁ
A. 이성적이다.	☐	☐
B. 할 일을 종종 미룬다.	☐	☐
C. 어른을 대하는 게 힘들다.	☐	☐
D. 불을 보면 매혹을 느낀다.	☐	☐

11 나는 ______________________

	ㄱ	ㅁ
A. 상상력이 풍부하다.	☐	☐
B. 예의 바르다는 소리를 자주 듣는다.	☐	☐
C. 사람들 앞에 서면 긴장한다.	☐	☐
D. 친구를 자주 만난다.	☐	☐

12 나는 ______________________

	ㄱ	ㅁ
A. 나만의 스트레스 해소 방법이 있다.	☐	☐
B. 친구가 많다.	☐	☐
C. 책을 자주 읽는다.	☐	☐
D. 활동적이다.	☐	☐

CHAPTER

04 면접전형 가이드

01 면접유형 파악

1. 면접전형의 변화

기존 면접전형에서는 일상적이고 단편적인 대화나 지원자의 첫인상 및 면접관의 주관적인 판단 등에 의해서 입사 결정 여부를 판단하는 경우가 많았습니다. 이러한 면접전형은 면접 내용의 일관성이 결여되거나 직무 관련 타당성이 부족하였고, 면접에 대한 신뢰도에 영향을 주었습니다.

기존 면접(전통적 면접)		능력중심 채용 면접(구조화 면접)
• 일상적이고 단편적인 대화 • 인상, 외모 등 외부 요소의 영향 • 주관적인 판단에 의존한 총점 부여 ⇩ • 면접 내용의 일관성 결여 • 직무관련 타당성 부족 • 주관적인 채점으로 신뢰도 저하	VS	• 일관성 – 직무관련 역량에 초점을 둔 구체적 질문 목록 – 지원자별 동일 질문 적용 • 구조화 – 면접 진행 및 평가 절차를 일정한 체계에 의해 구성 • 표준화 – 평가 타당도 제고를 위한 평가 Matrix 구성 – 척도에 따라 항목별 채점, 개인 간 비교 • 신뢰성 – 면접진행 매뉴얼에 따라 면접위원 교육 및 실습

2. 능력중심 채용의 면접 유형

① 경험 면접
- 목적 : 선발하고자 하는 직무 능력이 필요한 과거 경험을 질문합니다.
- 평가요소 : 직업기초능력과 인성 및 태도적 요소를 평가합니다.

② 상황 면접
- 목적 : 특정 상황을 제시하고 지원자의 행동을 관찰함으로써 실제 상황의 행동을 예상합니다.
- 평가요소 : 직업기초능력과 인성 및 태도적 요소를 평가합니다.

③ 발표 면접
- 목적 : 특정 주제와 관련된 지원자의 발표와 질의응답을 통해 지원자 역량을 평가합니다.
- 평가요소 : 직무수행능력과 인지적 역량(문제해결능력)을 평가합니다.

④ 토론 면접
- 목적 : 토의과제에 대한 의견수렴 과정에서 지원자의 역량과 상호작용능력을 평가합니다.
- 평가요소 : 직무수행능력과 팀워크를 평가합니다.

02 면접유형별 준비 방법

1. 경험 면접

① 경험 면접의 특징

- 주로 직업기초능력에 관련된 지원자의 과거 경험을 심층 질문하여 검증하는 면접입니다.
- 직무능력과 관련된 과거 경험을 평가하기 위해 심층 질문을 하며, 이 질문은 지원자의 답변에 대하여 '꼬리에 꼬리를 무는 형식'으로 진행됩니다.

> - 능력요소, 정의, 심사 기준
>   - 평가하고자 하는 능력요소, 정의, 심사기준을 확인하여 면접위원이 해당 능력요소 관련 질문을 제시합니다.
> - Opening Question
>   - 능력요소에 관련된 과거 경험을 유도하기 위한 시작 질문을 합니다.
> - Follow-up Question
>   - 지원자의 경험 수준을 구체적으로 검증하기 위한 질문입니다.
>   - 경험 수준 검증을 위한 상황(Situation), 임무(Task), 역할 및 노력(Action), 결과(Result) 등으로 질문을 구분합니다.

경험 면접의 형태

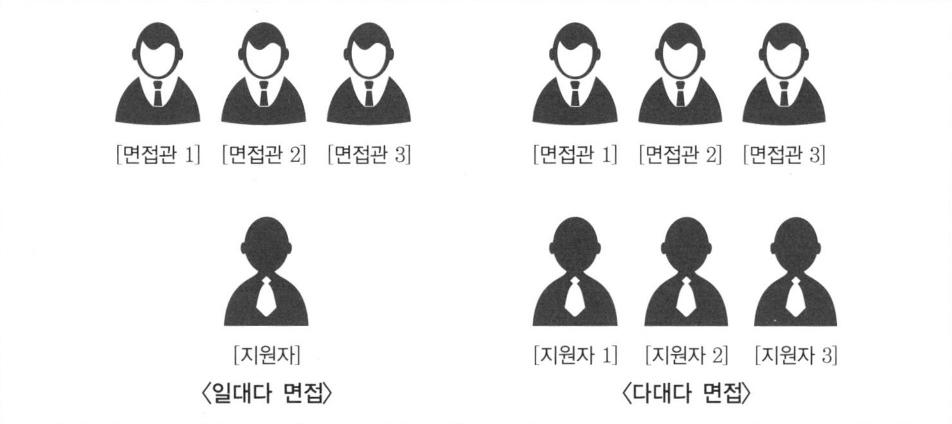

② 경험 면접의 구조

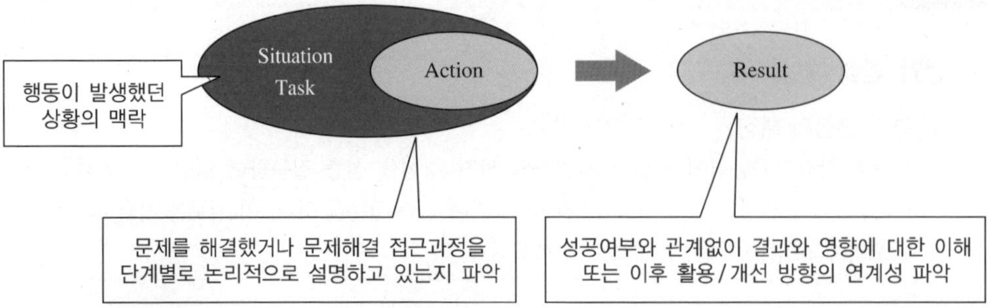

S(Situation)	귀하가 처해 있던 상황에 대해 말해 보시오.
T(Task)	귀하가 수행한 과제 / 과업은 무엇인가?
A(Action)	어떻게 행동(대응)했는가?
R(Result)	그 행동의 결과는 어땠는가?

(　　　　)에 관한 과거 경험에 대하여 말해 보시오.

행동이 발생한 맥락

귀하가 처해 있던 상황에 대해 말해 보시오.
- 언제 경험하였습니까?
- 어디에서 경험하였습니까?
- 당신은 어떻게 그 경험을 하게 되었습니까?

관련 인물 및 과제

귀하가 수행한 과제 / 과업은 무엇인가?
- 당신이 맡은 역할은 무엇이었습니까?
- 본인을 지원한 팀원 or 조원은 누구였습니까?

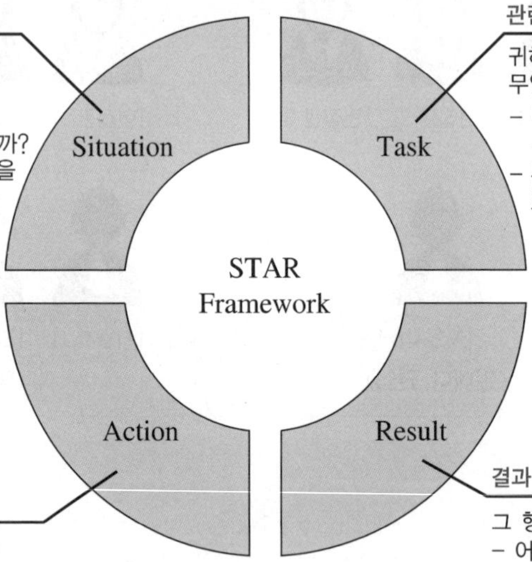

문제해결과정에 대한 구체적 설명

어떻게 행동(대응)했는가?
- 구체적으로 어떤 노력을 하였습니까?
- 어떤 어려움을 겪었으며 어떻게 극복하였습니까?

결과 / 영향에 대한 이해

그 행동의 결과는 어땠는가?
- 어떤 교훈을 얻었습니까?

③ 경험 면접 질문 예시(직업윤리)

시작 질문	
1	남들이 신경 쓰지 않는 부분까지 고려하여 절차대로 업무(연구)를 수행하여 성과를 낸 경험을 구체적으로 말해 보시오.
2	조직의 원칙과 절차를 철저히 준수하며 업무(연구)를 수행한 것 중 성과를 향상시킨 경험에 대해 구체적으로 말해 보시오.
3	세부적인 절차와 규칙에 주의를 기울여 실수 없이 업무(연구)를 마무리한 경험을 구체적으로 말해 보시오.
4	조직의 규칙이나 원칙을 고려하여 성실하게 일했던 경험을 구체적으로 말해 보시오.
5	타인의 실수를 바로잡고 원칙과 절차대로 수행하여 성공적으로 업무를 마무리하였던 경험에 대해 말해 보시오.

후속 질문		
상황 (Situation)	상황	구체적으로 언제, 어디에서 경험한 일인가?
		어떤 상황이었는가?
	조직	어떤 조직에 속해 있었는가?
		그 조직의 특성은 무엇이었는가?
		몇 명으로 구성된 조직이었는가?
	기간	해당 조직에서 얼마나 일했는가?
		해당 업무는 몇 개월 동안 지속되었는가?
	조직규칙	조직의 원칙이나 규칙은 무엇이었는가?
임무 (Task)	과제	과제의 목표는 무엇이었는가?
		과제에 적용되는 조직의 원칙은 무엇이었는가?
		그 규칙을 지켜야 하는 이유는 무엇이었는가?
	역할	당신이 조직에서 맡은 역할은 무엇이었는가?
		과제에서 맡은 역할은 무엇이었는가?
	문제의식	규칙을 지키지 않을 경우 생기는 문제점 / 불편함은 무엇인가?
		해당 규칙이 왜 중요하다고 생각하였는가?
역할 및 노력 (Action)	행동	업무 과정의 어떤 장면에서 규칙을 철저히 준수하였는가?
		어떻게 규정을 적용시켜 업무를 수행하였는가?
		규정은 준수하는 데 어려움은 없었는가?
	노력	그 규칙을 지키기 위해 스스로 어떤 노력을 기울였는가?
		본인의 생각이나 태도에 어떤 변화가 있었는가?
		다른 사람들은 어떤 노력을 기울였는가?
	동료관계	동료들은 규칙을 철저히 준수하고 있었는가?
		팀원들은 해당 규칙에 대해 어떻게 반응하였는가?
		규칙에 대한 태도를 개선하기 위해 어떤 노력을 하였는가?
		팀원들의 태도는 당신에게 어떤 자극을 주었는가?
	업무추진	주어진 업무를 추진하는 데 규칙이 방해되진 않았는가?
		업무수행 과정에서 규정을 어떻게 적용하였는가?
		업무 시 규정을 준수해야 한다고 생각한 이유는 무엇인가?

결과 (Result)	평가	규칙을 어느 정도나 준수하였는가?
		그렇게 준수할 수 있었던 이유는 무엇이었는가?
		업무의 성과는 어느 정도였는가?
		성과에 만족하였는가?
		비슷한 상황이 온다면 어떻게 할 것인가?
	피드백	주변 사람들로부터 어떤 평가를 받았는가?
		그러한 평가에 만족하는가?
		다른 사람에게 본인의 행동이 영향을 주었다고 생각하는가?
	교훈	업무수행 과정에서 중요한 점은 무엇이라고 생각하는가?
		이 경험을 통해 느낀 바는 무엇인가?

2. 상황 면접

① 상황 면접의 특징

직무 관련 상황을 가정하여 제시하고 이에 대한 대응능력을 직무 관련성 측면에서 평가하는 면접입니다.

- 상황 면접 과제의 구성은 크게 2가지로 구분
  - 상황 제시(Description) / 문제 제시(Question or Problem)
- 현장의 실제 업무 상황을 반영하여 과제를 제시하므로 직무분석이나 직무 전문가 워크숍 등을 거쳐 현장성을 높임
- 문제는 상황에 대한 기본적인 이해능력(이론적 지식)과 함께 실질적 대응이나 변수 고려능력(실천적 능력) 등을 고르게 질문해야 함

상황 면접의 형태

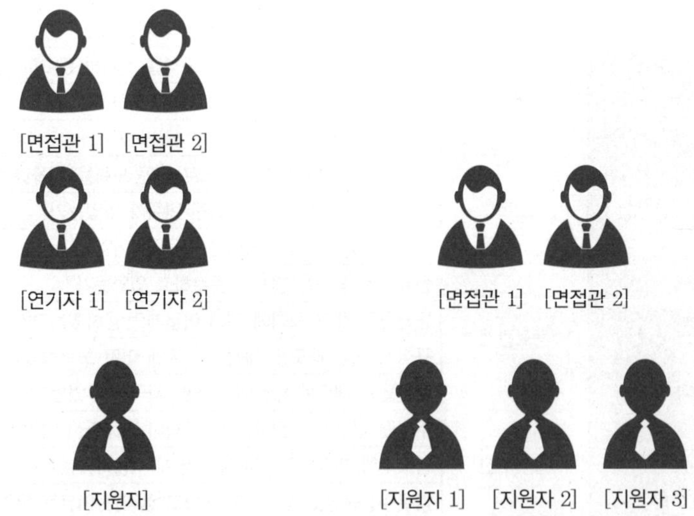

〈시뮬레이션〉 〈문답형〉

② 상황 면접 예시

상황 제시	인천공항 여객터미널 내에는 다양한 용도의 시설(사무실, 통신실, 식당, 전산실, 창고 면세점 등)이 설치되어 있습니다.	실제 업무 상황에 기반함
	금년에 소방배관의 누수가 잦아 메인 배관을 교체하는 공사를 추진하고 있으며, 당신은 이번 공사의 담당자입니다.	배경 정보
	주간에는 공항 운영이 이루어져 주로 야간에만 배관 교체 공사를 수행하던 중, 시공하는 기능공의 실수로 배관 연결 부위를 잘못 건드려 고압배관의 소화수가 누출되는 사고가 발생하였으며, 이로 인해 인근 시설물에 누수에 의한 피해가 발생하였습니다.	구체적인 문제 상황
문제 제시	일반적인 소방배관의 배관연결(이음)방식과 배관의 이탈(누수)이 발생하는 원인에 대해 설명해 보시오.	문제 상황 해결을 위한 기본 지식 문항
	담당자로서 본 사고를 현장에서 긴급히 처리하는 프로세스를 제시하고, 보수완료 후 사후적 조치가 필요한 부분 및 재발방지 방안에 대해 설명해 보시오.	문제 상황 해결을 위한 추가 대응 문항

3. 발표 면접

① 발표 면접의 특징

- 직무관련 주제에 대한 지원자의 생각을 정리하여 의견을 제시하고, 발표 및 질의응답을 통해 지원자의 직무능력을 평가하는 면접입니다.
- 발표 주제는 직무와 관련된 자료로 제공되며, 일정 시간 후 지원자가 보유한 지식 및 방안에 대한 발표 및 후속 질문을 통해 직무 적합성을 평가합니다.

> - 주요 평가요소
>   - 설득적 말하기 / 발표능력 / 문제해결능력 / 직무관련 전문성
> - 이미 언론을 통해 공론화된 시사 이슈보다는 해당 직무분야에 관련된 주제가 발표면접의 과제로 선정되는 경우가 최근 들어 늘어나고 있음
> - 짧은 시간 동안 주어진 과제를 빠른 속도로 분석하여 발표문을 작성하고 제한된 시간 안에 면접관에게 효과적인 발표를 진행하는 것이 핵심

발표 면접의 형태

〈개별 과제 발표〉 〈팀 과제 발표〉

※ 면접관에게 시각적 효과를 사용하여 메시지를 전달하는 쌍방향 커뮤니케이션 방식

※ 심층면접을 보완하기 위한 방안으로 최근 많은 기업에서 적극 도입하는 추세

② 발표 면접 예시

1. 지시문

당신은 현재 A사에서 직원들의 성과 평가를 담당하고 있는 팀원이다. 인사팀은 지난주부터 사내 조직문화관련 인터뷰를 하던 도중 성과평가제도에 관련된 개선 니즈가 제일 많다는 것을 알게 되었다. 이에 팀장님은 인터뷰 결과를 종합하려 성과평가제도 개선 아이디어를 A4용지에 정리하여 신속 보고할 것을 지시하셨다. 당신에게 남은 시간은 1시간이다. 자료를 준비하는 대로 당신은 팀원들이 모인 회의실에서 5분 간 발표할 것이며, 이후 질의응답을 진행할 것이다.

2. 배경 자료

〈성과평가제도 개선에 대한 인터뷰〉

최근 A사는 회사 사세의 급성장으로 인해 작년보다 매출이 두 배 성장하였고, 직원 수 또한 두 배로 증가하였다. 회사의 성장은 임금, 복지에 대한 상승 등 긍정적인 영향을 주었으나 업무의 불균형 및 성과보상의 불평등 문제가 발생하였다. 또한 수시로 입사하는 신입직원과 경력직원, 퇴사하는 직원들까지 인원들의 잦은 변동으로 인해 평가해야 할 대상이 변경되어 현재의 성과평가제도로는 공정한 평가가 어려운 상황이다.

[생산 부서 김상호]
우리 팀은 지난 1년 동안 생산량이 급증했기 때문에 수십 명의 신규인력이 급하게 채용되었습니다. 이 때문에 저희 팀장님은 신규 입사자들의 이름조차 기억 못할 때가 많이 있습니다. 성과평가를 제대로 하고 있는지 의문이 듭니다.

[마케팅 부서 김흥민]
개인의 성과평가의 취지는 충분히 이해합니다. 그러나 현재 평가는 실적기반이나 정성적인 평가가 많이 포함되어 있어 객관성과 공정성에는 의문이 드는 것이 사실입니다. 이러한 상황에서 평가제도를 재수립하지 않고, 인센티브에 계속 반영한다면, 평가제도에 대한 반감이 커질 것이 분명합니다.

[교육 부서 홍경민]
현재 교육부서는 인사팀과 밀접하게 일하고 있습니다. 그럼에도 인사팀에서 실시하는 성과평가제도에 대한 이해가 부족한 것 같습니다.

[기획 부서 김경호 차장]
저는 저의 평가자 중 하나가 연구부서의 팀장님인데, 일 년에 몇 번 같이 일하지 않는데 어떻게 저를 평가할 수 있을까요? 특히 연구팀은 저희가 예산을 배정하는데, 저에게는 좋지만….

4. 토론 면접

① 토론 면접의 특징

- 다수의 지원자가 조를 편성해 과제에 대한 토론(토의)을 통해 결론을 도출해가는 면접입니다.
- 의사소통능력, 팀워크, 종합 인성 등의 평가에 용이합니다.

> • 주요 평가요소
>   – 설득적 말하기, 경청능력, 팀워크, 종합 인성
> • 의견 대립이 명확한 주제 또는 채용분야의 직무 관련 주요 현안을 주제로 과제 구성
> • 제한된 시간 내 토론을 진행해야 하므로 적극적으로 자신 있게 토론에 임하고 본인의 의견을 개진할 수 있어야 함

토론 면접의 형태

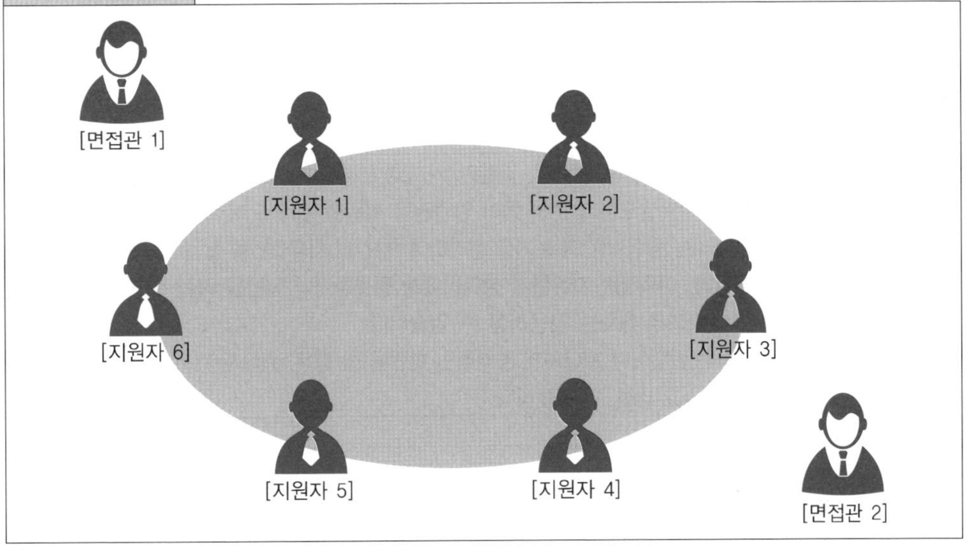

PART 3

② 토론 면접 예시

고객 불만 고충처리
1. 들어가며
최근 우리 상품에 대한 고객 불만의 증가로 고객고충처리 TF가 만들어졌고 당신은 여기에 지원해 배치받았다. 당신의 업무는 불만을 가진 고객을 만나서 애로 사항을 듣고 처리해 주는 일이다. 주된 업무로는 고객의 니즈를 파악해 방향성을 제시해 주고 그 해결책을 마련하는 일이다. 하지만 경우에 따라서 고객의 주관적인 의견으로 인해 제대로 된 방향으로 의사결정을 하지 못할 때가 있다. 이럴 경우 설득이나 논쟁을 해서라도 의견을 관철시키는 것이 좋을지 아니면 고객의 의견대로 진행하는 것이 좋을지 결정해야 할 때가 있다. 만약 당신이라면 이러한 상황에서 어떤 결정을 내릴 것인지 여부를 자유롭게 토론해 보시오.
2. 1분 자유 발언 시 준비사항
• 당신은 의견을 자유롭게 개진할 수 있으며 이에 따른 불이익은 없습니다. • 토론의 방향성을 이해하고, 내용의 장점과 단점이 무엇인지 문제를 명확히 말해야 합니다. • 합리적인 근거에 기초하여 개선방안을 명확히 제시해야 합니다. • 제시한 방안을 실행 시 예상되는 긍정적 · 부정적 영향 요인도 동시에 고려할 필요가 있습니다.
3. 토론 시 유의사항
• 토론 주제문과 제공해드린 메모지, 볼펜만 가지고 토론장에 입장할 수 있습니다. • 사회자의 지정 또는 발표자가 손을 들어 발언권을 획득할 수 있으며, 사회자의 통제에 따릅니다. • 토론회가 시작되면, 팀의 의견과 논거를 정리하여 1분간의 자유발언을 할 수 있습니다. 순서는 사회자가 지정합니다. 이후에는 자유롭게 상대방에게 질문하거나 답변을 하실 수 있습니다. • 핸드폰, 서적 등 외부 매체는 사용하실 수 없습니다. • 논제에 벗어나는 발언이나 지나치게 공격적인 발언을 할 경우, 위에서 제시한 유의 사항을 지키지 않을 경우 불이익을 받을 수 있습니다.

03 면접 Role Play

1. 면접 Role Play 편성

- 교육생끼리 조를 편성하여 면접관과 지원자 역할을 교대로 진행합니다.
- 지원자 입장과 면접관 입장을 모두 경험해 보면서 면접에 대한 적응력을 높일 수 있습니다.

경험면접

STEP 1.
지원자 그룹 경험기술서 작성(30분)

STEP 2.
경험기반 인터뷰 실시(1인당 15분)

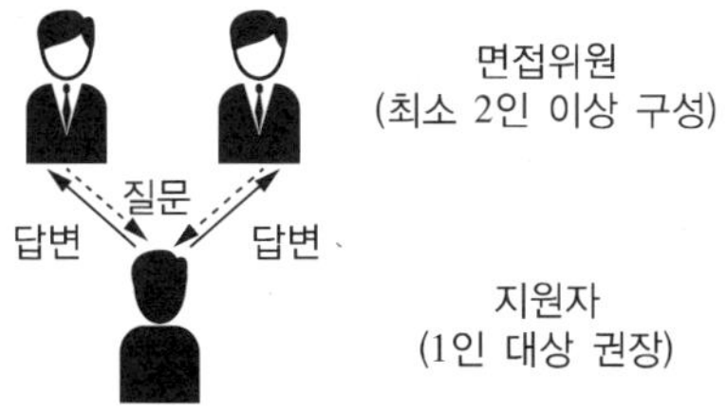

STEP 3.
피드백 진행(1인당 5분)

발표면접

STEP 1.
지원자 그룹 발표 내용 작성(30분)

STEP 2.
발표 5분+추가 질의 5분(1인당 10분)

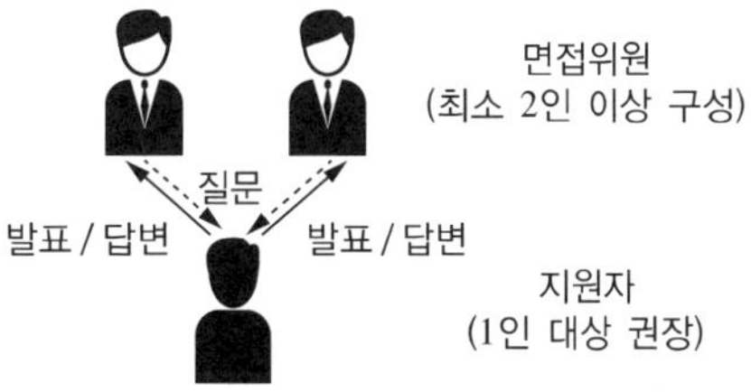

STEP 3.
피드백 진행(1인당 5분)

Tip

면접 준비하기

1. 면접 유형 확인 필수
   - 기업마다 면접 유형이 상이하기 때문에 해당 기업의 면접 유형을 확인하는 것이 좋음
   - 일반적으로 실무진 면접, 임원면접 2차례에 거쳐 면접을 실시하는 기업이 많고 실무진 면접과 임원 면접에서 평가요소가 다르기 때문에 유형에 맞는 준비 방법이 필요
2. 후속 질문에 대한 사전 점검
   - 블라인드 채용 면접에서는 주요 질문과 함께 후속 질문을 통해 지원자의 직무능력을 판단 → STAR 기법을 통한 후속 질문에 미리 대비하는 것이 필요

CHAPTER

05 한국자산관리공사 면접 기출질문

한국자산관리공사의 면접전형은 1차 면접과 2차 면접으로 진행된다. 1차 면접은 심층면접과 PT면접이 있으며, 심층면접은 주제에 대한 스피치 자료를 작성하여 발표하고, 이에 대한 인터뷰를 함께 진행한다. 또한, PT면접은 공사 직무 관련 주제를 바탕으로 자료를 작성하여 발표와 질의응답을 하는 방식으로 진행한다. 2차 면접은 임원면접으로, 인성 및 자질과 직무능력을 종합적으로 평가한다.

1. 2024년 기출질문

- 새출발 기금의 문제점과 해결 방안에 대해 말해 보시오.
- BMP 고도화 아이디어에 대해 구체적으로 설명해 보시오.
- ChatGPT 활용에 대한 문제점을 말해 보시오.
- 채무조정의 개선 방안에 대해 말해 보시오.
- DIP 금융제도와 기업 지원펀드의 개선 방안에 대해 말해 보시오.
- 한국자산관리공사에 입사 후 하고 싶은 일에 대해 말해 보시오.
- 갈등 상황에서 문제를 해결하는 방법을 말해 보시오.
- 공매에 대해 설명해 보시오.
- 국유재산에 대해 설명해 보시오.
- 국유재산 활성화 방안에 대해 말해 보시오.
- 저출산 문제를 해결하기 위해 한국자산관리공사가 국유를 활용하는 것에 대해 반대하는 사람이 있다면, 어떻게 설득할 것인지 설명해 보시오.
- 상사의 부당한 지시에 어떻게 대처할 것인지 말해 보시오.
- 본인을 뽑아야 하는 이유에 대해 말해 보시오.
- 본인의 강점에 대해 말해 보시오.
- 인생에서 가장 중요하게 생각하는 가치관에 대해 말해 보시오.
- 지금까지 살면서 가장 기억에 남는 사람에 대해 말해 보시오.
- 가장 기억에 남는 책과 그 이유에 대해 말해 보시오.
- 악성민원에 대처하는 방법에 대해 말해 보시오.
- 민원을 해결했던 경험에 대해 말해 보시오.
- 한국자산관리공사의 미래에 대해 말해 보시오.

2. 2023년 기출질문

- 자기소개를 해 보시오.
- 지원동기를 말해 보시오.
- 본인의 성격의 장점과 단점에 대해 말해 보시오.
- 어떤 사람과 일하고 싶은지 말해 보시오.
- 어떤 사람과 일할 때 힘든지, 그런 사람과 일하게 됐을 때는 어떻게 극복할 것인지 말해 보시오.
- 본인의 스트레스 해소법에 대해 말해 보시오.
- 본인의 미래 계획(앞으로의 포부)에 대해 말해 보시오.
- 상사의 부조리한 명령에 어떻게 대처할 것인지 말해 보시오.
- 단체 조직에서 갈등 해소 경험이 있다면 말해 보시오.
- 존경하는 롤모델이 있다면 가족을 제외하고 말해 보시오.
- 한국자산관리공사에 대해 아는 대로 말해 보시오.
- 그동안 읽었던 책 중 가장 기억에 남는 책은 무엇인지, 왜 기억에 남는지 말해 보시오.
- 한국자산관리공사의 미래는 어떻게 될 것이라 생각하는지 말해 보시오.
- 본인을 한 단어로 표현해 보시오.
- 역사 속 인물과 본인의 닮은 점에 대해 말해 보시오.
- 공공기관에서 중요하다고 생각하는 것에 대해 말해 보시오.
- 피치 못할 상황으로 규정을 어겨야만 할 때 무엇을 기준으로 판단할 것인지 말해 보시오.
- 단체나 조직에서 의견 차이를 해결한 경험이 있다면 말해 보시오.
- 한국자산관리공사가 주력하고 있는 부분이 무엇이라고 생각하는지 말해 보시오.
- 실패했던 경험과 본인의 한계를 극복했던 경험을 말해 보시오.

3. 2022년 기출질문

- 한국자산관리공사와 잘 맞는 나만의 경쟁력을 말해 보시오.
- 살면서 가장 열정적이었던 순간은 언제인지 말해 보시오.
- 공공기관의 청렴 문제가 중요해지고 있는데, 어떻게 하면 청렴도를 높일 수 있을지 말해 보시오.
- 본인이 갖고 있는 좋은 습관이 있다면 말해 보시오.
- 평소 주변에서 어떤 사람이라고 평가받는지 말해 보시오.
- 지원한 직무에 대해 알고 있는 대로 설명해 보시오.

4. 2021년 기출질문

- 한국자산관리공사에 지원한 이유가 무엇인지 말해 보시오.
- 본인보다 나이가 어린 상사가 있다면 어떻게 지낼 것인지 말해 보시오.
- 정직함을 실천한 경험이 있다면 말해 보시오.
- 입사 후 이루고 싶은 비전이 있다면 말해 보시오.
- 본인과 가치관이 다른 사람을 설득한 경험이 있다면 말해 보시오.
- 본인만의 민원 응대 방법이 있다면 말해 보시오.

5. 2020년 기출질문

- 갈등 시 협력을 통해 해결한 경험이 있다면 말해 보시오.
- 이 일을 열심히 할 수 있다고 생각하는지, 그렇다면 이유가 무엇인지 말해 보시오.
- 많은 공기업 중 한국자산관리공사를 지원한 이유에 대해 말해 보시오.
- 입사 후 포부가 무엇인지 말해 보시오.
- 한국자산관리공사의 사업이나 인재상에 대한 본인의 생각을 말해 보시오.
- 불만 민원이 들어온다면 어떻게 대처할 것인지 말해 보시오.

6. 2019년 기출질문

- 한국자산관리공사에 대해 아는 대로 말해 보시오.
- 본인의 응시 분야에 대해 아는 대로 설명해 보시오.
- 수익성과 공공성 중 어떤 것이 더 중요한지 본인의 생각을 말해 보시오.
- 한국자산관리공사의 재무제표를 본 적이 있는가?
- 본인은 승진에 대한 욕망이 강한 사람인가?
- 본인이 말한 입사 후 포부를 실제로 달성할 수 있다고 생각하는지 말해 보시오.
- 비상식적인 상황을 경험해 본 적이 있다면 말해 보시오.
- 지원동기를 말해 보시오.
- 공직자가 갖추어야 할 자세는 무엇이라고 생각하는지 말해 보시오.
- 남들이 겪어보지 못했을 법한 본인의 특별한 경험이 있다면 말해 보시오.
- 본인이 생각하는 바람직한 리더의 모습과 그렇게 생각하는 이유를 말해 보시오.
- 친구의 딸이 면접을 보는데 본인이 면접관이라면 고급 정보를 제공해 줄 것인가?

7. 2018년 기출질문

- 직장상사가 과도한 업무를 강요한다면 본인은 어떻게 반응할 것인지 말해 보시오.
- 선약이 있는데 퇴근 전 팀장이 불러 업무를 대신해 줄 수 있냐고 묻는다면 어떻게 거절할 것인가?
- 대인관계의 어려움을 극복한 경험이 있다면 말해 보시오.
- 선배와 팀장이 동시에 일을 준다면 어떻게 할 것인가?
- 직무 역량을 여러 사람에게 인정받는 것과 직무를 잘 아는 사람들에게 인정받는 것 중 어느 것이 더 좋은지 말해 보시오.
- 평소 생각하는 본인의 장단점에 대해 말해 보시오.
- 일을 하게 만드는 원동력이 무엇인가?
- 본인은 외로움을 잘 느끼는 편인가?
- 사람들이 본인에게 다가오지 않는다면 어떻게 행동할 것인지 말해 보시오.
- 본인이 생각하는 본인의 근무 태도에 대해 말해 보시오.
- 지방 근무가 가능한가?
- 본인의 전문성에 대해 말해 보시오.
- 본인을 세 단어로 표현해 보시오.
- 본인이 다른 지원자보다 뛰어난 부분에 대해 말해 보시오.
- 본인의 역량 중 어떤 것이 한국자산관리공사에 도움이 되겠는지 말해 보시오.
- 부산에 간다면 어떤 취미생활을 해 보고 싶은가?
- 본인만의 스트레스 해소법은 무엇인지 말해 보시오.

8. 2017년 기출질문

- 한국자산관리공사가 진행하는 사업에 대한 리스크와 해결 방안에 대해 말해 보시오.
- 조직 공헌 가치 중 가장 중요하게 생각하는 것을 말해 보시오.
- 상사가 부당한 일을 시킨다면 어떻게 할 것인지 솔직하게 말해 보시오.
- 팀 내 갈등을 해결한 경험이 있다면 말해 보시오.
- 본인은 다른 지원자에 비해 공사 업무에 필요한 역량이 부족해 보이는데 왜 공사에 지원했는가?
- 부산으로 이전하는 것에 대해 어떻게 생각하는지 말해 보시오.
- 개발과 유지보수 중 무엇을 더 중요하게 생각하는지 말해 보시오.
- 친화력과 개인 역량 중 어느 것이 더 좋다고 생각하는지 말해 보시오
- 구인난과 구직난이 모두 심각한 요즘 상황을 타파할 방안은 무엇이 있겠는지 말해 보시오.
- 한국자산관리공사에 입사하기 위해 무엇을 준비했는지 말해 보시오.
- 동아리 활동에 대해 말해 보시오.
- 사기업과 공기업의 사회적 책임은 무엇이 다른지 말해 보시오.
- 봉사활동으로 무엇을 했는지, 가장 인상 깊은 경험은 무엇인지 말해 보시오.

합격의 공식
시대에듀
SDEDU

“오늘 당신의 노력은 아름다운 꽃의 물이 될 것입니다.”

그러나, 이 꽃을 볼 때 사람들은 이 꽃의 아름다움과 향기만을 사랑하고 칭찬하였지, 이 꽃을 그렇게 아름답게 어여쁘게 만들어 주는 병 속의 물은 조금도 생각지 않는 것이 보통입니다.

만일 이 꽃병 속에 들어 있는 물을 죄다 쏟아 버리고 빈 병에다 이 꽃을 꽂아 보십시오.

아무리 아름답고 어여쁜 꽃이기로서니 단 한 송이의 꽃을 피울 수 있으며, 단 한 번이라도 꽃 향기를 날릴 수 있겠습니까?

우리는 여기서 아무리 본바탕이 좋고 아름다운 꽃이라도 보이지 않는 물의 숨은 힘이 없으면 도저히 그 빛과 향기를 자랑할 수 없는 것을 알았습니다.

– 방정환의 「우리 뒤에 숨은 힘」 중 –

얼마나 많은 사람들이 책 한 권을 읽음으로써
인생에 새로운 전기를 맞이했던가.

– 헨리 데이비드 소로 –

2025

최신판

한국자산관리공사

고졸채용

정답 및 해설

NCS + 최종점검 모의고사 4회

편저 | SDC(Sidae Data Center)

판매량

1위

한국자산관리공사
고졸채용
YES24

기출복원문제부터
대표기출유형 및
모의고사까지

**한 권으로
마무리!**

SDC

SDC는 시대에듀 데이터 센터의 약자로 약 30만 개의 NCS · 적성 문제 데이터를 바탕으로 최신 출제경향을 반영하여 문제를 출제합니다.

모바일 OMR
답안채점/성적분석
서비스

—

NCS
핵심이론 및
대표유형 PDF

—

[합격시대]
온라인 모의고사
무료쿠폰

—

무료
NCS
특강

시대에듀

Add+

2024년 하반기 주요 공기업 NCS 기출복원문제

2024 하반기 주요 공기업 NCS 기출복원문제

01	02	03	04	05	06	07	08	09	10	11	12	13	14	15	16	17	18	19	20
④	③	⑤	③	③	③	④	④	③	⑤	③	④	②	①	③	④	⑤	④	③	④
21	22	23	24	25	26	27	28	29	30	31	32	33	34	35	36	37	38	39	40
⑤	③	②	⑤	⑤	③	③	③	①	①	③	①	②	①	④	③	④	④	④	③
41	42	43	44	45	46	47	48	49	50										
②	③	⑤	③	①	④	④	⑤	②	②										

01

정답 ④

쉼이란 대화 도중에 잠시 침묵하는 것을 말한다. 쉼을 사용하는 대표적인 경우는 다음과 같다.

- 이야기의 전이 시(흐름을 바꾸거나 다른 주제로 넘어갈 때)
- 양해, 동조, 반문의 경우
- 생략, 암시, 반성의 경우
- 여운을 남길 때

위와 같은 목적으로 쉼을 활용함으로써 논리성, 감정 제고, 동질감 등을 확보할 수 있다.

반면, 연단공포증은 면접이나 발표 등 청중 앞에서 이야기할 때 가슴이 두근거리고, 입술이 타고, 식은땀이 나고, 얼굴이 달아오르는 생리적인 현상으로, 쉼과는 관련이 없다. 연단공포증은 90% 이상의 사람들이 호소하는 불안이므로 극복하기 위해서는 연단공포증에 대한 걱정을 떨쳐내고 이러한 심리현상을 잘 통제하여 의사 표현하는 것을 연습해야 한다.

02

정답 ③

미국의 심리학자인 도널드 키슬러는 대인관계 의사소통 방식을 체크리스트로 평가하여 8가지 유형으로 구분하였다. 이 중 친화형은 따뜻하고 배려심이 깊으며, 타인과의 관계를 중시하는 유형이다. 또한 협동적이고 조화로운 성격으로, 자기희생적인 경향이 강하다.

키슬러의 대인관계 의사소통 유형

- 지배형 : 자신감이 있고 지도력이 있으나 논쟁적이고 독단이 강하여 대인 갈등을 겪을 수 있으므로 타인의 의견을 경청하고 수용하는 자세가 필요하다.
- 실리형 : 이해관계에 예민하고 성취 지향적으로 경쟁적인 데다 자기중심적이어서 타인의 입장을 배려하고 관심을 갖는 자세가 필요하다.
- 냉담형 : 이성적인 의지력이 강하고 타인의 감정에 무관심하며 피상적인 대인관계를 유지하므로 타인의 감정 상태에 관심을 가지고 긍정적인 감정을 표현하는 것이 필요하다.
- 고립형 : 혼자 있는 것을 선호하고 사회적 상황을 회피하며 지나치게 자신의 감정을 억제하므로 대인관계의 중요성을 인식하고 타인에 대한 비현실적인 두려움의 근원을 성찰하는 것이 필요하다.
- 복종형 : 수동적이고 의존적이며 자신감이 없으므로 적극적인 자기표현과 주장이 필요하다.
- 순박형 : 단순하고 솔직하며 자기주관이 부족하므로 자기주장을 하는 노력이 필요하다.
- 친화형 : 따뜻하고 인정이 많고 자기희생적이나 타인의 요구를 거절하지 못하므로 타인과의 정서적인 거리를 유지하는 노력이 필요하다.
- 사교형 : 외향적이고 인정하는 욕구가 강하며, 타인에 대한 관심이 많아서 간섭하는 경향이 있고 흥분을 잘 하므로 심리적 안정과 지나친 인정욕구에 대한 성찰이 필요하다.

03

정답 ⑤

철도사고는 달리는 도중에도 발생할 수 있으므로 먼저 인터폰을 통해 승무원에게 사고를 알리고, 열차가 멈춘 후에 안내방송에 따라 비상핸들이나 비상콕크를 돌려 문을 열고 탈출해야 한다. 만일 화재가 발생했을 경우에는 승무원에게 사고를 알리고 곧바로 119에도 신고를 해야 한다.

오답분석

① 침착함을 잃고 패닉에 빠지게 되면, 적절한 행동요령에 따라 대피하기 어렵다. 따라서 사고현장에서 대피할 때는 승무원의 안내에 따라 질서 있게 대피해야 한다.
② 화재사고 발생 시 승객들은 여유가 있을 경우 전동차 양 끝에 비치된 소화기로 초기 진화를 시도해야 한다.
③ 역이 아닌 곳에서 열차가 멈췄을 경우 감전의 위험이 있으므로 반드시 승무원의 안내에 따라 반대편 선로의 열차 진입에 유의하며 대피 유도등을 따라 침착하게 비상구로 대피해야 한다.
④ 전동차에서 대피할 때는 부상자, 노약자, 임산부 등 탈출이 어려운 사람부터 먼저 대피할 수 있도록 배려하고 도와주어야 한다.

04

정답 ③

하향식 읽기 모형은 독자의 배경지식을 바탕으로 글의 맥락을 먼저 파악하는 읽기 전략이다. ③의 경우 제품 설명서를 통해 세부 기능과 버튼별 용도를 파악하고 기계를 작동시켰으므로 상향식 읽기를 수행한 사례이다. 제품 설명서를 하향식으로 읽는다면 제품 설명서를 읽기 전 제품을 보고 배경지식을 바탕으로 어떤 기능이 있는지 예측하고, 해당 기능을 수행하는 세부 방법을 제품 설명서를 통해 찾아봐야 한다.

오답분석

① 회의의 주제에 대한 배경지식을 가지고 회의 안건을 예상한 후 회의 자료를 파악하였으므로 하향식 읽기 모형에 해당한다.
② 헤드라인을 먼저 읽어 배경지식을 바탕으로 전체적인 내용을 파악하고 상세 내용을 읽었으므로 하향식 읽기 모형에 해당한다.
④ 요리에 대한 경험과 지식을 바탕으로 요리 과정을 파악하였으므로 하향식 읽기 모형에 해당한다.
⑤ 해당 분야에 대한 기본적인 지식을 바탕으로 서문이나 목차를 통해 책의 전체적인 흐름을 파악하였으므로 하향식 읽기 모형에 해당한다.

05

정답 ③

농도가 15%인 소금물 200g의 소금의 양은 $200\times\frac{15}{100}=30$g이고, 농도가 20%인 소금물 300g의 소금의 양은 $300\times\frac{20}{100}=60$g이다. 따라서 두 소금물을 섞었을 때의 농도는 $\frac{30+60}{200+300}\times100=\frac{90}{500}\times100=18$%이다.

06

정답 ③

여직원끼리 인접하지 않는 경우는 남직원과 여직원이 번갈아 앉는 경우뿐이다. 이때 여직원 D의 자리를 기준으로 남직원 B가 옆에 앉는 경우를 다음과 같이 나눌 수 있다.

- 첫 번째, 여섯 번째 자리에 여직원 D가 앉는 경우
  남직원 B가 여직원 D 옆에 앉는 경우는 1가지뿐으로, 남은 자리에 남직원, 여직원이 번갈아 앉아 경우의 수는 $2\times1\times2!\times2!=8$가지이다.
- 두 번째, 세 번째, 네 번째, 다섯 번째 자리에 여직원 D가 앉는 경우
  각 경우에 대하여 남직원 B가 여직원 D 옆에 앉는 경우는 2가지이다. 남은 자리에 남직원, 여직원이 번갈아 앉으므로 경우의 수는 $4\times2\times2!\times2!=32$가지이다.

따라서 구하고자 하는 경우의 수는 $8+32=40$가지이다.

07

정답 ④

제시된 수열은 홀수 항일 때 +12, +24, +48, …이고, 짝수 항일 때 +20인 수열이다.
따라서 빈칸에 들어갈 수는 13+48=61이다.

08

정답 ④

2022년에 중학교에서 고등학교로 진학한 학생의 비율은 99.7%이고, 2023년에 중학교에서 고등학교로 진학한 학생의 비율은 99.6%이다. 따라서 진학한 비율이 감소하였으므로 중학교에서 고등학교로 진학하지 않은 학생의 비율은 증가하였음을 알 수 있다.

오답분석

① 중학교의 취학률이 가장 낮은 해는 97.1%인 2020년이다. 이는 97% 이상이므로 중학교의 취학률은 매년 97% 이상이다.
② 매년 초등학교의 취학률이 가장 높다.
③ 고등교육기관의 취학률은 2020년 이후로 계속해서 70% 이상을 기록하였다.
⑤ 고등교육기관의 취학률이 가장 낮은 해는 2016년이고, 고등학교의 상급학교 진학률이 가장 낮은 해 또한 2016년이다.

09

정답 ③

오답분석

① B기업의 매출액이 가장 많은 때는 2024년 3월이지만, 그래프에서는 2024년 4월의 매출액이 가장 많은 것으로 나타났다.
② 2024년 2월에는 A기업의 매출이 더 많지만, 그래프에서는 B기업이 더 많은 것으로 나타났다.
④ A기업의 매출액이 가장 적은 때는 2024년 4월이지만, 그래프에서는 2024년 3월의 매출액이 가장 적은 것으로 나타났다.
⑤ A기업과 B기업의 매출액의 차이가 가장 큰 때는 2024년 1월이지만, 그래프에서는 2024년 5월과 6월의 매출액 차이가 더 큰 것으로 나타났다.

10

정답 ⑤

스마트 팜 관련 정부 사업 참여 경험은 K사의 강점요인이다. 또한 정부의 적극적인 지원은 스마트 팜 시장 성장에 따른 기회요인이다. 따라서 스마트 팜 관련 정부 사업 참여 경험을 바탕으로 정부의 적극적인 지원을 확보하는 것은 내부의 강점을 통해 외부의 기회요인을 극대화하는 SO전략에 해당한다.

오답분석

①·②·③·④ 외부의 기회를 이용하여 내부의 약점을 보완하는 WO전략에 해당한다.

11

정답 ③

A～F 모두 문맥을 무시하고 일부 문구에만 집착하여 뜻을 해석하고 있으므로 '과대해석의 오류'를 범하고 있다. 과대해석의 오류는 전체적인 상황이나 맥락을 고려하지 않고 특정 단어나 문장에만 집착하여 의미를 해석하는 오류로, 글의 의미를 지나치게 확대하거나 축소하여 생각하고, 문자 그대로의 의미에만 너무 집착하여 다른 가능성이나 해석을 배제하게 되는 논리적 오류이다.

오답분석

① 무지의 오류 : '신은 존재하지 않는다가 증명되지 않았으므로 신은 존재한다.'처럼 증명되지 않았다고 해서 그 반대의 주장이 참이라고 생각하는 오류이다.
② 연역법의 오류 : '조류는 날 수 있다. 펭귄은 조류이다. 따라서 펭귄은 날 수 있다.'처럼 잘못된 삼단논법에 의해 발생하는 논리적 오류이다.
④ 허수아비 공격의 오류 : '저 사람은 과거에 거짓말을 한 적이 있으니 이번에 일어난 사기 사건의 범인이다.'처럼 개별적 인과관계를 입증하지 않고 전혀 상관없는 별개의 논리를 만들어 공격하는 논리적 오류이다.
⑤ 권위나 인신공격에 의존한 논증 : '제정신을 가진 사람이면 그런 주장을 할 수가 없다.'처럼 상대방의 주장 대신 인격을 공격하거나, '최고 권위자인 A교수도 이런 말을 했습니다.'처럼 자신의 논리적인 약점을 권위자를 통해 덮으려는 논리적 오류이다.

12

정답 ④

A ~ E열차의 운행시간 단위를 시간 단위로, 평균 속력의 단위를 시간당 운행거리로 통일하여 정리하면 다음과 같다.

구분	운행시간	평균 속력	운행거리
A열차	900분=15시간	50m/s=(50×60×60)m/h=180km/h	15×180=2,700km
B열차	10시간 30분=10.5시간	150km/h	10.5×150=1,575km
C열차	8시간	55m/s=(55×60×60)m/h=198km/h	8×198=1,584km
D열차	720분=12시간	2.5km/min=(2.5×60)km/h=150km/h	12×150=1,800km
E열차	10시간	2.7km/min=(2.7×60)m/h=162km/h	10×162=1,620km

따라서 C열차의 운행거리는 네 번째로 길다.

13

정답 ②

K대학교 기숙사 운영위원회는 단순히 '기숙사에 문제가 있다.'라는 큰 문제에서 벗어나 식사, 시설, 통신환경이라는 세 가지 주요 문제를 파악하고 문제별로 다시 세분화하여 더욱 구체적으로 인과관계 및 구조를 파악하여 분석하고 있다. 따라서 제시문에서 나타난 문제해결 절차는 '문제 도출'이다.

문제해결 절차 5단계

1. 문제 인식 : 해결해야 할 전체 문제를 파악하여 우선순위를 정하고 선정 문제에 대한 목표를 명확히 하는 단계
2. 문제 도출 : 선정된 문제를 분석하여 해결해야 할 것이 무엇인지를 명확히 하는 단계로, 현상에 대한 문제를 분해하여 인과관계 및 구조를 파악하는 단계
3. 원인 분석 : 파악된 핵심 문제에 대한 분석을 통해 근본 원인을 도출해 내는 단계
4. 해결안 개발 : 문제로부터 도출된 근본 원인을 효과적으로 해결할 수 있는 최적의 해결 방안을 수립하는 단계
5. 실행 및 평가 : 해결안 개발을 통해 만들어진 실행 계획을 실제 상황에 적용하는 단계로, 해결안을 통해 문제의 원인들을 제거해 나가는 단계

14

정답 ①

공공사업을 위해 투입된 세금을 본래의 목적에 사용하지 않고 무단으로 다른 곳에 쓴 상황이므로 '예정되어 있는 곳에 쓰지 아니하고 다른 데로 돌려서 씀'을 의미하는 '전용(轉用)'이 가장 적절한 단어이다.

오답분석

② 남용(濫用) : 일정한 기준이나 한도를 넘어서 함부로 씀
③ 적용(適用) : 알맞게 이용하거나 맞추어 씀
④ 활용(活用) : 도구나 물건 따위를 충분히 잘 이용함
⑤ 준용(遵用) : 그대로 좇아서 씀

15

정답 ③

시조새는 비대칭형 깃털을 가진 최초의 동물로, 현대의 날 수 있는 조류처럼 바람을 맞는 곳의 깃털은 짧고, 뒤쪽은 긴 형태로 이루어졌으며, 이와 같은 비대칭형 깃털이 양력을 제공하여 짧은 거리의 활강을 가능하게 하였다. 따라서 비행을 하기 위한 시조새의 신체 조건은 날개의 깃털이 비대칭 구조로 형성되어 있는 것이다.

오답분석

① 제시문에서 언급하지 않은 내용이다.
②·④ 세 개의 갈고리 발톱과 척추뼈가 꼬리까지 이어지는 구조는 공룡의 특징을 보여주는 신체 조건이다.
⑤ 시조새는 현대 조류처럼 가슴뼈가 비행에 최적화된 형태로 발달되지 않았다고 언급하고 있다.

16

정답 ④

제시문은 서양의학에 중요한 영향을 준 히포크라테스와 갈레노스에 대해 소개하고 있다. 히포크라테스는 자연적 관찰을 통해 의사를 과학적인 기반 위의 직업으로 만들었으며, 히포크라테스 선서와 같이 전문직업으로써의 윤리적 기준을 마련한 서양의학의 상징이라고 소개하고 있으며, 갈레노스는 실제 해부와 임상 실험을 통해 의학 이론을 증명하고 방대한 저술을 남겨 후대 의학 발전에 큰 영향을 주었음을 설명하고 있다. 따라서 '히포크라테스와 갈레노스가 서양의학에 끼친 영향과 중요성'이 제시문의 주제이다.

오답분석

① 갈레노스의 의사로서의 이력은 언급하고 있지만, 생애에 대해 구체적으로 밝히는 글은 아니다.
② 갈레노스가 해부와 실험을 통해 의학 이론을 증명하였음을 설명할 뿐이며, 해부학의 발전 과정에 대해 설명하는 글은 아니다.
③ 히포크라테스 선서는 히포크라테스가 서양의학에 남긴 중요한 윤리적 기준이지만, 이를 중심으로 설명하는 글은 아니다.
⑤ 히포크라테스와 갈레노스 모두 4체액설과 같은 부분에서는 현대 의학과는 거리가 있었음을 밝히고 있다.

17

정답 ⑤

'비상구'는 '화재나 지진 따위의 갑작스러운 사고가 일어날 때에 급히 대피할 수 있도록 특별히 마련한 출입구'이다. 따라서 이와 가장 비슷한 단어는 '갇힌 곳에서 빠져나가거나 도망하여 나갈 수 있는 출구'를 의미하는 '탈출구'이다.

오답분석

① 진입로 : 들어가는 길
② 출입구 : 나갔다가 들어왔다가 하는 어귀나 문
③ 돌파구 : 가로막은 것을 쳐서 깨뜨려 통과할 수 있도록 뚫은 통로나 목
④ 여울목 : 여울물(강이나 바다 따위의 바닥이 얕거나 폭이 좁아 물살이 세게 흐르는 곳의 물)이 턱진 곳

18

정답 ④

A열차의 속력을 V_a, B열차의 속력을 V_b라 하고, 터널의 길이를 l, 열차의 전체 길이를 x라 하자.

A열차가 터널을 진입하고 빠져나오는 데 걸린 시간은 $\frac{l+x}{V_a}=14$초이다. B열차가 A열차보다 5초 늦게 진입하고 5초 빠르게 빠져나왔으므로 터널을 진입하고 빠져나오는 데 걸린 시간은 $14-5-5=4$초이다. 그러므로 $\frac{l+x}{V_b}=4$초이다.

따라서 $V_a=14(l+x)$, $V_b=4(l+x)$이므로 $\frac{V_a}{V_b}=\frac{14(l+x)}{4(l+x)}=3.5$배이다.

19

정답 ③

A팀은 5일마다, B팀은 4일마다 회의실을 사용하므로 두 팀이 회의실을 사용하고자 하는 날은 20일마다 겹친다. 첫 번째 겹친 날에 A팀이 먼저 사용했으므로 20일 동안 A팀이 회의실을 사용한 횟수는 4회이다. 두 번째 겹친 날에는 B팀이 사용하므로 40일 동안 A팀이 회의실을 사용한 횟수는 7회이고, 세 번째로 겹친 날에는 A팀이 회의실을 사용하므로 60일 동안 A팀은 회의실을 11회 사용하였다. 이를 표로 정리하면 다음과 같다.

겹친 횟수	첫 번째	두 번째	세 번째	네 번째	다섯 번째	…	$(n-1)$번째	n번째
회의실 사용 팀	A팀	B팀	A팀	B팀	A팀	…	A팀	B팀
A팀의 회의실 사용 횟수	4회	7회	11회	14회	18회	…		

겹친 날을 기준으로 A팀은 9회, B팀은 8회를 사용하였으므로 다음으로는 B팀이 회의실을 사용할 순서이다. 이때, B팀이 m번째로 회의실을 사용할 순서라면 A팀이 이때까지 회의실을 사용한 횟수는 $7m$회이다. 따라서 B팀이 겹친 날을 기준으로 회의실을 8회까지 사용하였고, 9번째로 사용할 순서이므로 이때까지 A팀이 회의실을 사용한 횟수는 최대 $7\times9=63$회이다.

20

정답 ④

마지막 조건에 따라 광물 B는 인회석이고, 광물 B로 광물 C를 긁었을 때 긁힘 자국이 생기므로 광물 C는 인회석보다 무른 광물이다. 한편, 광물 A로 광물 C를 긁었을 때 긁힘 자국이 생기므로 광물 A는 광물 C보다 단단하고, 광물 A로 광물 B를 긁었을 때 긁힘 자국이 생기지 않으므로 광물 A는 광물 B보다는 무른 광물이다. 따라서 가장 단단한 광물은 B이며, 그다음으로 A, C 순으로 단단하다.

오답분석

① 광물 C는 인회석보다 무른 광물이므로 석영이 아니다.
② 광물 A는 인회석보다 무른 광물이지만, 방해석인지는 확인할 수 없다.
③ 가장 무른 광물은 C이다.
⑤ 광물 B는 인회석이므로 모스 굳기 단계는 5단계이다.

21

정답 ⑤

J공사의 지점 근무 인원이 71명이므로 가용 인원수가 부족한 B오피스는 제외된다. 또한, 시설 조건에서 스튜디오와 회의실이 필요하다고 했으므로 스튜디오가 없는 D오피스도 제외된다. 나머지 A, C, E오피스는 모두 교통 조건을 충족하므로 임대비용만 비교하면 된다. A, C, E오피스의 5년 임대비용은 다음과 같다.

• A오피스 : 600만×71×5=213,000만 원 → 21억 3천만 원
• C오피스 : 3,600만×12×5=216,000만 원 → 21억 6천만 원
• E오피스 : (3,800만×12×0.9)×5=205,200만 원 → 20억 5천 2백만 원

따라서 사무실 이전 조건을 바탕으로 가장 저렴한 공유 오피스인 E오피스로 이전할 것이다.

22

정답 ③

에너지바우처를 신청하기 위해서는 소득기준과 세대원 특성기준을 모두 충족해야 한다. C는 생계급여 수급자이므로 소득기준을 충족하고, 65세 이상이므로 세대원 특성기준도 충족한다. 그러나 C의 경우 보장시설인 양로시설에 거주하는 보장시설 수급자이므로 지원 제외 대상이다. 따라서 C는 에너지바우처를 신청할 수 없다.

오답분석

① A의 경우 의료급여 수급자이므로 소득기준을 충족하고, 7세 이하의 영유아가 있으므로 세대원 특성기준도 충족한다. 따라서 에너지바우처를 신청할 수 있다.
② B의 경우 교육급여 수급자이므로 소득기준을 충족하고, 한부모가족이므로 세대원 특성기준도 충족한다. 또한 4인 이상 세대에 해당하므로 바우처 지원금액은 716,300원으로 70만 원 이상이다.
④ 동절기 에너지바우처 지원방법은 요금차감과 실물카드 2가지 방법이 있다. 이 중 D의 경우 연탄보일러를 이용하고 있으므로 실물카드를 받아 연탄을 직접 결제하는 방식으로 지원받아야 한다.
⑤ E의 경우 생계급여 수급자이므로 소득기준을 충족하고, 희귀질환을 앓고 있는 어머니가 세대원으로 있으므로 세대원 특성기준도 충족한다. 또한 2인 세대에 해당하므로 하절기 바우처 지원금액인 73,800원이 지원된다. 이때, 하절기는 전기요금 고지서에서 요금을 자동으로 차감해 주므로 전기비에서 73,800원이 차감될 것이다.

23

정답 ②

A가족과 B가족 모두 소득기준과 세대원 특성기준이 에너지바우처 신청기준을 충족한다. A가족의 경우 5명이므로 총 716,300원을 지원받을 수 있다. 그러나 이미 연탄쿠폰을 발급받았으므로 동절기 에너지바우처는 지원받을 수 없다. 따라서 하절기 지원금액인 117,000원을 지원받는다. B가족의 경우 2명이므로 총 422,500원을 지원받을 수 있으며, 지역난방을 이용 중이므로 하절기와 동절기 모두 요금차감의 방식으로 지원받는다. 따라서 두 가족의 에너지바우처 지원 금액은 117,000+422,500=539,500원이다.

24

정답 ⑤

제시된 프로그램은 'result'의 초기 값을 0으로 정의한 후 'result' 값이 2를 초과할 때까지 하위 명령을 실행하는 프로그램이다. 이때 'result' 값을 1 증가시킨 후 그 값을 출력하고, 다시 1을 빼므로 0 → 1 → 1 출력 → 0 → 1 → 1 출력 → 0 → 1 → 1 출력 → … 과정을 무한히 반복하게 된다. 따라서 1이 무한히 출력된다.

25

정답 ⑤

ROUND 함수는 인수를 지정한 자릿수로 반올림한 값을 구하는 함수로, 「=ROUND(인수,자릿수)」로 표현한다. 이때 자릿수는 다음과 같이 나타낸다.

만의 자리	천의 자리	백의 자리	십의 자리	일의 자리	소수점 첫째 자리	소수점 둘째 자리	소수점 셋째 자리
−4	−3	−2	−1	0	1	2	3

따라서 「=ROUND(D2,−1)」는 [D2] 셀에 입력된 117.3365의 값을 십의 자리로 반올림하여 나타내므로, 출력되는 값은 120이다.

26

정답 ③

제시문은 ADHD의 원인과 치료 방법에 대한 글이다. 첫 번째 문단에서는 ADHD가 유전적 원인에 의해 발생한다고 설명하고, 두 번째 문단에서는 환경적 원인에 의해 발생한다고 설명하고 있다. 이를 종합하면 ADHD가 다양한 원인이 복합적으로 작용하는 질환임을 알 수 있다. 또한 빈칸 뒤에서도 다양한 원인에 부합하는 맞춤형 치료와 환경 조성이 필요하다고 하였으므로 빈칸에 들어갈 내용으로 가장 적절한 것은 ③이다.

27

정답 ③

~율/률의 앞 글자가 'ㄱ' 받침을 가지고 있으므로 '출석률'이 옳은 표기이다.

~율과 ~률의 구별

- ~율 : 앞 글자의 받침이 없거나 받침이 'ㄴ'인 경우 → 비율, 환율, 백분율
- ~률 : 앞 글자의 받침이 있는 경우(단, 'ㄴ' 받침 제외) → 능률, 출석률, 이직률, 합격률

28

정답 ③

남성 합격자 수와 여성 합격자 수의 비율이 2 : 3이므로 여성 합격자는 48명이다.
남성 불합격자 수와 여성 불합격자 수가 모두 a명이라 하면 다음과 같이 정리할 수 있다.

(단위 : 명)

구분	합격자	불합격자	전체 지원자
남성	$2b=32$	a	$a+2b$
여성	$3b=48$	a	$a+3b$

남성 전체 지원자 수는 $(a+32)$명이고, 여성 전체 지원자 수는 $(a+48)$명이다.

$(a+32):(a+48)=6:7$

$\rightarrow 6\times(a+48)=7\times(a+32)$

$\rightarrow a=(48\times6)-(32\times7)$

$\therefore a=64$

따라서 전체 지원자 수는 $2a+5b=(64\times2)+(16\times5)=128+80=208$명이다.

29

정답 ①

A씨는 2023년에는 9개월 동안 K공사에 근무하였다. (건강보험료)=(보수월액)×(건강보험료율)이고, 2023년 1월 1일 이후 (장기요양보험료)=(건강보험료)×$\frac{(장기요양보험료율)}{(건강보험료율)}$이므로 (장기요양보험료)=(보수월액)×(건강보험료율)×$\frac{(장기요양보험료율)}{(건강보험료율)}$이다.

그러므로 (보수월액)=$\frac{(장기요양보험료)}{(장기요양보험료율)}$이다.

따라서 A씨의 2023년 장기요양보험료는 35,120원이므로 보수월액은 $\frac{35,120}{0.9082\%}=\frac{35,120}{0.9082}\times100 \fallingdotseq 3,866,990$원이다.

30

정답 ①

'가명처리'란 개인정보의 일부를 삭제하거나 일부 또는 전부를 대체하는 등의 방법으로 추가 정보가 없이는 특정 개인을 알아볼 수 없도록 처리하는 것을 말한다(개인정보보호법 제2조 제1의2호).

오답분석

② 개인정보보호법 제2조 제3호
③ 개인정보보호법 제2조 제1호 가목
④ 개인정보보호법 제2조 제2호

31

정답 ③

「=COUNTIF(범위,조건)」 함수는 조건을 만족하는 범위 내 인수의 개수를 셈하는 함수이다. 이때, 열 전체에 적용하려면 해당 범위에서 숫자를 제외하면 된다. 따라서 B열에서 값이 100 이하인 셀의 개수를 구하는 함수는 「=COUNTIF(B:B,"<=100")」이다.

32

정답 ①

- 초등학생의 한 달 용돈의 합계는 B열부터 E열까지 같은 행에 있는 금액의 합이다. 따라서 (A)에 들어갈 함수는 「=SUM(B2:E2)」이다.
- 한 달 용돈이 150,000원 이상인 학생 수는 [F2] 셀부터 [F7] 셀까지 금액이 150,000원 이상인 셀의 개수로 구할 수 있다. 따라서 (B)에 들어갈 함수는 「=COUNTIF(F2:F7,">=150,000")」이다.

33

정답 ②

빅데이터 분석을 기획하고자 할 때는 먼저 범위를 설정한 다음 프로젝트를 정의해야 한다. 그 후에 수행 계획을 수립하고 위험 계획을 수립해야 한다.

34

정답 ①

㉠ 짜깁기 : 기존의 글이나 영화 따위를 편집하여 하나의 완성품으로 만드는 일
㉡ 뒤처지다 : 어떤 수준이나 대열에 들지 못하고 뒤로 처지거나 남게 되다.

오답분석

- 짜집기 : 짜깁기의 비표준어형
- 뒤쳐지다 : 물건이 뒤집혀서 젖혀지다.

35

정답 ④

공문서에서 날짜를 작성할 때 날짜 다음에 괄호를 사용할 경우에는 마침표를 찍지 않아야 한다.

공문서 작성 시 유의사항

- 한 장에 담아내는 것이 원칙이다.
- 마지막엔 반드시 '끝'자로 마무리한다.
- 날짜 다음에 괄호를 사용할 경우에는 마침표를 찍지 않는다.
- 복잡한 내용은 항목별로 구분한다('-다음-', 또는 '-아래-').
- 대외문서이며 장기간 보관되는 문서이므로 정확하게 기술한다.

36

정답 ③

영서가 1시간 동안 빚을 수 있는 만두의 수를 x개, 어머니가 1시간 동안 빚을 수 있는 만두의 수를 y개라 할 때 다음 식이 성립한다.

$\frac{2}{3}(x+y)=60 \cdots$ ㉠

$y=x+10 \cdots$ ㉡

㉠$\times\frac{3}{2}$에 ㉡을 대입하면

$x+(x+10)=90$

$\rightarrow 2x=80$

$\therefore x=40$

따라서 영서는 혼자서 1시간 동안 40개의 만두를 빚을 수 있다.

37

정답 ④

- 1,000 이상 10,000 미만
  맨 앞과 맨 뒤의 수가 같은 경우는 $1\sim9$의 수가 올 수 있으므로 9가지이고, 각각의 경우에 따라 두 번째 수와 네 번째 수로 $0\sim9$의 수가 올 수 있으므로 경우의 수는 10가지이다. 그러므로 모든 네 자리 대칭수의 개수는 $9\times10=90$개이다.
- 10,000 이상 50,000 미만
  맨 앞과 맨 뒤의 수가 같은 경우는 1, 2, 3, 4의 수가 올 수 있으므로 4가지이고, 각각의 경우에 따라 두 번째 수와 네 번째 수로 $0\sim9$의 수가 올 수 있으므로 경우의 수는 10가지, 그 각각의 경우에 따라 세 번째에 올 수 있는 수 또한 $0\sim9$의 수가 올 수 있으므로 경우의 수는 10가지이다. 그러므로 $10,000\sim50,000$ 사이의 대칭수의 개수는 $4\times10\times10=400$개이다.

따라서 1,000 이상 50,000 미만의 모든 대칭수의 개수는 $90+400=490$개이다.

38

정답 ④

어떤 자연수의 모든 자릿수의 합이 3의 배수일 때, 그 자연수는 3의 배수이다. 그러므로 $2+5+\square$의 값이 3의 배수일 때, $25\square$는 3의 배수이다. $2+5=7$이므로, $7+\square$의 값이 3의 배수가 되도록 하는 $\square$의 값은 2, 5, 8이다. 따라서 가능한 모든 수의 합은 $2+5+8=15$이다.

39

정답 ④

바이올린(V), 호른(H), 오보에(O), 플루트(F) 중 첫 번째 조건에 따라 호른과 바이올린을 묶었을 때 가능한 경우는 3!=6가지로 다음과 같다.

- (HV) – O – F
- (HV) – F – O
- F – (HV) – O
- O – (HV) – F
- F – O – (HV)
- O – F – (HV)

이때 두 번째 조건에 따라 오보에는 플루트 왼쪽에 위치하지 않으므로 (HV) – O – F, O – F – (HV) 2가지는 제외된다.
따라서 왼쪽에서 두 번째 칸에는 바이올린, 호른, 오보에만 위치할 수 있으므로 플루트는 배치할 수 없다.

40

정답 ③

사회적 기업은 수익 창출을 통해 자립적인 운영을 추구하고, 사회적 문제 해결과 경제적 성장을 동시에 달성하려는 특징을 가진 기업 모델로, 영리 조직에 해당한다.

영리 조직과 비영리 조직
- 영리 조직 : 이윤 추구를 주된 목적으로 하는 집단으로, 일반적인 사기업이 해당된다.
- 비영리 조직 : 사회적 가치 실현을 위해 공익을 추구하는 집단으로 자선단체, 의료기관, 교육기관, 비정부기구(NGO) 등이 해당된다.

41

정답 ②

(영업이익률)$=\frac{(\text{영업이익})}{(\text{매출액})}\times 100$이고, 영업이익을 구하기 위해서는 매출총이익을 먼저 계산해야 한다. 따라서 2022년 4분기의 매출총이익은 $60-80=-20$십억 원이고, 영업이익은 $-20-7=-27$십 억 원이므로 영업이익률은 $-\frac{27}{60}\times 100=-45\%$이다.

42

정답 ③

1시간은 3,600초이므로 36초는 $36\text{초}\times\frac{1\text{시간}}{3{,}600\text{초}}=0.01$시간이다. 그러므로 무빙워크의 전체 길이는 $5\times 0.01=0.05$km이다.
따라서 무빙워크와 같은 방향으로 4km/h의 속력으로 걸을 때의 속력은 $5+4=9$km/h이므로 걸리는 시간은 $\frac{0.05}{9}=\frac{5}{900}=\frac{5}{900}\times\frac{3{,}600\text{초}}{1\text{시간}}=20$초이다.

43

정답 ⑤

제시된 순서도는 result 값이 6을 초과할 때까지 2씩 증가하고, result 값이 6을 초과하면 그 값을 출력하는 순서도이다.
따라서 result 값이 5일 때 2를 더하여 $5+2=7$이 되어 6을 초과하므로 출력되는 값은 7이다.

44

정답 ③

방문 사유 → 파손 관련(NO) → 침수 관련(NO) → 데이터 복구 관련(YES) → ◎ 출력 → STOP
따라서 출력되는 도형은 ◎이다.

45

정답 ①

상품코드의 맨 앞 자릿수가 '9'이므로 2 ~ 7번째 자릿수의 이진코드 변환 규칙은 'ABBABA'를 따른다. 이를 변환하면 다음과 같다.

3	8	7	6	5	5
A	B	B	A	B	A
0111101	0001001	0010001	0101111	0111001	0110001

따라서 주어진 수를 이진코드로 바르게 변환한 것은 ①이다.

46

정답 ④

안전 스위치를 누르는 동안에만 스팀이 나온다고 하였으므로 안전 스위치를 누르는 등의 외부 입력이 없다면 스팀은 발생하지 않는다.

오답분석

① 기본형 청소구로 카펫를 청소하면 청소 효율이 떨어질 뿐이며, 카펫 청소는 가능하다고 언급되어 있다.
② 스팀 청소 완료 후 충분히 식지 않은 상태에서 통을 분리하면 뜨거운 물이 새어 나와 화상의 위험이 있다고 언급되어 있다.
③ 기본형 청소구의 돌출부를 누른 상태에서 잡아당기면 좁은 흡입구를 꺼낼 수 있다고 언급되어 있다.
⑤ 스팀 청소구의 물통에 물을 채우는 작업, 걸레판에 걸레를 부착하는 작업 모두 반드시 전원을 분리한 상태에서 진행해야 한다고 언급되어 있다.

47

정답 ④

바닥에 물이 남는다면 스팀 청소구를 좌우로 자주 기울이지 않도록 주의하거나 젖은 걸레를 교체해야 한다.

48

정답 ⑤

팀 목표를 달성하도록 팀원을 격려하는 환경을 조성하기 위해서는 동료의 피드백이 필요하다. 긍정이든 부정이든 피드백이 없다면 팀원들은 개선을 이루거나 탁월한 성과를 내고자 하는 노력을 게을리하게 된다.

동료의 피드백을 장려하는 4단계

1. 간단하고 분명한 목표와 우선순위를 설정하라.
2. 행동과 수행을 관찰하라.
3. 즉각적인 피드백을 제공하라.
4. 뛰어난 수행성과에 대해 인정하라.

49

정답 ②

업무적으로 내적 동기를 유발하기 위해서는 업무 관련 교육을 꾸준히 하여야 한다.

내적 동기를 유발하는 방법
- 긍정적 강화법 활용하기
- 새로운 도전의 기회 부여하기
- 창의적인 문제해결법 찾기
- 자신의 역할과 행동에 책임감 갖기
- 팀원들을 지도 및 격려하기
- 변화를 두려워하지 않기
- 지속적인 교육 실시하기

50

정답 ②

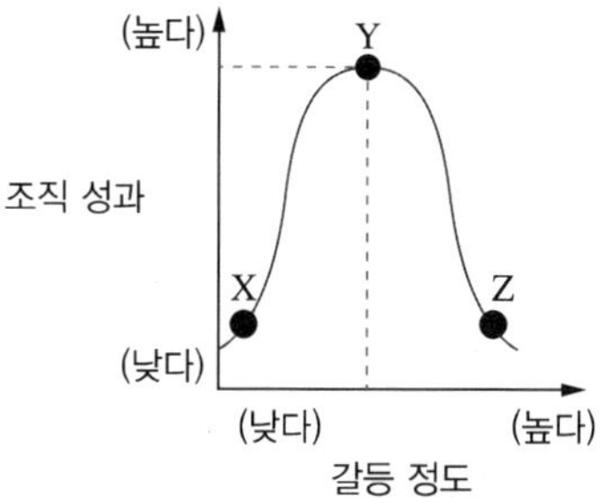

갈등 정도와 조직 성과에 대한 그래프에서 갈등이 X점 수준일 때에는 조직 내부의 의욕이 상실되고 환경의 변화에 대한 적응력도 떨어져 조직 성과가 낮아진다. 갈등이 Y점 수준일 때에는 갈등의 순기능이 작용하여 조직 내부에 생동감이 넘치고 변화 지향적이며 문제해결능력이 발휘되어 조직 성과가 높아진다. 반면, 갈등이 Z점 수준일 때에는 오히려 갈등의 역기능이 작용하여 조직 내부에 혼란과 분열이 발생하고 조직 구성원들이 비협조적이 되어 조직 성과는 낮아지게 된다.

훌륭한 가정만한 학교가 없고,
덕이 있는 부모만한 스승은 없다.

- 마하트마 간디 -

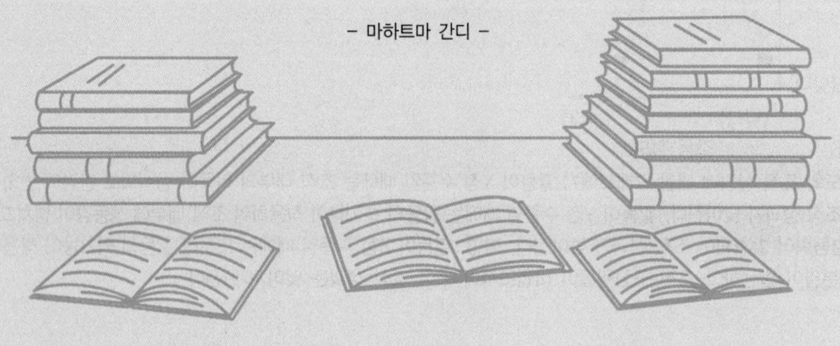

PART 1

직업기초능력

CHAPTER

01 의사소통능력

대표기출유형 01 기출응용문제

01

정답 ①

시민단체들은 농부와 노동자들이 스스로 조합을 만들어 환경친화적으로 농산물을 생산하도록 교육하고 이에 필요한 자금을 지원하는 역할을 했을 뿐, 이들이 농산물을 직접 생산하고 판매한 것은 아니다.

02

정답 ⑤

제시문의 첫 번째 문단에 따르면 평균비용이 한계비용보다 큰 경우, 공공요금을 평균비용 수준에서 결정하면 수요량이 줄면서 거래량이 따라 줄고, 결과적으로 생산량도 감소한다. 이는 사회 전체의 관점에서 볼 때 자원이 효율적으로 배분되지 못하는 상황이다.

오답분석

①·④ 첫 번째 문단을 통해 확인할 수 있다.
② 마지막 문단을 통해 확인할 수 있다.
③ 두 번째 문단을 통해 확인할 수 있다.

03

정답 ④

1998년 외환위기 이후 우리 기업들은 15년 동안 혹심한 구조조정을 추진하여 견실한 재무 건전성을 유지해 왔다.

오답분석

① 리질리언스에서 말하는 회복은 단순히 피해 발생 이전 상태로의 복귀가 아니라, 피해를 반복적으로 발생시키는 구조적 문제의 개선을 통해 이전과 다른 시스템을 만들어내는 것을 의미한다.
② 코로나19 시기에 대한 내용이다. 메르스 시기에 통과된 긴급사용승인제도 덕분에 신종 감염병 진단 시약을 즉각적으로 사용할 수 있었다.
③ 긴급사용승인제도는 2017년 3월에 발의됐으며 2018년 2월에 국회를 통과했다.
⑤ 빅딜과 부채비율을 200% 이하로 유지시키는 것은 별개의 내용이다. 정부는 빅딜 정책을 통해 기업들이 핵심 계열사 위주로 사업구조를 재편하도록 유도했다.

대표기출유형 02 실전예제

01

정답 ③

제시문은 CCTV가 인공지능(AI)과 융합되면 기대할 수 있는 효과들(범인 추적, 자연재해 예측)에 대해 말하고 있다. 따라서 AI와 융합한 CCTV의 진화가 적절하다.

02

정답 ②

제시문에서는 종합지급결제사업자 제도가 등장한 배경과 해당 제도를 통해 얻을 수 있는 이익과 우려되는 상황에 대해 다루고 있다. 따라서 ②가 가장 적절한 주제이다.

오답분석

① 제시문에서는 은행의 과점체제 해소를 위한 여러 방안 중 금융당국 판단에서 가장 큰 효과가 기대되는 종합지급결제사업자 제도에 대해서만 언급하고 있으므로 지나치게 포괄적인 주제이다.
③ 제시문은 비은행 업계가 은행의 권리를 침해한다기보다는 은행의 과점체제인 현 상황을 개선하기 위해 은행 업무 중 일부를 비은행 기관이 같이 하게 된 배경과 그로 인해 발생하는 장점과 단점을 다루고 있다. 따라서 글의 주제로 적절하지 않다.
④ 제시문은 종합지급결제사업자 제도의 도입으로 인한 은행과 비은행의 경쟁과 그로 인해 발생할 수 있는 장점과 단점을 다루고 있으며 이는 소비자의 실익에만 국한되어 있지 않기 때문에 글의 주제로 적절하지 않다.
⑤ 제시문은 종합지급결제사업자 제도의 도입으로 인한 문제들 중 하나로 소비자보호 사각지대 발생을 다루고 있으므로 지나치게 지엽적인 주제이다.

03

정답 ⑤

제시문은 위성영상지도 서비스인 구글어스로 건조지대에도 숲이 존재한다는 사실을 발견했다는 내용의 글이다. 첫 번째 문단에서 구글어스가 세계 환경의 보안관 역할을 톡톡히 하고 있다고 하였으므로, 글의 제목으로는 ⑤가 가장 적절하다.

대표기출유형 03 기출응용문제

01

정답 ③

제시문은 효율적 제품 생산을 위한 방법 중 제품별 배치 방법의 장단점에 대해 설명하는 글이다. 따라서 (다) 효율적 제품 생산을 위해 필요한 생산 설비의 효율적 배치 – (라) 효율적 배치의 한 방법인 제품별 배치 방식 – (가) 제품별 배치 방식의 장점 – (나) 제품별 배치 방식의 단점의 순서로 나열해야 한다.

02

정답 ④

제시문은 예전과는 달라진 덕후에 대한 사회적 시선과 그와 관련된 소비 산업에 대해 이야기하고 있다. 따라서 (다) 덕후의 어원과 더 이상 숨기지 않아도 되는 존재로의 변화 – (가) 달라진 사회 시선과 일본의 오타쿠와 다른 독자적 존재로서 진화해가는 한국 덕후 – (나) 진화된 덕후들을 공략하기 위해 발달하고 있는 산업 순으로 나열해야 한다.

03

정답 ⑤

먼저 각국에서 추진 중인 오픈뱅킹에 대해 설명하는 (다) 문단이 오는 것이 적절하며, 그다음으로는 우리나라에서 추진하고 있는 오픈뱅킹 정책을 이야기하며 지난해 시행된 오픈뱅킹시스템에 대해 설명하는 (나) 문단과 올해 도입된 마이데이터 산업에 관해 설명하는 (라) 문단이 차례로 오는 것이 적절하다. 마지막으로 이러한 오픈뱅킹 정책을 성공적으로 시행하기 위해서는 현재의 오픈뱅킹시스템에 대한 법적 근거와 효율적 문제 해결 체계를 갖춰야 한다는 내용의 (가) 문단이 오는 것이 적절하다. 따라서 (다) – (나) – (라) – (가) 순서로 나열해야 한다.

04

정답 ③

제시문은 '무지에 대한 앎'을 설명하면서 과거와 현재의 사례를 통해 이에 대한 중요성을 주장하고 있다. 첫 번째 문단에서는 대부분의 사람들이 자신의 무지에 대해 무관심하다는 상황에 대해 언급했으므로, 다음으로는 역접 기능의 접속어 '그러나'로 시작하는 문단이 오는 것이 적절하다. 따라서 (라) 무지의 영역에 대한 지식 확장이 필요한 경우 – (가) '무지에 대한 앎'의 중요성과 이와 관련된 성인들의 주장 – (다) '무지에 대한 앎'을 배제하는 방향으로 흘러간 경우의 예시 – (마) 현대 사회에서 나타나는 '무지에 대한 앎'이 배제되는 경우의 예시 – (나) '무지에 대한 앎'의 중요성의 순서로 나열해야 한다.

대표기출유형 04 기출응용문제

01

정답 ⑤

현존하는 가장 오래된 실록은 전주에 전주 사고에 보관되어 있던 것으로, 강화도 마니산에 봉안되었다가 1936년 병자호란에 의해 훼손된 것을 현종 때 보수하여 숙종 때 강화도 정족산에 다시 봉안하였고, 현재 서울대학교에서 보관하고 있다.

오답분석

① 원본을 포함해 모두 5벌의 실록을 갖추게 되었으므로 재인쇄하였던 실록은 모두 4벌이다.
② 강원도 태백산에 보관하였던 실록은 서울대학교에 있다.
③ 현재 한반도에 남아 있는 실록은 강원도 태백산, 강화도 정족산, 장서각의 것으로 모두 3벌이다.
④ 적상산에 보관하였던 실록은 구황국 장서각으로 옮겨졌으며, 이는 6·25 전쟁 때 북한으로 옮겨져 현재 김일성종합대학에서 소장하고 있다.

02

정답 ⑤

보기의 내용은 『악학궤범』의 서문으로, 책을 통해 음악의 이론 및 제도, 법식과 같이 음악을 시행하는 법을 보존하려 했음을 알 수 있다. 따라서 추론할 수 있는 내용은 ⑤이다.

03

정답 ③

제시문을 통해 산업 및 가정에서 배출된 생활폐기물을 바이오매스 자원으로 활용하여 에너지를 생산하기 위한 화이트 바이오 연구가 진행되고 있음을 알 수 있다.

오답분석

① 바이오매스를 살아있는 유기물로 정의하는 생태학과 달리, 산업계에서는 산업용 폐자재나 가축의 분뇨, 생활폐기물과 같이 죽은 유기물이라 할 수 있는 유기성 폐자원 또한 바이오매스로 정의하고 있다.
② 산업계는 미생물을 활용한 화이트 바이오를 통해 온실가스 배출, 악취 발생, 수질오염 등 환경적 문제를 해결할 것으로 기대한다.
④ 보건 및 의료 분야의 바이오산업인 레드 바이오나, 농업 및 식량 분야의 그린 바이오보다 늦게 발전을 시작했다는 점에서 앞선 두 바이오산업에 비해 규모가 작을 것임을 추측할 수 있다.
⑤ 화이트 바이오 산업이 대체하려는 기존 화학 산업의 경우 화석원료를 이용하는 제조방식으로 인한 이산화탄소 배출이 문제가 되고 있음을 추측할 수 있다.

대표기출유형 05 기출응용문제

01

정답 ①

제시문에서 문장의 어색함을 순간적으로 파악할 수 있다는 문장 이후에 '그러나'와 '막상'이라는 표현을 사용하고 있다. 따라서 빈칸에는 이전의 문장과는 반대되는 의미가 포함된 내용이 들어가야 하므로 ①이 가장 적절하다.

02

정답 ④

제시문은 오브제의 정의와 변화 과정에 대한 글이다. 빈칸 앞에서는 예술가의 선택에 의해 기성품 그 본연의 모습으로 예술작품이 되는 오브제를, 빈칸 이후에는 나아가 진정성과 상징성이 제거된 팝아트에서의 오브제 기법에 대하여 서술하고 있다. 즉, 빈칸에는 예술가의 선택에 의해 기성품 본연의 모습으로 오브제가 되는 사례인 ④가 오는 것이 가장 적절하다.

03

정답 ③

제시문은 태양의 온도를 일정하게 유지해 주는 에너지원에 대한 설명이다. 태양의 온도가 일정하게 유지되는 이유는 태양 중심부의 온도가 올라가 핵융합 에너지가 늘어나면 에너지의 압력으로 수소를 밖으로 밀어내어 중심부의 밀도와 온도를 낮춰주기 때문이다. 즉, 태양 내부에서 중력과 핵융합 반응의 평형상태가 유지되기 때문에 태양은 50억 년간 빛을 낼 수 있었고, 앞으로도 50억 년 이상 더 빛날 수 있는 것이다. 따라서 빈칸에 들어갈 내용으로 '태양이 오랫동안 안정적으로 빛을 낼 수 있게 된다.'가 가장 적절하다.

04

정답 ③

빈칸 뒤의 문장은 최근 선진국에서는 스마트팩토리로 인해 해외로 나간 자국 기업들이 다시 본국으로 돌아오는 현상인 '리쇼어링'이 가속화되고 있다는 내용이다. 즉, 스마트팩토리의 발전이 공장의 위치를 해외에서 본국으로 변화시키고 있으므로 빈칸에 들어갈 내용으로 ③이 가장 적절하다.

05

정답 ⑤

보기는 '그'가 이익의 추구는 의(義)에서 배제되어야 한다고 주장했다는 것으로, 이러한 내용은 의(義)가 이익의 추구와 구분되어야 한다고 맹자가 주장했다는 마지막 문단의 내용과 연결된다. 또한 보기에는 앞의 내용이 뒤의 내용의 원인이나 근거가 될 때 쓰는 접속 부사 '그래서'가 있으므로 보기의 문장은 마지막 문단의 끝부분인 (마)에 들어가는 것이 가장 적절하다.

06

정답 ⑤

- 첫 번째 빈칸 : 빈칸 앞 문장의 플라스틱은 석유를 증류하는 과정에서 얻어진다는 내용과 빈칸 뒤 문장의 폐기물의 불완전 연소에 의한 대기 오염이 환경오염의 원인이 된다는 내용을 통해 빈칸에는 석유로 플라스틱을 만드는 과정과 이를 폐기하는 과정에서 온실가스가 많이 배출된다는 내용의 ㉢이 적절하다.
- 두 번째 빈칸 : 빈칸 앞 문장에서는 생분해성 플라스틱의 친환경적인 분해 과정을 이야기하고 있으나, 빈칸 뒤 문장에서는 생분해성 플라스틱보다 바이오 베이스 플라스틱의 개발을 진행하고 있다고 이야기한다. 따라서 빈칸에는 생분해성 플라스틱의 단점을 언급하는 ㉡이 적절하다.
- 세 번째 빈칸 : ㉠은 빈칸 앞 문장에서 언급한 '이산화탄소의 총량을 기준으로 볼 때 바이오 베이스 플라스틱이 환경 문제가 되지 않는' 이유와 연결된다. 따라서 빈칸에는 ㉠이 적절하다.

대표기출유형 06 기출응용문제

01

정답 ④

• 내로라 : '내로라하다(어떤 분야를 대표할 만하다)'의 어근
• 결재 : 결정할 권한이 있는 상관이 부하가 제출한 안건을 검토하여 허가하거나 승인함

오답분석

• 결제 : 일을 처리하여 끝을 냄. 경제증권 또는 대금을 주고받아 매매 당사자 사이의 거래 관계를 끝맺는 일

02

정답 ①

'웃-' 및 '윗-'은 명사 '위'에 맞추어 통일한다.
예 윗넓이, 윗니, 윗도리 등
다만 된소리나 거센소리 앞에서는 '위-'로 한다.
예 위짝, 위쪽, 위층 등

03

정답 ④

'자극'과 '반응'은 조건과 결과의 관계이다. 따라서 이와 가장 유사한 관계는 '입력'과 '출력'이다.

오답분석

① 개별과 집합의 관계이다.
② 대등 관계이자 상호보완 관계이다.
③ 존재와 생존의 조건 관계이다.
⑤ 미확정과 확정의 관계이다.

CHAPTER

02 수리능력

대표기출유형 01 기출응용문제

01

정답 ④

트랙의 길이를 xm라 하면, 40분 동안의 민주와 정수의 이동거리는 다음과 같다.

• (민주의 이동거리)$=40\times40=1,600$m

• (정수의 이동거리)$=45\times40=1,800$m

40분 후에 두 번째로 마주친 것이므로 다음 식이 성립한다.

$1,600+1,800=2x$

$\rightarrow 2x=3,400$

$\therefore x=1,700$

따라서 트랙의 둘레는 1,700m이다.

02

정답 ②

A가 이긴 횟수(B가 진 횟수)를 x번이라고 하고, A가 진 횟수(B가 이긴 횟수)를 y번이라고 하면 다음과 같은 식이 성립한다.

$2x-y=11$ … ㉠

$2y-x=2 \rightarrow x=2y-2$ … ㉡

㉠에 ㉡을 대입하면 $x=8$, $y=5$이다.

따라서 A가 이긴 횟수는 8번이다.

03

정답 ④

주어진 정보를 표로 정리하면 다음과 같다.

(단위 : 명)

구분	뮤지컬 좋아함	뮤지컬 좋아하지 않음	합계
남학생	24	26	50
여학생	16	14	30
합계	40	40	80

따라서 뮤지컬을 안 좋아하는 사람을 골랐을 때, 그 사람이 여학생일 확률은 $\frac{14}{40}=\frac{7}{20}$이다.

04

정답 ④

농도가 15%인 소금물의 양을 xg이라고 하면 다음과 같은 식이 성립한다.

$0.1\times200+0.15\times x=0.13\times(200+x)$

$\rightarrow 20+0.15x=26+0.13x$

$\rightarrow 0.02x=6$

$\therefore\ x=300$

따라서 농도가 15%인 소금물은 300g이 필요하다.

05

정답 ③

A가 1바퀴를 도는 데 걸리는 시간은 4분, B가 1바퀴를 도는 데 걸리는 시간은 6분이다. 따라서 두 사람이 처음으로 출발점에서 만나는 시간은 4와 6의 최소공배수인 12분 후이다. 즉, 4번째로 만나는 시간은 $12\times4=48$분 후인 3시 48분이다.

06

정답 ②

처음 참석한 사람의 수를 x명이라 하면 다음과 같다.

i) $8x<17\times10 \rightarrow x<\frac{170}{8}\fallingdotseq21.3$

ii) $9x>17\times10 \rightarrow x>\frac{170}{9}\fallingdotseq18.9$

iii) $8(x+9)<10\times(17+6) \rightarrow x<\frac{230}{8}-9\fallingdotseq19.75$

따라서 세 식을 모두 만족해야 하므로 처음의 참석자 수는 19명이다.

07

정답 ③

B지역 유권자의 수를 x명이라고 하면, A지역 유권자의 수는 $4x$명이다.

• A지역 찬성 유권자 수 : $4x\times\frac{3}{5}=\frac{12}{5}x$명

• B지역 찬성 유권자 수 : $\frac{1}{2}x$명

따라서 A, B 두 지역 유권자의 헌법 개정 찬성률은 $\frac{\frac{12}{5}x+\frac{1}{2}x}{4x+x}\times100=\frac{\frac{29}{10}x}{5x}\times100=58\%$이다.

08

정답 ⑤

둘레의 길이가 20cm이고, 넓이가 24cm^2이므로 식을 정리하면 다음과 같다.

$2(x+y)=20 \rightarrow x+y=10 \cdots$ ㉠

$xy=24 \cdots$ ㉡

직사각형의 가로와 세로 길이를 각각 3cm씩 늘렸을 때 늘어난 직사각형의 넓이는 $(x+3)(y+3)=xy+3x+3y+9\text{cm}^2$이다.

따라서 $xy+3x+3y+9=xy+3(x+y)+9=24+3\times10+9=63\text{cm}^2$이다.

09

정답 ①

(각기둥의 부피)=(밑면적의 넓이)×(높이)이고 현재 액체는 삼각기둥 모양이다.

따라서 $\left(\frac{1}{2}\times2\times5\right)\times3=15\text{cm}^3$이다.

10

정답 ①

가장 작은 직사각형의 가로의 길이를 $2x$cm라고 하자. 세로의 길이는 $(2x+1)$cm이다. 이에 따라 각 직사각형의 넓이를 구하면 다음과 같다.

$2x(2x+1)$, $(2x+1)(2x+2)$, $(2x+2)(2x+3)$, $(2x+3)(2x+4)$

가장 큰 직사각형을 제외한 3개의 직사각형이 반씩 겹쳐져 있으므로 식을 정리하면 다음과 같다.

$x(2x+1)+(2x+1)(x+1)+(x+1)(2x+3)+(2x+3)(2x+4)=49$

$\rightarrow 10x^2+23x-33=0$

$\rightarrow (x-1)(10x+33)=0$

사각형의 길이는 양수이므로 $x=1$이 적절하다.

겹쳐진 도형의 세로 길이는 가장 큰 직사각형의 세로 길이와 같으므로 $6\times2=12$cm이다.

가로 길이는 가장 큰 직사각형을 제외하고, 반씩 겹쳐져 있으므로 각 직사각형의 가로를 한 변의 길이씩만 더한 것과 같다.

$2+3+4+5\times2=19$cm

따라서 겹쳐진 4개의 사각형의 둘레 길이는 $12+19=31$cm이다.

11

정답 ⑤

변 BC를 $x$cm라 하고 변 AC를 $y$cm라 할 때, 피타고라스의 정리에 의해 식을 정리하면 다음과 같다.

$18^2+x^2=y^2 \rightarrow y^2-x^2=324 \rightarrow (y+x)(y-x)=324 \cdots$ ㉠

직각삼각형 ABC의 둘레의 길이가 72cm라 하였으므로 다음과 같은 식이 성립한다.

$x+y+18=72 \rightarrow x+y=54 \cdots$ ㉡

㉡을 ㉠에 대입하면 다음과 같다.

$54(y-x)=324 \rightarrow y-x=6 \cdots$ ㉢

㉡과 ㉢을 더하면 다음과 같다.

$2y=60$

$\therefore\ y=30$

이를 ㉢에 대입하면 다음과 같다.

$30-x=6$

$\therefore\ x=24$

따라서 직각삼각형 ABC의 넓이는 $24\times18\times\frac{1}{2}=216\text{cm}^2$이다.

12

정답 ①

사각뿔의 부피를 구하는 공식은 '(부피)$=\frac{1}{3}\times$(밑면의 가로)×(밑면의 세로)×(높이)'이다.

따라서 구하고자 하는 부피는 $\frac{1}{3}\times6\times6\times5=60\text{cm}^3$이다.

대표기출유형 02 기출응용문제

01

정답 ②

앞의 항에 +2.7, ÷2의 규칙을 교대로 적용하는 수열이다.

$$12.3 \xrightarrow{+2.7} 15 \xrightarrow{\div 2} 7.5 \xrightarrow{+2.7} 10.2 \xrightarrow{\div 2} 5.1 \xrightarrow{+2.7} 7.8 \xrightarrow{\div 2} 3.9$$

따라서 ( )=10.2÷2=5.1이다.

02

정답 ③

분자와 분모에 교대로 3씩 곱하는 수열이다.

따라서 ( )$=\frac{18\times 3}{45}=\frac{54}{45}$이다.

03

정답 ②

$\underline{A\ B\ C} \rightarrow B=(A+C)\div 3$

따라서 ( )$=(12-1)\div 3=\frac{11}{3}$이다.

04

정답 ①

홀수 항은 3씩 나누는 수열이고, 짝수 항은 9씩 더하는 수열이다.

따라서 ( )=−9÷3=−3이다.

05

정답 ④

+0.2, +0.25, +0.3, +0.35, …씩 더해지고 있다.

따라서 ( )=1.8+0.4=2.2이다.

06

정답 ①

홀수 항은 ×2+0.2, ×2+0.4, ×2+0.6, …인 수열이고, 짝수 항은 ×3−0.1인 수열이다.

따라서 ( )=12.2×3−0.1=36.5이다.

07

정답 ④

$\underline{A\ B\ C} \rightarrow A^2+B^2=C$

따라서 ( )$=3^2+4^2=25$이다.

08
정답 ④

$\underline{A\ B\ C} \rightarrow (A \times B) \times -\frac{1}{2} = C$

따라서 ( )$=7 \times 4 \times -\frac{1}{2} = -14$이다.

09
정답 ①

$\underline{A\ B\ C\ D} \rightarrow A+B=C+D$

따라서 ( )$=9+4-3=10$이다.

대표기출유형 03 기출응용문제

01
정답 ⑤

2023년 관광 수입이 가장 많은 국가는 중국(44,400백만 달러)이며, 가장 적은 국가는 한국(17,300백만 달러)이다. 두 국가의 2024년 관광 지출 대비 관광 수입 비율을 계산하면 다음과 같다.

- 한국 : $\frac{13,400}{30,600} \times 100 ≒ 43.8\%$
- 중국 : $\frac{32,600}{257,700} \times 100 ≒ 12.7\%$

따라서 두 국가의 비율 차이는 $43.8-12.7=31.1\%$p이다.

02
정답 ①

800g 소포의 개수를 x개라 하고, 2.4kg 소포의 개수를 y개라 하면 다음 식이 성립한다.

$800 \times x + 2,400 \times y \le 16,000$

$\rightarrow x+3y \le 20 \cdots$ ㉠

B회사는 동일지역, C회사는 타지역이므로 식을 정리하면 다음과 같다.

$4,000 \times x + 6,000 \times y = 60,000$

$\rightarrow 2x+3y=30 \rightarrow 3y=30-2x \cdots$ ㉡

㉡을 ㉠에 대입하면 다음과 같다.

$x+30-2x \le 20 \rightarrow x \ge 10 \cdots$ ㉢

이때 ㉡, ㉢을 동시에 만족하는 값은 $x=12$, $y=2$이다.

따라서 A회사는 800g 소포는 12개를 보냈고, 2.4kg 소포는 2개를 보냈다.

03
정답 ①

- (ㄱ) : 2021년 대비 2022년 의료 폐기물의 증감률로 $\frac{48,934-49,159}{49,159} \times 100 ≒ -0.5\%$이다.
- (ㄴ) : 2019년 대비 2020년 사업장 배출시설계 폐기물의 증감률로 $\frac{123,604-130,777}{130,777} \times 100 ≒ -5.5\%$이다.

04

정답 ③

• 1인 1일 사용량에서 영업용 사용량이 차지하는 비중 : $\frac{80}{282}\times100 \fallingdotseq 28.37\%$

• 1인 1일 가정용 사용량 중 하위 두 항목이 차지하는 비중 : $\frac{20+13}{180}\times100 \fallingdotseq 18.33\%$

대표기출유형 04 기출응용문제

01

정답 ②

뉴질랜드 무역수지는 9월에서 10월까지 증가했다가 11월에 감소한 후 12월에 다시 증가했다.

오답분석

① 한국의 무역수지가 전월 대비 증가한 달은 9월, 10월, 11월이며, 증가량이 가장 많았던 달은 45,309−41,983=3,326백만 USD인 11월이다.

③ 그리스의 12월 무역수지는 2,426백만 USD이며 11월 무역수지는 2,409백만 USD이므로, 12월 무역수지의 전월 대비 증가율은 $\frac{2,426-2,409}{2,409}\times100 \fallingdotseq 0.7\%$이다.

④ 10월부터 12월 사이 한국의 무역수지는 '증가 – 감소'의 추이이다. 이와 같은 양상을 보이는 나라는 독일과 미국으로 2개국이다.

⑤ 자료를 통해 확인할 수 있다.

02

정답 ⑤

1974 ~ 2014년 동안 65세 연령의 성별 한국 기대여명과 OECD 평균 기대여명과의 연도별 격차를 구하면 다음과 같다.

• 남성
 – 1974년 : 12.7−10.2=2.5년
 – 2004년 : 14.7−13.4=1.3년
 – 2014년 : 16.3−15.5=0.8년

• 여성
 – 1974년 : 15.6−14.9=0.7년
 – 2004년 : 18.4−17.5=0.9년
 – 2014년 : 19.8−19.6=0.2년

따라서 남성이 여성보다 더 크다.

오답분석

① 65세, 80세 여성의 기대여명은 2024년 이전까지 모두 OECD 평균보다 낮았으나, 2024년에 OECD 평균보다 모두 높아진 것을 확인할 수 있다.

② 연도별 한국 80세 남성의 기대여명과 OECD 평균과의 격차는 다음과 같다.
 • 1974년 : 5.7−4.7=1.0년
 • 2004년 : 6.6−6.1=0.5년
 • 2014년 : 7.3−6.9=0.4년
 • 2024년 : 8.3−8.0=0.3년

 따라서 80세 남성의 기대여명은 1974 ~ 2024년 동안 OECD 평균과의 격차가 꾸준히 줄어들었다.

③ 남성의 기대여명보다 여성의 기대여명이 더 높은 것을 확인할 수 있다.

④ 한국의 2024년 80세 여성 기대여명의 1974년 대비 증가율은 $\frac{10.1-6.4}{6.4}\times100 \fallingdotseq 57.8\%$이고, OECD 평균의 증가율은 $\frac{10.0-6.6}{6.6}\times100 \fallingdotseq 51.5\%$이므로 한국이 더 크다.

03

정답 ②

수도권은 서울과 인천·경기를 합한 지역을 의미한다. 따라서 전체 마약류 단속 건수 중 수도권의 마약류 단속 건수의 비중은 $22.1+35.8=57.9\%$이다.

오답분석

① • 대마 단속 전체 건수 : 167건
 • 마약 단속 전체 건수 : 65건
 $65\times3=195>167$이므로 옳지 않은 설명이다.

③ 마약 단속 건수가 없는 지역은 강원, 충북, 제주로 3곳이다.

④ • 대구·경북 지역의 향정신성의약품 단속 건수 : 138건
 • 광주·전남 지역의 향정신성의약품 단속 건수 : 38건
 $38\times4=152>138$이므로 옳지 않은 설명이다.

⑤ • 강원 지역의 향정신성의약품 단속 건수 : 35건
 • 강원 지역의 대마 단속 건수 : 13건
 $13\times3=39>35$이므로 옳지 않은 설명이다.

04

정답 ⑤

2024년 10월 전체 자동차 월매출 총액을 x억 원이라 하고, J자동차의 10월 매출액과 시장점유율을 이용해 10월 전체 자동차 월매출 총액을 구하면 다음과 같다.

$\frac{27}{x}\times100=0.8$

$\rightarrow 2,700\div0.8$

$\therefore x=3,375$

따라서 2024년 10월 H국의 전체 자동차 월매출 총액은 3,375억 원이므로 4,000억 원 미만이다.

오답분석

① 2024년 C자동차의 9월 매출액을 a억 원이라고 하면, 2024년 C자동차의 10월 매출액은 285억 원이고, 전월 대비 증가율은 50%이므로 다음 식이 성립한다.
 $a(1+0.5)=285$
 $\therefore a=190$
 따라서 2024년 9월 C자동차의 매출액은 200억 원 미만이다.

② 2024년 10월 매출액 상위 6개 자동차의 9월 매출액을 구하면 다음과 같다.
 • A자동차 : $1,139\div(1+0.6)\fallingdotseq711.88$억 원
 • B자동차 : $1,097\div(1+0.4)\fallingdotseq783.57$억 원
 • C자동차 : $285\div(1+0.5)=190$억 원
 • D자동차 : $196\div(1+0.5)\fallingdotseq130.67$억 원
 • E자동차 : $154\div(1+0.4)=110$억 원
 • F자동차 : $149\div(1+0.2)\fallingdotseq124.17$억 원
 따라서 2024년 9월 매출액 상위 6개 자동차의 순위는 'B자동차 – A자동차 – C자동차 – D자동차 – F자동차 – E자동차'이므로 옳지 않은 설명이다.

③ 2024년 I자동차 누적매출액 자료를 살펴보면 I자동차의 1월부터 5월까지 누적매출액을 알 수 없으므로 6월 매출액은 정확히 구할 수 없다. 다만, 6월 누적매출액을 살펴보았을 때, 6월 매출액의 범위는 0원≤(6월 매출액)≤5억 원임을 알 수 있다. 2024년 I자동차의 7 ~ 9월 월매출액을 구하면 다음과 같다.
 • 7월 월매출액 : $9-5=4$억 원
 • 8월 월매출액 : $24-9=15$억 원
 • 9월 월매출액 : $36-24=12$억 원
 따라서 2024년 6 ~ 9월 중 I자동차의 월매출액이 가장 큰 달은 8월이다.

④ 2024년 10월 매출액 상위 5개 자동차의 10월 매출액 기준 시장점유율을 합하면 $34.3+33.0+8.6+5.9+4.6=86.4\%$이다.

CHAPTER

03 문제해결능력

대표기출유형 01 기출응용문제

01

정답 ④

C는 3층에 내렸으므로 다섯 번째 조건에 의해 B는 6층, F는 7층에 내린 것을 알 수 있다. 네 번째 조건에서 G는 C보다 늦게, B보다 빨리 내렸다고 하였으므로 G는 4층 또는 5층에 내렸다. 그리고 I는 D보다 늦게, G보다는 일찍 내렸으며, D는 A보다 늦게 내렸으므로 A는 1층, D는 2층, I는 4층이 된다. 그러므로 G는 5층에서 내렸다. 두 번째 조건에 의해 H는 홀수 층에서 내렸으므로 H는 9층, E는 8층에서 내렸다. 따라서 짝수 층에서 내리지 않은 사람은 G이다.

02

정답 ③

주어진 조건에 따르면 가장 오랜 시간 동안 사업 교육을 진행하는 A와 부장보다 길게 교육을 진행하는 B는 부장이 될 수 없으므로 C가 부장임을 알 수 있다. 이때, 다섯 번째 조건에 따라 C부장은 교육 시간이 가장 짧은 인사 교육을 담당하는 것을 알 수 있다. 이를 표로 정리하면 다음과 같다.

구분	인사 교육	영업 교육	사업 교육
시간	1시간	1시간 30분	2시간
담당	C	B	A
직급	부장	과장	과장

따라서 바르게 연결된 것은 ③이다.

03

정답 ③

• 연구개발팀이 이어달리기에 참가하지 않은 경우

연구개발팀과 디자인팀은 동시에 같은 종목에 참가하지 않았으므로 만약 연구개발팀이 이어달리기에 참가하지 않았다면 디자인팀이 족구에 참가하므로 연구개발팀은 족구에 참가하지 않고 남은 두 종목에 반드시 참가해야 한다. 이때, 총무팀이 모든 종목에 참가하더라도 고객지원팀과 법무팀은 항상 동시에 참가하므로 총무팀이 참가한 종목이 4팀인 종목은 존재할 수 없다.

구분	홍보팀	총무팀	연구개발팀	고객지원팀	법무팀	디자인팀
이어달리기	○	○	×	○	○	○
족구	○	−	×	−	−	○
X	○	−	○	−	−	×
Y	○	−	○	−	−	×

• 연구개발팀이 이어달리기에 참가한 경우
연구개발팀이 이어달리기에 참가하면 디자인팀이 족구팀에 참가하므로 연구개발팀은 족구에 참가하지 않고 남은 두 종목 중 한 종목에 참가한다. 남은 한 종목는 반드시 참가하지 않으며 이 때, 연구개발팀이 참가하지 않은 종목에서 디자인팀이 참가하지 않고 고객지원팀, 법무팀이 참가하면 총무팀이 참가하는 종목 중 참가하는 팀이 4팀인 종목이 나올 수 있다.

구분	홍보팀	총무팀	연구개발팀	고객지원팀	법무팀	디자인팀
이어달리기	○	○	○	○	○	×
족구	○	–	×	–	–	○
X	○	–	○	–	–	×
Y	○	○	×	○	○	×

구분	홍보팀	총무팀	연구개발팀	고객지원팀	법무팀	디자인팀
이어달리기	○	○	○	○	○	×
족구	○	–	×	–	–	○
X	○	○	×	○	○	×
Y	○	–	○	–	–	×

따라서 참가하는 종목이 가장 적은 팀은 족구만 참가하는 디자인팀이다.

오답분석

① 족구와 남은 두 종목에서 총무팀과 법무팀이 동시에 참가하지 않는 종목이 있을 수 있다.
② 고객지원팀은 족구에 참가하지 않을 수 있다.
④ 법무팀은 모든 종목에 참가할 수 있다.
⑤ 주어진 조건을 모두 만족하는 경우는 2가지이며 이 경우 모두 연구개발팀과 디자인팀이 동시에 참가하지 않는 경우이다.

04

정답 ⑤

주어진 조건에 따라 엘리베이터 검사 순서를 추론해 보면 다음과 같다.

첫 번째	5호기
두 번째	3호기
세 번째	1호기
네 번째	2호기
다섯 번째	6호기
여섯 번째	4호기

따라서 6호기는 1호기 다다음에 검사하며, 다섯 번째로 검사하게 된다.

05

정답 ③

을과 무의 진술이 모순되므로 둘 중 한 명은 참, 다른 한 명은 거짓이다. 여기서 을의 진술이 참일 경우 갑의 진술도 거짓이 되어 두 명이 거짓을 진술한 것이 되므로 문제의 조건에 위배된다. 따라서 을의 진술이 거짓, 무의 진술이 참이다. 그러므로 A강좌는 을이, B와 C강좌는 순서와 관계없이 각각 갑과 정이, D강좌는 무가 담당하고, 병은 강좌를 담당하지 않는다.

06

정답 ③

주어진 조건을 토대로 다음과 같이 정리해 볼 수 있다. 원형테이블은 회전시켜도 좌석 배치는 동일하므로 좌석에 1 ~ 7번으로 번호를 붙이고, A가 1번 좌석에 앉았다고 가정하여 배치하면 다음과 같다.

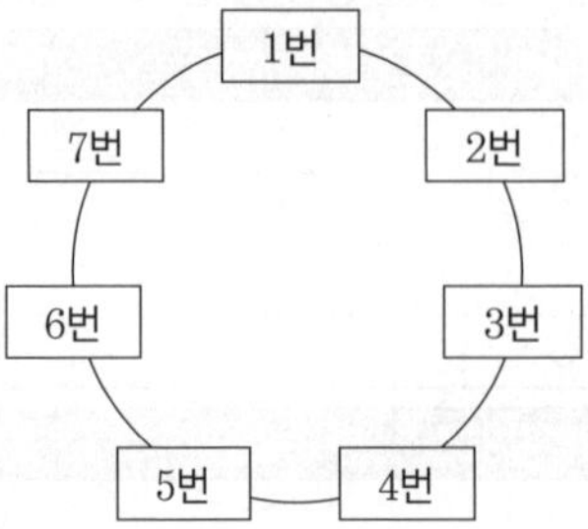

첫 번째 조건에 따라 2번에는 부장이, 7번에는 차장이 앉게 된다.
세 번째 조건에 따라 부장과 이웃한 자리 중 비어 있는 3번 자리에 B가 앉게 된다.
네 번째 조건에 따라 7번에 앉은 사람은 C가 된다.
다섯 번째 조건에 따라 5번에 과장이 앉게 되고, 과장과 차장 사이인 6번에 G가 앉게 된다.
여섯 번째 조건에 따라 A와 이웃한 자리 중 직원명이 정해지지 않은 2번 부장 자리에 D가 앉게 된다.
일곱 번째 조건에 따라 4번 자리에는 대리, 3번 자리에는 사원이 앉는 것을 알 수 있으며, 3번 자리에 앉은 B가 사원 직급임을 알 수 있다.
두 번째 조건에 따라 E는 사원과 이웃하지 않았고 직원명이 정해지지 않은 5번 과장 자리에 해당하는 것을 알 수 있다.
이를 정리하면 다음과 같은 좌석 배치가 되며, F는 이 중 유일하게 빈자리인 4번 대리 자리에 해당한다.

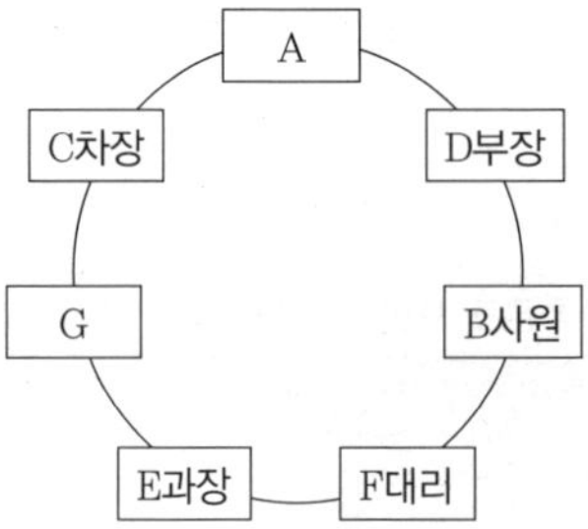

따라서 직급이 사원인 사람은 B, 대리인 사람은 F이다.

대표기출유형 02 기출응용문제

01

정답 ④

ㄴ. 민간의 자율주행기술 R&D를 지원하여 기술적 안정성을 높이는 전략은 위협을 최소화하는 내용은 포함하지 않고 약점만 보완하는 것이므로 ST전략으로 적절하지 않다.
ㄹ. 국내기업의 자율주행기술 투자가 부족한 약점을 국가기관의 주도로 극복하려는 것은 약점을 최소화하고 위협을 회피하려는 WT전략으로 적절하지 않다.

오답분석

ㄱ. 높은 수준의 자율주행기술을 가진 외국 기업과의 기술이전 협약 기회를 통해 국내외에서 우수한 평가를 받는 국내 자동차기업의 수준을 향상시켜 국내 자율주행자동차 산업의 강점을 강화하는 전략은 SO전략으로 적절하다.
ㄷ. 국가가 지속적으로 자율주행차 R&D를 지원하는 법안이 본회의를 통과한 기회를 토대로 기술개발을 지원하여 국내 자율주행자동차 산업의 약점인 기술적 안전성을 확보하려는 전략은 WO전략으로 적절하다.

02

정답 ③

리스크 관리 능력의 부족은 기업 내부환경의 약점 요인에 해당한다. 위협은 외부환경 요인에 해당하므로 위협 요인에는 회사 내부를 제외한 외부에서 비롯되는 요인이 들어가야 한다.

03

정답 ②

ㄱ. 회사가 가지고 있는 신속한 제품 개발 시스템의 강점을 활용하여 새로운 해외시장의 소비자 기호를 반영한 제품을 개발하는 것은 강점을 통해 기회를 포착하는 SO전략에 해당한다.
ㄷ. 공격적 마케팅을 펼치고 있는 해외 저가 제품과 달리 오히려 회사가 가지고 있는 차별화된 제조 기술을 활용하여 고급화 전략을 추구하는 것은 강점으로 위협을 회피하는 ST전략에 해당한다.

오답분석

ㄴ. 저임금을 활용한 개발도상국과의 경쟁 심화와 해외 저가 제품의 공격적 마케팅을 고려하면 국내에 화장품 생산 공장을 추가로 건설하는 것은 적절한 전략으로 볼 수 없다. 약점을 보완하여 위협을 회피하는 전략을 활용하기 위해서는 오히려 저임금의 개발도상국에 공장을 건설하여 가격 경쟁력을 확보하는 것이 더 적절하다.
ㄹ. 낮은 브랜드 인지도가 약점이기는 하나, 해외시장에서의 한국 제품에 대한 선호가 증가하고 있는 점을 고려하면 현지 기업의 브랜드로 제품을 출시하는 것은 적절한 전략으로 볼 수 없다. 약점을 보완하여 기회를 포착하는 전략을 활용하기 위해서는 오히려 한국 제품임을 강조하는 홍보 전략을 세우는 것이 더 적절하다.

04

정답 ③

• (가) : 외부의 기회를 활용하면서 내부의 강점을 더욱 강화시키는 SO전략에 해당한다.
• (나) : 외부의 기회를 활용하여 내부의 약점을 보완하는 WO전략에 해당한다.
• (다) : 외부의 위협을 회피하며 내부의 강점을 적극 활용하는 ST전략에 해당한다.
• (라) : 외부의 위협을 회피하고 내부의 약점을 보완하는 WT전략에 해당한다.

따라서 바르게 나열한 것은 ③이다.

대표기출유형 03 기출응용문제

01

정답 ④

을·정·무는 정이 운전을 하고 을이 차장이며, 부상 중인 사람이 없기 때문에 17시에 도착하므로 정의 당직 근무에도 문제가 없다. 따라서 가능한 조합이다.

오답분석

① 갑·을·병 : 갑이 부상인 상태이므로 B지사에 17시 30분에 도착하는데, 을이 17시 15분에 계약업체 면담을 진행해야 하므로 가능하지 않은 조합이다.
② 갑·병·정 : 갑이 부상인 상태이므로 B지사에 17시 30분에 도착하는데, 정이 17시 10분부터 당직 근무가 예정되어 있으므로 가능하지 않은 조합이다.
③ 을·병·무 : '1종 보통'을 소지하고 있는 사람이 없으므로 가능하지 않은 조합이다.
⑤ 병·정·무 : 책임자로서 차장 직위가 한 명은 포함되어야 하므로 가능하지 않은 조합이다.

02

정답 ①

매장의 비주얼은 경영기획관리부서에서 관리한다고 하였으므로 VM팀은 4층이 아닌 5층에 배정된다. 따라서 4층에는 영업홍보부서인 디자인, 마케팅, 영업기획, 영업관리팀이 배정된다.

03

정답 ③

- (가) : VM팀은 5층에 있으므로 첫 번째 번호는 5이고, 5층에는 경영관리팀, 경영기획팀, VM팀, 콘텐츠개발팀이 있다. 따라서 VM을 한글로 변환하면 '비주얼 마케팅'이므로 두 번째 번호는 3이며, 대리에 부여되는 번호는 3이므로 VM팀의 H대리의 내선번호는 00 – 533이다.
- (나) : 총무팀은 6층에 있으므로 첫 번째 번호는 6이고, 6층에는 인사팀, 총무팀, 법무팀, 전산팀이 있다. 따라서 두 번째 번호는 4이며, 사원에 부여되는 번호는 4이므로 총무팀의 A사원의 내선번호는 00 – 644이다.

04

정답 ③

ㄱ. 인천에서 중국을 경유해서 베트남으로 가는 경우에는 (210,000+310,000)×0.8=416,000원이 들고, 싱가포르로 직항해서 가는 경우에는 580,000원이 든다. 따라서 164,000원이 더 저렴하다.

ㄷ. 인천에서 베트남을 가는 경우에는 직항으로 가는 것이 가장 저렴하여 341,000원이 들고, 베트남에서 인천을 오는 경우에도 직항이 가장 저렴하여 195,000원이 든다. 따라서 최소 총비용은 536,000원이다.

오답분석

ㄴ. 태국은 왕복 항공편 비용이 298,000+203,000=501,000원이고, 싱가포르는 580,000+304,000=884,000원이며, 베트남은 341,000+195,000=536,000원이다. 따라서 비용이 가장 적게 드는 태국을 선택할 것이다.

05

정답 ②

직항이 중국을 경유하는 것보다 소요 시간이 적으므로 직항 경로별 소요 시간을 도출하면 다음과 같다.

여행지	경로	왕복 소요 시간
베트남	인천 → 베트남(5시간 20분) 베트남 → 인천(2시간 50분)	8시간 10분
태국	인천 → 태국(5시간) 태국 → 인천(3시간 10분)	8시간 10분
싱가포르	인천 → 싱가포르(4시간 50분) 싱가포르 → 인천(3시간)	7시간 50분

따라서 소요 시간이 가장 짧은 싱가포르로 여행을 갈 것이며, 7시간 50분이 소요될 것이다.

06

정답 ③

구매하려는 소파의 특징에 맞는 제조사를 찾기 위해 제조사별 특징을 대우로 정리하면 다음과 같다.

- A사 : 이탈리아제 천을 사용하면 쿠션재에 스프링을 사용한다. 커버를 교환 가능하게 하면 국내산 천을 사용하지 않는다. → ×
- B사 : 국내산 천을 사용하지 않으면 쿠션재에 우레탄을 사용하지 않는다. 이탈리아제의 천을 사용하면 리클라이닝이 가능하다. → ○
- C사 : 국내산 천을 사용하지 않으면 쿠션재에 패더를 사용한다. 쿠션재에 패더를 사용하면 침대 겸용 소파가 아니다. → ○
- D사 : 이탈리아제 천을 사용하지 않으면 쿠션재에 패더를 사용하지 않는다. 쿠션재에 우레탄을 사용하지 않으면 조립이라고 표시된 소파가 아니다. → ×

따라서 B사 또는 C사의 소파를 구매할 것이다.

04 정보능력

PART 1

대표기출유형 01 기출응용문제

01

정답 ③

세탁기 신상품의 컨셉이 중년층을 대상으로 하기 때문에 성별이 아닌 연령에 따라 자료를 분류하여 중년층의 세탁기 선호 디자인에 대한 정보가 필요함을 알 수 있다.

02

정답 ①

정보관리의 3원칙
- 목적성 : 사용 목표가 명확해야 한다.
- 용이성 : 쉽게 작업할 수 있어야 한다.
- 유용성 : 즉시 사용할 수 있어야 한다.

03

정답 ③

전산보안팀에서 발신한 업무 메일 내용에는 검색기록 삭제 시 기존에 체크되어 있는 항목 외에도 모든 항목을 체크하여 삭제하라고 되어 있다. 그러나 괄호 안에 '즐겨찾기 데이터 보존'은 체크 해제할 것이라고 명시되어 있으므로 모든 항목을 체크하여 삭제하는 행동은 옳지 않다.

04

정답 ③

대부 상황은 개인정보 중 신용 정보로 분류된다.

대표기출유형 02 기출응용문제

01

정답 ②

ISNONTEXT 함수는 값이 텍스트가 아닐 경우 논리값 'TRUE'를 반환한다. [A2] 셀의 값은 텍스트이므로 함수의 결괏값으로 'FALSE'가 산출된다.

오답분석

① ISNUMBER 함수 : 값이 숫자일 경우 논리값 'TRUE'를 반환한다.
③ ISTEXT 함수 : 값이 텍스트일 경우 논리값 'TRUE'를 반환한다.
④ ISEVEN 함수 : 값이 짝수이면 논리값 'TRUE'를 반환한다.
⑤ ISODD 함수 : 값이 홀수이면 논리값 'TRUE'를 반환한다.

02

정답 ①

SUMIFS 함수는 주어진 조건에 의해 지정된 셀들의 합을 구하는 함수로, 「=SUMIFS(합계범위,조건범위,조건 값)」로 구성된다. 이때 '조건 값'으로 숫자가 아닌 텍스트를 직접 입력할 경우에는 반드시 큰따옴표를 이용해야 한다. 따라서 「=SUMIFS(F2:F9, D2:D9,"남")」로 입력해야 한다.

03

정답 ①

WEEKDAY 함수는 선택한 날짜의 해당 요일을 숫자로 반환하는 함수다. 기본값으로 1(일요일)에서 7(토요일) 사이의 정수를 반환한다. WEEKDAY 함수의 두 번째 인수에 '1'을 입력하면 '일요일(1) ~ 토요일(7)'로 표시되고 '2'를 넣으면 '월요일(1) ~ 일요일(7)'로 표시되며 '3'을 입력하면 '월요일(0) ~ 일요일(6)'로 표시된다.

04

정답 ②

「=SMALL(B3:B9,2)」은 [B3:B9] 범위에서 2번째로 작은 값을 구하는 함수이므로 7이 출력된다. 「=MATCH(7,B3:B9,0)」는 [B3:B9] 범위에서 7의 위치 값을 나타내므로 값은 4가 나온다. 따라서 「=INDEX(A3:E9,4,5)」의 결괏값은 [A3:E9]의 범위에서 4행, 5열에 위치한 대전이다.

05

정답 ④

UPPER 함수는 알파벳 소문자를 대문자로 변경하며, TRIM 함수는 불필요한 공백을 제거하므로 'MNG-002KR'이 결괏값으로 출력된다.

CHAPTER

05 조직이해능력

PART 1

대표기출유형 01 기출응용문제

01

정답 ①

제품의 질은 우수하나 브랜드의 저가 이미지 때문에 매출이 좋지 않은 것이므로 선입견을 제외하고 제품의 우수성을 증명할 수 있는 블라인드 테스트를 통해 인정을 받는다. 그리고 그 결과를 홍보의 수단으로 사용하는 것이 가장 적절하다.

02

정답 ②

목표관리(MBO; Management By Objectives)란 조직의 상하 구성원들이 참여의 과정을 통해 조직 단위와 구성원의 목표를 명확하게 설정하고, 그에 따라 생산 활동을 수행하도록 한 뒤 업적을 측정·평가하는 포괄적 조직관리 체제를 말한다. 목표관리는 종합적인 조직운영 기법으로 활용될 뿐만 아니라 근무성적평정 수단, 예산 운영 및 재정관리의 수단으로 다양하게 활용되고 있다.

오답분석

① 과업평가계획(PERT; Project Evaluation and Review Technique) : 특정 프로젝트의 일정과 순서를 계획적으로 관리하는 기법으로, 계획내용인 프로젝트의 달성에 필요한 모든 작업을 작업 관련 내용과 순서를 기초로 하여 네트워크상으로 파악한다.
③ 조직개발(OD; Organization Development) : 조직의 유효성과 건강을 높이고, 환경변화에 적절하게 대응하기 위하여 구성원의 가치관과 태도, 조직풍토, 인간관계 등을 향상시키는 변화활동을 의미한다.
④ 총체적 질관리(TQM; Total Quality Management) : 조직의 생산성·효율성 제고를 목표로 조직 구성원 전원이 참여해 고객의 욕구와 기대를 충족시키기 위한 지속적인 개선 활동을 하는 것을 의미한다.
⑤ 전사적자원관리(ERP; Enterprise Resource Planning) : 기업 내 생산, 물류, 재무, 회계, 영업과 구매, 재고 등 경영 활동 프로세스들을 통합적으로 연계해 관리하며, 기업에서 발생하는 정보를 공유하여 새로운 정보의 생성과 빠른 의사결정을 도와주는 전사적자원관리시스템을 의미한다.

03

정답 ①

마이클 포터의 본원적 경쟁 전략

- 차별화 전략 : 조직이 생산품이나 서비스를 차별화하여 고객에게 가치가 있고 독특하게 인식되도록 하는 전략으로, 이를 위해서는 연구개발이나 광고를 통하여 기술, 품질, 서비스, 브랜드 이미지를 개선할 필요가 있다.
- 원가우위 전략 : 원가절감을 통해 해당 산업에서 우위를 점하는 전략으로, 이를 위해서는 대량생산을 통해 단위 원가를 낮추거나 새로운 생산기술을 개발할 필요가 있다.
- 집중화 전략 : 특정 시장이나 고객에게 한정된 전략으로, 특정 산업을 대상으로 한다. 즉, 경쟁조직들이 소홀히 하고 있는 한정된 시장을 원가우위 전략이나 차별화 전략을 써서 집중 공략하는 방법이다.

04

정답 ④

제시된 시장 조사 결과 보고서를 보면 소비자의 건강에 대한 관심이 커지고 있어 가격보다는 제품의 기능을 중시해야 하고, 취급 점포를 체계적으로 관리하며 상품의 가격을 조절해야 할 필요성이 나타나고 있다. 따라서 마케팅 전략으로 ㄴ, ㄹ이 적절하다.

05

정답 ③

제시문의 내용을 살펴보면 H전자는 성장성이 높은 LCD 사업 대신에 익숙한 PDP 사업에 더욱 몰입하였으나, 점차 LCD의 경쟁력이 높아짐으로써 PDP는 무용지물이 되었다는 것을 알 수 있다. 따라서 H전자는 LCD 시장으로의 사업전략을 수정할 수 있었지만 보다 익숙한 PDP 사업을 선택하고 집중함으로써 시장에서 경쟁력을 잃는 결과를 얻게 되었다.

06

정답 ④

ㄴ. BCG 매트릭스는 시장성장율과 상대적 시장점유율을 기준으로 4개의 영역으로 나눠 사업의 상대적 위치를 파악한다.

ㄹ. GE & 맥킨지 매트릭스의 산업매력도는 시장규모, 시장 잠재력, 경쟁구조, 재무 · 경제 · 사회 · 정치 요인과 같은 광범위한 요인에 의해 결정된다.

ㅁ. GE & 맥킨지 매트릭스는 반영 요소가 지나치게 단순하다는 BCG 매트릭스의 단점을 보완하기 위해 개발되었다.

오답분석

ㄱ. BCG 매트릭스는 미국의 보스턴 컨설팅그룹이 개발한 사업포트폴리오 분석 기법이다.

ㄷ. GE & 맥킨지 매트릭스는 산업매력도와 사업경쟁력을 고려하여 사업의 형태를 9개 영역으로 나타낸다.

대표기출유형 02 기출응용문제

01

정답 ④

조직은 영리성을 기준으로 영리조직과 비영리조직으로 구분할 수 있다.

㉠ 영리조직 : 재산상의 이익을 목적으로 활동하는 조직이다.

㉡ 비영리조직 : 자체의 이익을 추구하지 않고 공익을 목적으로 하는 조직이다.

02

정답 ⑤

대규모 조직에 적합한 조직 구조는 부문별 조직이다.

03

정답 ④

조직목표의 기능

- 조직이 존재하는 정당성과 합법성 제공
- 조직이 나아갈 방향 제시
- 조직 구성원 의사결정의 기준
- 조직 구성원 행동수행의 동기유발
- 수행평가의 기준
- 조직설계의 기준

04

정답 ③

마케팅기획본부는 해외마케팅기획팀과 마케팅기획팀으로 구성된다고 했으므로 적절하지 않다.

오답분석

①·② 마케팅본부의 마케팅기획팀과 해외사업본부의 해외마케팅기획팀을 통합해 마케팅기획본부가 신설된다고 했으므로 적절하다.
④ 해외사업본부의 해외사업 1팀과 해외사업 2팀을 해외영업팀으로 통합하고 마케팅본부로 이동한다고 했으므로 적절하다.
⑤ 구매·총무팀에서 구매팀과 총무팀이 분리되고 총무팀과 재경팀을 통합 후 재무팀이 신설된다고 했으므로 적절하다.

05

정답 ⑤

영리조직의 사례로는 이윤 추구를 목적으로 하는 다양한 사기업을 들 수 있으며, 비영리조직으로는 정부조직, 병원, 대학, 시민단체, 종교단체 등을 들 수 있다.

06

정답 ①

조직이 생존하기 위해서는 급변하는 환경에 적응하여야 한다. 이를 위해서는 원칙이 확립되어 있고 고지식한 기계적 조직보다는 운영이 유연한 유기적 조직이 더 적합하다.

오답분석

② 대규모 조직은 소규모 조직과는 다른 조직 구조를 갖게 된다. 대규모 조직은 소규모 조직에 비해 업무가 전문화, 분업화되어 있고 많은 규칙과 규정이 존재한다.
③ 조직 구조 결정요인으로는 크게 전략, 규모, 기술, 환경이 있다. 전략은 조직의 목적을 달성하기 위하여 수립한 계획으로 조직이 자원을 배분하고 경쟁적 우위를 달성하기 위한 주요 방침이며, 규모는 조직의 크기를 의미한다. 기술은 조직이 투입 요소를 산출물로 전환시키는 지식, 기계, 절차 등을 가리킨다. 또한 조직은 환경의 변화에 적절하게 대응하기 위해 환경에 따라 조직의 구조를 다르게 조직한다.
④ 조직 활동의 결과에 따라 조직의 성과와 만족이 결정되며, 그 수준은 조직구성원들의 개인적 성향과 조직문화의 차이에 따라 달라진다.
⑤ 조직 구조의 결정 요인 중 하나인 기술은 조직이 투입요소를 산출물로 전환시키는 지식, 기계, 절차 등을 의미한다. 소량생산기술을 가진 조직은 유기적 조직 구조를, 대량생산기술을 가진 조직은 기계적 조직 구조를 가진다.

대표기출유형 03 기출응용문제

01

정답 ③

시간 순서대로 나열해 보면 '회의실 예약 – PPT 작성 – 메일 전송 – 수정사항 반영 – B주임에게 조언 구하기 – 브로슈어에 최종본 입력 – D대리에게 파일 전달 – 인쇄소 방문'이다.

02

정답 ③

최수영 상무이사가 결재한 것은 대결이다. 대결은 전결권자가 출장, 휴가, 기타 사유로 상당기간 부재중일 때 긴급한 문서를 처리하고자 할 경우에는 전결권자의 차하위 직위의 결재를 받아 시행하는 것을 말한다. 대결 시에는 기안문의 결재란 중 대결한 자의 란에 '대결'을 표시하고 서명 또는 날인한다. 결재표는 다음과 같다.

과장	부장	상무이사	전무이사
최경옥	김석호	대결 최수영	전결

따라서 적절하지 않은 것은 ㄱ, ㄴ이다.

03

정답 ⑤

예산집행 조정, 통제 및 결산 총괄 등 예산과 관련된 업무는 자산팀(㉤)이 아닌 예산팀(㉠)이 담당하는 업무이다. 자산팀은 물품 구매와 장비·시설물 관리 등의 업무를 담당한다.

04

정답 ⑤

전문자격 시험의 출제정보를 관리하는 시스템의 구축·운영 업무는 정보화사업팀이 담당하는 업무로, 개인정보 보안과 관련된 업무를 담당하는 정보보안전담반의 업무로는 적절하지 않다.

05

정답 ③

이사원에게 현재 가장 긴급한 업무는 미팅 장소를 변경해야 하는 것이다. 미리 안내했던 장소를 사용할 수 없으므로 오전 11시에 사용 가능한 다른 회의실을 예약해야 한다. 그 후 바로 거래처 직원에게 미팅 장소가 변경된 점을 안내해야 하므로 ㉡이 ㉢보다 먼저 이루어져야 한다. 또한 거래처 직원과의 11시 미팅 이후에는 오후 2시에 예정된 김팀장과의 면담이 이루어져야 한다. 김팀장과의 면담 시간은 미룰 수 없으므로 이미 예정되었던 시간에 맞춰 면담을 진행한 후 부서장이 요청한 문서 작업 업무를 처리하는 것이 적절하다. 따라서 이사원은 ㉡－㉢－㉠－㉣－㉤의 순서로 업무를 처리해야 한다.

06

정답 ⑤

조립, 생산 등과 같은 업무는 주로 주어진 절차에 따라 이루어지는 반면, 연구, 개발 등과 같은 업무는 자율적이고 재량권이 많다.

PART 2

최종점검 모의고사

제 1 회 최종점검 모의고사

01	02	03	04	05	06	07	08	09	10	11	12	13	14	15	16	17	18	19	20
②	④	①	④	④	④	①	②	①	⑤	④	③	④	④	⑤	④	①	④	④	④
21	22	23	24	25	26	27	28	29	30	31	32	33	34	35	36	37	38	39	40
④	⑤	④	③	④	②	④	③	③	②	⑤	②	②	②	③	①	③	③	⑤	②
41	42	43	44	45	46	47	48	49	50	51	52	53	54	55	56	57	58	59	60
⑤	②	②	②	③	④	③	④	②	④	④	④	④	④	②	②	④	②	④	⑤
61	62	63	64	65	66	67	68	69	70	71	72	73	74	75	76	77	78	79	80
①	⑤	②	①	④	③	③	①	③	②	②	①	①	②	⑤	②	①	①	②	④
81	82	83	84	85	86	87	88	89	90	91	92	93	94	95	96	97	98	99	100
②	②	③	④	③	④	④	④	⑤	①	③	⑤	④	④	②	③	④	①	④	⑤

01 문서 내용 이해

정답 ②

사물인터넷(IoT)의 발달로 센서의 사용 또한 크게 늘고 있다.

오답분석

① 인체의 작은 움직임(주파수 2 ~ 5Hz)도 스마트폰이나 웨어러블(안경, 시계, 의복 등과 같이 신체에 착용하는 제품) 기기들의 전기 에너지원으로 사용될 수 있다.
③ 교체 및 충전식 전기 화학 배터리는 수명이 짧다는 특징을 갖고 있다.
④ 기계적 진동원은 움직이는 인체, 자동차, 진동 구조물, 물이나 공기의 흐름에 의한 진동을 모두 포함한다.
⑤ 전자기력 기반은 패러데이의 유도법칙을 이용하여 전기를 생산하며, 낮은 주파수의 기계적 에너지를 전기에너지로 변환하는 데 매우 효율적인 방법이다.

02 문단 나열

정답 ④

먼저 보험료와 보험금의 산정 기준을 언급하는 (나) 문단이 오는 것이 적절하며, 다음으로 자신이 속한 위험 공동체의 위험에 상응하는 보험료를 납부해야 공정하다는 (다) 문단이 오는 것이 적절하다. 이후 '따라서' 공정한 보험은 납부하는 보험료와 보험금에 대한 기댓값이 일치해야 한다는 (라) 문단과 이러한 보험금에 대한 기댓값을 설명하는 (가) 문단이 차례로 오는 것이 적절하다. 따라서 (나) – (다) – (라) – (가) 순서로 나열해야 한다.

03 내용 추론

정답 ①

(가) 문단에서는 인류가 바람을 에너지원으로 사용한 지 1만 년이 넘었다고 제시되어 있을 뿐이며, 풍력에너지가 인류에서 가장 오래된 에너지원인지는 추론할 수 없다.

04 글의 주제 **정답** ④

(라) 문단에서는 비행선 등을 활용하여 고고도풍(High Altitude Wind)을 이용하는 발전기 회사의 사례를 제시하고 있지만, 그 기술의 한계에 대한 내용은 언급하고 있지 않다. 따라서 ④는 (라) 문단의 주제로 적절하지 않다.

05 글의 주제 **정답** ④

제시문에서는 금융권, 의료업계, 국세청 등 다양한 영역에서 빅데이터가 활용되고 있는 사례들을 열거하고 있다. 따라서 글의 주제로는 ④가 가장 적절하다.

06 문단 나열 **정답** ④

사랑과 관련하여 여러 형태의 빛 신호를 가지고 있는 반딧불이를 소개하고, 이들이 단체로 빛을 내면 장관을 이룬다는 내용의 (라) 문단이 첫 번째 문단으로 적절하며, 다음으로는 (라) 문단의 마지막 내용과 연결되는 반딧불이 집단의 불빛으로 시작해 반딧불이의 단독행동으로 끝나는 (나) 문단이 적절하다. 그리고 단독으로 행동하기를 좋아하는 반딧불이가 짝을 찾는 모습을 소개한 (마) 문단이 이어져야 하며, 그러한 특성을 이용해 먹잇감을 찾는 반딧불이의 종류를 이야기하는 (가) 문단이 오는 것이 적절하다. (다) 문단은 (가) 문단에 이어지는 내용이므로 그 뒤에 나열되어야 한다. 따라서 (라) – (나) – (마) – (가) – (다) 순서로 나열해야 한다.

07 문단 나열 **정답** ①

제시문은 융의 실험을 통해 심리학에서의 연구 방법에 대해 다루고 있다. 따라서 (가) 대상이 되는 연구 방법의 진행 과정과 그 한계 – (마) 융이 기존의 연구 방법에 추가한 과정 – (라) 기존 연구자들이 간과했던 새로운 사실을 찾아낸 융의 실험의 의의 – (나) 융의 실험을 통해 새롭게 드러난 결과 – (다) 새롭게 드러난 심리적 개념을 정의한 융의 사상 체계에서의 핵심적 요소의 순서로 나열해야 한다.

08 빈칸 삽입 **정답** ②

제시문에서 당분 과다로 뇌의 화학적 균형이 무너져 정신에 장애가 왔다는 주장과 정제한 당의 섭취를 원천적으로 차단한 실험 결과를 토대로 과다한 정제당 섭취가 반사회적 행동을 유발할 수 있다는 내용을 추론할 수 있다. 따라서 빈칸에 들어갈 내용으로는 ②가 가장 적절하다.

09 문서 내용 이해 **정답** ①

오답분석

② 마지막 문단에서 과거제를 통해 임용된 관리들은 승진을 위해 빨리 성과를 낼 필요가 있었기에, 지역 사회를 위해 장기적인 전망을 가지고 정책을 추진하기보다 가시적이고 단기적인 결과만을 중시하는 부작용을 가져왔다고 하였으므로 옳지 않다.
③ 첫 번째 문단에서 황종희가 '벽소'와 같은 옛 제도를 되살리는 방법으로 과거제를 보완하자고 주장했다고 하였다. 따라서 벽소는 과거제를 없애고자 등장한 새로운 제도가 아니라 과거제를 보완하고자 되살린 옛 제도이므로 옳지 않다.
④ 두 번째 문단에서 과거제는 학습 능력 이외의 인성이나 실무 능력을 평가할 수 없다는 이유로 시험의 익명성에 대한 회의도 있었다고 하였으므로 옳지 않다.
⑤ 첫 번째 문단에서 고염무는 관료제의 상층에는 능력주의적 제도를 유지하되, 지방관인 지현들은 그 지위를 평생 유지시켜 주고 세습의 길까지 열어 놓는 방안을 제안했다고 했으므로 옳지 않다.

10 내용 추론

정답 ⑤

제시문은 촉매 개발의 필요성과 촉매 설계 방법의 구체적 과정을 설명하고 있다. 회귀 경로는 잘못을 발견했을 경우에 원래의 위치로 복귀해 다른 방법을 시도함으로써 새로운 길을 찾는 것이다. ⑤는 설문지의 질문이 잘못됨을 발견하고 다시 설문지 작성 과정으로 돌아와 질문을 수정하였으므로, ㉠과 가장 가까운 사례로 볼 수 있다.

11 글의 제목

정답 ④

제시문은 중세 유럽에서 유래된 로열티 제도가 산업 혁명부터 현재까지 지적 재산권에 대한 보호와 가치 확보를 위해 발전되었음을 설명하고 있다. 따라서 글의 제목으로는 ④가 가장 적절하다.

12 맞춤법

정답 ③

• 내로라하다 : 어떤 분야를 대표할 만하다.
• 그러다 보니 : 보조용언 '보다'가 앞 단어와 연결 어미로 이어지는 '-다 보다'의 구성으로 쓰이면 앞말과 띄어 쓴다.

오답분석

① 두가지를 → 두 가지를 / 조화시키느냐하는 → 조화시키느냐 하는
 • 두 가지를 : 수 관형사는 뒤에 오는 명사 또는 의존 명사와 띄어 쓴다.
 • 조화시키느냐 하는 : 어미 다음에 오는 말은 띄어 쓴다.

② 무엇 보다 → 무엇보다 / 인식해야 만 → 인식해야만
 • 무엇보다 : '보다'는 비교의 대상이 되는 말에 붙어 '~에 비해서'의 뜻을 나타내는 조사이므로 붙여 쓴다.
 • 인식해야만 : '만'은 한정, 강조를 의미하는 보조사이므로 붙여 쓴다.

④ 심사하는만큼 → 심사하는 만큼 / 한 달 간 → 한 달간
 • 심사하는 만큼 : 뒤에 나오는 내용의 원인, 근거를 의미하는 의존 명사이므로 띄어 쓴다.
 • 한 달간 : '동안'을 의미하는 접미사이므로 붙여 쓴다.

⑤ 삼라 만상은 → 삼라만상은 / 모순 되는 → 모순되는
 • 삼라만상 : 우주에 있는 온갖 사물과 현상을 의미하는 명사이므로 붙여 쓴다.
 • 모순되는 : '피동'의 뜻을 더하고 동사를 만드는 접미사 '되다'는 앞의 명사와 붙여 쓴다.

13 문단 나열

정답 ④

제시문은 동양과 서양에서 서로 다른 의미를 부여하고 있는 달에 대해 설명하고 있는 글이다. 따라서 (나) 동양에서 나타나는 해와 달의 의미 – (라) 동양과 상반되는 서양에서의 해와 달의 의미 – (다) 최근까지 지속되고 있는 달에 대한 서양의 부정적 의미 – (가) 동양에서의 변화된 달의 이미지의 순서로 나열해야 한다.

14 빈칸 삽입

정답 ④

㉠ 두 번째 문단의 내용처럼 디지털 환경에서는 저작물을 원본과 동일하게 복제할 수 있고 용이하게 개작할 수 있기 때문에 ㉠과 같은 문제가 생겼다. 또한 이에 대한 결과로 ㉯ 바로 뒤의 내용처럼 디지털화된 저작물의 이용 행위가 공정 이용의 범주에 드는 것인지 가늠하기가 더 어려워졌고 그에 따른 처벌 위험도 커진 것이다. 따라서 ㉠의 위치는 ㉯가 가장 적절하다.

㉡ '이들'은 저작물의 공유 캠페인을 소개하는 마지막 문단에서 언급한 캠페인 참여자들을 가리킨다. 따라서 ㉡의 위치는 ㉱가 가장 적절하다.

15 어휘

정답 ⑤

담백하다 : 욕심이 없고 마음이 깨끗하다.

오답분석

① 결제 → 결재
② 갱신 → 경신
③ 곤혹 → 곤욕
④ 유무 → 여부

16 맞춤법

정답 ④

'이기적이고 인색한 사람, 아주 약빠른 사람'을 일컫는 말은 '깍정이'가 아니라 '깍쟁이'이다.

17 문서 내용 이해

정답 ①

사람은 한쪽 눈으로 얻을 수 있는 단안 단서만으로도 이전의 경험으로부터 추론에 의하여 세계를 3차원으로 인식할 수 있다. 즉, 사고로 한쪽 눈의 시력을 잃어도 남은 한쪽 눈에 맺히는 2차원의 상들은 다양한 실마리를 통해 입체 지각이 가능하다.

18 문단 나열

정답 ④

제시문은 정부가 제공하는 공공 데이터를 활용한 앱 개발에 대한 설명으로, 먼저 다양한 앱을 개발하려는 사람들을 통해 화제를 제시한 (라) 문단이 오는 것이 적절하며, 이러한 앱 개발에 있어 부딪히는 문제들을 제시한 (가) 문단이 그 뒤에 오는 것이 적절하다. 다음으로 이러한 문제들을 해결하기 위한 방법으로 공공 데이터를 제시하는 (나) 문단이 오고, 공공 데이터에 대한 추가 설명으로 공공 데이터를 위한 정부의 노력인 (다) 문단이 마지막으로 오는 것이 적절하다. 따라서 (라) – (가) – (나) – (다) 순서로 나열해야 한다.

19 어휘

정답 ④

포상(褒賞) : 1. 칭찬하고 장려하여 상을 줌
2. 각 분야에서 나라 발전에 뚜렷한 공로가 있는 사람에게 정부가 칭찬하고 장려하여 상을 줌. 또는 그 상

오답분석

① 보훈(報勳) : 공훈에 보답함
② 공훈(功勳) : 나라나 회사를 위하여 두드러지게 세운 공로
③ 공로(功勞) : 일을 마치거나 목적을 이루는 데 들인 노력과 수고. 또는 일을 마치거나 그 목적을 이룬 결과로서의 공적
⑤ 공적(功績) : 노력과 수고를 들여 이루어 낸 일의 결과

20 글의 주제

정답 ④

제시문의 마지막 문단에서 '말이란 결국 생각의 일부분을 주워 담는 작은 그릇'이며, '말을 통하지 않고는 생각을 전달할 수가 없는 것'이라고 하며 말은 생각을 전달하기 위한 수단임을 주장하고 있다.

21 응용 수리

정답 ④

열차의 속력이 시속 300km/h이므로 거리가 400km인 지점까지 달리는 시간은 $\frac{400}{300}=\frac{4}{3}=$1시간 20분이고, 정차시간은 $10\times7=$1시간 10분이다. 따라서 목적지까지 가는 데 걸린 시간은 총 1시간 20분+1시간 10분=2시간 30분이다.

22 응용 수리

정답 ⑤

집에서 학교까지의 거리를 xm라 하면 다음과 같은 식이 성립한다.

$\frac{x}{30}-\frac{x}{50}=5$

→ $5x-3x=750$

∴ $x=375$

따라서 집에서 학교까지의 거리는 375m이다.

23 응용 수리

정답 ④

8명이 경기를 하므로 4개의 조를 정하는 것과 같다. 이때 1 ~ 4위까지의 선수들이 서로 만나지 않게 하려면 각 조에 1 ~ 4위 선수가 한 명씩 배치되어야 한다. 이 선수들을 먼저 배치하고 다른 선수들이 남은 자리에 들어가는 경우의 수는 $4!=24$가지이다. 다음으로 만들어진 4개의 조를 두 개로 나누는 경우의 수는 ${}_4C_2\times{}_2C_2\times\frac{1}{2!}=3$가지이다. 따라서 가능한 대진표의 경우의 수는 $24\times3=72$가지이다.

24 자료 이해

정답 ③

ㄴ. $115,155\times2=230,310>193,832$이므로 옳은 설명이다.

ㄷ. • 2022년 : $\frac{18.2}{53.3}\times100\fallingdotseq34.1\%$

• 2023년 : $\frac{18.6}{54.0}\times100\fallingdotseq34.4\%$

• 2024년 : $\frac{19.1}{51.9}\times100\fallingdotseq36.8\%$

따라서 2022 ~ 2024년 동안 석유제품 소비량 대비 전력 소비량의 비율은 매년 증가한다.

오답분석

ㄱ. 비율은 매년 증가하지만, 전체 최종에너지 소비량 추이를 알 수 없으므로 절대적인 소비량까지 증가하는지는 알 수 없다.

ㄹ. • 산업부문 : $\frac{4,750}{15,317}\times100\fallingdotseq31.0\%$

• 가정·상업부문 : $\frac{901}{4,636}\times100\fallingdotseq19.4\%$

따라서 산업부문의 유연탄 소비량 대비 무연탄 소비량의 비율은 25% 이상이므로 옳지 않다.

25 자료 계산

정답 ④

2023년 전년 대비 각 시설의 증가량은 축구장 60개소, 체육관 58개소, 간이운동장 789개소, 테니스장 62개소이다. 따라서 가장 적게 늘어난 곳은 체육관이며, 가장 많이 늘어난 곳은 간이운동장이므로 합은 $639+11,458=12,097$개소이다.

26 자료 계산

정답 ②

$\frac{529}{467+529+9,531+428+1,387}\times100\fallingdotseq4.3\%$

27 응용 수리

정답 ④

전체 신입사원 수를 x명이라 하면 다음과 같다.

$\frac{1}{5}x+\frac{1}{4}x+\frac{1}{2}x+100=x$

→ $x-(0.2x+0.25x+0.5x)=100$

→ $0.05x=100$

∴ $x=2,000$

따라서 전체 신입사원은 2,000명이다.

28 응용 수리

정답 ③

정육면체는 면이 6개이고 회전이 가능하므로 윗면을 기준면으로 삼았을 때 경우의 수는 다음과 같다.

- 기준면에 색을 칠하는 경우의 수 : $6\times\frac{1}{6}=1$가지
- 아랫면에 색을 칠하는 경우의 수 : $6-1=5$가지
- 옆면에 색을 칠하는 경우의 수 : $(4-1)!=3!=6$가지

따라서 $1\times5\times6=30$가지의 서로 다른 정육면체를 만들 수 있다.

29 응용 수리

정답 ③

A의 속도를 xm/분이라 하면 B의 속도는 $1.5x$m/분이다. 이때, A, B가 12분 동안 이동한 거리는 각각 $12x$m, $12\times1.5x=18x$m이고, 두 사람이 이동한 거리의 합은 1,200m이므로 다음과 같은 식이 성립된다.

$12x+18x=1,200$

∴ $x=40$

따라서 A의 속도는 40m/분이다.

30 자료 이해

정답 ②

ㄱ. 석유와 천연가스, 원자력 소비량 상위 3개 지역은 각각 석유의 상위 소비량 3개 지역 '인천 – 서울 – 경기', 천연가스의 상위 소비량 3개 지역 '서울 – 경기 – 인천', 원자력의 상위 소비량 3개 지역 '인천 – 서울 – 경기'이므로 상위 3개 지역은 모두 동일하다.

ㄷ. 석유의 소비량이 가장 많은 지역은 인천으로 그 소비량은 3,120만 toe이고, 가장 적은 지역은 광주로 그 소비량은 725만 toe이다. 따라서 인천의 소비량은 광주의 소비량의 $3,120\div725\fallingdotseq4.3$배로 4배 이상이다.

오답분석

ㄴ. 강원에서 소비량이 1위인 에너지원은 석탄 하나이므로 옳지 않다.

ㄹ. 수력·풍력의 소비량 상위 5개 지역은 제주, 강원, 부산, 인천, 충청 지역이다. 이들의 소비량의 합은 41만+28만+6만+4만+4만=83만 toe로 전체의 $\frac{83}{96}\times100\fallingdotseq86.5\%$이므로 90% 미만이다.

31 자료 계산

정답 ⑤

- 석탄(제주) : $\frac{102}{13,520}\times 100 ≒ 0.75\%$
- 석유(광주) : $\frac{725}{20,867}\times 100 ≒ 3.47\%$
- 천연가스(광주) : $\frac{31}{3,313}\times 100 ≒ 0.94\%$
- 수력 · 풍력(대전) : $\frac{0.5}{96}\times 100 ≒ 0.52\%$
- 원자력(광주) : $\frac{40}{2,668}\times 100 ≒ 1.50\%$

따라서 그 비율이 큰 순서대로 에너지원을 나열하면 '석유 – 원자력 – 천연가스 – 석탄 – 수력 · 풍력' 순서이다.

32 자료 계산

정답 ②

H통신회사의 기본요금을 x원이라 하면 8월과 9월의 요금 계산식은 각각 다음과 같다.

$x+60a+30\times 2a=21,600 \rightarrow x+120a=21,600 \cdots$ ㉠

$x+20a=13,600 \cdots$ ㉡

㉠−㉡을 하면 다음과 같다.

$100a=8,000$

$\therefore\ a=80$

따라서 a의 값은 80이다.

33 자료 이해

정답 ②

재정지출액이 전년 대비 증가하지 않은 해가 있는 분야는 SOC, 산업 · 중소기업, 통일 · 외교, 공공질서 · 안전, 기타로 총 5개이다.

오답분석

① 교육 분야의 전년 대비 재정지출 증가율은 다음과 같다.

- 2021년 : $\frac{27.6-24.5}{24.5}\times 100 ≒ 12.7\%$
- 2022년 : $\frac{28.8-27.6}{27.6}\times 100 ≒ 4.3\%$
- 2023년 : $\frac{31.4-28.8}{28.8}\times 100 ≒ 9.0\%$
- 2024년 : $\frac{35.7-31.4}{31.4}\times 100 ≒ 13.7\%$

따라서 교육 분야의 전년 대비 재정지출 증가율이 가장 높은 해는 2024년이다.

③ 2020년에는 기타 분야가 예산에서 차지하고 있는 비율이 더 높았다.

④ SOC(−8.6%), 산업 · 중소기업(2.5%), 환경(5.9%), 기타(−2.9%)의 4개 분야가 해당한다.

⑤ 통일 · 외교 분야는 '증가 – 증가 – 감소 – 증가'이고, 기타 분야는 '감소 – 감소 – 증가 – 증가'로 두 분야의 증감 추이는 동일하지 않다.

34 자료 계산

정답 ②

- 2023년 사회복지 · 보건 분야 재정지출의 2022년 대비 증감률 : $\frac{61.4-56.0}{56.0}\times 100 ≒ 9.6\%$
- 2023년 공공질서 · 안전 분야 재정지출의 2022년 대비 증감률 : $\frac{10.9-11.0}{11.0}\times 100 ≒ -0.9\%$

따라서 증감률의 차이는 $9.6-(-0.9)=10.5\%$p이다.

35 자료 이해

정답 ③

A국과 F국을 비교해 보면 참가선수는 A국이 더 많지만, 동메달 수는 F국이 더 많다.

36 자료 이해

정답 ①

연도별 도시의 인구수를 정리하면 다음과 같다.

(단위 : 만 명)

구분	2021년 인구수	2022년 인구수	2023년 인구수	2024년 인구수
A도시	1,800	1,800×1.04=1,872	1,872×1.05≒1,965	1,965×1.11≒2,181
B도시	1,450	1,450×1.09≒1,580	1,580×1.08≒1,706	1,706×1.1≒1,876
C도시	1,680	1,680×1.07≒1,797	1,797×1.09≒1,958	1,958×1.1≒2,153
D도시	1,250	1,250×1.07≒1,337	1,337×1.09≒1,457	1,457×1.12≒1,631
E도시	880	880×1.15=1,012	1,012×1.04≒1,052	1,052×1.1≒1,157

ㄱ. 2024년 5개 도시의 총인구수는 2,181+1,876+2,153+1,631+1,157=8,998만 명이므로 옳은 설명이다.

ㄴ. 2024년 인구수가 2,000만 명을 넘은 도시는 A와 C 두 곳이므로 옳은 설명이다.

오답분석

ㄷ·ㄹ. 2021년과 2024년 인구수의 증가량과 증가율을 구하면 다음과 같다.

구분	증가 인구수	인구수 증가율
A	2,181−1,800=381만 명	$\frac{381}{1,800}\times 100 \fallingdotseq 21.2\%$
B	1,876−1,450=426만 명	$\frac{426}{1,450}\times 100 \fallingdotseq 29.4\%$
C	2,153−1,680=473만 명	$\frac{473}{1,680}\times 100 \fallingdotseq 28.2\%$
D	1,631−1,250=381만 명	$\frac{381}{1,250}\times 100 \fallingdotseq 30.5\%$
E	1,157−880=277만 명	$\frac{277}{880}\times 100 \fallingdotseq 31.5\%$

따라서 2021년 인구수 대비 2024년 인구수가 가장 많이 증가한 도시는 C이고, 인구수의 증가율이 가장 높은 도시는 E이다.

37 자료 계산

정답 ③

각 도시의 2025년 예상 인구수를 구하면 다음과 같다.

- A : 2,181+[(2,181−1,872)×3]=3,108만 명
- B : 1,876×(1.18−0.08)≒2,063만 명
- C : 2,153+(2,153×0.12)−[(2,153×0.12)×2]≒1,894만 명
- D : 1,631+(1,631×0.2)≒1,957만 명
- E : 1,157×(1.26−0.01)≒1,446만 명

따라서 2025년 예상 인구수를 1위부터 5위까지 차례대로 나열하면 A−B−D−C−E 순서이다.

38 응용 수리

정답 ③

과장 2명은 서로 다른 지역으로 출장을 가야 하므로 과장 2명이 서로 다른 지역으로 출장을 가는 경우의 수는 ${}_4P_2=12$가지이다.
또한 각 출장 지역에 대리급 이상이 1명 이상 포함되어야 한다.

- 과장과 대리 1명이 같은 지역으로 출장을 가는 경우의 수
  대리 3명 중 1명이 과장과 같은 지역으로 출장을 가고 남은 대리 둘은 남은 두 지역으로 출장을 간다.
  ${}_3C_1\times{}_2C_1\times2!=12$가지
- 과장과 대리가 서로 다른 지역으로 출장을 가는 경우의 수
  대리 2명, 대리 1명으로 나누어 남은 두 지역으로 출장을 간다.
  ${}_3C_2\times2!=6$가지

각 경우의 남은 세 자리에 대하여 남은 사원 3명이 출장을 가는 경우의 수는 $3!=3\times2\times1=6$가지이다.

따라서 구하고자 하는 확률은 $\frac{12\times12\times3!}{12\times12\times3!+12\times6\times3!}=\frac{12}{12+6}=\frac{12}{18}=\frac{2}{3}$이다.

39 수열 규칙

정답 ⑤

주어진 수열을 홀수 번째 항과 짝수 번째 항으로 나누어 규칙을 찾아보면 다음과 같다.

(i) 홀수 번째 항

$a_1=9=10^1-1$

$a_3=99=10^2-1$

$a_5=999=10^3-1$

$\vdots$

$\therefore a_{2n-1}=10^n-1$

(ii) 짝수 번째 항

$a_2=11=10^1+1$

$a_4=111=10^2+1$

$a_6=1,111=10^3+1$

$\vdots$

$\therefore a_{2n}=10^n+1$

따라서 $a_{22}=10^{11}+1$이다.

40 응용 수리

정답 ②

농도가 30%인 설탕물의 양을 xg이라 하면 증발시킨 후 설탕의 양은 같으므로 다음과 같다.

$\frac{30}{100}x=\frac{35}{100}\times(x-50)$

$\therefore x=350$

즉, 35% 설탕물의 양은 300g이다.

여기에 더 넣을 설탕의 양을 yg이라 하면 다음과 같다.

$300\times\frac{35}{100}+y=(300+y)\times\frac{40}{100}$

→ $10,500+100y=12,000+40y$

→ $60y=1,500$

$\therefore y=25$

따라서 25g의 설탕을 넣어야 한다.

41 명제 추론

정답 ⑤

주어진 조건에 따라 자물쇠를 열 수 없는 열쇠를 정리하면 다음과 같다.

구분	1번 열쇠	2번 열쇠	3번 열쇠	4번 열쇠	5번 열쇠	6번 열쇠
첫 번째 자물쇠			×	×	×	×
두 번째 자물쇠			×			×
세 번째 자물쇠	×	×	×			×
네 번째 자물쇠			×	×		×

따라서 3번 열쇠로는 어떤 자물쇠도 열지 못하는 것을 알 수 있다.

오답분석

① 첫 번째 자물쇠는 1번 또는 2번 열쇠로 열릴 수 있다.
② 두 번째 자물쇠가 2번 열쇠로 열리면, 세 번째 자물쇠는 4번 열쇠로 열린다.
③ 세 번째 자물쇠가 5번 열쇠로 열리면, 네 번째 자물쇠는 1번 또는 2번 열쇠로 열린다.
④ 네 번째 자물쇠가 5번 열쇠로 열리면, 두 번째 자물쇠는 1번 또는 2번 열쇠로 열린다.

PART 2

42 문제 유형

정답 ②

도색이 벗겨진 차선과 지워지기 직전의 흐릿한 차선은 현재 직면하고 있으면서 바로 해결 방법을 찾아야 하는 문제이므로 눈에 보이는 발생형 문제에 해당한다. 발생형 문제는 기준을 일탈함으로써 발생하는 일탈 문제와 기준에 미달하여 생기는 미달 문제로 나누어 볼 수 있는데, 기사에서는 정해진 규격 기준에 미달하는 불량 도료를 사용하여 문제가 발생하였다고 하였으므로 이는 미달 문제로 분류할 수 있다. 따라서 기사에 나타난 문제는 발생형 문제로, 미달 문제에 해당한다.

43 SWOT 분석

정답 ②

ㄱ. 한류의 영향으로 한국 제품을 선호한다면 적극적인 홍보 전략을 추진한다.
ㄷ. 빠른 제품 개발 시스템이 있기 때문에 소비자 기호를 빠르게 분석하여 제품 생산에 반영한다.

오답분석

ㄴ. 인건비 상승과 외국산 저가 제품 공세 강화로 인해 적절한 대응이라고 볼 수 없다.
ㄹ. 선진국은 기술 보호주의를 강화하고 있으므로 적절한 대응이라고 볼 수 없다.

44 SWOT 분석

정답 ②

ㄱ. 기술개발을 통해 연비를 개선하는 것은 막대한 R&D 역량이라는 강점으로 휘발유의 부족 및 가격의 급등이라는 위협을 회피하거나 최소화하는 전략에 해당하므로 적절하다.
ㄹ. 생산설비에 막대한 투자를 했기 때문에 차량모델 변경의 어려움이라는 약점이 있고, 레저용 차량 전반에 대한 수요 침체 및 다른 회사들과의 경쟁이 심화되고 있으므로 생산량 감축을 고려할 수 있다.
ㅁ. 생산 공장을 한 곳만 가지고 있다는 약점이 있지만 새로운 해외시장이 출현하고 있는 기회를 살려서 국내 다른 지역이나 해외에 공장들을 분산 설립할 수 있을 것이다.
ㅂ. 막대한 R&D 역량이라는 강점을 이용하여 휘발유의 부족 및 가격의 급등이라는 위협을 회피하거나 최소화하기 위해 경유용 레저 차량 생산을 고려할 수 있다.

오답분석

ㄴ. 소형 레저용 차량에 대한 수요 증대라는 기회 상황에서 대형 레저용 차량을 생산하는 것은 적절하지 않은 전략이다.
ㄷ. 차량모델 변경의 어려움이라는 약점을 보완하는 전략도 아니고, 소형 또는 저가형 레저용 차량에 대한 선호가 증가하는 기회에 대응하는 전략도 아니다. 또한, 차량 안전 기준의 강화 같은 규제 강화는 기회 요인이 아니라 위협 요인이다.
ㅅ. 기회는 새로운 해외시장의 출현인데 내수 확대에 집중하는 것은 기회를 살리는 전략이 아니다.

45 자료 해석

정답 ③

ㄱ. 공정 순서는 A → B · C → D → E → F로 전체 공정이 완료되기 위해서는 15분이 소요된다.
ㄷ. B공정이 1분 더 지연되어도 C공정에서 5분이 걸리기 때문에 전체 공정 시간에는 변화가 없다.

오답분석

ㄴ. 첫 제품 생산 후부터는 5분마다 1개의 제품이 생산되기 때문에 첫 제품 생산 후부터 1시간마다 12개의 제품이 생산된다.

46 명제 추론

정답 ④

주어진 조건에서 적어도 한 사람은 반대를 한다고 하였으므로, 한 명씩 반대한다고 가정하고 접근한다.

- A가 반대한다고 가정하는 경우
  첫 번째 조건에 의해 C는 찬성하고 E는 반대한다. 네 번째 조건에 의해 E가 반대하면 B도 반대한다. 이때, 두 번째 조건에서 B가 반대하면 A가 찬성하므로 모순이 발생한다. 따라서 A는 찬성이다.
- B가 반대한다고 가정하는 경우
  두 번째 조건에 의해 A는 찬성하고 D는 반대한다. 세 번째 조건에 의해 D가 반대하면 C도 반대한다. 이때, 첫 번째 조건의 대우에 의해 C가 반대하면 D가 찬성하므로 모순이 발생한다. 따라서 B는 찬성이다.

위의 두 경우에서 도출한 결론과 네 번째 조건의 대우를 함께 고려해보면 B가 찬성하면 E가 찬성하고 첫 번째 조건의 대우에 의해 D도 찬성이다. 따라서 A, B, D, E 모두 찬성이며, 마지막 조건에 의해 적어도 한 사람은 반대하므로 나머지 C가 반대임을 알 수 있다.

47 자료 해석

정답 ③

제시된 직원 투표 결과를 정리하면 다음과 같다.

(단위 : 표)

여행상품	1인당 비용(원)	총무팀	영업팀	개발팀	홍보팀	공장1	공장2	합계
A	500,000	2	1	2	0	15	6	26
B	750,000	1	2	1	1	20	5	30
C	600,000	3	1	0	1	10	4	19
D	1,000,000	3	4	2	1	30	10	50
E	850,000	1	2	0	2	5	5	15
합계		10	10	5	5	80	30	140

㉠ 가장 인기 높은 여행상품은 D이다. 그러나 공장1의 고려사항은 회사에 손해를 줄 수 있으므로, 2박 3일 여행상품이 아닌 1박 2일 여행상품 중 가장 인기 있는 B가 선택된다. 따라서 750,000×140=105,000,000원이 필요하므로 옳다.
㉢ 공장1의 A, B 투표 결과가 바뀐다면 여행상품 A, B의 투표 수가 각각 31, 25표가 되어 선택되는 여행상품이 A로 변경된다.

오답분석

㉡ 가장 인기 높은 여행상품은 D이므로 옳지 않다.

48 명제 추론

정답 ④

주어진 조건을 정리하면 다음과 같다.

구분	서울	인천	과천	세종
경우 1	D	A	B	C
경우 2	D	C	B	A

따라서 항상 참인 것은 ④이다.

오답분석

①·② 주어진 조건만으로는 판단하기 힘들다.
③ 한 번 근무했던 지점에서 다시 일을 할 수 없다.
⑤ D가 일하게 되는 지점은 서울이다.

49 명제 추론 정답 ②

주어진 조건에 따라 해야 할 업무 순서를 배치하면 다음과 같다.

첫 번째	두 번째	세 번째	네 번째	다섯 번째	여섯 번째	일곱 번째
B	G	C	F	A	E	D

따라서 세 번째로 해야 할 업무는 C이다.

50 SWOT 분석 정답 ④

ㄴ. 간편식 점심에 대한 회사원들의 수요가 증가함에 따라 계절 채소를 이용한 샐러드 런치 메뉴를 출시하는 것은 강점을 통해 기회를 포착하는 SO전략에 해당한다.
ㄹ. 경기 침체로 인한 외식 소비가 위축되고 있는 상황에서 주변 회사와의 제휴를 통해 할인 서비스를 제공하는 것은 약점을 보완하여 위협을 회피하는 WT전략에 해당한다.

오답분석

ㄱ. 다양한 연령층을 고려한 메뉴가 강점에 해당하기는 하나, 샐러드 도시락 가게에서 한식 도시락을 출시하는 것은 적절하지 않다.
ㄷ. 홍보 및 마케팅 전략의 부재가 약점에 해당하므로 약점을 보완하기 위해서는 적극적인 홍보 활동을 펼쳐야 한다. 따라서 홍보 방안보다 먼저 품질 향상 방안을 마련하는 것은 적절하지 않다.

51 규칙 적용 정답 ④

알파벳 순서에 따라 숫자로 변환하면 다음과 같다.

A	B	C	D	E	F	G	H	I	J	K	L	M
1	2	3	4	5	6	7	8	9	10	11	12	13
N	O	P	Q	R	S	T	U	V	W	X	Y	Z
14	15	16	17	18	19	20	21	22	23	24	25	26

'INTELLECTUAL'의 품번을 규칙에 따라 정리하면 다음과 같다.

- 1단계 : 9(I), 14(N), 20(T), 5(E), 12(L), 12(L), 5(E), 3(C), 20(T), 21(U), 1(A), 12(L)
- 2단계 : $9+14+20+5+12+12+5+3+20+21+1+12=134$
- 3단계 : $|(14+20+12+12+3+20+12)-(9+5+5+21+1)|=|93-41|=52$
- 4단계 : $(134+52)\div4+134=46.5+134=180.5$
- 5단계 : 180.5를 소수점 첫째 자리에서 버림하면 180이다.

따라서 제품의 품번은 '180'이다.

52 자료 해석 정답 ④

A가 서브한 게임에서 전략팀이 득점하였으므로 이어지는 서브권은 A가 가지며, 총 4점을 득점한 상황이므로 팀 내에서 선수끼리 자리를 교체하여 A가 오른쪽에서 서브를 해야 한다. 그리고 서브를 받는 총무팀은 서브권이 넘어가지 않았기 때문에 선수끼리 코트 위치를 바꾸지 않는다. 따라서 ④가 가능하다.

53 규칙 적용

정답 ④

'KS90101-2'는 아동용 10kg 이하의 자전거로, 109동 101호 입주민이 2번째로 등록한 자전거이다.

오답분석

① 등록순서를 제외한 일련번호는 7자리로 구성되어야 하며, 종류와 무게 구분 번호의 자리가 서로 바뀌어야 한다.
② 등록순서를 제외한 일련번호는 7자리로 구성되어야 한다.
③ 자전거 무게를 구분하는 두 번째 자리에는 L, M, S 중 하나만 올 수 있다.
⑤ 등록순서는 1자리로 기재한다.

54 규칙 적용

정답 ④

마지막의 숫자는 동일 세대주가 자전거를 등록한 순서를 나타내므로 해당 자전거는 2번째로 등록한 자전거임을 알 수 있다. 따라서 자전거를 2대 이상 등록한 입주민의 자전거이다.

오답분석

① 'T'를 통해 산악용 자전거임을 알 수 있다.
② 'M'을 통해 자전거의 무게는 10kg 초과 20kg 미만임을 알 수 있다.
③ 104동 1205호에 거주하는 입주민의 자전거이다.
⑤ 자전거 등록대수 제한에 대한 정보는 나와 있지 않다.

55 규칙 적용

정답 ②

분류 코드에서 알 수 있는 정보를 순서대로 나열하면 다음과 같다.

- 발송 코드 : 충청지역에서 발송(c4)
- 배송 코드 : 경북지역으로 배송(304)
- 보관 코드 : 고가품(HP)
- 운송 코드 : 15톤 트럭으로 배송(115)
- 서비스 코드 : 당일 배송 서비스 상품(01)

따라서 분류 코드에서 알 수 있는 정보로 옳지 않은 것은 ②이다.

56 규칙 적용

정답 ②

제품 A의 분류 코드는 순서대로 수도권인 경기도에서 발송되었으므로 a1, 울산지역으로 배송되므로 062, 냉동보관이 필요하므로 FZ, 5톤 트럭으로 운송되므로 105, 배송일을 7월 7일로 지정하였으므로 02가 연속되는 'a1062FZ10502'이다.

57 자료 해석

정답 ④

A～E학생이 얻는 점수는 다음과 같다.

- A : 기본 점수 80점에 오탈자 33건이므로 5점 감점, 전체 글자 수 654자이므로 3점 추가, A등급 2개와 C등급 1개이므로 15점 추가하여 총 80−5+3+15=93점이다.
- B : 기본 점수 80점에 오탈자 7건이므로 0점 감점, 전체 글자 수 476자이므로 0점 추가, B등급 3개이므로 5점 추가하여 총 80+5=85점이다.
- C : 기본 점수 80점에 오탈자 28건이므로 4점 감점, 전체 글자 수 332자이므로 10점 감점, B등급 2개와 C등급 1개이므로 0점 추가하여 총 80−4−10=66점이다.
- D : 기본 점수 80점에 오탈자 25건이므로 4점 감점, 전체 글자 수가 572자이므로 0점 추가, A등급 3개이므로 25점 추가하여 총 80−4+25=101점이다.
- E : 기본 점수 80점에 오탈자 12건이므로 1점 감점, 전체 글자 수가 786자이므로 8점 추가, A등급 1개와 B등급 1개와 C등급 1개이므로 10점 추가하여 총 80−1+8+10=97점이다.

따라서 점수가 가장 높은 학생은 D이다.

58 자료 해석

정답 ②

7월 26일은 비가 오는 날이므로 첫 번째 조건에 따라 A사원은 커피류를 마신다. 또한, 평균기온은 27℃로 26℃ 이상이므로 두 번째 조건에 따라 큰 컵으로 마시고, 세 번째 조건에 따라 카페라테를 마신다. 따라서 A사원이 오늘 마실 음료는 '카페라테 큰 컵'이다.

59 자료 해석

정답 ④

7월 24일은 비가 오지 않는 화요일이며, 평균기온은 28℃이므로 A사원은 밀크티 큰 컵을 마신다. 그리고 7월 23일은 맑은 날이고 26℃이므로, A사원은 자몽에이드 큰 컵을 마셨을 것이다. 그러므로 B사원에게 자몽에이드 큰 컵을 사 줄 것이다. 따라서 A사원이 지불할 금액은 4,800+4,700=9,500원이다.

60 자료 해석

정답 ⑤

ㄱ. 5원까지는 펼친 손가락의 개수와 실제 가격이 동일하지만 6원부터는 펼친 손가락의 개수와 실제 가격이 일치하지 않는다.
ㄴ. 펼친 손가락의 개수가 3개라면 숫자는 3 혹은 7이므로 물건의 가격은 최대 7원임을 알 수 있다.
ㄷ. 물건의 가격이 최대 10원이라고 하였으므로, 물건의 가격과 갑이 지불하려는 금액이 8원만큼 차이가 나는 경우는 상인이 손가락 2개를 펼쳤을 때 지불해야 하는 금액이 10원인 경우와 손가락 1개를 펼쳤을 때 지불해야 하는 금액이 9원인 경우뿐이다.

오답분석

ㄹ. 5원까지는 실제 가격과 지불하려는 금액이 일치하므로 문제가 되지 않으며, 그 이후인 6원부터는 펼친 손가락의 개수가 6개 이상일 경우는 없으므로 물건의 가격을 초과하는 금액을 지불하는 경우는 발생하지 않는다.

61 엑셀 함수

정답 ①

원하는 행 전체에 서식을 넣고 싶다면 [열 고정] 형태로 조건부 서식을 넣어야 한다. [A2:D9]까지 영역을 잡고 조건부 서식 → 새 규칙 → 수식을 사용하여 서식을 지정할 셀 결정까지 들어간 다음 「=$D2<3」을 넣고 서식을 넣으면 적용된다.

62 정보 이해

정답 ⑤

데이터베이스(DB; Data Base)란 어느 한 조직의 여러 응용 프로그램들이 공유하는 관련 데이터들의 모임이다. 대학 내 서로 관련 있는 데이터들을 하나로 통합하여 데이터베이스로 구축하게 되면 학생 관리 프로그램, 교수 관리 프로그램, 성적 관리 프로그램은 이 데이터베이스를 공유하여 사용하게 된다. 이처럼 데이터베이스는 여러 사람에 의해 사용될 목적으로 통합하여 관리되는 데이터의 집합을 말하며, 자료 항목의 중복을 없애고 자료를 구조화하여 저장함으로써 자료 검색과 갱신의 효율을 높인다.

오답분석

① 와이파이 : 무선접속장치(AP; Access Point)가 설치된 곳에서 전파를 이용하여 일정 거리 안에서 무선인터넷을 할 수 있는 근거리 통신망 기술을 말한다.
② 유비쿼터스 : 사용자가 네트워크나 컴퓨터를 의식하지 않고 장소에 상관없이 자유롭게 네트워크에 접속할 수 있는 정보통신 환경을 의미한다.
③ RFID : 극소형 칩에 상품정보를 저장하고 안테나를 달아 무선으로 데이터를 송신하는 장치를 말한다.
④ NFC : 전자태그(RFID)의 하나로, 13.56MHz 주파수 대역을 사용하는 비접촉식 근거리 무선통신 모듈이며, 10cm의 가까운 거리에서 단말기 간 데이터를 전송하는 기술을 말한다.

63 엑셀 함수

정답 ②

RANK 함수는 범위에서 특정 데이터의 순위를 구할 때 사용하는 함수이다. RANK 함수의 형식은 「=RANK(인수,범위,논리값)」인데, 논리값의 경우 0이면 내림차순, 1이면 오름차순으로 나타나게 된다. 발전량이 가장 높은 곳부터 순위를 매기려면 내림차순으로 나타내야 하므로 (B) 셀에 입력해야 할 함수는 「=RANK(F5,$F$5:$F$12,0)」이다.

64 엑셀 함수

정답 ①

오답분석

② [D3] : =MID(B3,3,2)
③ [E7] : =RIGHT(B7,2)
④ [D8] : =MID(B8,3,2)
⑤ [E4] : =RIGHT(B4,2)

65 정보 이해

정답 ④

분산처리 시스템은 네트워크를 통해 분산되어 있는 것들을 동시에 처리하는 것으로, 분산 시스템에 구성 요소를 추가하거나 삭제할 수 있다.

66 정보 이해

정답 ③

정보화 사회의 심화로 정보의 중요성이 높아지면, 그 필요성에 따라 정보에 대한 요구가 폭증한다. 또한 방대한 지식을 토대로 정보 생산 속도도 증가하므로 더욱 많은 정보가 생성된다. 따라서 이러한 정보들을 토대로 사회의 발전 속도는 더욱 증가하므로 정보의 변화 속도도 증가한다.

오답분석

① 개인 생활을 비롯하여 정치, 경제, 문화, 교육, 스포츠 등 거의 모든 분야의 사회생활에서 정보에 의존하는 경향이 점점 더 커지기 때문에 정보화 사회는 정보의 사회적 중요성이 가장 많이 요구된다.
② 정보화의 심화로 인해 정보 독점성이 더욱 중요한 이슈가 되어 국가 간 갈등이 발생할 수 있지만, 이보다는 실물 상품뿐만 아니라 노동, 자본, 기술 등의 생산 요소와 교육과 같은 서비스의 국제 교류가 활발해서 세계화가 진전된다.
④ 정보관리주체들이 존재하지만, 정보이동 경로가 다양화되는 만큼 개인들에게는 개인정보 보안, 효율적 정보 활용 등을 위해 정보관리의 필요성이 더욱 커진다.
⑤ 정보화 사회는 지식정보와 관련된 산업이 부가가치를 높일 수 있는 산업으로 각광받으나, 그렇다고 해서 물질이나 에너지 산업의 부가가치 생산성이 저하되지 않는다. 오히려 풍부한 정보와 지식을 토대로 다른 산업의 생산성이 증대될 수 있다.

67 정보 이해

정답 ③

관리자가 설정해 놓은 프린터를 프린터 목록에서 제거하려면 [관리자 계정]으로 프린터 목록에 접근해야 한다.

68 엑셀 함수

정답 ①

LEN 함수는 문자열의 문자 수를 구하는 함수이므로 숫자를 반환한다. 「=LEN(A2)」은 '서귀포시'로 문자 수가 4이며 이때 −1을 하면 [A2] 열의 3번째 문자까지를 지정하는 것이므로 [C2] 셀과 같이 나온다. 따라서 텍스트 문자열의 시작지점부터 지정한 수만큼의 문자를 반환하는 LEFT 함수를 사용하면 「=LEFT(A2,LEN(A2)−1)」를 입력해야 한다.

69 정보 이해

정답 ③

정보의 공개성이 높을수록 경쟁성은 떨어지나, 정보의 활용 측면에서는 경제성이 높다. 따라서 반공개 정보는 비공개 정보에 비해 정보 활용상 경제성이 더 높다.

오답분석

① 정보의 핵심적 특성은 적시성으로, 정보는 우리가 원하는 시간에 제공되어야 하며, 적시성을 잃으면 가치가 떨어진다.
②·④ 정보는 일반적으로 공개된 이후 가치가 급락하므로 가치 있는 정보는 독점성이 특징이다. 따라서 비공개 정보는 반공개 정보에 비해, 반공개 정보는 공개 정보에 비해 더 높은 경쟁성을 가진다.
⑤ 비공개 정보의 경쟁성과 공개 정보의 정보 활용 측면의 경제성을 고려하여 양자 중 택일하는 것이 아니라, 필요에 따라 적절하게 구성해야 한다.

70 엑셀 함수

정답 ②

RIGHT는 오른쪽에서부터 문자를 추출하는 함수이다. RIGHT(문자열,추출할 문자 수)이므로 「=RIGHT(A3,4)」를 입력해야 한다.

71 정보 이해

정답 ②

ㄱ. 소득 정보가 아닌 신용 정보이며, 소득 정보는 직장, 수입원 등을 가리킨다.
ㄷ. 조직 정보가 아닌 고용 정보이며, 조직 정보는 가입 정당, 가입 협회 등 사적으로 가입된 조직을 가리킨다.

72 엑셀 함수

정답 ①

오답분석

②·④ 결괏값이 출근과 지각이 바뀌어 나타난다.
③·⑤ 9시 정각에 출근한 손흥민이 지각으로 표시된다.

PART 2

73 엑셀 함수

정답 ①

'AVERAGE(B3:E3)'는 [B3:E3] 범위의 평균을 나타낸다. 또한, IF 함수는 논리 검사를 수행하여 TRUE나 FALSE에 해당하는 값을 반환해주는 함수로, 「=IF(AVERAGE(B3:E3)>=90,"합격","불합격")」 함수식은 [B3:E3] 범위의 평균이 90 이상일 경우 '합격'을, 그렇지 않을 경우 '불합격'의 값을 출력한다. 따라서 [F3] ~ [F6] 셀에 나타나는 [B3:E3], [B4:E4], [B5:E5], [B6:E6]의 평균값은 83, 87, 91, 92.5이므로 [F3] ~ [F6] 셀에 나타나는 결괏값이 바르게 연결된 것은 ①이다.

74 정보 이해

정답 ②

컴퓨터 시스템의 구성요소

- 중앙처리장치(CPU) : 컴퓨터의 시스템을 제어하고 프로그램의 연산을 수행하는 처리장치이다.
- 주기억장치 : Main Memory로, 프로그램이 실행될 때 보조기억장치로부터 프로그램이나 자료를 이동시켜 실행시킬 수 있는 기억장치이다.
- 보조저장장치 : 2차 기억장치, 디스크나 CD-ROM과 같이 영구 저장 능력을 가진 기억장치이다.
- 입출력장치 : 장치마다 별도의 제어기가 있어 CPU로부터 명령을 받아 장치의 동작을 제어하고 데이터를 이동시키는 일을 수행한다.

75 정보 이해

정답 ⑤

제시문에서는 '응용프로그램과 데이터베이스를 독립시킴으로써 데이터를 변경시키더라도 응용프로그램은 변경되지 않는다.'라고 하였다. 따라서 데이터 논리적 의존성이 아니라 데이터 논리적 독립성이 가장 적절하다.

오답분석

① '다량의 데이터는 사용자의 질의에 대한 신속한 응답 처리를 가능하게 한다.'라는 내용이 실시간 접근성에 해당한다.
② '삽입, 삭제, 수정, 갱신 등을 통하여 항상 최신의 데이터를 유동적으로 유지할 수 있으며'라는 내용을 통해 데이터베이스는 그 내용을 변화시키면서 계속적인 진화를 하고 있음을 알 수 있다.
③ '여러 명의 사용자가 동시에 공유할 수 있고'라는 부분에서 동시 공유가 가능함을 알 수 있다.
④ '각 데이터를 참조할 때는 사용자가 요구하는 내용에 따라 참조가 가능함'이라는 부분에서 내용에 의한 참조인 것을 알 수 있다.

76 정보 이해

정답 ②

[서식 지우기] 기능을 사용해 셀의 서식을 지우면 글꼴 서식, 셀 병합, 셀 서식(테두리, 배경색) 등이 해제되고 기본 셀 서식으로 변경되지만, 셀에 삽입된 메모는 삭제되지 않는다.

77 엑셀 함수

정답 ①

AVERAGE로 평균을 구하고, 천의 자릿수 자리 올림은 「=ROUNDUP(수,자릿수)」로 표현한다. 자릿수는 소수점 아래 숫자를 기준으로 일의 자릿수는 0, 십의 자릿수는 −1, 백의 자릿수는 −2, 천의 자릿수는 −3이므로 ①이 옳은 함수식이다.

78 정보 이해

정답 ①

피벗테이블 결과 표시는 다른 시트에도 가능하다.

79 엑셀 함수

정답 ②

DSUM 함수는 지정한 조건에 맞는 데이터베이스에서 필드 값들의 합을 구하는 함수이다. [A1:C7]에서 상여금이 100만 원 이상인 합계를 구하므로 2,500,000원이 결괏값으로 출력된다.

80 엑셀 함수

정답 ④

POWER 함수는 밑수를 지정한 만큼 거듭제곱한 결과를 나타내는 함수이다. 따라서 $6^3=216$이 옳다.

오답분석

① ODD 함수는 주어진 수에서 가장 가까운 홀수로 변환해 주는 함수이며, 양수인 경우 올림하고 음수인 경우 내림한다.
② EVEN 함수는 주어진 수에서 가장 가까운 짝수로 변환해 주는 함수이며, 양수인 경우 올림하고 음수인 경우 내림한다.
③ MOD 함수는 나눗셈의 나머지를 구하는 함수이며, 40을 −6으로 나눈 나머지는 −2이다.
⑤ QUOTIENT 함수는 나눗셈 몫의 정수 부분을 구하는 함수이며, 19를 6으로 나눈 몫의 정수는 3이다.

81 업무 종류

정답 ②

H공사의 기관 홍보를 위한 홍보물 제작 용역에 대한 입찰 공고로, 홍보자료를 발간하는 업무를 담당하는 고객홍보실의 홍보부와 가장 관련이 높다. 또한 마감 이후 입찰된 용역에 대한 계약이 필요하므로 용역 계약 업무를 담당하는 총무부도 해당 공고문과 관련이 있다. 따라서 공고문과 관련이 높은 부서는 홍보부와 총무부이다.

82 업무 종류

정답 ②

보도자료는 H공사가 국민 참여 열린경영위원회 5차 회의를 개최했다는 내용이다. 국민 중심의 현장 경영 실천을 위한 국민 참여 기구인 국민 참여 열린경영위원회는 H공사의 경영 과정에 다양한 제안과 의견을 제시하는 역할을 한다. 즉, 국민 참여 열린경영위원회는 H공사의 경영혁신과 관련되므로 홍보부의 S대리는 경영혁신 관련 업무를 담당하는 경영전략부에 업무 지원을 요청해야 한다.

83 조직 구조

정답 ③

규칙과 법을 준수하고, 관행과 안정, 문서와 형식, 명확한 책임소재 등을 강조하는 관리적 문화의 특징을 가진 문화는 (다)이다. (가)는 집단문화, (나)는 개발문화, (다)는 계층문화, (라)는 합리문화이며, 유형별 주요 특징은 다음과 같다.

구분	주요 특징
(가) 집단문화	관계지향적인 문화이며, 구성원 간 인간애 또는 인간미를 중시하는 문화로, 조직내부의 통합과 유연한 인간관계를 강조한다. 따라서 구성원 간 인화단결, 협동, 팀워크, 공유가치, 사기, 의사결정과정에 참여 등을 중요시하며, 개인의 능력개발에 대한 관심이 높고, 구성원에 대한 인간적 배려와 가족적인 분위기를 만들어내는 특징을 가진다.
(나) 개발문화	높은 유연성과 개성을 강조하며, 외부환경에 대한 변화지향성과 신축적 대응성을 기반으로 구성원의 도전의식, 모험성, 창의성, 혁신성, 자원획득 등을 중시하며, 조직의 성장과 발전에 관심이 높은 조직문화를 의미한다. 따라서 구성원의 업무수행에 대한 자율성과 자유재량권 부여 여부가 핵심요인이다.
(다) 계층문화	조직내부의 통합과 안정성을 확보하고, 현상유지 차원에서 계층화되고 서열화된 조직 구조를 중요시하는 조직문화이다. 즉, 위계질서에 의한 명령과 통제, 업무처리 시 규칙과 법을 준수, 관행과 안정, 문서와 형식, 보고와 정보관리, 명확한 책임소재 등을 강조하는 관리적 문화의 특징을 나타내고 있다.
(라) 합리문화	과업지향적인 문화로, 결과지향적인 조직으로 업무의 완수를 강조한다. 조직의 목표를 명확하게 설정하여 합리적으로 달성하고, 주어진 과업을 효과적이고 효율적으로 수행하기 위하여 실적을 중시하고 직무에 몰입하며, 미래를 위한 계획을 수립하는 것을 강조한다. 구성원 간의 경쟁을 유도하는 문화이기 때문에 때로는 지나친 성과를 강조하게 되어 조직에 대한 구성원들의 방어적인 태도와 개인주의적인 성향을 드러내는 경향을 보인다.

84 업무 종류

정답 ④

주어진 분장업무는 영리를 목적으로 하는 영업과 관련된 업무로 볼 수 있다. 따라서 영업부가 가장 적절하다.

오답분석

① 총무부 : 전체적이며 일반적인 행정 실무를 맡아보는 부서로, 분장업무로는 문서 및 직인관리, 주주총회 및 이사회개최 관련 업무, 의전 및 비서업무, 사무실 임차 및 관리, 사내외 행사 관련 업무, 복리후생 업무 등을 담당한다.
② 인사부 : 구성원들의 인사, 상벌, 승진 등의 일을 맡아보는 부서로, 분장업무로는 조직기구의 개편 및 조정, 업무분장 및 조정, 인력수급계획 및 관리, 노사관리, 상벌관리, 인사발령, 평가관리, 퇴직관리 등을 담당한다.
③ 기획부 : 조직의 업무를 계획하여 일을 맡아보는 부서로, 분장업무로는 경영계획 및 전략 수립·조정, 전사기획업무 종합 및 조정, 경영정보 조사 및 기획 보고, 종합예산수립 및 실적관리, 사업계획, 손익추정, 실적관리 및 분석 등을 담당한다.
⑤ 자재부 : 필요한 재료를 구입하고 마련하는 일을 맡아보는 부서로, 구매계획 및 구매예산의 편성, 시장조사 및 구입처 조사 검토, 견적의뢰 및 검토, 구입계약 및 발주, 재고조사 및 재고통제, 보관 및 창고관리 등의 업무를 담당한다.

85 경영 전략

정답 ③

회의의 내용으로 보아 의사결정방법 중 브레인스토밍 기법을 사용하고 있다. 브레인스토밍은 문제에 대한 제안이 자유롭게 이어지고, 아이디어는 많을수록 좋으며, 제안한 모든 아이디어를 종합하여 해결책을 내는 방법이다. 따라서 다른 직원의 의견에 대해 반박을 한 D주임의 태도가 적절하지 않다.

86 조직 구조

정답 ④

목표의 층위·내용 등에 따라 우선순위가 있을 수는 있지만, 하나씩 순차적으로 처리해야 하는 것은 아니다. 즉, 조직 목표는 동시에 여러 개가 추구될 수 있다.

87 조직 구조

정답 ④

조직문화는 조직의 안정성을 가져 오므로 대부분의 조직들은 그 조직만의 독특한 조직문화를 만들기 위해 노력한다.

88 경영 전략

정답 ④

제시된 제품 개발 프로세스는 린 스타트업(Lean Startup)으로, 먼저 단기간 동안 시제품을 만들어 시장에 내놓고 반응과 성과를 측정하여 이를 제품 개선에 반영한다. 이러한 과정을 반복하며 시장에서의 성공 확률을 높인다. 제품 개발이 끝날 때까지 전 과정을 비밀로 하는 것은 린 스타트업 이전의 기존 전략에 해당한다.

89 조직 구조

정답 ⑤

안정적이고 확실한 환경에서는 기계적 조직(㉠)이 적합하고, 급변하는 환경에서는 유기적 조직(㉡)이 적합하다.

기계적 조직과 유기적 조직의 비교

기계적 조직	• 구성원들의 업무가 분명하게 정의된다. • 많은 규칙과 규제들이 있다. • 상하 간 의사소통이 공식적인 경로를 통해 이루어진다. • 엄격한 위계질서가 존재한다. • 대표적으로 군대를 들 수 있다.
유기적 조직	• 의사결정 권한이 조직의 하부 구성원들에게 많이 위임되어 있다. • 업무가 고정되지 않고, 공유 가능하다. • 비공식적인 상호 의사소통이 원활하게 이루어진다. • 규제나 통제의 정도가 낮아 변화에 따라 의사결정이 쉽게 변할 수 있다.

90 경영 전략

정답 ①

H사가 안전과 가격, 디자인 면에서 호평을 받으며 미국시장의 최강자가 될 수 있었던 요인은 OEM 방식을 활용할 수도 있었지만, 내실 경영 및 자기 브랜드를 고집한 대표이사의 선택으로 개별 도매상들을 상대로 직접 물건을 판매하고 평판 좋은 도매상들과의 유대관계를 강화하는 등 단단한 유통망을 갖추었기 때문이다.

91 경영 전략

정답 ③

H사가 평판이 좋은 중소규모 도매상을 선정해 유대관계를 강화한 곳은 미국시장이었다.

92 경영 전략

정답 ⑤

H사는 해외 진출 시 분석을 위해 공급 능력 확보를 위한 방안, 현지 시장의 경쟁상황이나 경쟁업체에 대한 차별화 전략으로 인한 제품 가격 및 품질 향상, 시장점유율 등을 활용하였다.

93 업무 종류

정답 ④

K주임이 가장 먼저 해야 하는 일은 오늘 2시에 예정된 팀장 회의 일정을 P팀장에게 전달하는 것이다. 다음으로 내일 진행될 언론홍보팀과의 회의 일정에 대한 답변을 오늘 내로 전달해 달라는 요청을 받았으므로 먼저 익일 업무 일정을 확인 후 회의 일정에 대한 답변을 전달해야 한다. 이후 메일을 확인하여 회의 전에 미리 자료를 숙지하는 것이 적절하다. 따라서 K주임은 ④의 순서로 업무를 처리하는 것이 가장 적절하다.

94 업무 종류

정답 ④

교육 홍보물의 교육내용은 '연구개발의 성공을 보장하는 R&D 기획서 작성'과 'R&D 기획서 작성 및 사업화 연계'이므로 A사원이 속한 부서의 업무는 R&D 연구 기획과 사업 연계이다. 따라서 장비 활용 지원은 A사원이 속해 있을 부서의 업무로 적절하지 않다.

95 업무 종류

정답 ②

교육을 바탕으로 기획서를 작성하여 성과를 내는 것은 교육의 효과성이다. 이는 교육을 받은 회사 또는 사람의 역량이 가장 중요하다. 따라서 홍보물과 관련이 적은 성과에 대한 질문인 ②는 A사원이 답하기에는 어려운 질문이다.

96 업무 종류

정답 ③

조직의 역량 강화 및 조직문화 구축은 제시된 교육과 관련이 없는 영역이다. 따라서 ③은 교육 사업과 직접적인 관련성이 낮다.

97 업무 종류

정답 ④

청년들의 해외 취업을 지원하는 프로그램인 K-Move 취업센터 운영은 해외취업국이 담당하므로 외국인력국의 업무로 적절하지 않다.

오답분석

①·②·③·⑤ 외국인력국은 외국인 근로자의 입국을 지원하고, 입국 초기 외국인 근로자를 모니터링 하는 등 외국인 근로자의 국내 체류를 돕는다. 또한 외국인 근로자 고용허가제의 일환인 한국어능력시험을 시행하는 등 주로 외국인 근로자의 고용 지원 업무를 담당한다.

98 경영 전략

정답 ①

스톡옵션제도에 대한 설명으로, 자본참가 유형에 해당한다.

오답분석

② 스캔런 플랜에 대한 설명으로, 성과참가 유형에 해당한다.
③ 럭커 플랜에 대한 설명으로, 성과참가 유형에 해당한다.
④ 노사협의제도에 대한 설명으로, 의사결정참가 유형에 해당한다.
⑤ 노사공동 결정제도에 대한 설명으로, 의사결정참가 유형에 해당한다.

99 업무 종류

정답 ④

홈페이지 운영 등은 정보사업팀에서 한다.

오답분석

① 1개의 감사실과 11개의 팀으로 되어 있다.
② 예산 기획과 경영 평가는 전략기획팀에서 관리한다.
③ 경영 평가(전략기획팀), 성과 평가(인재개발팀), 품질 평가(평가관리팀) 각각 다른 팀에서 담당한다.
⑤ 감사실을 두어 감사, 부패방지 및 지도 점검을 하게 하였다.

100 업무 종류

정답 ⑤

품질 평가에 대한 민원은 평가관리팀이 담당하고 있다.

제 2 회 최종점검 모의고사

01	02	03	04	05	06	07	08	09	10	11	12	13	14	15	16	17	18	19	20
⑤	④	①	②	④	④	①	⑤	②	②	②	④	④	②	①	②	④	②	⑤	③
21	22	23	24	25	26	27	28	29	30	31	32	33	34	35	36	37	38	39	40
③	④	③	⑤	①	③	②	④	⑤	⑤	①	④	②	④	③	②	①	③	②	⑤
41	42	43	44	45	46	47	48	49	50	51	52	53	54	55	56	57	58	59	60
①	⑤	②	④	③	②	②	③	⑤	④	③	②	①	①	④	③	⑤	③	④	②
61	62	63	64	65	66	67	68	69	70	71	72	73	74	75	76	77	78	79	80
④	⑤	④	①	④	③	⑤	②	④	①	①	④	④	①	③	②	①	③	④	③
81	82	83	84	85	86	87	88	89	90	91	92	93	94	95	96	97	98	99	100
②	②	④	⑤	③	⑤	①	③	①	③	③	③	④	②	④	⑤	①	②	⑤	③

01 문단 나열

정답 ⑤

제시문은 장애인 건강주치의 시범 사업을 소개하며 3단계 시범 사업에서 기존과 달라지는 내용을 위주로 설명하고 있다. 가장 처음에 와야 할 문단은 3단계 장애인 건강주치의 시범 사업을 소개하는 (마) 문단이다. 이어서 장애인 건강주치의 시범 사업 세부 서비스를 소개하는 문단이 와야 하는데, 서비스 종류를 소개하는 문장이 있는 (다) 문단이 이어지는 것이 가장 적절하다. 그리고 2번째 서비스인 주장애관리를 소개하는 (가) 문단이 와야 하며, 그 다음으로 3번째 서비스인 통합관리 서비스와 추가적으로 방문 서비스를 소개하는 (라) 문단이 오는 것이 적절하다. 마지막으로 장애인 건강주치의 시범 사업에 신청하는 방법을 소개하며 글을 끝내는 것이 적절하므로 (나) 문단이 이어져야 한다. 따라서 (마) – (다) – (가) – (라) – (나) 순서로 나열해야 한다.

02 빈칸 삽입

정답 ④

탄소배출권거래제는 의무감축량을 초과 달성했을 경우 초과분을 거래할 수 있는 제도이다. 따라서 온실가스의 초과 달성분을 구입 혹은 매매할 수 있음을 추측할 수 있으며, 빈칸 이후 문단에서도 탄소배출권을 일종의 현금화가 가능한 자산으로 언급함으로써 이러한 추측을 돕고 있다. 따라서 ④가 빈칸에 들어갈 말로 가장 적절하다.

03 맞춤법

정답 ①

오답분석

② 다릴 → 달일
③ 으시시 → 으스스
④ 치루고 → 치르고
⑤ 잠궜다 → 잠갔다

04 맞춤법

정답 ②

'어찌 된'의 뜻을 나타내는 관형사는 '웬'이므로, '어찌 된 일로'라는 의미를 가진 '웬일'로 써야 한다.

오답분석

① 지그시 : 슬며시 힘을 주는 모양
③ 메다 : 어떤 감정이 북받쳐 목소리가 잘 나지 않음
④ 치다꺼리 : 남의 자잘한 일을 보살펴서 도와줌
⑤ 베다 : 날이 있는 연장 따위로 무엇을 끊거나 자르거나 가름

05 글의 주제

정답 ④

제시문에서는 장애인 편의 시설에 대한 새로운 시각이 필요하다고 밝히고, 장애인 편의 시설이 우리 모두에게 유용함을 강조하고 있다. 또한 보편적 디자인의 시각으로 바라볼 때 장애인 편의 시설은 우리 모두에게 편리하고 안전한 시설로 인식될 것이라고 하였다. 따라서 글의 주제로 가장 적절한 것은 ④이다.

06 문서 내용 이해

정답 ④

제시문에 따르면 최근 수면장애 환자의 급격한 증가를 통해 한국인의 수면의 질이 낮아지고 있음을 알 수 있다. 현재 한국인의 짧은 수면시간도 문제지만, 수면의 질 저하도 심각한 문제가 되고 있다.

오답분석

① 다른 국가에 비해 근무 시간이 많아 수면시간이 짧은 것일 뿐, 한국인의 수면시간이 근무 시간보다 짧은지는 알 수 없다.
② 40 ~ 50대 중·장년층 수면장애 환자가 전체의 36.6%로 가장 큰 비중을 차지한다.
③ 수면장애 환자는 여성이 42만 7,000명으로 29만 1,000명인 남성보다 1.5배 정도 더 많다.
⑤ 폐경기 여성의 경우 여성호르몬인 에스트로겐이 줄어들면서 아세틸콜린 신경전달 물질의 분비가 저하됨에 따라 여러 형태의 불면증이 동반된다. 즉, 에스트로겐의 증가가 아닌 감소가 불면증에 영향을 미친다.

07 문단 나열

정답 ①

제시문은 2,500년 전 인간과 현대의 인간의 공통점을 언급하며 2,500년 전에 쓰인 『논어』가 현대에서 지니는 가치에 대하여 설명하고 있다. 따라서 (가) 『논어』가 쓰인 2,500년 전 과거와 현대의 차이점 – (마) 2,500년 전의 책인 『논어』가 폐기되지 않고 현대에서도 읽히는 이유에 대한 의문 – (나) 인간이라는 공통점을 지닌 2,500년 전 공자와 우리들 – (다) 2,500년의 시간이 흐르는 동안 인간의 달라진 부분과 달라지지 않은 부분에 대한 설명 – (라) 시대의 흐름에 따라 폐기될 부분을 제외하더라도 여전히 오래된 미래로서의 가치를 지니는 『논어』 순서로 나열해야 한다.

08 맞춤법

정답 ⑤

의존 명사는 띄어 쓴다는 규정에 따라 '나간지 → 나간 지'로 띄어 써야 한다.

조사·의존 명사의 띄어쓰기
- 조사는 그 앞말에 붙여 쓴다(꽃이, 꽃마저, 웃고만 등).
- 의존 명사는 띄어 쓴다(아는 것이 힘이다, 나도 할 수 있다, 먹을 만큼 먹어라 등).

09 맞춤법

정답 ②

오답분석

① 숫사슴 → 수사슴
③ 양치물 → 양칫물
④ 전세집 → 전셋집
⑤ 등교길 → 등굣길

10 맞춤법

정답 ②

'본디보다 더 길어지게 하다.'라는 의미로 쓰였으므로 '늘이다'로 쓰는 것이 옳다.

오답분석

① 바램 → 바람
③ 알맞는 → 알맞은
④ 담구니 → 담그니
⑤ 지리한 → 지루한

11 문단 나열

정답 ②

제시문은 코젤렉의 '개념사'에 대한 정의와 특징에 대한 글이다. 따라서 (라) 개념에 대한 논란과 논쟁 속에서 등장한 코젤렉의 개념사 – (가) 코젤렉의 개념사와 개념에 대한 분석 – (나) 개념에 대한 추가적인 분석 – (마) 개념사에 대한 추가적인 분석 – (다) 개념사의 목적과 코젤렉의 주장의 순서로 나열해야 한다.

12 문서 내용 이해

정답 ④

제시문은 영화의 시퀀스를 구성하는 요소와 개념에 대해 설명한 후 씬의 제시 방법에 따른 시퀀스의 종류를 언급하고 있다. 또한, 시퀀스의 연결 방법과 효과, 시퀀스의 길이에 따른 특징을 설명한 후 영화를 감상할 때 시퀀스 분석이 지니는 의의를 언급하며 글을 마무리하고 있다. 그러나 영화의 발전 과정과 시퀀스의 상관관계에 대한 내용은 확인할 수 없다.

13 글의 주제

정답 ④

제시문은 통계 수치의 의미를 정확하게 이해하고 도구와 방법을 올바르게 사용해야 하며, 특히 아웃라이어의 경우를 생각해야 한다고 주장하고 있다.

오답분석

①·② 집단을 대표하는 수치로서의 '평균' 자체가 숫자 놀음과 같이 부적당하다고는 언급하지 않았다.
③ 아웃라이어가 있는 경우에는 평균보다는 최빈값이나 중앙값이 대푯값으로 더 적당하다.
⑤ 통계의 유용성은 글의 도입부에 잠깐 인용되었을 뿐, 제시문의 중심 내용으로 볼 수 없다.

14 빈칸 삽입

정답 ②

빈칸 앞 문장에서 과학은 인간의 이성으로 얻은 결론이므로 인간이라는 한계를 뛰어넘을 수 없다고 하였고, 이는 과학적인 방법으로 도출해낸 결론은 가장 신뢰할 수 있는 결론이라는 그 앞 문장에 대한 반론이다. 따라서 인간에게 한계가 있는 이상 인간에 의해 얻어진 과학적 지식 역시 완벽하다고는 할 수 없음을 추론할 수 있다.

15 문서 내용 이해

정답 ①

오답분석

② 두 번째 문단을 통해 알 수 있는 내용이다.
③ 첫 번째 문단에서 위기(爲己)는 자아가 성숙하는 것을 추구한다고 하였다.
④ 첫 번째 문단에서 공자는 공부하는 사람의 관심이 어디에 있느냐를 가지고 학자를 두 부류로 구분했다고 하였다.
⑤ 마지막 문단을 통해 알 수 있는 내용이다.

16 빈칸 삽입

정답 ②

- (가) : 청소년의 척추 질환을 예방하는 대응 방안과 관련된 ㉡이 적절하다.
- (나) : 책상 앞에 앉아 있는 바른 자세와 관련된 ㉢이 적절하다.
- (다) : 틈틈이 척추 근육을 강화하는 운동을 해 주는 것과 관련된 자세인 ㉠이 적절하다.

PART 2

17 글의 제목

정답 ④

제시문은 위계화의 개념을 설명하고, 이러한 불평등의 원인과 구조에 대해 살펴보고 있다. 따라서 글의 제목으로는 ④가 가장 적절하다.

18 문서 내용 이해

정답 ②

오답분석

① 풀에 들어 있는 여러 가지 물질이 김칫소에 있는 미생물을 쉽게 자랄 수 있도록 해주는 영양분의 역할을 한다.
③ 김치 국물의 맛이 시큼해지는 것은 유산균이 당을 분해해 시큼한 맛이 나는 젖산을 생산하기 때문이다.
④ 미생물들이 만들어 내는 여러 종류의 향미 성분이 더해지면서 특색 있는 김치 맛이 만들어진다.
⑤ 호기성 세균의 수는 김치가 익어갈수록 점점 줄어들어 나중에는 효모의 수와 비슷해진다. 하지만 혐기성 세균의 수는 김치가 익어갈수록 증가하며 결국 많이 익어서 시큼한 맛이 나는 김치에 있는 미생물 중 대부분을 차지한다.

19 의사 표현

정답 ⑤

피드백은 상대방이 원하는 경우 대인관계에 있어서 그의 행동을 개선할 수 있는 기회를 제공해줄 수 있다. 하지만 부정적이고 비판적인 피드백만을 계속적으로 주는 경우에는 오히려 역효과가 나타날 수 있으므로 피드백을 줄 때 상대방의 긍정적인 면과 부정적인 면을 균형 있게 전달하도록 유의하여야 한다.

20 어휘

정답 ③

㉠ 구별(區別) : 성질이나 종류에 따라 차이가 남. 또는 성질이나 종류에 따라 갈라놓음
㉡ 변별(辨別) : 사물의 옳고 그름이나 좋고 나쁨을 가림
㉢ 감별(鑑別) : 보고 식별함

오답분석

- 차별(差別) : 둘 이상의 대상을 각각 등급이나 수준 따위의 차이를 두어서 구별함
- 식별(識別) : 분별하여 알아봄
- 분별(分別) : 서로 다른 일이나 사물을 구별하여 가름

21 수열 규칙

정답 ③

+2, +3, +4, +5, +6, …씩 더해지고 있다.

따라서 ( )=25+7=32이다.

22 응용 수리

정답 ④

- 팀장 한 명을 뽑는 경우의 수 : ${}_{10}C_1=10$가지
- 회계 담당 2명을 뽑는 경우의 수 : ${}_{9}C_2=\frac{9\times8}{2!}=36$가지

따라서 구하고자 하는 경우의 수는 $10\times36=360$가지이다.

23 응용 수리

정답 ③

- A계열사의 제품이 불량일 확률 : $\frac{3}{10}\times\frac{2}{100}=\frac{6}{1,000}$
- B계열사의 제품이 불량일 확률 : $\frac{7}{10}\times\frac{3}{100}=\frac{21}{1,000}$
- 불량품인 부품을 선정할 확률 : $\frac{6}{1,000}+\frac{21}{1,000}=\frac{27}{1,000}$

따라서 B계열사의 불량품일 확률은 $\frac{21}{27}=\frac{7}{9}$이다.

24 자료 계산

정답 ⑤

조건을 분석하면 다음과 같다.

- 첫 번째 조건에 의해 ㉠~㉣ 국가 중 연도별로 8위를 두 번 한 두 나라는 ㉠과 ㉣이므로 둘 중 한 곳이 한국, 나머지 하나가 캐나다임을 알 수 있다.
- 두 번째 조건에 의해 2020년 대비 2024년의 이산화탄소 배출량 증가율은 ㉡과 ㉢이 각각 $\frac{556-535}{535}\times100\fallingdotseq3.93\%$와 $\frac{507-471}{471}\times100\fallingdotseq7.64\%$이다. 따라서 ㉢은 사우디아라비아가 되고, ㉡은 이란이 된다.
- 세 번째 조건에 의해 이란의 수치는 고정값으로 놓고 2015년을 기점으로 ㉠이 ㉣보다 배출량이 많아지고 있으므로 ㉠이 한국, ㉣이 캐나다임을 알 수 있다.

따라서 ㉠~㉣은 순서대로 한국, 이란, 사우디아라비아, 캐나다이다.

25 자료 계산

정답 ①

- (A) : 299,876−179,743=120,133
- (B) : (B)−75,796=188,524 → 188,524+75,796=264,320
- (C) : 312,208−(C)=224,644 → 312,208−224,644=87,564

26 응용 수리

정답 ③

희경이가 본사에서 나온 시각은 오후 3시에서 본사에서 A지점까지 걸린 시간만큼을 빼면 된다. 본사에서 A지점까지 가는 데 걸린 시간은 $\frac{20}{60}+\frac{30}{90}=\frac{2}{3}$시간, 즉 40분이므로 오후 2시 20분에 본사에서 나왔다는 것을 알 수 있다.

27 응용 수리

정답 ②

두 열차가 같은 시간 동안 이동한 거리의 합은 6km이다.
두 열차가 이동한 시간을 x시간이라고 하면, KTX와 새마을호 속력의 비는 7 : 5이므로 KTX와 새마을호가 이동한 거리는 각각 $7x$km, $5x$km이고, 이를 식으로 정리하면 다음과 같다.

$7x+5x=6$

$\therefore x=0.5$

따라서 새마을호가 이동한 거리는 $5\times0.5=2.5$km, KTX가 이동한 거리는 $7\times0.5=3.5$km이다.

28 응용 수리

정답 ④

더 넣어야 하는 녹차가루의 양을 xg이라 하면 다음 식이 성립한다.

$\frac{30+x}{120+30+x}\times100\geq40$

$\rightarrow 3{,}000+100x\geq6{,}000+40x$

$\rightarrow 60x\geq3{,}000$

$\therefore x\geq50$

따라서 더 넣어야 하는 녹차가루의 양은 최소 50g이다.

29 응용 수리

정답 ⑤

우람이네 집에서 도서관까지의 거리를 $x$km라 하면, 집에서 출발하여 도서관에 갔다가 집을 거쳐 우체국에 가는 데 걸리는 시간은 $\left(\frac{x}{5}+\frac{x+10}{3}\right)$시간이다. 이때, 걸리는 시간이 4시간 이내여야 하므로 식을 정리하면 다음과 같다.

$\frac{x}{5}+\frac{x+10}{3}<4$

$\rightarrow 3x+5(x+10)<60$

$\rightarrow 8x<10$

$\therefore x<\frac{5}{4}$

따라서 도서관은 집에서 $\frac{5}{4}$km 이내에 있어야 한다.

30 응용 수리

정답 ⑤

(전체 사원 중 운동을 좋아하는 비율)=(여자 사원 중 운동을 좋아하는 비율)+(남자 사원 중 운동을 좋아하는 비율)

$\rightarrow \left(\frac{6}{10}\times\frac{25}{100}\right)+\left(\frac{4}{10}\times\frac{85}{100}\right)=\frac{15}{100}+\frac{34}{100}=\frac{49}{100}=49\%$

따라서 전체 직원 중에서 운동을 좋아하는 비율은 49%이다.

31 응용 수리

정답 ①

전체 월급을 1이라고 하면 다음과 같은 식이 성립한다.

- 저금한 나머지 : $1-\frac{1}{4}=\frac{3}{4}$
- 모임회비와 월세 : $\frac{3}{4}\times\frac{1}{4}+\frac{3}{4}\times\frac{2}{3}=\frac{11}{16}$
- 모임회비와 월세를 낸 후 나머지 : $\frac{3}{4}-\frac{11}{16}=\frac{1}{16}$
- 부모님 용돈 : $\frac{1}{16}\times\frac{1}{2}=\frac{1}{32}$

∴ 생활비 : $\frac{1}{16}-\frac{1}{32}=\frac{1}{32}$

따라서 생활비는 월급의 $\frac{1}{32}$이다.

32 자료 계산

정답 ④

부서별 총투입시간을 구하면 다음과 같다.

부서	개인별 투입시간(시간)	투입 인원(명)	총투입시간(시간)
A	41+3×1=44	2	44×2=88
B	30+2×2=34	3	34×3=102
C	22+1×4=26	4	26×4=104
D	27+2×1=29	3	29×3=87
E	17+3×2=23	5	23×5=115

따라서 업무효율이 가장 높은 부서는 총투입시간이 가장 적은 D이다.

33 자료 이해

정답 ②

졸업 후 창업하는 학생들은 총 118+5+5+1+37=166명이며, 이 중 특성화고 졸업생은 37명이다. 따라서 졸업 후 창업하는 졸업생들 중 특성화고 졸업생이 차지하는 비율은 $\frac{37}{166}\times100≒22.3\%$이다.

오답분석

① 진로를 결정하지 못한 졸업생의 수가 가장 많은 학교 유형은 일반고이다.
③ 졸업생들 중 대학 진학률이 가장 높은 학교 유형은 과학고·외고·국제고이며, 창업률이 가장 높은 학교 유형은 예술·체육고이다.
④ 일반고 졸업생 중 대학에 진학하는 졸업생 수는 6,773명, 특성화고 졸업생 중 대학에 진학하는 졸업생 수는 512명이다. 따라서 일반고 졸업생 중 대학에 진학하는 졸업생 수는 특성화고 졸업생 중 대학에 진학하는 졸업생 수의 $\frac{6,773}{512}≒13.2$배이다.
⑤ 졸업 후 군입대를 하거나 해외 유학을 가는 졸업생들은 297+5+3+6+86=397명이며, 이 중 과학고·외고·국제고와 마이스터고 졸업생들은 5+6=11명이다. 따라서 졸업 후 군 입대를 하거나 해외 유학을 가는 졸업생들 중 과학고·외고·국제고와 마이스터고 졸업생들이 차지하는 비율은 $\frac{11}{397}\times100≒2.8\%$이다.

34 자료 이해

정답 ④

㉡ 졸업 후 취업한 인원은 457+11+3+64+752=1,287명이므로 1,200명을 넘었다.

㉣ 특성화고 졸업생 중 진로를 결정하지 못한 졸업생 수는 260명, 대학에 진학한 졸업생 수는 512명이다. 따라서 특성화고에서 진로를 결정하지 못한 졸업생은 대학에 진학한 졸업생의 수의 $\frac{260}{512}\times 100 \fallingdotseq 50.8\%$이다.

오답분석

㉠ 마이스터고와 특성화고의 경우 대학에 진학한 졸업생 수보다 취업한 졸업생 수가 더 많았다.

㉢ 일반고 졸업생 중 취업한 졸업생 수는 457명으로, 창업한 졸업생 수의 4배인 118×4=472명보다 적으므로 옳지 않은 설명이다.

35 응용 수리

정답 ③

한 변의 길이가 18cm인 정육면체에 접하는 구의 지름은 18cm이므로 반지름은 $\frac{18}{2}$=9cm이다.

따라서 제시된 구의 부피는 $\frac{4}{3}\pi r^3 = \frac{4}{3}\times\pi\times 9^3 = 972\pi \text{cm}^3$이다.

36 응용 수리

정답 ②

정사각형 ABCD의 넓이는 12×12=144cm², 삼각형 APB와 삼각형 AQD의 넓이는 각각 $\frac{1}{2}\times 12\times 6 = 36\text{cm}^2$, 삼각형 PCQ의 넓이는 $\frac{1}{2}\times 6\times 6 = 18\text{cm}^2$이다. 따라서 삼각형 APQ의 넓이는 $144-(36+36+18)=54\text{cm}^2$이다.

37 자료 계산

정답 ①

2023년 3개 기관의 전반적 만족도의 합은 6.9+6.7+7.6=21.2이고, 2024년 3개 기관의 임금과 수입 만족도의 합은 5.1+4.8+4.8=14.7이다. 따라서 2023년 3개 기관의 전반적 만족도의 합은 2024년 3개 기관의 임금과 수입 만족도의 합의 $\frac{21.2}{14.7}\fallingdotseq 1.4$배이다.

38 자료 이해

정답 ③

2024년에 기업, 공공연구기관의 임금과 수입 만족도는 전년 대비 증가하였으나, 대학의 임금과 수입 만족도는 감소했으므로 옳지 않은 설명이다.

오답분석

① 2023년, 2024년 모두 현 직장에 대한 전반적 만족도는 대학 유형에서 가장 높다.

② 2024년 근무시간 만족도에서는 공공연구기관과 대학의 만족도가 6.2로 동일하다.

④ 사내분위기 측면에서 2023년과 2024년 공공연구기관의 만족도는 5.8로 동일하다.

⑤ 2024년 직장유형별 근무시간에 대한 만족도의 전년 대비 감소율은 다음과 같다.

- 기업 : $\frac{6.5-6.1}{6.5}\times 100 \fallingdotseq 6.2\%$
- 공공연구기관 : $\frac{7.1-6.2}{7.1}\times 100 \fallingdotseq 12.7\%$
- 대학 : $\frac{7.3-6.2}{7.3}\times 100 \fallingdotseq 15.1\%$

따라서 옳은 설명이다.

39 자료 이해

정답 ②

- 수도권 지역에서 경기가 차지하는 비중

93,252(서울)+16,915(인천)+68,124(경기)=178,291천 명

→ $\frac{68,124}{178,291} \times 100 ≒ 38.21\%$

- 수도권 지역에서 인천이 차지하는 비중

→ $\frac{16,915}{178,291} \times 100 ≒ 9.49\%$

$9.49 \times 4 = 37.96\% < 38.21\%$

따라서 수도권 지역에서 경기가 차지하는 비중은 인천이 차지하는 비중의 4배 이상이다.

오답분석

① 의료 인력이 수도권 지역 특히 서울, 경기에 편중되어 있으므로 불균형 상태를 보이고 있다.

③ 세종이 가장 적으며 두 번째로 적은 곳은 제주이다.

④ 제시된 자료에 의료 인력별 수치가 나와 있지 않으므로 의료 인력수가 많을수록 의료인력 비중이 고르다고 말할 수는 없다.

⑤ 서울과 경기를 제외한 나머지 지역 중 의료 인력수가 가장 많은 지역은 부산(28,871명)이고, 가장 적은 지역은 세종(575명)이다. 부산과 세종의 의료 인력의 차는 28,296천 명으로, 이는 경남(21,212천 명)보다 크다.

40 자료 계산

정답 ⑤

영업팀별 연간 매출액을 구하면 다음과 같다.

- 영업 A팀 : $50 \times 0.1 + 100 \times 0.1 + 100 \times 0.3 + 200 \times 0.15 = 75$억 원
- 영업 B팀 : $50 \times 0.2 + 100 \times 0.2 + 100 \times 0.2 + 200 \times 0.4 = 130$억 원
- 영업 C팀 : $50 \times 0.3 + 100 \times 0.2 + 100 \times 0.25 + 200 \times 0.15 = 90$억 원
- 영업 D팀 : $50 \times 0.4 + 100 \times 0.5 + 100 \times 0.25 + 200 \times 0.3 = 155$억 원

따라서 연간 매출액이 큰 순서로 팀을 나열하면 D－B－C－A이고, 이때 매출 1위인 영업 D팀의 연 매출액은 155억 원이다.

41 자료 해석

정답 ①

두 번째 조건에 따라 S사원의 부서 직원 80명이 전원 참석하므로 수용 가능 인원이 40명인 C세미나는 제외되고, 세 번째 조건에 따라 거리가 60km를 초과하는 E호텔이 제외된다. 이어서 부서 워크숍은 2일간 진행되므로 하루 대관료가 50만 원을 초과하는 D리조트는 제외된다. 마지막으로 다섯 번째 조건에 따라 왕복 이동 시간이 4시간인 B연수원은 제외된다. 따라서 가장 적절한 워크숍 장소는 A호텔이다.

42 명제 추론

정답 ⑤

마지막 조건에 의해 대리는 1주 차에 휴가를 갈 수 없다. 그러므로 2～5주 차, 즉 4주 동안 대리 2명이 휴가를 다녀와야 한다. 두 번째 조건에 의해 한 명은 2～3주 차, 다른 한 명은 4～5주 차에 휴가를 간다. 따라서 대리는 3주 차에 휴가를 출발할 수 없다.

오답분석

①·③

1주 차	2주 차	3주 차	4주 차	5주 차
–	사원1	사원1	사원2	사원2
–	대리1	대리1	대리2	대리2
–	과장	과장	부장	부장

②

1주 차	2주 차	3주 차	4주 차	5주 차
사원1	사원1	–	사원2	사원2
–	대리1	대리1	대리2	대리2
과장	과장	–	부장	부장

④

1주 차	2주 차	3주 차	4주 차	5주 차
사원1	사원1	사원2	사원2	–
–	대리1	대리1	대리2	대리2
과장	과장	부장	부장	–

43 규칙 적용

정답 ②

A/S 접수 현황에서 잘못 기록된 시리얼 번호는 총 7개이다.

분류 1	• ABE1C6100121 → 일련번호가 09999 이상인 것은 없음 • MBE1DB001403 → 제조월 표기기호 중 'B'는 없음
분류 2	• MBP2CO120202 → 일련번호가 09999 이상인 것은 없음 • ABE2D0001063 → 제조월 표기기호 중 '0'은 없음
분류 3	• CBL3S8005402 → 제조연도 표기기호 중 'S'는 없음
분류 4	• SBE4D5101483 → 일련번호가 09999 이상인 것은 없음 • CBP4D6100023 → 일련번호가 09999 이상인 것은 없음

44 규칙 적용

정답 ④

제조연도는 시리얼 번호 중 앞에서 다섯 번째 알파벳으로 알 수 있다. 2020년은 'A', 2021년은 'B'로 표기되므로 A/S 접수 현황에서 찾아보면 2020년 2개, 2021년 7개로 총 9개이다.

45 자료 해석

정답 ③

8월 8일의 날씨 예측 점수를 x점, 8월 16일의 날씨 예측 점수를 y점이라고 하자(단, $x \geq 0$, $y \geq 0$).

8월 1일부터 8월 19일까지의 날씨 예측 점수를 달력에 나타내면 다음과 같다.

구분	월요일	화요일	수요일	목요일	금요일	토요일	일요일
날짜			1	2	3	4	5
점수			10점	6점	4점	6점	6점
날짜	6	7	8	9	10	11	12
점수	4점	10점	x점	10점	4점	2점	10점
날짜	13	14	15	16	17	18	19
점수	0점	0점	10점	y점	10점	10점	2점

PART 2

두 번째 조건에 제시된 한 주의 주중 날씨 예측 점수의 평균을 이용해 x와 y의 범위를 구하면 다음과 같다.

• 8월 둘째 주 날씨 예측 점수의 평균

$$\frac{4+10+x+10+4}{5} \geq 5 \rightarrow x+28 \geq 25 \rightarrow x \geq -3$$

$\therefore\ x \geq 0(\because x \geq 0)$

• 8월 셋째 주 날씨 예측 점수의 평균

$$\frac{0+0+10+y+10}{5} \geq 5 \rightarrow y+20 \geq 25$$

$\therefore\ y \geq 5$

세 번째 조건의 요일별 날씨 평균을 이용하여 x와 y의 범위를 구하면 다음과 같다.

• 수요일 날씨 예측 점수의 평균

$$\frac{10+x+10}{3} \leq 7 \rightarrow x+20 \leq 21$$

$\therefore\ x \leq 1$

• 목요일 날씨 예측 점수의 평균

$$\frac{6+10+y}{3} \geq 5 \rightarrow y+16 \geq 15 \rightarrow y \geq -1$$

$\therefore\ y \geq 0(\because y \geq 0)$

따라서 x의 범위는 $0 \leq x \leq 1$이고, y의 범위는 $y \geq 5$이다.

8월 8일의 예측 날씨는 맑음이고, 예측 점수의 범위는 $0 \leq x \leq 1$이므로 8월 8일의 실제 날씨는 눈·비이다. 그리고 8월 16일의 예측 날씨는 눈·비이고 예측 점수의 범위는 $y \geq 5$이므로 8월 16일의 실제 날씨는 흐림 또는 눈·비이다. 따라서 실제 날씨로 가능한 것은 ③이다.

46 자료 해석

정답 ②

조건에 따라 점수를 산정하면 다음과 같다.

(단위 : 점)

구분	프로그램	1차 점수	2차 점수
A업체	집중GX	31	36
B업체	필라테스	32	39
C업체	자율 웨이트	25	–
D업체	근력운동 트레이닝	24	–
E업체	스피닝	32	36

따라서 2차 점수가 가장 높은 B업체가 최종적으로 선정된다.

47 명제 추론

정답 ②

제시된 조건을 표로 정리하면 다음과 같다.

첫 번째	두 번째	세 번째	네 번째	다섯 번째
잡지	수험서	에세이	소설	만화

먼저, A는 수험서를 구매한 다음 바로 에세이를 구매했는데 만화와 소설보다 잡지를 먼저 구매했고 수험서는 가장 먼저 구매하지 않았다고 했으므로 잡지가 가장 첫 번째로 구매한 것이 되므로 순서는 잡지 → (만화, 소설) → 수험서 → 에세이 → (만화, 소설)이다. 이때, 에세이나 소설은 마지막에 구매하지 않았으므로 만화가 마지막으로 구매한 것이 되고, 에세이와 만화를 연달아 구매하지 않았으므로 소설이 네 번째로 구매한 책이 된다.

따라서 A가 책을 구매한 순서는 잡지 → 수험서 → 에세이 → 소설 → 만화이므로 세 번째로 구매한 책은 에세이이다.

48 명제 추론

정답 ③

(가)에 따라 A～D는 모두 직업이 같거나 두 명씩 서로 다른 직업을 가져야 한다. 이때 (라)에 따라 A와 D의 직업은 서로 같아야 하므로 A, B, C, D의 직업이 모두 같은 경우와 (A, D)와 (B, C)의 직업이 서로 다른 경우로 나누어 볼 수 있다.

1) A, B, C, D의 직업이 모두 같은 경우

(다)에 따라 C가 경찰관인 경우 D와 직업이 같을 수 없으므로 C는 경찰관이 될 수 없다. 따라서 A, B, C, D는 모두 소방관이다.

2) (A, D)와 (B, C)의 직업이 서로 다른 경우

- A, D가 소방관인 경우

  (나)에 따라 A가 소방관이면 B가 소방관이거나 C는 경찰관이다. 이때, A와 B의 직업이 서로 다르므로 B는 소방관이 될 수 없으며 C가 경찰관이 된다. C가 경찰관이면 (다)에 따라 D는 소방관이 된다. 따라서 A, D는 소방관이며, B, C는 경찰관이다.

- A, D가 경찰관인 경우

  (다)의 대우 'D가 소방관이 아니면 C는 경찰관이 아니다.'가 성립하므로 D가 경찰관이면 C는 소방관이 된다. 따라서 A, D는 경찰관이며, B, C는 소방관이다.

구분	A	B	C	D
경우 1	소방관			
경우 2	소방관	경찰관	경찰관	소방관
경우 3	경찰관	소방관	소방관	경찰관

따라서 B, C의 직업은 항상 같다.

49 명제 추론

정답 ⑤

주어진 조건에 따르면 과장은 회색 코트를 입고, 연구팀 직원은 갈색 코트를 입었으므로 가장 낮은 직급인 기획팀의 C사원은 검은색 코트를 입었음을 알 수 있다. 이때, 과장이 속한 팀은 디자인팀이며, 연구팀 직원의 직급은 대리임을 알 수 있지만, 각각 디자인팀의 과장과 연구팀의 대리가 A, B 중 누구인지는 알 수 없다. 이것을 정리하면 다음과 같다.

구분	A 또는 B	A 또는 B	C
직급	과장	대리	사원
코트 색	회색 코트	갈색 코트	검은색 코트
팀	디자인팀	연구팀	기획팀

따라서 항상 옳은 것은 ⑤이다.

50 명제 추론

정답 ④

을은 (5점, 5점, 6점), (4점, 6점, 6점)을 획득할 수 있다.

오답분석

① · ② 을이 주사위를 두 번 던지면 16점을 얻을 수 없다. 따라서 을은 최소 3번 주사위를 던졌다. 이때, 갑이 가장 많은 횟수를 던졌는데 3번 던졌다고 가정하면 을과 병 중 한 명이 4번을 던졌다는 뜻이 된다. 이는 모순이므로 갑이 4번을 던져야 한다.

③ 병은 최소 17점을 얻어야 한다. 6이 한번도 나오지 않는다면 최대 15점을 얻을 수 있다. 따라서 적어도 한 번은 6이 나와야 한다.

⑤ 병이 최대로 얻을 수 있는 점수는 $6\times3=18$점이다. 이때, 갑이 얻을 수 있는 최소가 되고, 점수는 $47-18-16=13$점이다.

51 자료 해석

정답 ③

현재 아르바이트생의 월 급여는 (평일)+(주말)=$(3\times9\times4\times9{,}000)+(2\times9\times4\times12{,}000)=1{,}836{,}000$원이므로, 월 급여는 정직원>아르바이트생>계약직원 순서이다. 따라서 전체 인원을 줄일 수 없으므로 현 상황에서 인건비를 가장 많이 줄일 수 있는 방법은 아르바이트생을 계약직원으로 전환하는 것이다.

52 명제 추론

정답 ②

두 번째 정보에 따르면 B주임과 D주임의 업무는 중복되는 부분이 있다. 그런데 마지막 정보에 따르면 A대리의 업무는 B주임의 모든 업무를 포함하므로, D주임의 업무 중 적어도 B주임과 중복되는 부분을 포함한다.

오답분석

ㄱ. 세 번째 정보에 따르면 E사원의 업무는 C주임의 업무에 포함되고, 네 번째 정보에 따르면 A대리의 업무와 C주임의 업무에 중복되는 부분이 있으나, 그 중복되는 부분에 E사원의 업무가 포함되는지 알 수 없다.
ㄷ. 세 번째 정보에 따르면 E사원의 업무는 C주임의 업무에 포함되고, 다섯 번째 정보에 따르면 C주임과 D주임의 업무 일부가 중복되는 것을 알 수 있으나, E사원의 업무가 중복되는 내용에 해당되는 것은 알 수 없다.
ㄹ. 네 번째 정보와 일곱 번째 정보에 따르면 A대리와 C주임의 업무가 중복되고, B주임의 업무가 A대리의 업무에 포함되는 것을 알 수 있으나, B주임의 업무가 C주임의 업무에 포함되는 것인지는 알 수 없다.

53 SWOT 분석

정답 ①

오답분석

ㄴ. ST전략에서 경쟁업체에 특허 기술을 무상 이전하는 것은 경쟁이 더 심화될 수 있으므로 적절하지 않다.
ㄹ. WT전략에서는 기존 설비에 대한 재투자보다는 수요에 맞게 다양한 제품을 유연하게 생산할 수 있는 신규 설비에 대한 투자가 필요하다.

54 SWOT 분석

정답 ①

고급 포장과 스토리텔링은 모두 수제 초콜릿의 강점에 해당되므로 SWOT 분석에 의한 마케팅 전략으로 볼 수 없다. SO전략과 ST전략으로 보일 수 있으나, 기회를 포착하거나 위협을 회피하는 모습을 보이지 않기에 적절하지 않다.

오답분석

② 수제 초콜릿의 존재를 모르는(약점) 점을 효과적인 마케팅으로 보완하여 대기업과의 경쟁(위협)을 이겨내는 WT전략에 해당한다.
③ 수제 초콜릿의 스토리텔링(강점)을 포장에 명시하여 소비자들의 요구를 충족(기회)시키는 SO전략에 해당한다.
④ 값비싸고 과장된 포장(약점)을 보완하여 좋은 식품에 대한 인기(기회)에 발맞춰 홍보하는 것은 WO전략에 해당한다.
⑤ 수제 초콜릿의 풍부한 맛(강점)을 알리고, 맛을 보기 전에 알 수 없는 일반 초콜릿과의 차이(위협)도 알리는 ST전략에 해당한다.

55 SWOT 분석

정답 ④

ㄴ. 다수의 풍부한 경제자유구역 성공 사례를 활용하는 것은 강점에 해당되지만, 외국인 근로자를 국내주민과 문화적으로 동화시키려는 시도는 위협을 극복하는 것과는 거리가 멀다. 따라서 해당 전략은 ST전략으로 적절하지 않다.
ㄹ. 경제자유구역 인근 대도시와의 연계를 활성화하면 오히려 인근 기성 대도시의 산업이 확장된 교통망을 바탕으로 경제자유구역의 사업을 흡수할 위험이 커진다. 또한 인근 대도시와의 연계 확대는 경제자유구역 내 국내·외 기업 간의 구조 및 운영상 이질감을 해소하는 데 직접적인 도움이 된다고 보기 어렵다.

오답분석

ㄱ. 경제호황으로 인해 자국을 벗어나 타국으로 진출하려는 해외기업이 증가하는 기회상황에서 성공적 경험으로 축적된 우리나라의 경제자유구역 조성 노하우로 이들을 유인하여 유치하는 전략은 SO전략으로 적절하다.
ㄷ. 기존에 국내에 입주한 해외기업의 동형화 사례를 활용하여 국내기업과 외국계 기업의 운영상 이질감을 해소하여 생산성을 증대시키는 전략은 WO전략으로 적절하다.

56 자료 해석

정답 ③

우선 아랍에미리트에는 해외 EPS센터가 없으므로 제외한다. 또한, 한국 기업이 100개 이상 진출해 있어야 한다는 두 번째 조건으로 인도네시아와 중국으로 후보를 좁힐 수 있으나, '우리나라 사람들의 해외 취업을 위한 박람회'이므로 성공적인 박람회 개최를 위해선 취업까지 이어지는 것이 중요하다. 중국의 경우 청년 실업률은 높지만 경쟁력 부분에서 현지 기업의 80% 이상이 우리나라 사람을 고용하기를 원하므로 중국 청년 실업률과는 별개로 우리나라 사람들의 취업이 쉽게 이루어질 수 있음을 알 수 있다. 따라서 박람회 장소로 선택할 나라는 중국이 가장 적절하다.

57 명제 추론

정답 ⑤

주어진 조건에 따르면 김씨는 남매끼리 서로 인접하여 앉을 수 없으며, 박씨와도 인접하여 앉을 수 없으므로 김씨 여성은 왼쪽에서 첫 번째 자리에만 앉을 수 있다. 또한, 박씨 남성 역시 김씨와 인접하여 앉을 수 없으므로 왼쪽에서 네 번째 자리에만 앉을 수 있다. 나머지 자리는 최씨 남매가 모두 앉을 수 있으므로 6명이 앉을 수 있는 경우는 다음과 같다.

1) 경우 1

김씨 여성	최씨 여성	박씨 여성	박씨 남성	최씨 남성	김씨 남성

2) 경우 2

김씨 여성	최씨 남성	박씨 여성	박씨 남성	최씨 여성	김씨 남성

경우 1과 경우 2 모두 최씨 남매는 왼쪽에서 첫 번째 자리에 앉을 수 없다.

오답분석

① 어느 경우에도 최씨 남매는 인접하여 앉을 수 없다.
② 박씨 남매는 항상 인접하여 앉는다.
③ 최씨 남성은 박씨 여성과 인접하여 앉을 수도 있고 인접하여 앉지 않을 수도 있다.
④ 김씨 여성은 최씨 여성과 인접하여 앉을 수도 있고 인접하여 앉지 않을 수도 있다.

58 명제 추론

정답 ③

세 번째 조건과 마지막 조건을 기호로 나타내면 다음과 같다.

• D → ~E
• ~E → ~A

각각의 대우 E → ~D와 A → E에 따라 A → E → ~D가 성립하므로 A를 지방으로 발령한다면 E도 지방으로 발령하고, D는 지방으로 발령하지 않는다. 이때, 회사는 B와 D에 대하여 같은 결정을 하고, C와 E에게 대하여는 다른 결정을 하므로 B와 C를 지방으로 발령하지 않는다.
따라서 A가 지방으로 발령된다면, 지방으로 발령되지 않는 직원은 B, C, D 총 3명이다.

59 자료 해석

정답 ④

장소 선정 기준에 따라 현수막 설치 후보 장소를 비교하면 다음과 같다.
1) 하루 평균 유동인구가 가장 많은 곳 : C마트(300명)
2) 게시 가능한 기간이 제일 긴 곳 : B대학교

구분	회사 본관	A고등학교	B대학교	C마트	D주유소
게시 가능 기간	5일	4일	7일	3일	6일

3) 총비용이 가장 적게 드는 곳 : C마트

(단위 : 만 원)

구분	회사 본관	A고등학교	B대학교	C마트	D주유소
총게시비용	(3×8)+(2×13) =50	4×10=40	7×12=84	3×26=78	(5×9)+11=56
설치비용	250	280	240	200	220
철거비용	50	56	48	40	44
총비용	50+250+50 =350	40+280+56 =376	84+240+48 =372	78+200+40 =318	56+220+44 =320

따라서 유동인구가 가장 많으면서도 총비용이 가장 적게 드는 C마트와 게시 가능한 기간이 제일 긴 B대학교에 현수막을 설치한다.

60 자료 해석

정답 ②

하루 평균 유동인구가 상대적으로 많은 2곳은 C마트(300명)와 B대학교(280명)이다.
C마트와 B대학교에 현수막을 설치할 경우 소요되는 총비용을 계산하면 다음과 같다.

(단위 : 만 원)

구분	B대학교	C마트
총게시비용	3×12=36	3×26=78
설치비용	240	200
철거비용	48	40
총비용	36+240+48=324	78+200+40=318

따라서 현수막 설치 과정에 필요한 총비용은 324+318=642만 원이다.

61 정보 이해

정답 ④

1차 자료는 원래의 연구 성과가 기록된 자료로 단행본, 학술지와 학술지 논문, 학술회의자료, 연구보고서, 학위논문, 특허정보, 표준 및 규격자료, 레터, 출판 전 배포자료, 신문, 잡지, 웹 정보자원 등이 속한다. 2차 자료는 이러한 1차 자료를 압축 정리해 놓은 것으로 사전, 백과사전, 편람, 연감, 서지 데이터베이스 등이 해당된다. 연감이란 어떤 분야에 관하여 한 해 동안 일어난 경과・사건・통계 등을 수록하여 일 년에 한 번씩 간행하는 정기간행물을 뜻하므로, 정기간행물은 1차 자료에 해당하지 않는다.

62 정보 이해

정답 ⑤

인쇄 중인 문서를 일시 중지시키거나 일시 중지된 문서를 다시 이어서 출력할 수도 있지만, 다른 프린터로 출력하도록 할 수는 없다. 다른 프린터로 출력을 원할 경우 처음부터 다른 프린터로 출력해야 한다.

63 엑셀 함수

정답 ④

단가가 두 번째로 높은 물품의 금액을 구하려면 데이터 집합에서 n번째로 큰 값을 구하는 함수인 LARGE 함수를 사용해야 한다. 따라서 ④를 입력해야 하며, 결괏값으로는 [D2:D9] 범위에서 두 번째로 큰 값인 20,000이 산출된다.

오답분석

① MAX 함수는 최댓값을 구하는 함수이다.
② MIN 함수는 최솟값을 구하는 함수이다.
③ MID 함수는 문자열의 지정 위치에서 문자를 지정한 개수만큼 돌려주는 함수이다.
⑤ INDEX 함수는 범위 내에서 값이나 참조 영역을 구하는 함수이다.

64 엑셀 함수

정답 ①

구입물품 중 의류의 총개수를 구하려면 주어진 조건에 의해 지정된 셀들의 합을 구하는 함수인 SUMIF 함수를 사용해야 하며, 「=SUMIF(조건 범위,조건,계산할 범위)」로 구성된다. 따라서 ①을 입력해야 하며, 결괏값으로는 계산할 범위 [C2:C9] 안에서 [A2:A9] 범위 안의 조건인 [A2](의류)로 지정된 셀들의 합인 42가 산출된다.

오답분석

② COUNTIF 함수는 지정한 범위 내에서 조건에 맞는 셀의 개수를 구하는 함수이다.
③ VLOOKUP 함수는 목록 범위의 첫 번째 열에서 세로 방향으로 검색하면서 원하는 값을 추출하는 함수이다.
④ HLOOKUP 함수는 목록 범위의 첫 번째 행에서 가로 방향으로 검색하면서 원하는 값을 추출하는 함수이다.
⑤ AVERAGEIF 함수는 주어진 조건에 따라 지정되는 셀의 평균을 구하는 함수이다.

65 정보 이해

정답 ④

비교적 가까운 거리에 흩어져 있는 컴퓨터들을 서로 연결하여 여러 가지 서비스를 제공하는 네트워크는 근거리 통신망에 해당한다. 근거리 통신망의 작업 결과를 공유하기 위해서는 네트워크상 작업 그룹명을 동일하게 하여야 한다.

66 엑셀 함수

정답 ③

LEFT(데이터가 있는 셀 번호,왼쪽을 기준으로 가져올 자릿수)이기 때문에 주민등록번호가 있는 [C2] 셀을 선택하고 왼쪽을 기준으로 생년월일은 6자리이기 때문에 「=LEFT(C2,6)」를 입력해야 한다.

67 엑셀 함수

정답 ⑤

ROUND 함수는 지정한 자릿수를 반올림하는 함수이다. 함수식에서 '−1'은 일의 자리를 뜻하며, '−2'는 십의 자리를 뜻한다. 여기서 '−' 기호를 빼면 소수점 자리로 인식한다. 따라서 일의 자리를 반올림하기 때문에 결괏값(ⓜ)은 120이다.

오답분석

① MAX 함수는 지정된 범위 내에서 최댓값을 찾는 함수이다.
② MODE 함수는 지정된 범위 내에서 최빈값을 찾는 함수이다.
③ LARGE 함수는 지정된 범위 내에서 몇 번째 큰 값을 찾는 함수이다.
④ COUNTIF 함수는 특정값이 몇 개가 있는지 세는 함수이다.

68 엑셀 함수

정답 ②

'$'가 붙으면 절대참조로 위치가 변하지 않고, 붙지 않으면 상대참조로 위치가 변한다. 「$A$1」은 무조건 [A1] 위치로 고정이며 「$A2」는 [A] 열은 고정이지만 행은 변한다는 것을 의미한다. [A7] 셀을 복사했을 때 열이 오른쪽으로 2칸 움직였지만 고정이기에 의미는 없고, 행이 7에서 8로 1행만큼 이동하였기 때문에 [A1]+[A3]의 값이 [C8] 셀이 된다. 따라서 1+3=4이다.

69 정보 이해

정답 ④

[휴지통]에 들어 있는 자료는 언제든지 복원 가능하다. 단, [휴지통]의 크기를 0%로 설정한 후 파일을 삭제하면 복원이 불가능하다.

70 정보 이해

정답 ①

오답분석

② 웹 마이닝 : 웹 자원으로부터 의미 있는 패턴, 프로파일 등의 정보를 추출하는 데이터 마이닝의 일부이다.
③ 오피니언 마이닝 : 웹 사이트와 소셜 미디어 등에서 특정 주제에 대한 이용자의 여론 등을 수집하고 분석하여 정보를 도출하는 빅데이터 처리 기술이다.
④ 소셜 마이닝 : 소셜 미디어에 게시되는 글과 사용자를 분석하여 소비자의 흐름 및 패턴을 파악해 트렌드 및 여론 추이를 읽어내는 기술이다.
⑤ 현실 마이닝 : 휴대폰 등 모바일 기기를 통해 현실에서 발생하는 정보를 바탕으로 인간 행동의 패턴 등을 파악하는 기술이다.

71 정보 이해

정답 ①

좋은 자료가 있다고 해서 항상 훌륭한 분석이 되는 것은 아니다. 좋은 자료가 있어도 그것을 평범한 것으로 바꾸는 것만으로는 훌륭한 분석이라고 할 수 없다. 훌륭한 분석이란 하나의 메커니즘을 그려낼 수 있고, 동향과 미래를 예측할 수 있는 것이어야 한다.

72 정보 이해

정답 ④

SSD(Solid State Drive)는 전기적인 방식으로 데이터를 읽고 쓰는 반면, HDD(Hard Disk Drive)는 기계적인 방식으로 자기 디스크를 돌려서 데이터를 읽고 쓴다.

오답분석

① SSD는 HDD에 비해 전력 소모량과 발열이 적다.
② 기계적 방식인 HDD는 전기 공급이 없어도 데이터를 보존할 수 있기 때문에 장기간 데이터 보존에 유리하다. 반면 전기적 방식인 SSD는 오랜 기간 전원 공급 없이 방치하면 데이터 유실이 일어난다.
③ 일반적으로 SSD는 신속한 데이터 접근 속도를 제공하며, HDD는 더 큰 저장 용량을 제공한다.
⑤ SSD는 내구성이 높아 충격이나 진동에 덜 민감하지만, HDD는 외부 충격에 의한 데이터 손실 가능성이 비교적 높다.

73 정보 이해

정답 ④

ROM은 한번 기록을 하고 나면 일반적인 방법으로는 삭제나 수정이 어렵다.

RAM과 ROM의 비교

- RAM(Random Access Memory)
  - 읽기와 쓰기 모두 가능하다.
  - 휘발성 기억장치로 전원이 꺼지면 데이터가 소실된다.
  - CPU가 모든 주소 위치에 직접 액세스할 수 있다.
  - ROM에 비해 속도가 빠르다.
  - 주기억장치로서 CPU의 연산 및 동작에 필요한 내용이 임시로 저장된다.
- ROM(Read Only Memory)
  - 일반적으로 읽기만 가능하다.
  - 비휘발성 기억장치로 전원이 꺼져도 데이터가 유지된다.
  - 데이터 수정 및 삭제가 불가능하거나, 특별한 장치가 필요하다.
  - 컴퓨터 바이오스(BIOS), 펌웨어, 운용체제 저장 등에 사용된다.

74 정보 이해

정답 ①

트로이목마(Trojan Horse)는 겉으로 봤을 때 유용하거나 정상적인 프로그램으로 위장하고, 사용자가 이를 설치하거나 실행하면 시스템의 내부 정보를 탈취하거나 파일을 변조 또는 삭제하는 악성코드이다.

오답분석

② 웜(Worm) : 네트워크를 바탕으로 스스로를 복제하여 다른 컴퓨터로 전파하는 악성코드이다.
③ 랜섬웨어(Ransomware) : 무단으로 컴퓨터의 파일들을 암호화하고, 가상화폐 등 금전을 요구하는 악성코드이다.
④ 스파이웨어(Spyware) : 무단으로 설치되어 금융정보, 비밀번호 등 사용자의 정보들을 몰래 수집하고 외부로 전송하는 악성코드이다.
⑤ 애드웨어(Adware) : 소프트웨어를 설치하거나 실행할 때, 자동적으로 광고를 노출시키거나 설치를 유도하는 악성코드이다.

75 엑셀 함수

정답 ③

PROPER 함수는 단어 앞의 첫 글자만 대문자로 나타내고 나머지는 소문자로 나타내주는 함수이다. 따라서 'Republic Of Korea'로 나와야 한다.

76 정보 이해

정답 ②

잠금 화면은 디스플레이 설정이 아닌 개인 설정에 들어가서 설정이 가능하다.

77 정보 이해

정답 ①

하이퍼텍스트(Hypertext)는 선형 구조가 아닌 링크에 따라 그 차례가 바뀌는 임의적이면서 나열형인 구조를 가진다. 사용자의 의도대로 따라가는 것이 아닌, 연결된 문서들을 어떠한 클릭에 따라 자유롭게 이동할 수 있다.

78 정보 이해

정답 ③

ㄴ. 제3자에 대한 정보 제공이 이루어지더라도, 해당 내용이 조항에 명시되어 있고, 이용자가 동의한다면 개인정보를 제공하여도 된다. 번거롭지 않게 서비스를 제공 받기 위해 정보제공이 필요한 제3자에게 정보를 제공하는 것이 유용할 수도 있다. 따라서 단언적으로 개인정보를 제공하지 않아야 한다는 설명은 잘못된 설명이다.
ㄹ. 비밀번호는 주기적으로 변경하여야 하며, 관리의 수월성보다도 보안을 더 고려하여 동일하지 않은 비밀번호를 사용하는 것이 좋다.

오답분석

ㄱ. 개인정보제공 전 관련 조항을 상세히 읽는 것은 필수적 요소이다.
ㄷ. 제공 정보와 이용목적의 적합성 여부는 꼭 확인하여야 한다.
ㅁ. 정보파기 여부와 시점도 확인하여야 한다.

79 프로그램 언어(코딩)

정답 ④

1부터 100까지의 값은 변수 x에 저장한다. 1, 2, 3, …에서 초기값은 1이고, 최종값은 100이며, 증분값은 1씩 증가시키면 된다. 즉, 1부터 100까지를 덧셈하려면 99단계를 반복 수행해야 하므로 결과는 5050이 된다.

80 엑셀 함수

정답 ③

INDEX 함수는 「=INDEX(배열로 입력된 셀의 범위, 배열이나 참조의 행 번호, 배열이나 참조의 열 번호)」로 표시되고, MATCH 함수는 「=MATCH(찾으려고 하는 값, 연속된 셀 범위, 되돌릴 값을 표시하는 숫자)」로 표시된다.

따라서 [E10] 셀에 「=INDEX(E2:E9,MATCH(0,D2:D9,0))」를 입력하면 근무연수가 0인 사람의 근무월수인 2가 표시된다.

81 조직 구조

정답 ②

오답분석

- B : 사장 직속으로 4개의 본부가 있다는 설명은 옳지만, 인사업무만을 전담하고 있는 본부는 없으므로 옳지 않다.
- C : 감사실이 분리되어 있다는 설명은 옳지만, 사장 직속이 아니므로 옳지 않다.

82 업무 종류

정답 ②

H사는 기존에 수행하지 않던 해외 판매 업무가 추가될 것이므로 그에 따른 해외영업팀 등의 신설 조직이 필요하게 된다. 해외에 공장 등의 조직을 보유하게 됨으로써 이를 관리하는 해외관리팀이 필요할 것이며, 물품의 수출에 따른 통관 업무를 담당하는 물류팀, 외화 대금 수취 및 해외 조직으로부터의 자금 이동 관련 업무를 담당할 외환업무팀, 국제 거래상 발생하게 될 해외 거래 계약 실무를 담당할 국제법무팀 등이 필요하게 된다. 반면 기업회계팀은 H사의 해외 사업과 상관없이 기존 회계를 담당하는 조직이라고 볼 수 있다.

83 업무 종류

정답 ④

문제 발생의 원인은 회의내용을 통해 알 수 있는 내용이다.

오답분석

① 회의 참석자는 생산팀 2명, 연구팀 2명, 마케팅팀 2명으로 총 6명이다.
② 회의에 참가한 인원이 6명일 뿐 조직의 인원은 회의록에서 알 수 없다.
③ 연구팀에서 유해성분을 조사하기로 결정했을 뿐 결과는 알 수 없다.
⑤ 마케팅팀에서 제품을 전격 회수하고, 연구팀에서 유해성분을 조사하기로 했다.

84 업무 종류

정답 ⑤

회의 후 가장 먼저 해야 할 일은 '주문량이 급격히 증가한 일주일 동안 생산된 제품 파악'이다. 문제의 제품이 전부 회수돼야 포장 재질 및 인쇄된 잉크 유해성분을 조사한 뒤 적절한 조치가 가능해지기 때문이다.

85 경영 전략

정답 ③

경영은 경영목적, 인적자원, 자금, 전략의 4요소로 구성된다.

ㄱ. 경영목적
ㄴ. 인적자원
ㅁ. 자금
ㅂ. 전략

오답분석

ㄷ. 마케팅
ㄹ. 회계

86 경영 전략

정답 ⑤

㉠ 집중화 전략에 해당한다.
㉡ 원가우위 전략에 해당한다.
㉢ 차별화 전략에 해당한다.

87 조직 구조

정답 ①

조직 변화의 과정

1. 환경 변화 인지
2. 조직 변화 방향 수립
3. 조직 변화 실행
4. 변화 결과 평가

PART 2

88 경영 전략

정답 ③

도요타 자동차는 소비자의 관점이 아닌 생산자의 관점에서 문제를 해결하려다 소비자들의 신뢰를 잃게 됐다. 따라서 기업은 생산자가 아닌 소비자의 관점에서 문제를 해결하기 위해 노력해야 한다.

89 조직 구조

정답 ①

제시문에 나타난 조직은 H공사의 사내 봉사 동아리이기 때문에 공식 조직이 아닌 비공식조직에 해당한다. 비공식조직의 특징에는 인간관계에 따라 형성된 자발적인 조직, 내면적・비가시적・비제도적・감정적, 사적 목적 추구, 부분적 질서를 위한 활동 등이 있다.

오답분석

② 영리조직에 해당한다.
③・④ 공식조직에 해당한다.
⑤ 비영리조직에 해당한다.

90 업무 종류

정답 ③

③은 인사부의 담당 업무이다. 기획부는 경영계획 및 전략 수립, 전사기획업무 종합 및 조정, 중・장기 사업계획의 종합 및 조정 등을 한다.

91 조직 구조

정답 ③

비영리조직이며 대규모조직인 학교와 유기견 보호단체에서 6시간 있었다.

- 학교 : 공식조직, 비영리조직, 대규모조직
- 카페 : 공식조직, 영리조직, 대규모조직
- 스터디 : 비공식조직, 비영리조직, 소규모조직
- 유기견 보호단체 : 비공식조직, 비영리조직, 대규모조직

오답분석

① 비공식적이면서 소규모조직인 스터디에서 2시간 있었다.
② 공식조직인 학교와 카페에서 8시간 있었다.
④ 영리조직인 카페에서 3시간 있었다.
⑤ 비공식적이며 비영리조직인 스터디와 유기견 보호단체에서 3시간 있었다.

92 업무 종류

정답 ③

김과장의 개인 주간 스케줄 및 업무 점검을 보면 홍보팀, 외부 디자이너와의 미팅이 기재되어 있다. 즉, 김과장은 이번 주에 내부 미팅과 외부 미팅을 모두 할 예정이다.

93 경영 전략

정답 ④

민츠버그(Mintzberg)가 구분한 경영자의 역할

- 대인적 역할 : 상징자 혹은 지도자로서 대외적으로 조직을 대표하고, 대내적으로 조직을 이끄는 리더로서의 역할을 의미한다.
- 정보적 역할 : 조직을 둘러싼 외부 환경의 변화를 모니터링하고, 이를 조직에 전달하는 정보전달자의 역할을 의미한다.
- 의사결정적 역할 : 조직 내 문제를 해결하고 대외적 협상을 주도하는 협상가, 분쟁조정자, 자원배분자로서의 역할을 의미한다.

94 경영 전략

정답 ②

빈칸에 해당되는 용어는 '경영 전략'이다. 조직의 경영 전략은 조직 전략, 사업 전략, 부문 전략으로 구분할 수 있으며 이들은 위계적 수준을 가지고 있다. 가장 상위단계 전략인 조직 전략은 조직의 사명을 정의하고, 사업 전략은 사업 수준에서 각 사업의 경쟁적 우위를 점하기 위한 방향과 방법을 다룬다. 그리고 부문 전략은 기능부서별로 사업 전략을 구체화하여 세부적인 수행 방법을 결정한다.

95 조직 구조

정답 ④

조직의 구조, 기능, 규정 등이 조직화되어 있는 것은 공식조직이며, 비공식조직은 개인들의 협동과 상호작용에 따라 형성된 자발적인 집단으로 볼 수 있다. 공식조직은 인간관계에 따라 형성된 비공식조직으로부터 시작되지만, 조직의 규모가 커지면서 점차 조직 구성원들의 행동을 통제할 장치를 마련하게 되고, 이를 통해 공식화된다.

96 조직 구조

정답 ⑤

비영리조직은 공익을 추구하는 특징을 가진다. 기업은 이윤을 목적으로 하는 영리조직이다.

97 경영 전략

정답 ①

수평적 의사소통뿐만 아니라, 수직적 의사소통도 활성화되어야 직급에 따른 업무상 지시 및 건의사항 전달이 원활하게 이루어진다.

오답분석

② 직책 및 직급에 따른 공식적 의사소통 외에 정보전달의 신속함을 위해 비공식적 의사소통도 활성화될 필요가 있다.
③ 경영자층은 직책상 부하직원에 대해 자신의 의사를 전달하기가 쉽다. 따라서 조직 전체의 의사소통이 활발해지려면 부하직원의 의견을 들으려는 경영자층의 개방적 태도가 필요하다.
④ 최고 의사결정자가 자신의 참모뿐만 아니라 현장 실무자들과도 소통하여야 조직 전체에 소통이 원활한 기업문화가 형성된다.
⑤ 하향식 의사전달뿐만 아니라, 상향식 의사전달 역시 중시되어야 의사소통이 원활한 기업문화가 형성된다.

98 조직 구조

정답 ②

분권화된 의사결정이 가능한 사업별 조직 구조는 (가)보다 (나)의 조직 구조로 볼 수 있다.
(가)의 조직 구조는 업무의 내용이 유사하고 관련성이 있는 것들을 결합해서 기능적 조직 구조 형태를 이룬 것으로, 환경이 안정적이거나 일상적인 기술, 조직의 내부 효율성을 중요시할 때 나타난다.
(나)의 조직 구조는 급변하는 환경변화에 효과적으로 대응하고 제품, 지역, 고객별 차이에 신속하게 적응하기 위하여 분권화된 의사결정이 가능한 사업별 조직 구조의 형태를 이룬 것이다. 이를 통해 (나)의 조직 구조는 개별 제품, 서비스, 제품그룹, 주요 프로젝트나 프로그램 등에 따라 조직화된다.

99 조직 구조

정답 ⑤

공식집단의 예로 제시되어 있는 동아리는 비공식집단의 예이며, 비공식집단의 예로 제시되어 있는 임시 위원회는 공식집단의 예이다. 임시 위원회는 지속 기간의 차이에 따라 상설과 임시로 나누어질 뿐, 조직의 공식 목표를 위해 조직에서 만든 위원회이므로 공식집단에 속한다.

100 경영 전략

정답 ③

직장에 소속된 개인은 회사의 이윤창출 등 회사 공동의 목표를 위해 동료와 상호작용을 해나가는 구성원으로, 조직의 구성원은 서로 협력하여 공동의 목표를 향해 노력해야 한다. 그러므로 업무를 뚜렷하게 나눠 독립적으로 일을 처리하기보다는 유기적으로 소통하고 부족한 부분을 채워가며 업무를 진행하는 것이 조직의 성격과 어울린다고 볼 수 있다. 따라서 ③이 적절하지 않다.

합격의 공식 시대에듀

SDEDU

성공은 자신의 한계를 넘어서는 과정에서 찾아진다.

– 마이클 조던 –

한국자산관리공사 고졸채용 답안카드

성 명

지원 분야

문제지 형별기재란	
(　　　)형	Ⓐ Ⓑ

수 험 번 호						
⓪	⓪	⓪	⓪	⓪	⓪	⓪
①	①	①	①	①	①	①
②	②	②	②	②	②	②
③	③	③	③	③	③	③
④	④	④	④	④	④	④
⑤	⑤	⑤	⑤	⑤	⑤	⑤
⑥	⑥	⑥	⑥	⑥	⑥	⑥
⑦	⑦	⑦	⑦	⑦	⑦	⑦
⑧	⑧	⑧	⑧	⑧	⑧	⑧
⑨	⑨	⑨	⑨	⑨	⑨	⑨

감독위원 확인
㊞ 인

1	① ② ③ ④ ⑤	21	① ② ③ ④ ⑤	41	① ② ③ ④ ⑤	61	① ② ③ ④ ⑤	81	① ② ③ ④ ⑤
2	① ② ③ ④ ⑤	22	① ② ③ ④ ⑤	42	① ② ③ ④ ⑤	62	① ② ③ ④ ⑤	82	① ② ③ ④ ⑤
3	① ② ③ ④ ⑤	23	① ② ③ ④ ⑤	43	① ② ③ ④ ⑤	63	① ② ③ ④ ⑤	83	① ② ③ ④ ⑤
4	① ② ③ ④ ⑤	24	① ② ③ ④ ⑤	44	① ② ③ ④ ⑤	64	① ② ③ ④ ⑤	84	① ② ③ ④ ⑤
5	① ② ③ ④ ⑤	25	① ② ③ ④ ⑤	45	① ② ③ ④ ⑤	65	① ② ③ ④ ⑤	85	① ② ③ ④ ⑤
6	① ② ③ ④ ⑤	26	① ② ③ ④ ⑤	46	① ② ③ ④ ⑤	66	① ② ③ ④ ⑤	86	① ② ③ ④ ⑤
7	① ② ③ ④ ⑤	27	① ② ③ ④ ⑤	47	① ② ③ ④ ⑤	67	① ② ③ ④ ⑤	87	① ② ③ ④ ⑤
8	① ② ③ ④ ⑤	28	① ② ③ ④ ⑤	48	① ② ③ ④ ⑤	68	① ② ③ ④ ⑤	88	① ② ③ ④ ⑤
9	① ② ③ ④ ⑤	29	① ② ③ ④ ⑤	49	① ② ③ ④ ⑤	69	① ② ③ ④ ⑤	89	① ② ③ ④ ⑤
10	① ② ③ ④ ⑤	30	① ② ③ ④ ⑤	50	① ② ③ ④ ⑤	70	① ② ③ ④ ⑤	90	① ② ③ ④ ⑤
11	① ② ③ ④ ⑤	31	① ② ③ ④ ⑤	51	① ② ③ ④ ⑤	71	① ② ③ ④ ⑤	91	① ② ③ ④ ⑤
12	① ② ③ ④ ⑤	32	① ② ③ ④ ⑤	52	① ② ③ ④ ⑤	72	① ② ③ ④ ⑤	92	① ② ③ ④ ⑤
13	① ② ③ ④ ⑤	33	① ② ③ ④ ⑤	53	① ② ③ ④ ⑤	73	① ② ③ ④ ⑤	93	① ② ③ ④ ⑤
14	① ② ③ ④ ⑤	34	① ② ③ ④ ⑤	54	① ② ③ ④ ⑤	74	① ② ③ ④ ⑤	94	① ② ③ ④ ⑤
15	① ② ③ ④ ⑤	35	① ② ③ ④ ⑤	55	① ② ③ ④ ⑤	75	① ② ③ ④ ⑤	95	① ② ③ ④ ⑤
16	① ② ③ ④ ⑤	36	① ② ③ ④ ⑤	56	① ② ③ ④ ⑤	76	① ② ③ ④ ⑤	96	① ② ③ ④ ⑤
17	① ② ③ ④ ⑤	37	① ② ③ ④ ⑤	57	① ② ③ ④ ⑤	77	① ② ③ ④ ⑤	97	① ② ③ ④ ⑤
18	① ② ③ ④ ⑤	38	① ② ③ ④ ⑤	58	① ② ③ ④ ⑤	78	① ② ③ ④ ⑤	98	① ② ③ ④ ⑤
19	① ② ③ ④ ⑤	39	① ② ③ ④ ⑤	59	① ② ③ ④ ⑤	79	① ② ③ ④ ⑤	99	① ② ③ ④ ⑤
20	① ② ③ ④ ⑤	40	① ② ③ ④ ⑤	60	① ② ③ ④ ⑤	80	① ② ③ ④ ⑤	100	① ② ③ ④ ⑤

※ 본 답안지는 마킹연습용 모의 답안카드입니다.

〈절취선〉

한국자산관리공사 고졸채용 답안카드

성 명

지원 분야

문제지 형별기재란	
(　　　)형	Ⓐ Ⓑ

수 험 번 호						
⓪	⓪	⓪	⓪	⓪	⓪	⓪
①	①	①	①	①	①	①
②	②	②	②	②	②	②
③	③	③	③	③	③	③
④	④	④	④	④	④	④
⑤	⑤	⑤	⑤	⑤	⑤	⑤
⑥	⑥	⑥	⑥	⑥	⑥	⑥
⑦	⑦	⑦	⑦	⑦	⑦	⑦
⑧	⑧	⑧	⑧	⑧	⑧	⑧
⑨	⑨	⑨	⑨	⑨	⑨	⑨

감독위원 확인
㉧

1	① ② ③ ④ ⑤	21	① ② ③ ④ ⑤	41	① ② ③ ④ ⑤	61	① ② ③ ④ ⑤	81	① ② ③ ④ ⑤
2	① ② ③ ④ ⑤	22	① ② ③ ④ ⑤	42	① ② ③ ④ ⑤	62	① ② ③ ④ ⑤	82	① ② ③ ④ ⑤
3	① ② ③ ④ ⑤	23	① ② ③ ④ ⑤	43	① ② ③ ④ ⑤	63	① ② ③ ④ ⑤	83	① ② ③ ④ ⑤
4	① ② ③ ④ ⑤	24	① ② ③ ④ ⑤	44	① ② ③ ④ ⑤	64	① ② ③ ④ ⑤	84	① ② ③ ④ ⑤
5	① ② ③ ④ ⑤	25	① ② ③ ④ ⑤	45	① ② ③ ④ ⑤	65	① ② ③ ④ ⑤	85	① ② ③ ④ ⑤
6	① ② ③ ④ ⑤	26	① ② ③ ④ ⑤	46	① ② ③ ④ ⑤	66	① ② ③ ④ ⑤	86	① ② ③ ④ ⑤
7	① ② ③ ④ ⑤	27	① ② ③ ④ ⑤	47	① ② ③ ④ ⑤	67	① ② ③ ④ ⑤	87	① ② ③ ④ ⑤
8	① ② ③ ④ ⑤	28	① ② ③ ④ ⑤	48	① ② ③ ④ ⑤	68	① ② ③ ④ ⑤	88	① ② ③ ④ ⑤
9	① ② ③ ④ ⑤	29	① ② ③ ④ ⑤	49	① ② ③ ④ ⑤	69	① ② ③ ④ ⑤	89	① ② ③ ④ ⑤
10	① ② ③ ④ ⑤	30	① ② ③ ④ ⑤	50	① ② ③ ④ ⑤	70	① ② ③ ④ ⑤	90	① ② ③ ④ ⑤
11	① ② ③ ④ ⑤	31	① ② ③ ④ ⑤	51	① ② ③ ④ ⑤	71	① ② ③ ④ ⑤	91	① ② ③ ④ ⑤
12	① ② ③ ④ ⑤	32	① ② ③ ④ ⑤	52	① ② ③ ④ ⑤	72	① ② ③ ④ ⑤	92	① ② ③ ④ ⑤
13	① ② ③ ④ ⑤	33	① ② ③ ④ ⑤	53	① ② ③ ④ ⑤	73	① ② ③ ④ ⑤	93	① ② ③ ④ ⑤
14	① ② ③ ④ ⑤	34	① ② ③ ④ ⑤	54	① ② ③ ④ ⑤	74	① ② ③ ④ ⑤	94	① ② ③ ④ ⑤
15	① ② ③ ④ ⑤	35	① ② ③ ④ ⑤	55	① ② ③ ④ ⑤	75	① ② ③ ④ ⑤	95	① ② ③ ④ ⑤
16	① ② ③ ④ ⑤	36	① ② ③ ④ ⑤	56	① ② ③ ④ ⑤	76	① ② ③ ④ ⑤	96	① ② ③ ④ ⑤
17	① ② ③ ④ ⑤	37	① ② ③ ④ ⑤	57	① ② ③ ④ ⑤	77	① ② ③ ④ ⑤	97	① ② ③ ④ ⑤
18	① ② ③ ④ ⑤	38	① ② ③ ④ ⑤	58	① ② ③ ④ ⑤	78	① ② ③ ④ ⑤	98	① ② ③ ④ ⑤
19	① ② ③ ④ ⑤	39	① ② ③ ④ ⑤	59	① ② ③ ④ ⑤	79	① ② ③ ④ ⑤	99	① ② ③ ④ ⑤
20	① ② ③ ④ ⑤	40	① ② ③ ④ ⑤	60	① ② ③ ④ ⑤	80	① ② ③ ④ ⑤	100	① ② ③ ④ ⑤

※ 본 답안지는 마킹연습용 모의 답안카드입니다.

한국자산관리공사 고졸채용 답안카드

성 명

지원 분야

문제지 형별기재란	
(　　　)형	Ⓐ Ⓑ

수 험 번 호						
⓪	⓪	⓪	⓪	⓪	⓪	⓪
①	①	①	①	①	①	①
②	②	②	②	②	②	②
③	③	③	③	③	③	③
④	④	④	④	④	④	④
⑤	⑤	⑤	⑤	⑤	⑤	⑤
⑥	⑥	⑥	⑥	⑥	⑥	⑥
⑦	⑦	⑦	⑦	⑦	⑦	⑦
⑧	⑧	⑧	⑧	⑧	⑧	⑧
⑨	⑨	⑨	⑨	⑨	⑨	⑨

감독위원 확인
인

1	① ② ③ ④ ⑤	21	① ② ③ ④ ⑤	41	① ② ③ ④ ⑤	61	① ② ③ ④ ⑤	81	① ② ③ ④ ⑤
2	① ② ③ ④ ⑤	22	① ② ③ ④ ⑤	42	① ② ③ ④ ⑤	62	① ② ③ ④ ⑤	82	① ② ③ ④ ⑤
3	① ② ③ ④ ⑤	23	① ② ③ ④ ⑤	43	① ② ③ ④ ⑤	63	① ② ③ ④ ⑤	83	① ② ③ ④ ⑤
4	① ② ③ ④ ⑤	24	① ② ③ ④ ⑤	44	① ② ③ ④ ⑤	64	① ② ③ ④ ⑤	84	① ② ③ ④ ⑤
5	① ② ③ ④ ⑤	25	① ② ③ ④ ⑤	45	① ② ③ ④ ⑤	65	① ② ③ ④ ⑤	85	① ② ③ ④ ⑤
6	① ② ③ ④ ⑤	26	① ② ③ ④ ⑤	46	① ② ③ ④ ⑤	66	① ② ③ ④ ⑤	86	① ② ③ ④ ⑤
7	① ② ③ ④ ⑤	27	① ② ③ ④ ⑤	47	① ② ③ ④ ⑤	67	① ② ③ ④ ⑤	87	① ② ③ ④ ⑤
8	① ② ③ ④ ⑤	28	① ② ③ ④ ⑤	48	① ② ③ ④ ⑤	68	① ② ③ ④ ⑤	88	① ② ③ ④ ⑤
9	① ② ③ ④ ⑤	29	① ② ③ ④ ⑤	49	① ② ③ ④ ⑤	69	① ② ③ ④ ⑤	89	① ② ③ ④ ⑤
10	① ② ③ ④ ⑤	30	① ② ③ ④ ⑤	50	① ② ③ ④ ⑤	70	① ② ③ ④ ⑤	90	① ② ③ ④ ⑤
11	① ② ③ ④ ⑤	31	① ② ③ ④ ⑤	51	① ② ③ ④ ⑤	71	① ② ③ ④ ⑤	91	① ② ③ ④ ⑤
12	① ② ③ ④ ⑤	32	① ② ③ ④ ⑤	52	① ② ③ ④ ⑤	72	① ② ③ ④ ⑤	92	① ② ③ ④ ⑤
13	① ② ③ ④ ⑤	33	① ② ③ ④ ⑤	53	① ② ③ ④ ⑤	73	① ② ③ ④ ⑤	93	① ② ③ ④ ⑤
14	① ② ③ ④ ⑤	34	① ② ③ ④ ⑤	54	① ② ③ ④ ⑤	74	① ② ③ ④ ⑤	94	① ② ③ ④ ⑤
15	① ② ③ ④ ⑤	35	① ② ③ ④ ⑤	55	① ② ③ ④ ⑤	75	① ② ③ ④ ⑤	95	① ② ③ ④ ⑤
16	① ② ③ ④ ⑤	36	① ② ③ ④ ⑤	56	① ② ③ ④ ⑤	76	① ② ③ ④ ⑤	96	① ② ③ ④ ⑤
17	① ② ③ ④ ⑤	37	① ② ③ ④ ⑤	57	① ② ③ ④ ⑤	77	① ② ③ ④ ⑤	97	① ② ③ ④ ⑤
18	① ② ③ ④ ⑤	38	① ② ③ ④ ⑤	58	① ② ③ ④ ⑤	78	① ② ③ ④ ⑤	98	① ② ③ ④ ⑤
19	① ② ③ ④ ⑤	39	① ② ③ ④ ⑤	59	① ② ③ ④ ⑤	79	① ② ③ ④ ⑤	99	① ② ③ ④ ⑤
20	① ② ③ ④ ⑤	40	① ② ③ ④ ⑤	60	① ② ③ ④ ⑤	80	① ② ③ ④ ⑤	100	① ② ③ ④ ⑤

※ 본 답안지는 마킹연습용 모의 답안카드입니다.

〈절취선〉

한국자산관리공사 고졸채용 답안카드

성 명

지원 분야

문제지 형별기재란	
(　　　)형	Ⓐ Ⓑ

수 험 번 호						
⓪	⓪	⓪	⓪	⓪	⓪	⓪
①	①	①	①	①	①	①
②	②	②	②	②	②	②
③	③	③	③	③	③	③
④	④	④	④	④	④	④
⑤	⑤	⑤	⑤	⑤	⑤	⑤
⑥	⑥	⑥	⑥	⑥	⑥	⑥
⑦	⑦	⑦	⑦	⑦	⑦	⑦
⑧	⑧	⑧	⑧	⑧	⑧	⑧
⑨	⑨	⑨	⑨	⑨	⑨	⑨

감독위원 확인
인

1	① ② ③ ④ ⑤	21	① ② ③ ④ ⑤	41	① ② ③ ④ ⑤	61	① ② ③ ④ ⑤	81	① ② ③ ④ ⑤
2	① ② ③ ④ ⑤	22	① ② ③ ④ ⑤	42	① ② ③ ④ ⑤	62	① ② ③ ④ ⑤	82	① ② ③ ④ ⑤
3	① ② ③ ④ ⑤	23	① ② ③ ④ ⑤	43	① ② ③ ④ ⑤	63	① ② ③ ④ ⑤	83	① ② ③ ④ ⑤
4	① ② ③ ④ ⑤	24	① ② ③ ④ ⑤	44	① ② ③ ④ ⑤	64	① ② ③ ④ ⑤	84	① ② ③ ④ ⑤
5	① ② ③ ④ ⑤	25	① ② ③ ④ ⑤	45	① ② ③ ④ ⑤	65	① ② ③ ④ ⑤	85	① ② ③ ④ ⑤
6	① ② ③ ④ ⑤	26	① ② ③ ④ ⑤	46	① ② ③ ④ ⑤	66	① ② ③ ④ ⑤	86	① ② ③ ④ ⑤
7	① ② ③ ④ ⑤	27	① ② ③ ④ ⑤	47	① ② ③ ④ ⑤	67	① ② ③ ④ ⑤	87	① ② ③ ④ ⑤
8	① ② ③ ④ ⑤	28	① ② ③ ④ ⑤	48	① ② ③ ④ ⑤	68	① ② ③ ④ ⑤	88	① ② ③ ④ ⑤
9	① ② ③ ④ ⑤	29	① ② ③ ④ ⑤	49	① ② ③ ④ ⑤	69	① ② ③ ④ ⑤	89	① ② ③ ④ ⑤
10	① ② ③ ④ ⑤	30	① ② ③ ④ ⑤	50	① ② ③ ④ ⑤	70	① ② ③ ④ ⑤	90	① ② ③ ④ ⑤
11	① ② ③ ④ ⑤	31	① ② ③ ④ ⑤	51	① ② ③ ④ ⑤	71	① ② ③ ④ ⑤	91	① ② ③ ④ ⑤
12	① ② ③ ④ ⑤	32	① ② ③ ④ ⑤	52	① ② ③ ④ ⑤	72	① ② ③ ④ ⑤	92	① ② ③ ④ ⑤
13	① ② ③ ④ ⑤	33	① ② ③ ④ ⑤	53	① ② ③ ④ ⑤	73	① ② ③ ④ ⑤	93	① ② ③ ④ ⑤
14	① ② ③ ④ ⑤	34	① ② ③ ④ ⑤	54	① ② ③ ④ ⑤	74	① ② ③ ④ ⑤	94	① ② ③ ④ ⑤
15	① ② ③ ④ ⑤	35	① ② ③ ④ ⑤	55	① ② ③ ④ ⑤	75	① ② ③ ④ ⑤	95	① ② ③ ④ ⑤
16	① ② ③ ④ ⑤	36	① ② ③ ④ ⑤	56	① ② ③ ④ ⑤	76	① ② ③ ④ ⑤	96	① ② ③ ④ ⑤
17	① ② ③ ④ ⑤	37	① ② ③ ④ ⑤	57	① ② ③ ④ ⑤	77	① ② ③ ④ ⑤	97	① ② ③ ④ ⑤
18	① ② ③ ④ ⑤	38	① ② ③ ④ ⑤	58	① ② ③ ④ ⑤	78	① ② ③ ④ ⑤	98	① ② ③ ④ ⑤
19	① ② ③ ④ ⑤	39	① ② ③ ④ ⑤	59	① ② ③ ④ ⑤	79	① ② ③ ④ ⑤	99	① ② ③ ④ ⑤
20	① ② ③ ④ ⑤	40	① ② ③ ④ ⑤	60	① ② ③ ④ ⑤	80	① ② ③ ④ ⑤	100	① ② ③ ④ ⑤

※ 본 답안지는 마킹연습용 모의 답안카드입니다.

2025 최신판 시대에듀 한국자산관리공사 고졸채용
NCS + 최종점검 모의고사 4회 + 무료NCS특강

개정6판1쇄 발행	2025년 04월 15일 (인쇄 2025년 04월 01일)
초 판 발 행	2018년 06월 05일 (인쇄 2018년 05월 18일)
발 행 인	박영일
책 임 편 집	이해욱
편 저	SDC(Sidae Data Center)
편 집 진 행	김재희 · 피영하
표지디자인	조혜령
편집디자인	양혜련 · 장성복
발 행 처	(주)시대고시기획
출 판 등 록	제10-1521호
주 소	서울시 마포구 큰우물로 75 [도화동 538 성지 B/D] 9F
전 화	1600-3600
팩 스	02-701-8823
홈 페 이 지	www.sdedu.co.kr

I S B N	979-11-383-9060-6 (13320)
정 가	24,000원

한국자산 관리공사

고졸채용

NCS+최종점검 모의고사 4회

최신 출제경향 전면 반영

NEXT STEP
시대에듀가 합격을 준비하는
당신에게 제안합니다.
성공의 기회
시대에듀를 잡으십시오.
시대에듀
기회란 포착되어 활용되기 전에는 기회인지조차 알 수 없는 것이다.
– 마크 트웨인 –